한국가면극, 창조적 복원을 향하여

봉산가면극 임석재본

한국가면극,
창조적 복원을 향하여

봉산가면극 임석재본

조만호 지음

보고사

머리말

우리 가면극의 주제는 연극적인 입장에서 볼 때에 '파계승 폭로'라든가 '양반 풍자'라든가 '처첩간의 갈등'일 수 없다. 이것들은 '연극적 장치(Theatrical Device)'이다. 우리가 찾아야 할 일은 '우리 가면극이 연극적 장치를 통하여 어떤 연극적 미학을 실현해내고 있는가'이다.

문화에 나타나는 현상중의 하나는 원형이 본래의 모습에서 벗어나서 주변적인 구실만 하는 경우가 나타난다. 달리 말하면 본질은 변질 혹은 소멸하고 비본질적인 요소만 남아서 그것이 본질 구실을 한다는 것이다. 고맥락(high context) 사회에서 저맥락(low context) 사회로 전이됨에 따라서 문화에는 여러 가지 일들이 발생하는데, 달리 말하면 문화는 시대 환경에 따라서 혹은 적응도에 따라서 다양한 양상으로 발전, 변화, 왜곡, 망실되기도 하며, 유사한 문화와 만나서 파편화되기도 하며, 유사 장르와 혼재하기도 한다.

우리 가면극도 그 중에 하나다. 우리 가면극이 일제강점기와 이념적 갈등을 겪는 과정에서 발생한 왜곡은 문화 전개의 비정상적인 양상이라는 점에 대해서는 더 이상 논란거리가 아니다. 이러한 모습이 극명하게 나타난 것이 우리 공연문화의 하나인 가면극, 즉 탈춤이다. 연구 과정에서의 이해 부족, 입장의 현격한 차이도 한 몫을 했다. 이러한 이유로 우리 가면극을 창조적으로 복원하고자 하는 것이다.

허규는 「우리극의 원형질」에서 '우리의 민속극은 왜 버림을 받아야 했는가' 라고 반문하면서, 그것은 '민족적 열등의식, 패배주의, 욕구불만 등 내적 불안이 전통에 대한 반발, 부정, 경원으로 줄달음친 것'이라고 진단하였다. 또한 '민속극은 비현대적, 비문화적인 것인가' 라고 다시 반문하면서,

우리나라의 민속극을 자신들의 지혜로운 삶의 행위, 생명의지, 절망, 공포, 분노, 애증, 고통을

신바람과 아름다움으로 극복하는 그런 삶의 지혜와 멋으로 인식한다면 거기에는 분명, 현대연극이 잃어버린 귀중한 연극의 원형질 같은 것을 발견해 낼 수 있을 것

이라 진단하고,

민속극을 통해서 우리가 연구하고 고찰해야 할 점은 바로 현대연극이 잃어버린 원형질을 찾아내는 데 초점을 맞추어야 하며, 그것을 창작의 씨앗으로 삼아 내일의 우리의 삶의 진실되고 아름답게 할 수 있는 연극을 만들어내는 것이 바람직하다.

라고 주장하였다. 원형질을 찾고자 하는 이러한 노력은 우리 공연 문화 전반에 걸쳐 갈증과도 같은 것이다.

서연호가 「봉산탈춤 오청채록원본의 연구」에서

원본을 필사한 구자균(一梧文庫)의 필사본(B로 약칭)은 매우 값진 것이었지만, 1983년 김흥규(金興圭)에 의해 뒤늦게 공개되어, 그 이전의 봉산탈춤연구에 기여하지 못한 아쉬움이 있다. B는 보성전문학교시험용지(37.5×26cm) 45장에 필사되었고, 구자균선생이 1946년에 고려대학교국어국문학과의 교수가 된 사실로 미루어, 빨라도 광복직후에 필사된 것으로 볼 수 있다. 그러니까 그때까지만 해도 원본이 어디엔가 보존되어 있었다는 사실이 입증된다. 그 동안 숱한 관련자들이 부실한 채록본을 가지고 공연하거나 연구한 과정을 되돌아 볼 때, 원본이나 다름없는 B가 진작 공개되었더라면, 제반 성과는 더욱 컸을 것이 분명하다.

라고 술회하고 있다. 이는 기존의 일부 연구가 원형질을 찾는 데에 오히려 걸림돌이 되었음을 단적으로 지적하는 발언이다. 즉 그간 저간의 사정으로 인하여 실체를 분명하게 인식하기에는 부족한 면이 많았다는 것이다.

이제는 기존의 여러 연구 성과와 여러 방중 자료를 통하여 적극적으로 우리 가면극을 창조적으로 복원하여 나가야 한다.

자료는 가면극의 대사만이 아니라 채록자와 구술자 그리고 연희자, 또한 채록본이냐 연희본이냐의 문제, 채록자료의 명칭, 연행 마당의 전개 문제, 연행의 시간성과 공간성 문제, 연원, 운영 경비, 종이탈이냐 나무탈이냐의 문제, 가면극 공연자층, 가면극의 배역 등에 관심을 기울여야 한다. 자료를 어떤 시각에서 보는가에 따라 달라질 수 있는 면이

있는가 하면, 구술 자료들에는 다층(多層)적인 면이 산발적으로 흩어져 있어서 정체를 해명하기 위해서는 다각적인 논의가 필요하다. 1936년 봉산 공연 자료를 보면 오청본과 임석재본에 큰 편차를 보이는데, 자료의 진위 문제에 머무를 것이 아니라 이왕에 얻어진 자료이니 그것의 가치를 확인하여 의미 있게 활용할 수 있는 토대를 마련할 필요가 있다.

우리가 해야 할 일은 민속극의 하나인 우리 가면극을 창조적으로 복원해 내는 일이다. '창조적 복원(creative restoration)'은 상상 복원이다. 자료가 영성하여 가시성이 허약한 텍스트를, 다양한 방증 자료를 바탕으로 가시적인 세계를 펼쳐놓음으로써 본래의 모습에 다가가고자하는 일련의 연구 과정이 '창조적 복원(creative restoration)'이다. 잠정적으로 '창조적 복원(creative restoration)'의 뜻을 정리하면 다음과 같다.

> '창조적 복원(creative restoration)'이란, 내적 혹은 외적 요인으로 인하여 영성한 채로 전승되어 그 실상이 일부 불가시적인 상태로 보존된 텍스트를, 다각적인 연구 성과와 예술적 상상을 바탕으로 가시적인 텍스트로 구축하는 일련의 연구 과정이다. 여기서 '내적 혹은 외적 요인'이란 전승과정에서 전승물의 실현 현장과 전승집단의 환경변화에 따른 요인이며, 채록 혹은 전수 과정에서 발생하는 오기, 탈자 등도 이에 속한다. '불가시적인 상태'란 실연된 공연물의 실상이 관중에게 왜곡되어 전달되는 상태를 말한다. '다각적인 연구 성과'란 민속학 내지는 문화인류학적 연구 성과를 비롯한 다양한 인문사회학적 성과를 말한다. '예술적 상상'이란 전승물을 공연물로서 인식하고 그것을 예술적 안목을 가지고 실상을 창조적으로 추정하는 것을 말한다.

우리 가면극의 창조적 복원을 위하여 몇 가지 우리가 염두에 두어야 할 점이 있다. 그것은 우리 가면극은 '우리 가면극의 본원적 토양'을 중시할 일이지 서구적 시각에만 경도되어서는 안 된다는 생각에서다.

첫째, 우리 가면극은 세시행사의 하나로 주기적으로 반복되기 때문에 일정한 양식을 갖는다. 그 유형에는, 인물와 인물이 주고받는 것, 인물이 혼자 하는 것, 인물과 악사가 주고받는 것, 인물과 관중이 주고받는 것 등으로 대별된다. 그리고 인물이 대사를 실현하는 방식은, 말로 하는 것·노래와 비슷한 억양을 지닌 것·노래로 하는 것 등이 있다. 이것은 대사를 실현하는 양상을 분석하는 데에 기초가 된다.

둘째, 우리 가면극은 대구법에 의한 반복·상투적인 수식어·유사어의 반복·수수께끼식 문답·속담·유사음운에 의한 어희·파자·천자문 뒤풀이·언문 뒤풀이·비속어(욕설)·전고 인용·음담·소위 삽입가요·불림 등이 두드러진다. 그 이유는, 김학성이 주장한 바에 따르면,

> 어떤 계층이 새로운 장르를 형성하고자 할 때 대체로 기존 장르를 양식적으로 변용(model transformation)하여 수용함으로써 장르 발생에 결정적으로 기여하게 되는데, 이러한 현상을 기존 장르는 직접적으로 양식을 낳으며, 이 양식의 중개를 통하여 간접으로는 새로운 장르를 창출한다고 한다. 이는 곧 새로운 장르의 발생에는 기존 장르가 양식화되어 수용됨을 의미한다. 따라서 이를 객관적 위치에서 바라 볼 때는 장르 간의 상호 침투·교섭·충돌·혼합·전환 등 다양한 운동 현상으로 설명될 수 있기 때문이다.

곧 가면극 대사가 이와 같은 장르적 속성을 그대로 지니고 있기 때문에 다양한 유형적 특성을 보이고 있음은 당연하다. 이러한 양상은 역시 우리 가면극의 원형질을 고찰하는 기초적인 탐구 대상이다.

셋째, 연극을 배우 층위와 극장 층위과 희곡 층위과 관객 층위에 의하여 이루어진 것으로 간주하고, 그리고 우리 가면극이 '탈'과 '춤'과 '음악'과 '사설'이 어우러져 엮어낸다는 가면극의 본원적 토양을 중시하면서 등장인물 층위와, 춤과 음악 층위와, 탈의 층위와, 희곡 곧 사설 층위로 나누어서 고려하여야 한다.

넷째, 공연현장의 복원이다. 김우탁은 『한국전통연극과 그 고유무대』의 '머리말'에서

> 근자에 와서 제 것을 찾는 시대적 움직임에 호응하여 얼마간의 자료의 발굴과 보존을 위한 시도가 있었을 뿐 이들 연극을 고유한 전통연극으로서 예술적으로 정형화하기 위한 이론이나 실제의 연구나 시도는 거의 없었던 것

이라고 전제하였다. 그리고 가면극 무대에 대한 분석과 복원 작업을 시도하였는데, 그 내용은 무대와 객석의 분리 문제, 무대와 객석의 '접촉과 거리', 연기자와 관객의 '공감과 첨가'의 문제, 각광(脚光, footlight)의 문제, 드레스 룸(dressing room)의 문제, 악사석의 문제, 이층 관람석의 문제 등이다. 이른바 '민속극 무대'를 만들기 위하여 필요한 기본 요건들을 제시하였다. 이러한 주장은 우리 가면극의 실체를 파악하고 공연물로서의 정당한 위치를 제공하고자하는 노력으로서 의미 있는 접근이다.

다섯째, 채록자료 읽기에 대한 것이다. 봉산탈춤 1936년 공연 채록자료를 살펴보면, 오청본과 임석재본에 큰 편차를 보이는데, 이는 공연상황을 염두에 두었느냐 아니면 구술 자체만을 중시하였느냐의 차이다. 즉 봉산탈춤 자료는 이 자료들을 동시에 비교 검토함으로써 소위 '창조적 복원'이 가능하며 이를 통하여 연구되어져야 한다. 구체적으로 조망할 점을 들어보면 다음과 같다.

> ㉠ 공연 테크닉 면에서 자료들을 검토해보면 채록자에 따라 공연현장을 바라보는 시각이 달랐다는 것이고, 이들을 종합하는 연구가 필요하다는 것이다.
> ㉡ 가면극과, 가면극 내부에서 실현되는 일반 무당굿을 동일 관념상에서 다루어서는 안 된다는 것이다.
> ㉢ 양반춤 장면은 피지배계층을 대변하는 말뚝이와 지배계층을 대변하는 양반 간의 대립 갈등을 주조로 하는 차원을 넘어서서, 공연공간의 정서 등과 같은 공연 테크닉을 기반으로 하는 것이다. '양반 놀이'를 하는 가면극 공간의 다양한 제유적 기능을 발견할 필요가 요청된다.
> ㉣ 미얄춤 장면에서 보여주는 여러 분절들 간의 상호 작용-이미지 작용-은 관객의 몫으로 할 때에 그 실상이 드러난다. 처첩간의 문제라는 큰 연극적 장치 속에 작은 연극적 장치들이 어떻게 작용하고 있는지를 파악할 일이다.
> ㉤ 원숭이 마당을 엎치락뒤치락 수법을 활용하는 가면극의 한 표현수법을 보여주는 것이라 이해한다면 임석재본이 공연현장에 가깝다.
> ㉥ 우리 가면극이 고도의 기량을 요하는 민속극이었다는 것이고, 이를 중시한다면 가면극의 '일상성'이나 '즉흥성'에 대한 논의의 시각을 달리하여야 한다.
> ㉦ 사자춤 장면은 죽음과 부활의 상징으로 관념되는 '복중(腹中) 모티프'와 관련하여 해명되어야 한다.

여섯째, 유형성의 문제이다. 가면극 대사는 '희극성의 표징(表徵)-유형성이 던져주는 미적 효과, '의미(所記)를 넘어선 그 어떤 효과(能記), 의미와는 직접 관계가 없는 心象(이미지)과 상상(想像)을 불러일으키는 효과-'이다. 최진원 선생님은 이 '유형성이 던져주는 미적 효과'를 '표징(表徵)'이라고 한 듯하며, '춘향가'를 분석하면서 '수(愁)의 표징', '낭만성의 표징', '희극성의 표징'을 들었다. 가면극 대사에서 과장하거나 나열하거나 반복하는 '의미'들은 생소한 것이 아니다. 곧 유형성을 기초로 한 것이다. 한편 이것이 속

칭 '사은유'인데,

　　사은유는 골계의 길, 유형화의 길을 걷기도 하며, 유형화되어 패로디 효과를 보이게 된다. 민중의 통속어, 은어, 유아어 등과 같은 거리를 배회하고 들판에서 떠도는 '자연'의 시나 '야생 그대로'의 시의 개념에 어떤 기반을 마련해주는데, 이러한 고의적이거나 아니면 자연 발생적인 시적 창조의 찌꺼기들은 모두 차게 식어버렸지만 생명을 되찾을 가능성이 있는 수사학이다.

　여석기도,

　　대체로 가면극 인형극 판소리 등으로 구성된 한국의 전통연극에서는 센티멘탈리즘을 의식적으로 과장하거나 양식화함으로써 그것으로부터 탈피에 성공하고 있는데, 그 이유는 곧 위에서 본 패러디 효과가 일종의 희극적 웃음을 자아낼 수 있듯이 다분히 양식화된 연극성을 지니고 있기 때문이다.

라고 하였다. 여기에서 주목되는 바가 '양식화'다. 결국 우리 가면극이나 인형극 그리고 판소리의 사설은 유형성으로 인하여 새로운 미적 효과를 거둔다. 판소리를 '골계와 비장의 미학'으로 파악한 것도 이와 같은 속성 때문이다. 가면극 복원은 이같은 미적 양상을 찾아내는 일도 그 중의 하나다.

　일곱째, 연행원리다. 공연은 배우 층위와 희곡 층위와 무대(장소) 층위와 관객 층위의 순서쌍에 의한 총화와 총체이다. 가면극의 공연실현 원리도 마찬가지다. 분명 우리 가면극은 표현이다. 그 생산층과 향유층이 누구이든 그들의 무언가를 표현하려 하였다는 데에는 이론이 없다. 그러면서도 '망문연의(望文衍義)'에 그치고 있는 것이 이 부면에 대한 연구의 현실이다. 자료가 영성한 것이 사실이나 이것이 또한 연구의 취약성을 대변해주지는 못한다. 우리 가면극은 연극적인 것임에 틀림없다. 그렇다면 탈춤이 연극적인 것으로 해명된다 함은 '실연(actual performance)'으로서의 공연물을 의미하는 것이다. 행동을 유발하는 언어와 음악과 춤이 성립될 때에 가면극은 연극이 된다. 여기서 춤은 행동(acting)이다.

　여덟째, 가면극 자료는 희곡텍스트가 아닌 공연텍스트로 간주하고, 공연양상과, 공연자층과 관객층을 주목해야 한다. 피네간이 말한 바를 염두에 두면서 '일반적인 연행 테크닉'과 '관중과의 상호작용'과 '시각적 자질'과 '담당층 개인의 예술적 수완과 문화적 관습'과 '공연 상황' 등에 관심을 가져야 한다.

　현재 탈춤, 탈놀이, 가면극 등의 용어가 혼재하고 있다.
　'탈춤'은 우리 민속극의 하나로서 춤을 주조로 한다는 면이나 '신화는 춤추어진다'는 인류학적 명제와도 어울린다는 점에서 강점을 가지고 있기는 하나 무용적 성향이 강한 용어라는 점이 약점이다. '탈놀이'는 '놀이는 곧 신성이다'라는 명제와도 어울려 적합한 듯이 보이기는 하나 어린아이들의 유희를 보통 '놀이'라고 한다든가 민속적 행사를 '놀이'라고 하는 점을 보면 장르 명칭으로서는 너무 좁다는 감이 든다. '가면극'은 서구적 가면극과 변별되어야 한다는 점에서 난제이 있기는 하나 우리 문화의 세계화를 지향하고자 하는 추세로 본다면 '가면극(mask dance)'이라는 용어가 적합하다고 본다. 추후에 다루겠지만 '별산대놀이', '별신굿탈놀이', '오광대', '야류' 등도 가면극의 범주에 속한다. '덧뵈기'라고도 하는데 이는 남사당놀이의 한 장면을 지칭하거나 여타 민속적 행사에서 일부 공연물을 이르기도 한다.

　그리고 연희본과 채록본의 문제도 짚고 넘어갈 일이다.
　조동일은 『탈춤의 역사와 원리』에서 연희본은 '연희자 자신이 기록한 것으로서 장점은 대사나 동작을 기록하는 데에 그치지 않고 작품의 의미나 연희자의 의식까지 전하는 데에 있다'고 하였다. 단점은 '대사를 능숙하게 구사하는 연희자라고 해도 말로 하는 것과 글로 쓰는 것은 다르기 때문에 글로 쓸 때에는 실제 연희에서 나타날 수 없는 변화가 생길 수 있고 작품의 내용이나 연희자의 의식을 설명하는 데서도 객관적으로 인정될 수 없는 견해가 삽입될 수 있다'고 하였다. 아울러 채록본은 '기록자의 의견을 첨부하지 않고 공연 또는 구술의 내용을 객관적으로 기록한 자료라는 점에서 의의가 있다고 하였다. 그러면서 녹음기가 사용되기 전에 이루어진 채록본은 기록의 속도가 구술의 속도를 따를 수 없으므로 소루하게 될 염려가 있다'고 하고, '녹음에 의해 정확하게 기록되고 연희의 동작을 면밀하게 관찰해서 기술한다 해도 겉으로 드러난 것만 다루고 작품의 의미나 연희자의 의식을 드러낼 수 없다는 한계를 지닌다'고 하였다.

이러한 점을 염두에 두면서 여기서 다루고자 하는 여섯 자료-출처가 분명하다고 판단되는 자료를 선택하였음.-를 간단히 짚고 넘어가도록 한다.

여섯 자료 중에서 유일하게 '김유경본'만이 연희본인데, 대단히 소루하게 남아 있는 상태다. 김유경류봉산탈춤보존회에서 이 자료를 만들 때에 김유경의 구술을 직접 들으면서 제작하였다고 하니 채록본적인 성향을 가지고 있다. '김일출본'도 생략이 지나치게 많아 소루하게 채록되었다.

'오청본'과 '송석하본'은 공연현장이 아닌 별도의 자리에서 구술을 채록한 것으로 각 장면마다 채록자의 주관적인 견해-공연자의 증언인지는 확인되지 않은 상태다-가 부기되었다.

'임석재본'은 '오청본'과 '송석하본'과 같은 시각에 현장상황에서 채록한 것으로 '채록자의 주관적인 견해'는 부기하지 않았다. 다만 formula에 가까운 대사는 채록자가 '대사중臺詞中에 나타나는 의미불명意味不明한 것의 해명解明, 한자어漢字音같은 것의 표기表記는 임석재任晳宰의 아는 범위내範圍內에서 정확正確을 기期하였다.'라고 한 대로 일부 보완하였다고 한다.

'이두현본'은 황해도 봉산에서 활동하던 공연자들이 후에 기억을 더듬어 공연하고 이 공연 현장에서 채록한 것이다. 채록자 이두현은 현장조사법을 충실하게 적용한 보고서를 내놓았는데, 후에 표준어법에 맞지 않는다고 본 대사를 대부분 수정하였다.

여기서 제목에는 채록자명 혹은 연희자명에 '본'을 붙여 사용하기로 함을 첨언하여 둔다. 본문에서는 '채록본'과 '연희본'이라는 용어를 붙여 사용한다.

[봉산가면극]의 '창조적 복원을 향하여'의 구성과 활용한 원자료는 다음과 같다.

    1권 ; 임석재본 - 「鳳山 탈춤」 臺詞', 『국어국문학』 18호.
    2권 ; 오 청본 - 구자균필사본 『假面舞踊 鳳山 탈脚本』, 서울대학교 도서관 소장.
    3권 ; 송석하본 - '鳳山仮面劇脚本', 『문장』 2호.
        김유경본 - '김유경류 봉산탈춤', 김유경류봉산탈춤보존회 편.
    4권 ; 이두현본 - '鳳山탈춤 臺詞', 『무형문화재조사보고서』 제12호, '鳳山탈춤'.
        김일출본 - '≪봉산 탈놀이≫대본', 『조선민속탈놀이 연구』.
    5권 ; 봉산가면극 사전

1권에서는, 복원과 복원 종합으로 이루어지며, 복원종합은 장면실현단위-분절(Seg-mentation), 연극적 장치(Theatrical Device)-희곡을 비롯하여 연극의 모든 요소를 포함하면서 연극이 다른 예술과 변별되게 하는 중점적인 요인, 정리 순으로 이루어진다.

'임석재본'을 복원하는 데에 있어서 몇 가지 일러두고자 한다.

가능한 한 원자료를 손상시키지 않도록 노력하면서, 노래와 노래조로 실현되는 대목은 행간 배치를 달리 하였으며, 극히 일부 띄어쓰기를 하였고, 철자법-'→' 표시-도 극히 일부 표준어법에 맞추어 정리하였다. 이 자료에 쉽게 접근할 수 있도록 한자표기는 한글로 노출시켰다. 방언과 관용어는 원자료를 그대로 살리되 그 내용을 각주에 밝혔다. 대사와, 지문성 기사는 행간을 구분하였다. 특별히 추가적인 연구가 필요하다고 판단되는 대목에는 각주에 '[보정]'이라고 덧붙였다. 기타 사항은 관례를 따랐다.

발문을 써준 김동욱 선생께 감사드립니다.

이 책의 출판을 흔쾌히 허락하여주신 보고사 사장님과, 직원 여러분께도 감사드리며 이 책을 사랑하는 아내 民玆에게 바친다.

2016년 4월
안서동에서
저자

한국가면극의 창조적 복원을 기리며

 필자의 외우(畏友) 동탁(東槖) 조만호(趙萬鎬) 박사가 20여 년간 [봉산가면극] 사설에 대해 남다른 정열을 쏟아 부으며 각고(刻苦)의 노력 끝에 모두 6권에 이르는 이른바 '창조적 복원' 작업을 마쳤다. 구비문학계나 연극학계는 물론 우리 문화계의 대단한 경사로, 모두가 경하해 마지않을 일이다.

 문화적 자료의 정본(定本) 확정과 주석 작업에 관한 동양의 오랜 연원은 중국 한대(漢代)의 훈고학(訓詁學)으로 거슬러 올라간다. 진(秦)나라 이전의 춘추·전국시대 백가쟁명(百家爭鳴)의 제자백가(諸子百家) 사상이 진시황(秦始皇)의 분서갱유(焚書坑儒)라는 전대미문(前代未聞)의 학문 탄압으로 말살됨에 따라 고문(古文)·금문(今文) 등으로 전해진 자료의 정본 확정을 위해 한대 이래로 발달한 학문이 훈고학이다.

 훈고의 훈(訓)은 어의(語義)를 어기(語氣)에 따라 해석하는 것으로, 글의 맥락에 따른 해석이기에 축구적(逐句的)인 양상을 띤다. 훈고의 고(詁)는 옛 글자나 방언(方言)을 현대의 표준어로 해석하는 것으로, 축자적(逐字的)인 양상을 띠게 마련이다. 이렇듯 훈고학의 관심은 주로 문자(文字)의 해명에 있었고, 그 과정은 자의(字義)를 훈고하여 본문을 비판함으로써 정본 확정에 최종 목표를 두었던 것이었다.

 중국의 유가(儒家) 경학(經學)은 한당(漢唐) 시기의 훈고학에서 비롯되어, 송대(宋代)의 이학(理學), 즉 성리학과 명대(明代)의 심학(心學), 즉 양명학(陽明學)을 거쳐 청대(淸代)의 고증학(考證學)으로 이어진다. 청대 고증학의 출현에 대해 종전에는 소극적인 설명에 그쳤었다. 청조(淸朝) 개국 이후 강희(康熙)·옹정(雍正)·건륭(乾隆)의 성세(盛世)를 거치는 동안 빈발했던 문자옥(文字獄)으로 인해 전대의 성리학이 위축되면서 고증학으로 나타났다는 등의 설명이 그것이다.

그러나 근래에 제기된 새로운 학설은 청대의 학자들이 송·명의 이학이나 심학이 지나치게 형이상학적 경향을 띠면서 공소(空疎)함으로, 이를 탈피하기 위해 한대의 훈고학을 모범으로 발전시킨 것이 고증학이라는 설명이다. 그것을 발전이라고 말할 수 있는 근거는 고증학이 문자의 해명을 넘어서서 연구 대상에 포함된 의리(義理)를 철학적으로 해명하는 데까지 나아갔다는 것이다. 이런 이유로 고증학자들은 고증학이라는 말 대신 한학(漢學)이라는 용어를 서슴지 않고 사용했음을 볼 수 있다.

이웃 땅 중국의 과거 사례를 장황하게 소개하는 이유는 다름이 아니다. 조 박사의 노작(勞作) 과정이 바로 봉산 가면극 사설에 대한 훈고학으로 비롯하여 자료의 의리를 해명하는 (이를 조 박사는 '창조적 복원'이라고 규정했다.) 고증학의 단계로 나아갔음을 발견했기 때문이다. 그가 그렇듯 오랜 세월 동안 하나의 텍스트에 매달렸던 이유는 "민속극을 통해서 우리가 연구하고 고찰해야 할 점은 바로 현대연극이 잃어버린 원형질을 찾아내는 데 초점을 맞추어야 하며, 그것을 창작의 씨앗으로 삼아 내일의 우리의 삶을 진실되고 아름답게 할 수 있는 연극을 만들어내는 데" 있었던 것이다.

그러한 '원형질'을 찾기 위한 조 박사의 방법론이 바로 '창조적 복원'이다. 창조적 복원을 위해서 염두에 두어야 할 것을 그는 여덟 가지로 제시하고 있다. 첫째로는 세시행사여서 주기적으로 반복되던 가면극은 일정한 양식 혹은 유형이 있다는 것이다. 둘째, 가면극 사설에 특징적으로 드러나는 대구, 반복, 투식어 등을 고려해야 한다고 했다. 셋째, 일반 연극이 배우, 극장, 희곡, 관객 등 네 개의 층위로 이루어져 있듯이, 가면극에도 등장인물, 춤과 음악, 탈, 희곡 등 네 가지 층위가 고려되어야 한다는 것이다. 넷째로 사설의 창조적 복원을 위해서는 전통 연희 현장의 복원도 필수적이라는 것이다. 다섯째, 사설의 채록본들이 보여주는 편차가 상당하므로, 각기 상이한 자료를 비교 검토함으로써 '창조적 복원'이 가능하다고 했다. 여섯째로 유형성의 문제, 일곱째로 가면극의 연행원리에 대한 고려가 있어야 한다는 것이다. 끝으로, 가면극 자료는 단순한 희곡텍스트가 아니라 구비텍스트이자 공연텍스트이므로, 공연양상, 공연자층과 관객층을 두루 주목해야 한다고 했다.

봉산 가면극은 오랜 공연의 역사를 가지고 있다. 그러나 조 박사가 지적했듯이, 가면극도 문화의 한 가지이므로 시대 환경과 적응도에 따라 본질이 왜곡되기도 하고 심지어는 본질이 망실된 채 비본질적인 요소가 본질인 양 남아 있기도 하다. 또한 자료를 바라보는 시각에 따라 똑같은 자료도 달리 해석된 채 남아 있기도 하다. 대부분의 민속학자나 구비문학자 연극학자들이 그러한 실상을 알고 있으면서도 근본적인 해독과 비평을 통한 복원을 외면하고 있으며, 심지어 일부의 연구자는 단편적인 주석 자료를 가지고 가면극의 본질을 농단하고 있는 것도 엄연한 사실이다.

이처럼 황량하고 열악한 상황에서 조 박사가 20여 년간 심혈을 기울여 봉산 가면극의 창조적 복원 작업을 꾸준히 밀고 나가 오늘의 수확을 하게 된 것은 일차적으로 조 박사 본인의 보람이겠으나 나아가서는 우리 학계와 문화계의 보람이자 천만다행이라고 생각한다. 다시 한 번 조만호 박사의 노작에 대해 열렬한 박수를 보내고 더욱 건승하시기를 기원하며 이쯤에서 용훼(容喙)를 거두고자 한다.

을미년 백로일에 임고(臨皐) 김동욱이 삼가 씀

차례

I. 봉산가면극 복원【임석재본】

II. 봉산가면극의 복원 종합

I. 봉산가면극 복원

【임석재본】

1. '제일장'의 복원

자료資料

"봉산鳳山 탈춤" 대사臺詞[1]

제일장第一場[2]

[3]

上佐(상좌)[4] 넷이 등장登場. 모두 흰 장삼長衫[5]을 붉은 가사袈裟[6]를 들쳐

---

1 이 자료는 '國語國文學 第18號 創立 5周年 記念 特輯 國語國文學會4290.12.31 資料 鳳山 탈춤 臺詞 任晳宰'를 원자료로 삼은 것이다.

2 [보정] 場[장] : 여기서 '第一場'이라 하였다. 장면을 분할하는 데에 있어서는 채록 자료에 따라 '場', '科場', '科程', '마당', '과장', '과정' 등으로 나타난다. 그리고 景도 나타난다. 이들을 act, scene 등과 변별점을 찾는 일도 하나의 과제다. 봉산탈춤 임석재 자료에서 '全場'이라고 한 점으로 보아 연행 현장에서는 별도의 구분 없이 연행되었던 듯하다. 그러던 것이 채록 과정에서 편의상 분절[분할]된 것이 아닌가 한다. 이 분절의 문제는 탈춤의 마당을 별개의 것으로 볼 것인가 아니면 옴니버스식으로 볼 것인가 아니면 일관된 하나의 공연물로 볼 것인가 하는 등의 문제와 결부되어 있다.

3 [보정] 오청본에서는 다음과 같이 '이場面은 惡魔가修道를妨害하는序幕으로서 醉發이라고하는放蕩한處士한 사람이 生佛과갓혼老僧의마음을 움지기게하랴고 그의上佐四名을꾀여내서 老僧이金剛經을읽고잇는法堂압헤서 가장華麗한춤을추히는 것이다.' 부기되었다. 송석하본에도 유사한 내용이다. 이 기사는 뚜렷한 증빙 없이 진술된 것이다. 채록하는 과정에서 첨가된 이 기사가 후대 연구에 검증 없이 받아들여졌다는 점은 앞으로 우리 가면극 연구에 있어서 크나큰 과제 중에 하나다. 여기 임석재본에는 이 기사가 없다. 1939년도에 봉산의 동일한 현장조사였는데도 임석재본에 없다는 점은 오청이 채록하는 과정에서 삽입된 것으로 생각된다. 따라서 이 기사에 의존하여 이 장면의 주제를 파악하는 일은 한계가 있다. 기존의 논의에서 '악마', '방탕한 처사', '생불(生佛)인 노승' 등과 같은 기사로 인하여 가면극의 주제를 악마와 생불간의 대립으로 이해하려는 자세는 잘못이다. 전개상으로 보면 취발의 승리로 귀결되는데 그렇다면 악마의 승리로 결정된다. 즉 대립의 문제와 악마에 대한 이해를 '선악(善惡)의 대립'으로 보아서는 안 된다. 악마는 노승을 패퇴(敗退)시키기 위한 악마가 아니라 고양(高揚)시키기 위한 악마로 봄이 타당하다.

4 [보정] 상좌上佐 ; 산스크리트어 'sthavira', 팔리어 'thera'에서 온 말로, 출가한 지 오래 되어, 모임에서 맨 윗자

입고 고깔[7]을 썼다.

등장登場의 절차節次는 다음과 같다.

즉卽, 먹중 하나가 상좌上佐 하나를 업고[8] 달음질로 입장入場하여가지고 타령곡打令曲[9]에 맞추어 춤추며 장내場內를 한 바퀴 돌고 나서 상좌上佐를 적당適當한 곳에 내려놓고 퇴장退場한다.

리에 앉는 비구나 수행 기간이 길고 덕이 높은 수행자를 말한다. 승려를 높여 일컫는 말이기도 하다. 또한 출가한 지 오래되고 덕망이 높아, 사원의 승려들을 통솔하는 직책을 맡은 승려를 말하기도 한다. 스승의 대를 이을 여러 승려 가운데에서 가장 높은 사람을 말하기도 한다. 송파 산대놀이나 양주 산대놀이와 같은 경기지방의 탈춤과 봉산탈춤·강령탈춤·은율탈춤과 같은 황해도 해서지방의 가면극에서만 나타난다. 일반적으로 초반의 상좌마당에서 등장하며, 상좌가 가면극을 시작한다는 것을 관객에게 알리는 불교적 의식무용이다. 한편 실재 춤의 내용은 사방신과 중앙신에 합장 재배하는 등 다섯 번 절을 하고 잡귀를 몰아내어 가면극 현장을 정화하는 의미가 강하다고 한다.

5　장삼長衫 ; 승려의 웃옷이다. 검은 베로 길이가 길고 소매가 넓게 만든다. 장삼은 원래 불교의 발상지인 인도에서는 착용하지 않았던 것인데, 불교가 중국으로 전하여지면서 기후와 의습(衣習)에 따르는 영향으로 편삼(揙衫)을 가사와 함께 착용하였는바, 이 편삼이 뒤에 장삼으로 우리나라에 전래되었다. 편삼은 편철(偏袒)이라고도 하며, 중국 북위(北魏) 때 혜광(慧光)이 승지지(僧祇支)에 편수(偏袖)를 붙이고 옷섶을 단 윗옷으로 중국의 선가(禪家)에서 사용하여 온 것이다. 윗옷인 편삼과 아래옷인 군자(裙子 : 下裙, 內衣로 승려의 허리에 둘러 입는 짧고 검은 옷)를 위아래로 합쳐 꿰맨 옷이 직철(直裰)이고, 이것이 우리나라에서는 장삼인 것이다. 장삼의 의형은 도포와 철릭과 흡사하며, 소매가 매우 넓고 허리에는 여분을 풍부하게 두어 큼직한 맞주름을 잡는 것이 특징이다. 현재에는 두루마기와 같은 무를 네 개씩 넣는 경우도 있다. 빛깔은 대체로 회색과 갈색 계통이며, 의차(衣次)는 면직 또는 모직이었으나 근래에는 편의상 합성섬유직물을 사용하고 있다. 옛날 고승이 착용하던 장삼은 사명대사(四溟大師)의 유물에서 그 실례를 볼 수 있다. 장삼의 총길이는 144cm이고, 소매길이는 143cm, 소매통은 85cm이며, 허리는 절단하여 주름이 잡혀 있다. 옷 빛깔과 의차는 백색면직물이다. 현재의 장삼은 깃머리가 직선이고 허리선을 절단하여 큰 주름을 잡은 경우가 있다. 또 깃머리가 네모가 되고 허리를 절단하지 않은 대신 끈을 달아 묶고 겨드랑이 밑에 무를 네 폭으로 넣었으며 겉섶과 안섶이 각각 두 폭씩 장길이로 이어진 경우도 있다. 허리에 주름을 잡을 경우의 장삼은 앞뒤 각각 네 개씩 8개의 큰 주름이 있다 하여 이를 '팔폭장삼'이라고도 한다. 장삼의 소매통은 앞뒤 6폭으로 이어졌는데 회장 중심의 곱쳐진 선이 경계가 되어 앞 네 폭, 뒤 네 폭 합하여 8폭이 된다.

6　붉은 가사袈裟 ; 장삼 위에 걸치는 외옷자락을 말한다. 붉은 천을 조각보 모양으로 모으는데 두 줄로 이어 호은 속은 모두 통하게 짓는다. 가사(袈裟)는 대체로 붉은 색이다.

7　고깔 ; 승려가 쓰는 건(巾)을 말한다. 저마포(苧麻布)로 만들며, 이등변삼각형으로 배접한 베 조각을 둘로 꺾어 접어서 다시 이등변삼각형이 되게 하고, 터진 두 변에서 밑변만 남기고 다른 변은 붙게 하여 만든다. 고깔은 '곳갈'이라고도 하는데, '곳'은 첨각(尖角)을, '갈'은 관모(冠帽)를 의미하는 것으로 변(弁)의 형상과 일치한다. 넓은 의미에서 보면 삿갓·송낙 등도 모두 고깔형 관모에 속하지만, 좁은 뜻으로는 단지 포제(布製)의 삼각건만을 지칭한다. 흔히 상좌들이 썼으며 사헌부의 나장이나 관아의 급창(及唱) 등이 쓰기도 하였다.

8　[보정] 먹중 하나가 상좌 하나를 업고 ; 현재 실제의 연행에서 네 상좌가 업혀 나오는 경우는 잘 보이지 않는다. 여기서 '업고 나온다'는 뜻은 그 상징적 의미가 따로 있음을 의미한다. 구체적인 연구가 필요하다.

9　타령곡打令曲 ; 원래는 그냥 '타령(打令)'이라 한다. 영산회상(靈山會相)의 여덟째 곡의 이름이다. 또한 서도지방 민요의 하나를 말하기도 한다. 홍타령, 잦은 아리 또는 감내기라는 딴 이름이 있다.

그런 뒤 다른 먹중이 다른 상좌上佐를 업고 달음질하여 입장入場하여 장내場內를 돌다가 첫번 상좌上佐 섰는 옆에다 내려놓고 퇴장退場한다.

제삼第三·제사第四의 상좌上佐도 이와 같은 방식方式으로 등장登場.

상좌上佐들 일렬一列로 서서 춤추다가 긴 영산회상곡靈山會相曲[10]에 맞추어 이인二人씩 동서東西로 갈라서서 대무對舞한다.

영산곡靈山曲이 끝날 때까지 춤은 계속繼續.

타령곡打令曲으로 전전轉하면 먹중 I (첫목)[11]이 등장登場한다.

상좌上佐들은 8八먹중이 등장登場하는 동안 그 서 있는 자리에서 손춤[12] 춘다.[13]

---

10 영산회상곡靈山會相曲 ; '영산회상(靈山會相)'을 말한다. 영산회상은 석가여래가 설법하던 영산회의 불보살을 노래한 악곡이다. 영산회(靈山會)는 석존(釋尊)이 영취산(靈鷲山)에서 주로 '법화경(法華經)'을 설법하던 때의 모임을 이르고, 이때 석존의 연세가 일흔 하나였다고 한다.

11 [보정] 먹중 I(첫목) ; 한 역할에 대하여 '먹중 I'과 '첫목' 이렇게 등장인물 기호가 두 가지다. '먹중'은 검은 베로 만든 장삼을 입었기에 붙여진 이름인 듯하다. '첫목'은, '공연집단의 우두머리 격'이라는 듯이나, '첫 번째로 등장하는 인물'이라는 뜻이다. '목'을 '먹중'이라고 등장인물 기호가 붙음으로써 불교적 해석으로 경도되지 않았는가 한다. '장삼'이라는 의상도 한 몫 한 것으로 생각된다. 가면극이니 만큼 '가면'에 초점이 맞추어진 연구가 필요하다.

12 손춤 ; 손을 놀려 추는 춤이다.

13 상좌上佐들은 8八먹중이 등장登場하는 동안 그 서 있는 자리에서 손춤 춘다. ; 송석하본에서는 '상좌무上佐舞가 거의 끝날 지음에 첫목(초목初目 — 처음 입장入場하는 먹중)이 다름질하야 등장登場하자 4상좌四上佐 모다 퇴장退場한다.' 라고 채록되었다. 송석하본에 따르면 사상좌는 퇴장하는 것으로 설정되었다. 사상좌가 퇴장하고 안하고에 따라 공연 현장의 극적 분위기는 달라진다.

2. '제이장'의 복원[1]

제이장第二場[2]

3

첫목[4]=[5]

---

1   [보정] '팔목춤'의 연원을 팔선(八仙)과 관련시킬 수 있다는 주장을 주목할 필요가 있다.

2   [보정] 第二場 ; 여기에서는 별도의 마당 명칭이 기사되지 않았다. 오청본의 목차 '三 順序'에 '第一場 上佐舞, 第二場 墨僧舞, 第三場 社黨舞, 第四場 老僧舞, 第五場 獅子舞, 第六場 兩班舞, 第七場 미얄舞'라고 마당 명칭이 기사되어 있다. 송석하본도 마찬가지다. 어떠한 연유로 마당 명칭이 부기되었는지는 밝혀지지 않고 있다. 이 마당 명칭에 입각하여 각 마당을 연구하여 온 것이 사실이다. 마당 명칭이 곧바로 마당의 주제를 대변해 준다고 봄이 타당한지는 연구 대상이다.

3   [보정] 오청본에서는 다음과 같은 기사가 부기되어있다. 이러한 '취발이가 먹중을 타락시켜' 운운 하는 해석은 심히 자의적인 것이다. 이러한 자의적인 해석에 우리 가면극 연구가 의존해왔다. 이제는 반성해야 할 때다.

> 이場面은 僧侶들의破戒過程을表現하는것으로서 醉發이가그절에잇는먹중八名을墮落식혀 老僧의마음을 움지겨보는것이다. 八墨僧은 모다靑又는紅色의恍惚한긴저고리를입고 울퉁불퉁하고奇怪한假面을쓰고 한사 람식登場하야 打令曲의伴奏에맞추어 場內로뛰여도라다니면서 奇怪하고도快活한춤을추며 여러 가지放蕩 한노래를부른다.

4   [보정] 첫목 ; '목'은 채록자 경우에 따라 '目', '목', '木'이라 채록되기도 하였다. 고려 때 예빈시(禮賓寺)를 '孔 目(공목)'이라 하였다. '공목'은 회계와 공문서를 관장하는 관명이다. 당나라에서는 집현전에 공목을 두었고, 송 나라에서는 내외관사나, 각 왕부에 공목을 두었다. 원나라에서는 도공목관을 도목이라 개칭하고 여러 사(司)에 두었는데 명나라에서는 오직 한림원에만 공목을 두었다. 이러한 차원에서 '目'의 뜻을 이해하여야 한다.

5   [보정] 첫목춤의 춤장단은 느린타령에서 잦은타령으로 바뀐다. 춤은 등장하자마자 드러누워 좌우로 뒤틀며 다 리를 들어 꼬면서 엎어지고 뒤집어지는 등 몸부림치기도 하고 웅덩이를 들썩들썩 좌우로 돌리는 몸부림의 춤 을 춘다고 한다. 춤사위는 '등장', '허리틀기', '다리제끼기', '너울질', '다리들어올리기', '근경', '고개잡이', '외사 위', '겹사위', '양사위' 등이 있다. (정병호, 『한국의 전통춤』, 집문당, 1999) [이하 '정병호'로 한다]

첫목춤에 대하여 김일출의 『조선민속탈놀이 연구』에서는 다음과 같이 설명하고 있다.

> <팔목춤>은 우리나라 고래의 민속 행사와 민속 무용이 결합되어 독특하게 발전된 탈춤으로서 그것은 특 히 봉산(재령·순천 포함)탈놀이에서 가장 전형적으로 나타나고 있다. 첫목은 상좌춤(산대놀이에서는 상좌가 천지 사방을 향하여 합장 배례를 행하는 종교적 의식의 동작을 보이는 반면에 봉산 탈놀이에서는 볼 수 없 다.)이 끝나기 전에 탈판에 나와서 눕는다. 상좌들이 들어가면 첫목은 재비의 타령에 맞추어 발끝부터 움직 이는 동작을 시작한다. 겨우 전신이 움직이면 좌우로 서너 바퀴씩 굴러 본다. 간신히 일어서다가 쓰러지나

(붉은 웃옷을 입고 허리에는 큰 방울[6]을 차고 버들나무[7] 생가지를 띠에 꽂고[8] 다름질하여 입장入場한다.[9]

얼굴은 두 소매로 가리고 타령打令에 맞추어서 누워서 춤춘다.

춤추며 삼전삼복三輾三伏[10]한다.)

끝내 일어서는 두 팔로 얼굴을 가린 채로 오른편을 살피고 왼편을 살핀다. 두 팔이 움직인다. 턱 앞에 모은 양 소매를 머리 위에서 <만사위>로 내저으면서 전신을 격렬하게 부르르 떤다. 재비의 주악(타령)은 한층 더 빨라진다. 한편 다리를 쳐드는가 하면 한편 소매를 <외사위>로 휘저으면서 경쾌한 동작의 흥겨운 춤이 시작된다. 즐겨 날뛰면서 탈판을 휘돈다. 첫목의 이와 같은 <u>기괴한 춤은 사자(死者)의 부활과 부활의 환희를 표현한 것</u>이라고도 한다(재령 탈놀이 박형식 담). <목춤>은 자연과 인간 사회에 관한 지식이 아직도 불충분하였던 옛날 사람들이 자기의 생활에 재해(災害)와 불행을 가져온다고 믿어온 <역귀>를 구축하는 유쾌감 또 이 것을 물리치고 난 후의 승리감·행복감을 표현하고 있다. 그것은 경쾌하고 활발하고 신명나는 연기를 통하여 다채롭고 또 개성적인 동작으로 표현된다. 그것은 특히 <목춤>의 클라이막스를 이르는 <묵둥춤>에서 또 그 연장인 <법고 춤>에서 특히 활발하고 유쾌하고 신명난 광환(狂歡)의 경지에 이른다. <u>씩씩하고 힘찬 8목들의 군무에는 또 그해의 액운을 물리치고 일 년간의 연사(年事)가 풍성하기를 비는 백성들의 기원</u>이 담겨 있다. 목춤은 옛날 사람들이 <역귀>와의 쟁투를 표현한 점에서 특히 쾌활하고 낙천적인 동작들로서 승리의 즐거움을 표현한 점에서 충분한 서민성을 가지고 있다.

6 [보정] 큰 방울 ; 소도구다. 이 방울이 가지고 있는 연극적 의미나 상징성은 또다른 연구 과제다. 이를 무당과 연계시킴은 경계해야 할 것이다. 방울은 모든 종교에서 사용하는 도구다.

7 [보정] 버들나무 → 버드나무 ; 버드나무는 전국 각처에서 자라며 특히 냇가에서 흔히 자라고 만주와 일본에 분포한다. 썩은 버드나무의 원줄기는 캄캄할 때 빛이 난다. 시골사람들은 이것을 도깨비불이라고 하며 무서워하고 있다. 따라서 산골에서 도깨비가 나온다고 알려진 곳은 습지에서 버드나무가 무성한 숲일 때가 많다. 물가 어디서나 잘 자라는 나무로, 생명력을 상징하고 칼처럼 생긴 잎은 장수나 무기를 나타낸다. 학질을 앓고 있을 때 환자의 나이 수만큼 버들잎을 따서 봉투에 넣고 겉봉에 '유생원댁입납(柳生員宅入納)'이라 써서 큰 길에 버리면 쉽게 낫는다고 믿었다. 먼 길을 떠나는 낭군에게도 버들가지를 꺾어주어 보냈는데, 이는 나그네 길의 안녕과, 건강을 기원하는 뜻이 담겨 있다고 한다. 불교에서 서른 셋 관세음보살이 신봉되었는데 그 첫째인 양류관세음보살(楊柳觀世音菩薩)을 비롯하여 덕왕(德王), 청경(靑頸), 쇄수(灑水) 관세음보살이 버드나무와 관계가 있다고 한다. 관세음보살 진언에 '몸에 있는 질병을 없애려거든 버드나무 가지를 든 관세음보살에게 진언을 왼다.'라 한 점으로 보아 그 종교적 심성을 알 수 있다. 민속극인 봉산가면극에서 첫목의 소품인 '푸른 버드나무가지'도 이러한 '생명력의 상징'이라는 차원에서 포용할 필요가 있다. 취발이도 푸른 버드나무 가지를 꼽고 등장한다.

8 띠에 꽂고 → 띠에 꽂고 ; 김유경본에 다르면 '허리에는 보색으로 된 넓은 띠를 매고' 등장한다고 한다. 이로 볼 때에 버드나무 생가지를 허리춤에 꽂는 것으로 생각된다.

9 [보정] 붉은 웃옷을 입고 허리에는 큰 방울을 차고 버들나무 생가지를 띠어 꽂고 다름질하여 입장入場한다. ; 의상과 소도구와 행위가 제시되어 있다. '붉은 웃옷'은 '한삼이 달린 붉은 원동에 색동소매 더거리'다. '방울'의 상징적 의미는 확인되지 못하고 있다.

제4장 노승무(老僧舞)에서 취발이가 등장하는 장면을 보면 '(허리에 큰 방울을 차고 푸른 버들가지를 허리띠에 꼽고 술 취醉한 것처럼 비틀거리고 등장登場하다가 갑짜기 다름질하며 중앙으로 온다)'라 하였다. 이로 보아 제2장 팔묵승무(八默僧舞)에 첫목과 취발은 동일한 맥락에서 해명될 필요가 있지 않을까 한다. 이러한 입장에서 볼 때에 제2장부터 제4장까지는 여덟 행위자 즉 팔목을 중심으로 전개되는 마당이라고 볼 수 있다. 여기에 제5장 사자춤 마당도 포함될 수 있다.

<주註, 이 춤은 퍽이나 선정적煽情的이다.>[11]

이와 같이 한참 추다가 일어서서 춤을 춘다.)[12]

먹중 II[13][14]=

(다름질하여 등장登場. 첫목의 면상面相을 탁 치면, 첫목 아무 말 하
지 않고 퇴장退場한다.[15]

---

10   삼전삼복三輾三伏 ; 첫목의 삼전삼복(三輾三伏)에 대하여는 김일출의 『조선민속탈놀이 연구』의 자료를 염
두에 둘 필요가 있다. 김일출은 '첫목의 이와 같은 기괴한 춤은 사자(死者)의 부활과 부활의 환회를 표현한 것
이라고도 한다(재령 탈놀이 박형식 담). <목춤>은 자연과 인간 사회에 관한 지식이 아직도 불충분하였던 옛날
사람들이 자기의 생활에 재해(災害)와 불행을 가져온다고 믿어온 <역귀>를 구축하는 유쾌감 또 이것을 물리
치고 난 후의 승리감·행복감을 표현하고 있다.'고 하였다.

11   [보정] <주註, 이 춤은 퍽이나 선정적煽情的이다.> ; '얼굴은 두 소매로 가리고 타령打令에 맞추어서 누워서
춤춘다. 춤추며 삼전삼복三輾三伏한다.'는 점을 염두에 둔 기사인 듯하다. 선정적으로 본 것은 다분히 주관적
이다. 삼전삼복(三輾三伏)에 대하여는 김일출의 『조선민속탈놀이 연구』의 자료를 염두에 둘 필요가 있다. 김
일출은 '첫목의 이와 같은 기괴한 춤은 사자(死者)의 부활과 부활의 환회를 표현한 것이라고도 한다(재령 탈놀
이 박형식 담). <목춤>은 자연과 인간 사회에 관한 지식이 아직도 불충분하였던 옛날 사람들이 자기의 생활에
재해(災害)와 불행을 가져온다고 믿어온 <역귀>를 구축하는 유쾌감 또 이것을 물리치고 난 후의 승리감·행복
감을 표현하고 있다.'고 하였다.
      기타 노장춤 마당에서 소무와 노장이 상봉하는 장면에서 노장의 춤에 관한 상당히 긴 채록 자료가 있는데
이를 주제적으로 이해하기 보다는 연출법-무법(舞法)-으로 이해해야 옳다. 최근 자료에 따른 첫목의 무법은
다음과 같다. 춤사위 중심으로 된 기사를 확인할 수 있다.
      '한삼이 달린 붉은 원동에 색동소매 더거리를 입고 큰 방울을 무릎에 달고 버드나무 생가지를 허리 뒤쪽에
꽂고 한삼으로 얼굴을 가린 채 달음질하여 등장하다 쓰러진다. 느린 타령곡에 맞추어 발끝부터 움직이는 동
작을 시작한다. 겨우 전신이 움직이며 좌우로 삼전 삼복 하고 네 번 만에 간신히 일어나 무릎을 꿇고 좌우를
살핀다. 이제 겨우 일어나 또 좌우를 살펴보며 근경으로 돌면서 주위를 살핀다. 이제 이리저리 살펴보고 다
니다가 비로소 얼굴을 가린 소매를 떼고 괴이한 붉은 가면을 관중에게 처음 보인다. 악사의 타령곡이 자진타
령으로 바뀌면 도약하면서 회전하며 만사위로 휘저으면서 매우 쾌활한 춤을 추면서 탈판을 휘돈다.'

12   [보정] 이 대목이 오청본에서는 다음과 같이 채록되었다. 아래에서 보는 바와 같이 추상적 기사가 나타나고
있다. 이러한 기사를 토대로 우리 가면극의 주제를 파악하여왔다. 그러나 이는 공연학적인 입장에서 볼 때에
연출[연기]법에 해당한다고 봄이 옳다.
      (머리를앞흐로푹— 수구리고 술醉한사람모양으로비틀거리며 저고리의두소매로 얼굴을가리우고 打令曲의
伴奏에마추어춤을추면서 場內로빙빙도라다니다가땅에넘어저서 넘어진그대로누어서 얼굴을가리운그대로
팔과몸과다리를움지기며 打令曲의伴奏에맞추어춤을춘다. [이는嚴肅한老僧의앞헤서恐縮함을늣긴까닭이
다.] 한참동안그대로춤을추면서이러나랴고하다가 업더지기를三次나거듭한다. 네번만에겨우이러나서 매우快
活한춤을추기始作하야 조곰도꺼림없시한참추고잇슬때에 둘재목이다름질하야 登場한다.)

13   [보정] 먹중 II ; 오청본, 송석하본에서는 등장인물 기호를 '二目'이라 하였다. 이하 같은 방식이다.

14   [보정] 정병호, 이목의 춤장단은 잦은타령이고, 춤은 불림으로 시작하여 '독수리 날개치는사위', '쭈그려앉아
서 어르는 사위', '어깨춤', '고개잡이', 도무로서의 '외사위', '겹사위', '양사위' 등이 있다고 한다.

15   [보정] 다름질하여 등장登場. 첫목의 면상面相을 탁 치면, 첫목 아무 말 하지 않고 퇴장退場한다 ; 면상을 치
는 것으로 되어 있으나 현재는 뒤에서 치는 것으로 연행되고 있다. 이에 대하여는 '큐(cue)'와 같이 등퇴장을

타령곡打令曲에 맞추어서 장내場內를 한바퀴 춤추며 돌다가 적당適
當한 곳[16]에 서서 좌우左右를 돌아다보고)

쉬―.[17]

(반주伴奏의 음악音樂는 그친다)

한양성중漢陽城中 좋단 말을

풍편風便에 넛줏이[18] 들었더니,

상통[19]은 붉으디디하고[20]

코는 울룩줄룩 매미잔등 같고[21]

입은 기르마까치[22] 같은 에쁜 아씨를

지시하는 것으로 파악되고 있다. 그러나 이는 연행 현장에서 관찰된 것에 지나지 않는다. 성현(成俔)의『용재총화(傭齋叢話)』기사를 주목할 필요가 있다. 딱딱 치는 행위는 소위 양반 마당에서도 나타난다. 이두현이 사직골 탈춤패를 '딱딱이패'라고 한 점도 이를 규명하는 데에 긴요한 자료가 된다. 오청본에서는 '첫목의 面을 한 번 탁―쳐서 退場식히고'라고 채록되었다.

　　[참고] 성현(成俔)『용재총화(傭齋叢話)』: 구나(驅儺)의 일은 관상감(觀象監)이 주관한다. 제석(除夕)의 전야에 창덕궁과 창경궁의 대궐 뜰에서 한다. 그 제도는 악공 한 사람이 창수(唱帥)가 되어서 붉은 옷에 탈을 쓴다. 방상씨(方相氏)로 분장한 네 사람은 황금빛 네 눈을 하고 곰 가죽을 쓰고 창을 잡았으며 딱따기를 친다. 지군(指軍) 다섯 사람은 붉은 옷을 입고 탈을 쓰고 그림 그린 전립(戰笠)을 쓴다. 판관(判官) 다섯 사람은 푸른 옷에 탈을 쓰고 그림 전립을 쓴다. 조왕신(竈王神) 네 사람은 푸른 도포에 복두를 쓰고, 나무 홀(笏)을 들며 탈을 쓴다. 소매(小梅) 두어 사람은 여자의 저고리를 입고 탈을 쓴다. 저고리 치마는 다 붉은 빛과 푸른 빛으로 길다란 간당(竿幢)을 잡는다. 십이신(十二神)은 각기 자기의 탈을 쓴다. 가령 자신(子神)은 쥐 형상의 탈을 쓰고, 축신(丑神)은 소 형상의 탈을 쓴다. 또 악공 십여명이 복숭아가지로 만든 비[桃列 : 부정 풀이할 때에 쓰는 복숭아 가지로 만든 비 ― 필자]를 잡고 따라 간다. 아동 수십명을 골라서 붉은 옷, 붉은 건을 착용하고 탈을 쓰고 진자[侲子 : 어린 아이, 옛날에 역귀(疫鬼)의 구축(驅逐)을 맡은 아이 ― 필자]가 되게 한다.

　　딱딱 치는 행위는 소위 양반 마당에서도 나타난다. 이두현이 사직골 탈춤패를 '딱딱이패'라고 한 점도 이를 규명하는 데에 긴요한 자료가 된다.

16　[보정] 적당適當한 곳 ; 오청본에서는 '악공 앞'이라 하였다. 당시 공연현장을 그린 이두현본의 도면을 참고하여 보면 악공을 등지고 관중을 정면과 좌우에 두고 서는 곳이 된다. 이두현본의 도면에 따르면 관중편에서 볼 때에 왼편에 개복청이 있으니 결국 먹중 II는 무대의 왼편에서 등장하여 왼편으로 퇴장하게 된다. 여기에서는 관중편에서 방향을 제시하도록 한다.

17　[보정] 쉬― ; 춤을 그치면서 음악을 멈추라는 뜻이다. 그러면서 다음 대사를 시작하겠다는 뜻을 담은 대사다. '―'는 장음으로 실현한다는 뜻이다. 한편 관중에게는 집중하여 들어 달라는 뜻도 있다.

18　넛줏이 → 넌지시

19　상통 ; 상통(相-). 얼굴을 속되게 이르는 말이다.

20　붉으디디하고 ; 붉은 형상을 말한다.

21　코는 울룩줄룩 매미잔등 같고 ; 탈의 형상을 직접적으로 묘사한 듯하다.

22　기르마까치 ; '기르마까치'는 '길맛가지'로, 길마의 몸을 이루는 말굽 모양의 나뭇가지다. 길마는 소의 등에 짐

두셋씩 모아놓고

떵꼬랑 깽꼬랑[2324]

(타령곡打令曲에 맞추어 춤추며 노래한다)

═══[25] 넘노라 낸다──[26][27]

을 신기 위해 얹는 일종의 안장이다. 말굽쇠 모양으로 생긴 나무판 두 짝(앞가지와 뒷가지)을 40-50cm 간격으로 앞뒤로 세우고 그사이에 몇 개의 세장을 박아 단단히 고정한다. 이를 소의 등에 올려놓았을 때 쇠등이 상하지 않게 짚으로 멍석처럼 짠 겉언치를 길마의 안쪽에 댔다.

23　[보정] 떵꼬랑 깽꼬랑 ; 질탕한 놀이판을 의태어로 표현한 것이다.

24　한양성중漢陽城中 좋단 말을 풍편風便에 넛즛이 들었더니, 상통은 붉으디디하고 코는 울룩줄룩 매미잔등 같고 입은 기르마까치 같은 에쁜 아씨를 두셋씩 모아놓고 떵꼬랑 깽꼬랑 ; 오청본에는 이 대사가 없다.

25　[보정] ═══ ; 이 부호는 노래로 실현하였다는 표시다. 즉 불림으로 실현한다는 부호다. 오청본과 송석하본은 이 자리에 '唱'이라 하였다.

　불림에 대한 자료들을 정리해 보면 다음과 같다. 오청 채록 봉산탈춤 에는 불림에 해당하는 사설을 '(…唱)'이라 하였다. 김일출은 이보다 분명하게 '○불림'이라 하고 '≪ ≫' 안에 넣었다. 이두현 채록 봉산탈춤에는 '제이과장 제이경 법고놀이'나 '제사과장 제삼경 취발이춤'에서 '불림으로'라 하고 '< >' 안에 넣었다. 김일출은 사설과 불림을 구별하지 않고 '≪ ≫' 안에 넣었으나, 이두현채록 봉산탈춤에서는 '불림으로'라고 한 경우도 있고, 한편으로는 불림은 '< >'으로 구별한 것으로 보아, '(불림으로)'으로 라고 단서를 달지 않았더라도 '< >' 안에 넣은 사설은 불림으로 보아도 무방할 것이다. 이두현 채록 양주별산대놀이에서도 '불림으로'라고 채록되었다. 허영호 구술 채록 송파 산대놀이에는 '(불림)', '(불림을 하고 타령조로----)', '(불림을 하고 춤으로----)', '…불림을 하고 다같이 춘다…)' 등과 같이 채록되었다. 이두현 채록 가산오광대에서는 '불림조로'라고 하였다. 이에 상응하는 자리에 '창'이라 채록된 것, '노래조로'라고 채록된 것, '후렴', '후렴 후에 음악과 춤으로 한참 놀다가' 등으로 채록되었다. '歌'라고 채록된 경우도 있다. 따라서 불림이라 채록된 것을 기초로 하여 그에 상응하는 자리에 채록된 것들을 일단은 불림으로 볼 것이다.

26　[보정] ═══ 넘노라 낸다── ; 우리말로 된 불림이다. '──'부호는 마지막 '다'음을 장음으로 실현한다는 뜻이다. 불림은 한시나 한자어로 된 것, 우리말로 된 것, 한시나 한자어와 우리말이 결합된 것 등의 형태로 실현된다. 불림은 춤을 시작할 터이니 음악을 연주하라는 소위 '춤문구'로 기능하기도 하고, 장면의 분위기를 단적으로 드러내는 기능을 갖기도 한다. 한편 장면의 분위기를 역설적으로 드러내기도 한다. 불림에 대하여는 아래 각주 참조.

27　[보정] 불림의 사전적인 의미는, '춤에 필요한 장단을 청하는 노래. 또는 그때 추는 춤사위.' 혹은 '탈춤에서 춤추기 전에 어깻짓을 하면서 악사에게 장단을 청하는 말.'이라고 한다. 그리고 '불리다'의 사전적 의미를 찾아보면 다음과 같다.

　　① 과거에 급제한 사람을 창방(唱榜)하기 전에 지구(知舊) 중의 선진(先進)이 찾아와서 치하(致賀)한 뒤에 시달리게 하기 위하여 신은(新恩)의 얼굴에 관주(貫珠)를 그리어 흉악하게 만들고, '이리위 저리위'라 부르며 삼진(三進) 삼퇴(三退)를 시키어 괴롭힌다. - 이희승,『국어대사전』, 민중서림, 1994 삼판.

　　② 과거에 급제한 사람을 창방하기 전에 먼저 과거를 본 친한 아는 선배가 찾아와서 치하한 뒤에, 시달리게 하기 위하여 새로 급제한 사람의 얼굴에 관주를 그리어 흉악하게 만들고, "이리위 저리위"라 하면서 세 번 앞으로 오랬다 뒤로 물러가랬다 하며 괴롭히다. - 박용수,『겨레말 갈래 큰사전』, 서울대학교 출판부, 1993.

　　③ (과거에 급제한 사람을)괴롭히다. 註;과거에 급제한 사람을 치하하는 뜻에서 선배가 찾아와 급제한 사람의 얼굴에 관주(貫珠)를 그려 흉악하게 만들고, 앞뒤로 오라 가라 하며 괴롭히는 것을 이름. - 남영

(춤을 한참 더 계속繼續하여 추다가 악공樂工에게 쉬—하면서 손짓
하여 반주伴奏를 그치게 한다.)

하하 거 다 거젓부리<거짓부리>[28]다.[29]

세이인간사洗耳人間事 불문不聞[30]하야

산간山間[31]에 뜻이 없어

명승처名勝處를 찾어가니

천하天下 명승名勝[32] 오악지중五岳之中[33]에

향산香山[34]이 높었이니

서산대사西山大師[35] 출입후出入後에

상좌上佐[36]중 능통자[37]로

신, 『우리말 분류 사전』, 동사편, 한강출판사, 1989.

'불림소리'는 허튼춤에서 서로의 흥을 돋구기 위하여 외치는 말, 좋지·좋아·얼씨구 등의 소리를 일컫는다고 한다. 이러한 점에 착안하여 필자는 불림을 다음과 같이 정리하였다.

'불림'은 '성스럽게 여기는 자리에서 괴롭힘으로써 축하하는 역설적 하례(逆說的 賀禮)'다. 이러한 관념은 과거에 급제하였거나 새로이 관직에 등용되었거나 결혼을 하거나 하는 축하할 만한 자리에서 이루어졌던 것이다. 또한 '불림'의 본래적 기능에는 '구호치어(口號致語)'와 동일한 의미가 있었던 것은 아니라 하더라도 '축(祝)'의 관념이 작용하고 있었던 것은 분명하다. 결국 가면극 대사에서의 '불림'은 '역설적 하례'라는 관념으로 언어유희와 육담(肉談) — 재담(才談)과 덕담(德談) — 의 난무가 가능했다. 다만 전승되어 오는 과정에서 이러한 관념은 사라지고 오직 그 외형적 기능 — 춤 문구(文句)로써의 기능 — 만 남게 된 것이다. '불림'은, 국가적 제전에서의 구호치어와 그 형식과 기능면에서 상응하는 것으로, 오신(娛神) 즉 풀이와 갱신(更新) 즉 신명 등과 관련이 있으며, 언어유희와 재담과 덕담을 매개로 하면서, '역설적 하례'를 지향하는 연극적 행위이다.

28 거짓부리 ; '거짓말'의 속어다.

29 [보정] 하하 거 다 거젓부리<거짓부리>다 ; 무엇이 거짓말이라는 것인지 미상하다.

30 세이인간사洗耳人間事 불문不聞 ; 귀를 씻고 세상의 사람 일을 듣지 아니한다는 뜻이다. '소부허유 고사'에 연유한다.

31 [보정] 산간山間 ; 산속을 말한다. 여기서는 속세가 아닌 세상이란 뜻으로 쓰였다.

32 천하명승天下 名勝 ; 세상의 훌륭하고 이름난 경치를 말한다.

33 오악지중五岳之中 ; '오악'은 우리나라의 이름난 다섯 산이다. 동의 금강산, 서의 묘향산, 남의 지리산, 북의 백두산, 중앙의 삼각산을 이른다. 또는 중국의 다섯 영산(靈山). 태산(泰山)·화산(華山)·형산(衡山)·항산(恒山)·숭산(嵩山)을 이른다.

34 향산香山 ; 여기서는 묘향산을 두고 이른 것이다.

35 서산대사西山大師 ; 조선 중기의 승려이며 승군장(僧軍將)이다. 완산 최씨(完山崔氏)로 이름은 여신(汝信), 아명은 운학(雲鶴), 자는 현응(玄應), 호는 청허(淸虛), 별호는 백화도인(白華道人) 또는 서산대사(西山大師)·풍악산인(楓岳山人)·두류산인(頭流山人)·묘향산인(妙香山人)·조계퇴은(曹溪退隱)·병로(病老) 등이고 법명은 휴정이다.

용궁龍宮에 출입出入드니

석교상石橋上 봄바람에

팔선녀八仙女[38] 노던 죄罪로

적하인간謫下人間[39] 하직下直하고

대사당大師堂[40] 돌아들 때

요조숙녀窈窕淑女[41]는

좌우左右로 벌려 있고,

난양공주蘭陽公主[42] 진채봉秦彩鳳[43]이,

세운細雲[44]같은 계섬월桂蟾月[45]과

심뇨연沈裊燕[46] 백능파白凌波[47]와

이 세상世上 시일토록[48] 노니다가

서산西山에 일모日暮하여

귀가歸家하여 돌아오던 차次에,

마침 이곳에 당도當到하여

---

36 상좌上佐 ; 불교의 행자다. 스승의 대를 이을 여러 중 가운데에서 가장 높은 사람이다.

37 능통자(能通者) ; 매사에 능한 사람을 말한다.

38 [보정] 팔선녀八仙女 ; 여덟 선녀를 말한다. '八仙女 = 蘭陽公主, 英陽公主(정경패), 秦彩鳳, 翟鷲鴻, 沈裊燕, 白凌波, 賈春雲, 桂蟾月'라고 주를 달았다. 모두 김만중의 '구운몽'에 나오는 인물들이다.

39 적하인간謫下人間 ; 인간 세상에 귀양을 살러 내려가거나 내려옴을 말한다.

40 대사당大師堂 ; '대사(大師)'는 '불보살'을 높여 이르는 말이다. 혹은 '중'을 높여 이르는 말이다. '태사(太師 · 大師)'는 고려, 삼사(三師)의 하나로 동궁의 종일품 벼슬이다.

41 요조숙녀窈窕淑女 ; 말과 행동이 품위가 있으며 얌전하고 정숙한 여자를 말한다. 『시경』에 '관관(關關)히 우는 저구(雎鳩)새 하수(河水)의 모래섬에 있도다 요조(窈窕)한 숙녀(淑女) 군자(君子)의 좋은 짝이로다 關關雎鳩 在河之洲 窈窕淑女 君子好逑' 하였다.

42 난양공주蘭陽公主 ; 김만중의 '구운몽(九雲夢)'에 등장하는 인물이다.

43 진채봉秦彩鳳 ; 김만중의 '구운몽(九雲夢)'에 등장하는 인물이다.

44 세운細雲 ; 연기가 피어오르는 듯한 구름을 이른다. 보통은 '세요(細腰)같은' 즉 허리가 가늘고 날씬한 미인을 이른다.

45 계섬월桂蟾月 ; 김만중의 '구운몽(九雲夢)'에 등장하는 인물이다.

46 심뇨연沈裊燕 ; 김만중의 '구운몽(九雲夢)'에 등장하는 인물이다.

47 백능파白凌波 ; 김만중의 '구운몽(九雲夢)'에 등장하는 인물이다.

48 이 세상世上 시일토록 ; '이 세상 시일[是日]토록'으로 '이 세상 이때까지' 혹은 '이 날 이때까지'라는 뜻이다.

단상壇上을 바라보니

노소남녀소년老少男女少年⁴⁹들이 모여 있고

그 아래로 구버보니

해금奚琴 피리 저 북 장고杖鼓가 놓여 있으니

이 아니 풍류정風流亭⁵⁰인가.

한번 놀고 가려던.⁵¹

    (타령곡打令曲에 맞추어 춤추다가)

쉬―

    (음악音樂과 춤이 그친다.)

봉제사연후奉祭祀然後에 접빈객接賓客하고

수인사연후修仁事然後에 대천명待天命이라니

수인사修人事 한마디 들어가오⁵²

    (타령곡打令曲에 맞추어 춤추며 노래 부른다.)

══ 심불로心不老 심불로心不老

백수白首⁵³ 한산寒山에………―⁵⁴

49　노소남녀소년老少男女少年 ; '남녀노소'와 같은 뜻이다. 모든 사람으로, 여기서는 가면극 공연현장에 모여든 관중을 이른다.

50　풍류정風流亭 ; 풍류를 즐기는 정자라는 뜻이다. '풍류(風流)'는 멋스럽고 풍치가 있는 일, 또는 그렇게 노는 일을 말한다. 대풍류, 줄풍류 따위의 관악 합주나 소편성의 관현악을 이르는 말이기도 하다. '풍류놀이(風流--)'는 시도 짓고 노래도 하고 술도 마시고 춤도 추고 하는 놀이를 말한다. '풍류장(風流場)'은 풍류를 즐기려고 남녀가 모이는 장소를 말한다. 여기서는 관념적 명칭으로 사용되었다.

51　[보정] 한번 놀고 가려던 ; 노래로 부르던 대사의 마지막 구절이 불림으로 활용되었다.

52　봉제사연후奉祭祀然後에 접빈객接賓客하고 수인사연후修仁事然後에 대천명待天命이라니 수인사修人事 한마디 들어가오 ; 불림으로 활용되었다. 조상 제사를 잘 받들어 모신 후에 귀한 손님을 대접하고, 사람의 도리를 다한 후에 하늘의 명을 기다린다 하였으니 수인사--인사를 예법에 맞게 하는 일.--한 마디 들어가오. '수인사대천명(修人事待天命)'은 사람의 할 바를 다하고 천명을 기다린다는 뜻이다. 참고로 '계녀가(誡女歌)'의 가사에도 이러한 내용이 등장하는데, 화자가 내일 신행(新行) 가는 딸에게 사구고(事舅姑)·사군자(事君子)·목친척(睦親戚)·봉제사(奉祭祀)·접빈객(接賓客) 등 한 집안의 며느리로서 지켜야 할 일들에 대해 읊고 있다.

53　원자료에는 '自首'로 되어 있다.

54　심불로心不老 심불로心不老 백수白首 한산寒山에……… ; 한자어 불림이다. '마음은 늙지 않았다 마음은 늙지 않았다 한산과 같이 머리는 희었으나'라는 뜻이다. 당나라 왕발(王勃)의 '등왕각서(滕王閣序)'의 '내가 믿는 바로는 / 군자는 가난을 편안하게 여기고 / 달인은 자신의 운명을 안다. / 늙을수록 더욱 강해져야 하나니 /

55

(먹중 II는 위의 대사臺詞를 하는 대신代身에 경우境遇에 따라서는

다음과 같은 대사臺詞를 한다.[56])

— 산중山中에 무력일無曆日하여[57]

철 가는 줄 몰났더니

꽃 피어 춘절春節이요

잎 돋아 하절夏節이라.

오동엽낙梧桐葉落[58] 추절秋節이요

저 건너 창송녹죽蒼松綠竹[59]에

백설白雪이 펄펄 휘날였이니

이 아니 동절冬節인가.

나도 본시本是 외입쟁이로[60]

어찌 노인의 마음을 알 것이며, / 가난할수록 더욱 굳건해져야 하나니 / 청운의 뜻을 저버리지 않을 것이다. 所賴 君子安貧 達人知命 老當益壯 寧知白首之心 窮且益堅 不墜靑雲之志'를 연상케 하는 구절이다. 몸은 늙었을망정 마음은 청운지지(靑雲之志)를 버리지 않는다는 뜻이다. 이를 원용한 것이다. 이같은 양상은 가사 작품에서도 나타나는데 '금강도사도덕가'에서는 '白首寒山心不老라 靑春압장 이世界에 마음조차 늘글소냐'라고 읊었다. 오청본에서는 '心不老心不老白首寒山에心不老'라고 채록되었다.

55 [보정] 이 장면은, '등장하는 소리 → 찬(讚)을 담은 대사 → 등장한 이유 → 불림 → 춤 → 수인사 → 불림 → 춤' 순으로 실현된다. 불림이 한 번만 실현되는 경우도 있다.

56 [보정] 먹중 II는 위의 대사臺詞를 하는 대신代身에 경우境遇에 따라서는 다음과 같은 대사臺詞를 한다. ; 이와 같은 기사로 보아 당시 채록 과정에서 얻은 정보로 생각된다. 이는 가면극 역할 혹은 공연자에 따라 달라 달라질 수 있음을 방증한다.

57 산중山中에 무력일無曆日 하여 ; 산속에 책력이 없다는 뜻으로 세월 가는 줄을 모른다는 말이다. 당나라 태상 음자(太上隱者)의 '답인(答人)' '소나무 아래에 와서는, 돌베개를 높이 베고 있네. 산속이라 책력이 없어 추위는 다했으나 해가 간 줄 모른다네. 偶來松樹下 高枕石頭眠 山中無曆日 寒盡不知年' 을 원용한 것이다. 이와 같이 한시구를 원용하는 사례는 특히 조선후기 우리 연행문화-대표적으로 탈춤, 판소리, 가사, 시조, 사설시조, 잡가-에서 흔히 나타난다. 이와 같은 양상은 연구과제다.
　　　[참고] 사설시조(辭說時調) - 山中에 無曆日 하야 절 가는 줄 몰났드니 / 꽃 피면 春節 입 피면 하절이요 黃菊 丹楓 秋節이라 / 저근너 층암 절벽상 蒼松 綠竹의 白雲이 분분 휘날이니 冬節인가. -雜誌(平洲本)

58 오동엽락梧桐葉落 ; '梧桐落葉(오동낙엽)'이 일반이다. '오동나무는 낙엽지다'라는 뜻이다.

59 창송녹죽蒼松綠竹 ; 푸른 소나무와 푸른 대나무를 말한다. '창송취죽(蒼松翠竹)'이라고도 한다.

60 [보정] 나도 본시本是 외입쟁이로 ; 여기서는 '나도 본래는 풍류남아로'라는 뜻으로 쓰였다. '외입'은 아내가 아닌 여자와 상관하는 일이다. 외도(外道), 오입(誤入)이라고도 한다.

산간山間에 묻쳤더니

풍류風流소리 반겨 듣고

염불念佛에 뜻이 없어

이러한 풍류정風流亭을

찾어 왔거던,

　　(타령곡打令曲에 맞추어 춤추다가)

쉬—

　　(音樂과 춤 그친다)

봉제사연후奉祭祀然後에 접빈객接賓客하고

수인사연후修人事然後에 대천명待天命이라니

수인사修人事 한마디 들어가오.

　　(타령곡打令曲에 맞추어 춤추다 노래한다)

══ 심불로心不老 심불로心不老

백수한산白首寒山에……—

먹중 Ⅲ[61] =

　　(다름질하여 등장登場. 먹중 Ⅱ의 면상面相을 탁 치면 먹중 Ⅱ는 퇴
　　장退場한다.

　　타령곡打令曲에 맞추어 장내場內를 한 바퀴 춤추며 돌다가 적당適
　　當한 곳에 서서[62] 좌우左右를 도라다보고)

쉬—.

　　(음악音樂의 반주伴奏는 그친다)

　　<주註 먹중Ⅷ에 이르기까지 다 이러한 동작動作을 하므로 이하以下
　　는 동작설명動作說明은 약략略하기로 한다.>

61　[보정] 정병호는, 먹중Ⅲ의 춤은 불림으로 시작하여 '개구리뛰기', '두 팔 벌려 어깨춤으로 어르면서 회전하기',
　　'물결사위', '고개잡이', 도무로서의 '외사위', '겹사위', '양사위' 등이 있다고 한다.

62　[보정] 적당適當한 곳에 서서 ; 오청본에서는 '樂工의압흐로와서'라고 채록되었다. 이두현 수정본에서는 '탈판
　　가운데 적당한 자리에 서서'로 채록되었다. '무대의 중앙에 관객을 향하여 서서'라고 할 수 있다.

이곳을 당도當到하여 사면四面을 바라다보니

담박영정澹泊寧靜[63] 네 글자字

분명分明히 붙여 있고,

동편東便을 바라보니

만고성군萬古聖君[64] 주문왕周文王[65]이

태공망太公望[66] 찾이랴고

위수양渭水陽[67] 가는 경景을

역력歷歷히 그려있고[68],

---

63 원자료에는 澹泊寧靜 '諸葛武侯書 非詹伯無以明志 非寧靜無以致遠'라고 주를 달았다. 제갈량이 '계자서 (誡子書)'에서 '군자의 행실이란 고요한 마음으로 몸을 닦고, 검소함으로써 덕을 기르는 것이다. 마음에 욕심이 없어 담박하지 않으면 뜻을 밝힐 수 없고, 마음이 안정되어 있지 않으면 원대한 이상을 이룰 수 없다. 夫君子 之行 靜以修身 儉以養德 非澹泊無以明志 非寧靜無以致遠'라고 하였다. 이러한 뜻을 압축하여 사자성어(四 字成語)를 만든 것이다. 전통적으로 이 사자성어를 현판으로 만들어 붙였다.

64 만고성군萬古聖君 ; 만고에 어질고 덕이 뛰어난 임금을 말한다.

65 주문왕周文王 ; 기원전 12세기경, 중국 주(周)나라를 창건한 왕이다. 이름은 창(昌)이다. 계왕(季王)의 아들 이요, 무왕의 아버지다. 어머니는 은(殷)나라에서 온 태임(太任). 서백(西伯)이라고도 한다. 은나라에서 크게 덕을 베풀고 강국으로서 이름을 떨친 계(季)의 업을 계승하여, 점차 인근 적국들을 격파하였다. 위수(渭水)를 따라 동진하여 지금의 서안(西安) 남서부 풍읍(豊邑), 즉 호경(鎬京)에 도읍을 정하였다. 은나라의 주왕(紂王) 이 산동반도(山東半島)의 동이(東夷)민족 정벌에 여념이 없는 틈을 타, 인근 제후의 지지를 받아 세력을 길러 황하강(黃河江)을 따라 동으로 내려가, 화북(華北)평원으로 진출하였다. 그 도하점(渡河點) 맹진(孟津)을 제 압하고, 은나라를 공격할 태세를 정비하였다. 만년에는 현상(賢相) 여상(呂尙 : 太公望)의 도움을 받아 덕치 (德治)에 힘썼다. 뒤에 은나라로부터 서방 제후의 패자(覇者)로서 서백의 칭호를 사용하도록 허락받았다. 은나 라와는 화평주의적 태도를 취하였으며, 우(虞)·예(芮) 등 두 나라의 분쟁을 중재하여 제후들의 신뢰를 얻어 천하 제후의 절반 이상이 그를 따랐다. 죽은 뒤 무왕이 은나라를 쓰러뜨리고 주나라를 창건하였으며, 그에게 문왕이라는 시호를 추존하였다. 뒤에 유가(儒家)로부터 이상적인 성천자(聖天子)로서 숭앙을 받았으며, 문왕 과 무왕의 덕을 기리는 다수의 시가 『시경(詩經)』에 수록되어 있다.

66 태공망太公望 ; 주나라 초기의 현신(賢臣) 여상(呂尙)이다. 여상은 주나라 동해(東海) 사람이다. 본성(本姓) 은 강씨(姜氏)다. 자는 자아(子牙)다. 그의 선조가 여(呂)에 봉해졌으므로 여상(呂尙)으로 칭해졌다. 나이 칠순 에 위수(渭水)에 낚시를 드리우며 때를 기다린 지 10여 년 만에 주나라 문왕(文王)을 만나 초빙된 다음, 문왕 (文王)의 스승이 되었으며, 문왕은 그가 조부인 태공(太公)이 항시 바라던 사람이라는 뜻에서 '태공망(太公 望)'이라고 했다. 병법의 이론에도 밝아서 문왕(文王)이 죽은 뒤에 무왕(武王)을 도와 목야(牧野)의 전투에서 은(殷)나라 주(紂)왕의 군대를 물리치고 주(周)나라를 세우는 데 큰 공을 세웠고, 후에는 제(齊) 땅을 영지로 받아 제(齊)나라의 시조(始祖)가 되었다.

67 위수양渭水陽 ; 강 이름이다. 중국 감소성(甘肅省) 위원현(渭源縣)의 서북 조서산(鳥鼠山)에서 발원하여 섬 서성(陝西省)을 거쳐 낙수(洛水)와 합쳐 황하(黃河)로 흐른다. 강태공(姜太公)이 이곳에서 은거하며 낚시를 하며 세월을 보내다 주(周)나라 문왕(文王)을 만난 곳으로 유명하다.

68 동편東便을 바라보니 만고성군萬古聖君 주문왕周文王이 태공망太公望 찾이랴고 위수양渭水陽 가는 경景

남편南便을 바라보니

춘추春秋적[69] 진목공秦穆公[70]은

건숙蹇叔[71]이를 찾이랴고

을 역력歷歷히 그려있고 ; 주문왕과 태공망과의 고사를 그린 그림을 말한다. 소위 '사벽도(四壁圖) 사설'을 원용한 것이다. [참고]『사기』권32「제태공세가(齊太公世家)」; 태공망(太公望) 여상(呂尙)은 동해(東海) 근처 사람으로, 그의 선조는 일찍이 사악(四嶽)이 되어 우(禹)임금이 물과 땅을 정리하는 것을 도와 크게 공을 세웠다. 그들은 우(虞)와 하(夏) 시대에 여(呂) 또는 신(申) 땅에 봉해졌으며 성(姓)은 강씨(姜氏)였다. 하(夏)와 상(商) 왕조 때에는 그 방계의 자손이 신과 여 땅에 봉해지기도 하였고, 또 평민이 되기도 하였는데, 상(尙)은 그 후예로서, 본래의 성은 강씨였지만 그 봉지(封地)를 성으로 하여 여상(呂尙)이라고 부른 것이다. 여상은 곤궁하고 연로하였던 듯한데 낚시질로 주 서백(周西伯)에게 접근하려고 하였다. 서백(西伯)이 사냥을 나가려고 하다가 점을 쳤는데, 점괘가 나오기를 "잡을 것은 용도 이무기[螭]도 아니고, 호랑이도 곰[羆]도 아니다. 잡을 것은 패왕의 보필이다"라고 하였다. 이리하여 주서백이 사냥을 나갔다가 과연 위수(渭水) 북쪽에서 여상을 만났는데, 그와 이야기를 나누고는 크게 기뻐하며 이렇게 말하였다. 우리 선대(先代)의 태공(太公) 때부터 이르기를 "장차 성인(聖人)이 주(周)나라에 올 것이며, 주나라는 그로 하여 일어날 것이다"라고 하였습니다. 선생이 진정 그분이 아닙니까? 우리 태공께서 선생을 기다린 지가 오래되었습니다. 이리하여 그를 '태공망(太公望)'이라고 부르며 수레에 함께 타고 돌아와서 사(師)가 되게 하였다. 어떤 이의 말로는, 태공은 박학다식하여 상 주왕(商紂王)을 섬겼으나 주왕이 포악무도하자 떠나버렸으며, 제후들에게 유세하였지만 알아주는 이를 만나지 못하였다가 마침내 서쪽으로 가서 주 서백에게 의지하게 된 것이라고 한다. 어떤 이의 말은 또 이러하다. 여상은 처사(處士)로서 바닷가에 숨어 살았는데, 주 서백이 유리(羑里)에 구금되자 평소에 여상을 알고 있던 산의생(散宜生)과 굉요(閎夭)가 그를 불러냈다. 여상도 "내가 듣기에 서백은 현명하고 또 어른을 잘 모신다고 하니, 어찌 그에게 가지 않겠는가?"라고 하였다고 한다. 이들 세 사람은 서백을 위하여 미녀와 보물을 구해서 주왕에게 서백의 죄값으로 바쳤다. 이리하여 서백은 구금에서 풀려나 주나라로 돌아올 수 있었다는 것이다. 이처럼 전설에 따라 여상이 주나라를 섬기게 된 경위를 달리 말하지만, 그 요점은 다같이 그가 주나라의 문왕(文王)과 무왕(武王)의 사(師)가 되었다는 것이다. 주 서백 희창(姬昌)은 유리에서 벗어나 돌아오자 여상과 은밀히 계획을 세우고 덕행을 닦아 상(商)나라의 정권을 넘어뜨렸는데, 그 일들은 주로 용병술과 기묘한 계책을 펴는 것들이었다. 따라서 후세에 용병술과 주나라의 권모(權謀)를 말하는 이들은 모두 태공(太公)을 그 주모자로 존숭하였다. 주 서백이 공평한 정치를 하며, 우(虞)나라와 예(芮)나라의 분쟁을 해결하자 시인들이 서백을 '천명을 받은 문왕(文王)'이라고 칭송하였다. 문왕이 숭(崇), 밀수(密須), 견이(犬夷) 등의 나라들을 정벌하고, 풍읍(豐邑)을 크게 건설하고, 천하의 3분의 2를 주나라에 귀순하게 한 것들은 대부분이 태공의 계책에 의한 것이었다.

69 춘추春秋적 ; 춘주시대. 중국 주(周)나라의 동천(東遷)으로부터 진(晉)나라의 대부(大夫) 한(韓)·위(魏)·조(趙) 삼씨(三氏)의 독립까지 약 320년간의 시대를 말한다.

70 진목공秦穆公 ; 진(秦)나라의 14대 군주로 본명은 임호(任好)다. 진나라의 진흥의 터전을 마련한 영명한 군주로, 공자·백리해·건숙·서걸술(西乞術)·건병(蹇丙, 건숙의 아들)·공손지·요여 등의 현신, 책사들의 보필을 받아 서융(西戎) 지역의 많은 부락들을 정벌해 진나라의 영토와 영민(領民)을 대폭 증가시킴으로써 진을 무시하지 못할 서방 강국으로 융성시켰다.

71 건숙蹇叔 ; 제나라 출신의 현인이다. 세상이 몰라주는 백리해(百里奚)의 비범함을 첫눈에 간파하고 그를 오랫동안 거두어 주었다. 백리해가 주인을 찾아 나설 때마다 신중할 것을 거듭 충고했고 드디어 진목공(秦穆公)에게 발탁되자 그의 추천으로 역시 진목공을 섬기게 되었다. 뛰어난 지략과 경륜으로 백리해와 함께 진목공이 서융(西戎)의 패주(覇主)가 되도록 하는 데 결정적 역할을 한 사람이다.

농명촌 가는 경景을

역력歷歷히 그려있고,[72]

서편西便을 바라보니

전국戰國적[73] 오자서伍子胥[74]는

---

72 남편南便을 바라보니 춘추春秋적 진목공秦穆公은 건숙蹇叔이를 찾이랴고 농명촌 가는 경景을 역력歷歷히 그려있고 ; 진목공과 건숙과의 고사를 그린 그림을 말한다. 소위 '사벽도(四壁圖) 사설'을 원용한 것이다. [참고] 『사기』 권5「진본기(秦本紀)」; 목공 임호(任好) 원년, 목공은 친히 군대를 이끌고 모진(茅津)을 토벌하여 승리하였다. 4년, 목공이 진(晉)나라에서 아내를 맞아들였는데, 그녀는 진의 태자 신생(申生)의 누이였다. 그해 제 환공은 초(楚)를 토벌하여 소릉(邵陵)에 이르렀다. 5년, 진 헌공(晉獻公)이 우(虞)나라와 괵(虢)나라를 멸망시키고 우왕(虞王)과 그의 대부 백리혜(百里傒)를 포로로 잡아왔는데, 이것은 진헌공이 백옥(白玉)과 양마(良馬)를 우왕에게 뇌물로 주었기 때문에 가능하였다. 진 헌공은 백리혜를 잡아온 후, 진 목공의 부인이 시집올 때 시종으로 진(秦)나라에 딸려 보냈다. 백리혜는 진(秦)에서 도망쳐서 완(宛)으로 갔으나, 초(楚)나라 변경 사람에게 붙잡혔다. 백리혜가 어진 사람이라는 것을 들은 목공은 많은 재물로 그의 몸값을 치르고 데려오려고 했으나, 초나라 사람이 내주지 않을까 걱정하여 사람을 초나라에 보내 "나의 잉신(媵臣)인 백리혜가 귀국에 있는데, 검정 숫양의 가죽 다섯 장으로 그의 몸값을 치르고자 한다"라고 전하게 하였다. 초나라 사람은 응낙하고 백리혜를 놓아주었다. 이때 백리혜의 나이는 70세가 넘었다. 목공은 백리혜를 석방시켜 그와 함께 국사를 논의하였다. 그러자 백리혜는 사양하며 "신(臣)은 망한 나라의 신하인데 어찌 하문(下問)을 하십니까"라고 하였다. 목공은 "우왕은 그대를 등용하지 않아 망한 것이니, 그대의 죄가 아니오"라고 하며, 계속 하문하며 백리혜와 삼일 간 담론하였다. 목공은 크게 기뻐하며 그에게 국정을 맡기고 그를 오고대부(五羖大夫)에 임명하였다. 그러자 백리혜는 사양하며 이렇게 말했다. 신(臣)은 신의 친구인 건숙(蹇叔)만 못합니다. 건숙은 현명하지만 세상 사람들이 알지 못합니다. 신이 일찍이 관직을 구해 돌아다니다가 제(齊)나라에서 곤경에 빠져 질 땅의 사람에게 걸식을 하였을 때 건숙이 거두어주었습니다. 저는 제왕(齊王) 무지(無知)를 섬기려고 하였으나 건숙이 만류하였으므로, 신은 제나라의 난리에서 벗어날 수 있었습니다. 이에 주(周)나라로 가서 주나라 왕자 퇴(穨)가 소를 좋아한다기에 신은 소 기르는 재주로 알현을 청했습니다. 퇴가 신을 임용하려고 하였으나 건숙이 신을 만류하였기에 주나라를 떠나서 죽지 않을 수 있었습니다. 또 우왕(虞王)을 섬기니 건숙이 신을 만류하였으나 우왕이 신을 임용하지 않을 것을 알면서도 속으로 봉록과 관직을 탐내어 잠시 머물렀습니다. 두 번은 그의 말을 들어서 재난에서 벗어날 수 있었고, 한 번은 듣지 않아 우왕의 재난을 당했습니다. 이에 목공은 사람을 보내 후한 예물을 갖추어 건숙을 맞아들이고 그를 상대부(上大夫)에 임명하였다. 그해 가을, 목공은 친히 군대를 이끌고 진(晉)나라를 정벌하여 하곡(河曲)에서 싸웠다. 진나라의 여희(驪姬)가 난을 일으켜 태자 신생이 신성(新城)에서 죽었고, 중이(重耳)와 이오(夷吾)는 도망하였다.

73 전국戰國적 ; 전국시대 중국 역사에서, 춘추 시대 다음의 기원전 403년부터 진나라가 중국을 통일한 기원전 221년까지 약 200년간의 과도기를 말한다. 여러 제후국이 패권을 다투었던 동란기로 '전국 칠웅'이라는 일곱 개의 제후국이 세력을 다투었으며, 제자백가와 같이 학문의 중흥기를 이루었고, 토지의 사유제와 함께 농사 기술의 발달 따위로 화폐가 유통되기도 하였다.

74 오자서伍子胥 ; 중국 춘추시대 오(吳)나라의 대부(大夫). 이름은 원(員), 자서(子胥)는 그의 자(字)다. 초나라 평왕(平王)이 소인(小人)의 참소(讒訴)를 듣고 오자서의 아버지와 형을 죄 없이 죽이자, 오나라로 망명하여 오나라의 장수가 되어 초나라를 쳤다. 그러나 이미 평왕(平王)이 죽은 다음이었는지라, 그 묘를 파내어 시체를 매질하여 아버지와 형의 복수를 하였고, 후에 오나라로 하여금 패권(覇權)을 잡게 하였다. 그 뒤 오나라 왕인 부차(夫差)가 서시(西施)의 미색에 빠져 정사를 게을리 하고 오히려 간(諫)하던 오자서에게 칼을 주어 자살하게 하였다. 오자서는 자살하면서 자기의 눈을 오나라 성의 동문(東門)에 걸어서 자기의 말을 듣지 않고 자기를

손무자孫武子[75]를 찾이랴고

나부산羅浮山[76] 가는 경景을

역력歷歷히 그려있고,[77]

죽이니 오나라가 멸망하는 것을 보게 하라는 유언을 남겼는데, 이후 역대의 시인들은 오나라 성 아래를 흐르는 상강(湘江)의 거친 물결을 오자서의 통분(痛憤)한 마음으로 비유하고 있다. [참고] 『사기』 권66 「오자서열전(伍子胥列傳)」 ; 오나라의 태재 백비는 원래 오자서와 사이가 나빴으므로 오자서를 참언하여 "오자서의 사람됨은 고집이 세고 사나우며 인정이 없고 시기심이 강하니, 그가 품고 있는 원한이 큰 화근을 일으킬까 근심스럽습니다. 예전에 왕께서 제나라를 공격하시려고 할 때 오자서가 안 된다고 하였지만 왕께서는 결국 제나라를 공격하여 큰 공을 이루셨습니다. 오자서는 자신의 계책이 쓰이지 않은 것을 수치스럽게 여기며 오히려 원망을 품었습니다. 그런데 지금 왕께서 또 제나라를 공격하시려고 하는데 오자서가 멋대로 고집을 부리며 강력히 간하여 왕께서 하시려는 일을 저지하고 비방하는 것은 단지 오나라가 실패하여 자기의 계책이 뛰어나다는 것이 증명되기를 바라는 것일 뿐입니다. 지금 왕께서 친히 출정하시고 온 나라의 병력을 총동원하여 제나라를 공격하시려고 하는데, 오자서는 간언이 채택되지 않았다 하여 사직하고 병을 핑계 삼아 출정하지 않으려 하니 왕께서는 이에 대한 방비를 하셔야만 합니다. 이번에 어떤 화(禍)가 일어날지 예상하는 것은 그리 어려운 일이 아닙니다. 또 제가 사람을 시켜 은밀히 오자서를 조사해보니 그가 제나라에 사신으로 갔을 때 자기 아들을 제나라의 포씨(鮑氏)에게 맡겨두었습니다. 오자서는 신하의 몸으로 국내에서 뜻을 못 이루었다고 해서 밖으로 제후들에게 의탁하려고 하며, 자기는 선왕의 모신(謀臣)이거늘 지금은 저버림을 당하고 있다고 하여 항상 불평과 원망을 품고 있습니다. 원컨대 왕께서는 속히 이 일을 처리하십시오."라고 하였다. 그러자 오왕은 "그대의 말이 없었다고 하더라도 나 역시 그를 의심하고 있었소."라고 하고는, 사신을 보내 오자서에게 촉루(屬鏤)라는 이름의 명검을 내리며 "그대는 이 칼로 죽으라."라고 하였다. 오자서는 하늘을 우러러보고 탄식하며 "아! 참신(讒臣) 백비가 나라를 어지럽히고 있거늘 왕은 도리어 나를 주살하시는구나. 내가 그의 아버지를 패자로 만들었고 그가 왕위에 오르기 전부터 여러 공자(公子)들이 왕위를 다투고 있을 때 내가 죽음으로써 선왕과 그 점을 다투었으니 그렇지 않았다면 그는 거의 태자가 될 수 없었을 것이다. 그가 왕위에 오르고 나서 나에게 오나라를 나누어 주려고 하였을 때 나는 감히 그것을 바라지 않았다. 그러나 지금 그는 아첨하는 간신의 말을 듣고 나를 죽이려고 하는구나."라고 말하였다. 그리고는 그의 문객(門客)에게 "나의 묘 위에 반드시 가래나무[梓]를 심어 관재(棺材)로 삼도록 하라. 그리고 내 눈알을 도려내어 오나라 동문(東門) 위에 걸어두어 월나라 군사들이 쳐들어와 오나라를 멸망시키는 것을 볼 수 있게 하라"고 하고는 스스로 목을 찔러 죽었다. 이 소식을 듣고 크게 노한 오왕은 오자서의 시체를 가져다가 말가죽 자루에 넣어 강물에 던져버렸다. 오나라 사람들이 그를 불쌍히 여겨 강기슭에 사당을 세우고 서산(胥山)이라고 이름 하였다.

75 손무자孫武子 ; 중국 춘추시대 제(齊)나라 출신으로 오(吳)나라의 합려(闔廬)를 따랐던 병법가다. 본명은 손무(孫武)로, 손자(孫子)라고도 부른다. 오나라의 왕 합려(闔閭)를 섬겨 절제 있고 규율 있는 육군을 조직하게 하였다고 하며, 초(楚)·제(齊)·진(晋) 등의 나라를 굴복시켜 합려로 하여금 패자(覇者)가 되게 하였다고 한다. 오나라 궁중의 미녀 180명을 데리고 군사 훈련을 시키는 과정에서 합려(闔廬)가 가장 총애하던 두 명의 미인을 참수했던 '일벌백계(一罰百戒)'의 고사와, 장수가 군문(軍門)에 있을 때에는 임금의 명을 받들지 않을 수도 있다고 말한 고사가 있다. 합려(闔廬)는 그를 등용하여 초(楚)나라의 도읍을 점령하였고, 제(齊)나라와 진(晉)나라를 위협함으로써 춘추오패(春秋五覇) 중의 하나가 되었다. 그가 저술하였다는 병서(兵書) 『손자병법(孫子兵法)』은 단순한 국지적인 전투의 작전서가 아니라 국가경영의 요지(要旨), 승패의 기미(機微), 인사의 성패(成敗) 등에 이르는 내용을 다룬 책이며, 그는 "싸우지 아니하고도 남의 군사를 굴복시키는 것은 착한 자의 으뜸"이라 가르치고 있다.

76 나부산那浮山 ; 광동성(廣東省) 혜주부 부라(惠州府傅羅)에 있는 산이다.

북편北便을 바라보니

초한楚漢[78]이 우란擾亂할 제

천하장사天下壯士[79] 항적項籍[80]이는

범어부范亞夫[81]를 찾이랴고

기고산祁高山[82]으로 가는 경景을

역력歷歷히 그려있고[83][84]

중앙中央을 살펴보니

여러 동무들이 풍류風流를 잡히고[85]

---

77 서편西便을 바라보니 전국戰國적 오자서伍子胥는 손무자孫武子를 찾이랴고 나부산羅浮山 가는 경景을 역력歷歷히 그려있고 ; 오자서와 손무자의 고사를 그린 그림을 말한다. 소위 '사벽도(四壁圖) 사설'을 원용한 것이다.

78 초한楚漢 ; 중국 초나라와 한나라를 말한다.

79 천하장사天下壯士 ; 세상에 비길 데 없는 힘센 장사를 말한다. 항우가 한나라 군사들이 부르는 초나라 민요를 들으며 착잡한 마음을 달래려고 지은 칠언절구인 '해하가(垓下歌)'에서 '힘은 산을 뽑도다 기상은 세상을 덮고 시세가 불리함이여 추마는 가지 않는구나 추마가 가지 않음이여 우미인이여 우미인이여 그대를 어쩌면 좋은가. 力拔山兮氣蓋世 時不利兮騅不逝 騅不逝兮可奈何 虞兮虞兮奈苦何'라고 읊었다.

80 항적項籍 ; 중국 진말(秦末)의 범인(梵人)이다. 초(楚)의 장수 항우(項羽)를 말한다. 이름은 적(籍)이다. 숙부 양(梁)과 함께 기병(起兵)하여 진군(秦軍)을 쳐서 함양(咸陽)을 불사르고 진왕(秦王) 자영(子嬰)을 죽이고 자립하여 서초(西楚)의 패왕(覇王)이 되었다. 패공(沛公) 유방과 천하를 다투었으나 해하(垓下)의 싸움에서 패하고 오강(烏江)에 투신하여 자살하였다.

81 범아부范亞夫 ; 항우의 책사였던 범증(范增)을 말한다. 항우를 도와 패왕(覇王)이 되게 하였다. 기이한 계책을 좋아하여 나이 70에 항우의 모사가 되어 항우가 아부(亞父)라 불렀다. 항우의 모사인 범아부(范亞父)는 유방(劉邦)이 제왕이 되리라고 점치고 홍문(鴻門)의 잔치에서 옥결(玉玦)을 자주 들어 항우(項羽)에게 유방(劉邦)을 죽이도록 신호했으나 뜻을 이루지 못했고, 이일의 실패로 인한 화를 참지 못하고 등에 종기가 나서 죽었다.

82 기고산祁高山 ; 범증의 고향에 있는 산이다.

83 북편北便을 바라보니 초한楚漢이 우란擾亂할 제 천하장사天下壯士 항적項籍이는 범어부范亞夫를 찾이랴고 기고산祁高山으로 가는 경景을 역력歷歷히 그려있고 ; 북쪽을 바라보니 초나라와 한나라가 시끄러울 때에 천하장사 항적이가 범아부를 찾으려고 기고산 가는 광경이 또렷이 그려 있고. 항적과 범아부와의 고사를 그린 그림을 말한다. 소위 '사벽도(四壁圖) 사설'을 원용한 것이다.

84 [보정] 이 대목은 소위 '사벽도(四壁圖) 사설'을 원용하고 있다. 사벽도는 방안 네 벽에 장식으로 그려 놓은 네 폭의 그림을 말한다. 판소리, 가사 등의 문학에는 이 사벽도 묘사 장면이 자주 보인다. 여기에 등장하는 인물들을 보면 도연명, 강태공, 상산사호, 탕왕, 삼고초려 고사, 엄자릉, 우미인, 이태백, 항우와 장비, 성진과 팔선녀, 소부와 허유 등이 있다. 여기에서는 '주문왕과 태공망', '진목공과 건숙', '오자서와 손무자', '항적과 범아부' 등으로 주로 임금과 신하의 관계, 혹은 친구의 관계 등이 등장한다. 여기 사벽도에 등장하는 인물들은 '충(忠)'과 '의(義)'를 대의로 삼고 있음을 엿볼 수 있다.

85 풍류風流를 잡히고 ; '삼현육각에 맞추고' 라는 뜻이다. 여기서 '잡히다'는 노래 따위를 제 박자와 음정에 맞게 한다는 뜻이다.

희락喜樂히[86] 노니,

나도 한번 놀고 가려던[8788]

　(타령곡打令曲에 맞추어 춤추다가)

쉬—

　(음악音樂과 춤 그친다)

봉제사연후奉祭祀然後에 접빈객接賓客하고

수인사연후修人事然後에 대천명待天命이라 하였이니

수인사修人事 한마디 들어가오

　(타령곡打令曲에 맞추어 다시 춤추며 노래한다.)

══ 이두견杜鵑[89] 저 두견杜鵑

만첩청산萬疊靑山[90]에……—[91]

86　[보정] 희락喜樂히 ; 기뻐함과 즐거움이라는 뜻이다. 오청본과 송석하본에서는 '흐낙이'로 채록되었다.

87　[보정] 나도 한번 놀고 가려던 ; 노래조로 실현되는 대목의 마지막 구절이 불림으로 활용되었다. 여기서 '-던'은 해라할 자리에 쓰여, 과거에 직접 경험하여 새로이 알게 된 사실에 대한 물음을 나타내는 뜻을 품고 있다. '-더냐'보다 더 친근하게 쓰는 말이다.

88　[보정] 여러 동무들이 풍류風流를 잡히고 희락喜樂히 노니, 나도 한번 놀고 가려던 ; 가운데를 살펴보니 여러 동무들이 풍류를 잡히고 기쁘고 즐겁게 노니 나도 한번 놀고 가려는데 어떠하냐. 여기서 '중앙을 살펴보니 여러 동무들이'를 주목할 필요가 있다. 네 벽에 그려진 그림은 '주문왕과 태공망', '진목공과 건숙', '오자서와 손무자', '항적과 범아부' 등으로 충과 의를 대의로 삼는 인물들이고, 중앙에 있는 동무들은 여덟 목으로, 이들은 사벽도에 등장하는 인물과 동류에 놓이게 되는 것이다. 이렇게 하여 가면극 현장은 '충'과 '의'를 강조하는 효과를 겨냥하고 있다.

89　두견 ; 두견이과에 속하는 새다. 우리말로는 접동새라 하고, 한자어로는 두우(杜宇)·자규(子規)라고도 한다. 국어사전에는 소쩍새라고도 되어 있다. 아울러 우리 시가문학의 소재로 자주 등장하였다. [참고] 두견은 일찍이 고려시대에 정서(鄭敍)가 지은 '정과정(鄭瓜亭)'에서는 유배지에서의 외로운 신세를 산접동새에 비기어 노래하고 있다. 또한, 이조년(李兆年)이 지었다는 시조에도 자규가 등장한다. "이화에 월백하고 은한(銀漢)이 삼경인제 / 일지춘심(一枝春心)을 자규야 아랴마는 / 다정도 병인양하여 잠 못 드러 하노라." 여기서 자규는 달 밝은 밤 삼경에 올어춘심을 자극하는 새로 등장하고 있음을 알 수 있다. 민요 '새타령'에는 "성성제혈염화지 귀촉도불여귀(聲聲啼血染花枝歸蜀道不如歸)"라고 두견을 읊고 있다. 두견이에 관한 설화로는 '접동새 유래'가 있다. 경기도 남양주시에서 조사된 자료의 내용은 다음과 같다. "어떤 사람이 아들 아홉과 딸 하나를 낳아 기르다가 죽었는데, 계모가 들어와서 전실 딸을 몹시 구박하였다. 그래서 그 딸은 혼인날을 받아 놓고 죽었는데 그 딸의 넋이 접동새가 되었다. 한편 계모는 죽어서 까마귀가 되었는데 그래서 까마귀와 접동새는 원수지간이 되었다."는 것이다. 접동새 울음소리가 "구읍 접동"이라고 하는데 이것은 "아홉 오라버니 접동"이라는 뜻이라고 한다.

90　만첩청산萬疊靑山 ; 겹겹이 둘러싸인 푸른 산을 말한다.

91　이두견杜鵑 저 두견杜鵑 만첩청산萬疊靑山에…… ; 한자어를 우리말화한 불림이다. 두견새와 만첩청산을 대비한 표현은 가사와 판소리에 두루 쓰이고 있다.

먹중 Ⅳ [92][93]=

（등장登場하면 먹중 Ⅲ 퇴장退場）

쉬―.

멱라수汨羅水[94] 맑은 물은

굴삼려屈三閭[95]에<의> 충혼忠魂[96]이요[97],

92　[보정] 정병호는, 먹중Ⅳ의 춤은 불림으로 시작하여 '어깨춤으로 어르면서 팔을 목에 거는 사위', '다리 들어 돌리며 사선으로 전진하는 사위', '고개잡이', 도무로서의 '외사위', '겹사위', '양사위' 등이 있다고 한다.

93　[보정] 먹중 Ⅳ의 이 대사는 단가 '불수빈(不須嚬)'을 원용한 것이다. 이 불수빈은 '장부가'라고도 하며, 판소리를 부르기에 앞서 목을 풀려고 부르는 단가(短歌)의 하나다. 불수빈이라 함은 웃지 말라는 뜻으로, 젊었다 자랑 말고 백발을 비웃지 말라는 것이다. 요순 우탕으로부터 시작하여 성현·군자·문장·재사·명장·충신·열사·협객·호걸·미희·미인 등 중국의 역대 인물들을 총망라한 단가다.

　　　　[참고] 여보아라 소년들아 이 내말을 들어보쇼 / 어제 청춘 오날 빅발 그 아니 가련흔가 / 장딕에 일등미식 곱다고 자랑마소 / 셔산에 지는 히는 뉘라셔 금지흐며 / 창희슈 흐르는 물 다시 오기 어려외라 / 요슌우탕 문무쥬공 공밍안증 졍부주 / 도덕이 관천흐야 만고셩현 일넛것만 / 미미흔 인싱들이 져 어이 아라 보리 / 강틱공과 황셕공과 사마양져 손빈오긔 / 젼필승과 공필취는 만고명장 일넛것만 / 흔번 죽음 못 면흐고 / 명나슈 맑은 물은 굴삼려의 쥬혼이오 / 상강슈 셩권 비는 오자셩의 졍령이라 / 츼미흐든 빅이슉졔 쳔추명졀 일넛것만 / 수양산에 아스흐고 / 말 잘 흐고 말 잘 흐든 소진장의 / 렬국졔왕 달닉도 념라왕은 못 달닉여 / 춘풍셰우 두견셩에 슬푼 혼빅 쑨이로다 / 밍산군의 계명구폐 신릉군의 졀부구죠 / 만고호걸 일넛것만 한산셰우 미초중에 / 일부토만 가흐련다 / 통일천흐 진시황도 아방궁을 놉히 짓고 / 만리장셩 싼 연후에 륙국졔후 죠공밧고 / 삼천궁녀 시위흘 졔 동남동녀 오빅인을 / 삼신산에 불소약을 구흐랴고 보닌 후에 / 소식죠주 돈졀흐고 사구평딕 져문 날에 / 려산황초 쑨이로다 / 력발산 긔기셰흐는 초픽왕도 시불리혜 추불셰라 / 우미인의 손목 잡고 눈물 쒸려 리별흘 졔 / 오강풍낭 중에 칠십삼젼 가쇼롭다 / 동남셰풍 목우류마 상통텬문 하달디리 / 젼무후무 졔갈공명 난셰간응 위왕죠죠 / 묘고추초 쳐량흐고 / 사마쳔과 한퇴지와 리틱빅과 두목지는 / 시부중에 문장이오 / 월셔시와 우미인과 왕소군과 양구(귀)비는 / 만고졀싀 일넛것만 황양고총 되야잇고 / 팔빅장슈 핑됴슈며 삼쳔갑주 동박삭도 / 츠일시며 피일시라 / 안긔싱과 젹송주는 동희상에 신션이라 일넛것만 / 말만 듯고 못 보왓네 / 아셔라 풍빅에 붓친 몸이 / 아니 놀고 무엇흐리 -신구중보잡가

94　멱라수汨羅水 ; 전국 시대에 초(楚)나라의 충신 굴원(屈原)이 주위의 참소로 분함을 못 이겨 투신자살한 강이다. 멱수(汨水)와 나수(羅水)가 합류하여 이룬 강이다. 호남성(湖南省)에 있다.

95　굴삼려屈三閭 ; 굴원(屈原)을 말한다. 굴원이 삼려대부(三閭大夫) 벼슬을 지내 이렇게 부르는 것이다. 중국 전국시대(戰國時代) 초(楚)나라의 우국지사(憂國之士)이며, 시인(詩人)이다. 이름은 평(平)이다. 회왕(懷王)을 도와서 공이 컸으나, 참소(讒訴)를 당하고 한때 방랑 생활을 하다가 마침내 울분을 참지 못하여 '회사부(懷沙賦)'를 읊고 멱라수(汨羅水)에 빠져 죽었다. 그는 죽으면서도 조국과 임금을 위하는 마음을 변하지 않았기 때문에 후대에 충신의 대명사로 일컬어진다.

96　충혼忠魂 ; 충의를 위하여 죽은 사람의 넋을 말한다.

97　멱라수汨羅水 맑은 물은 굴삼려屈三閭에<의> 충혼忠魂이요 ; 멱라수의 맑은 물은 굴원의 충성스러운 혼령이요. 굴원이 멱라수에 몸을 던져 죽은 고사에 연유한다. [참고]『사기』굴원가생열전(屈原賈生列傳) 굴원이 강가에 이르러, 머리를 풀어헤치고 물가를 거닐면서 시를 읊었다. 그의 안색은 초췌하였고, 모습은 야위었다. 어떤 어부가 그를 보고 '그대는 삼려대부(三閭大夫)가 아니십니까? 무슨 까닭에 여기까지 이르렀습니까?'라고 물었다. 굴원이 대답하기를 '온 세상이 혼탁하나 나 홀로 깨끗하고, 모든 사람들이 다 취해 있으나 나 홀로 깨어 있어, 이런 까닭에 추방당하였소.'라고 말하였다. 어부가 묻기를 '대저 성인이란 물질에 구애되지 않

삼강수三江水[98] 얼크러진 비는

오자서伍子胥[99]에<의> 정령精靈[100]이요,

고 능히 세속의 변화를 따를 수 있는 사람입니다. 온 세상이 혼탁하다면, 왜 그 흐름을 따라 그 물결을 타지 않으십니까? 모든 사람이 취해 있다면, 왜 그 지게미를 먹거나 그 밑술을 마셔서 함께 취하지 않으십니까? 어찌하여 미련한 자존심만을 움켜잡고 추방을 자초하셨습니까?'라고 하였다. 굴원이 대답하기를 '내가 듣기로, 새로 머리를 감은 사람은 반드시 관을 털어서 쓰고, 새로 목욕을 한 사람은 반드시 옷을 털어서 입는다고 하였소. 사람으로서 또한 누가 자신의 깨끗함에 더러운 오물을 묻히려 하겠소? 차라리 흐르는 강물에 몸을 던져 물고기의 뱃속에서 장사를 지낼지라도, 또 어찌 희디흰 결백함으로서 세속의 더러운 먼지를 뒤집어쓰겠소!'라고 하였다. 그리고 나서 회사(懷沙)라는 부(賦)를 지었다. 그리고 바위를 품고 마침내 멱라강(汨羅江)에 빠져서 죽었다. 굴원이 죽은 뒤에 초나라에는 송옥(宋玉), 당륵(唐勒), 경차(景差) 등과 같은 무리들이 있어서, 모두 문사를 좋아하여 부(賦)로써 호평을 받았다. 그러나 모두 굴원의 함축성을 모방하였지만, 끝내 감히 직간(直諫)을 표달하지 못하였다. 그 후로 초나라는 날로 쇠락하여, 수십 년 뒤에는 결국 진나라에 의해서 멸망당하였다. 굴원이 멱라강에 빠진 지 100여 년이 지나서, 한(漢)나라의 가생(賈生)이라는 사람이 장사왕(長沙王)의 태부(太傅)가 되어 상수를 지나다가, 글을 지어 강물에 던져서 굴원을 애도하였다.

98 三江水삼강수 ; 중국(中國) 강소성(江蘇省)의 태호(太湖)에서 흘러나가는 세 개의 강으로 곧 송강(松江)·누강(婁江)·동강(東江)을 아울러 이르는 말이다.

99 오자서伍子胥 ; 아버지와 형이 모두 초나라의 평왕(平王)에게 살해되었을 때 자서는 오나라로 도망하여 오를 도와 월을 쳤으나, 참소로 오나라 부차(夫差)의 노여움을 입고 삼강(三江)에 던져져 죽음을 당했다. [참고] 사기 오자서열전(伍子胥列傳)   오나라의 태재 백비는 원래 오자서와 사이가 나빴으므로 오자서를 참언하여 '오자서의 사람됨은 고집이 세고 사나우며 인정이 없고 시기심이 강하니, 그가 품고 있는 원한이 큰 화근을 일으킬까 근심스럽습니다. 예전에 왕께서 제나라를 공격하시려고 할 때 오자서가 안 된다고 하였지만 왕께서는 결국 제나라를 공격하여 큰 공을 이루셨습니다. 오자서는 자신의 계책이 쓰이지 않은 것을 수치스럽게 여기며 오히려 원망을 품었습니다. 그런데 지금 왕께서 또 제나라를 공격하시려고 하는데 오자서가 멋대로 고집을 부리며 강력히 간하여 왕께서 하시려는 일을 저지하고 비방하는 것은 단지 오나라가 실패하여 자기의 계책이 뛰어나다는 것이 증명되기를 바라는 것일 뿐입니다. 지금 왕께서 친히 출정하시고 온 나라의 병력을 총동원하여 제나라를 공격하시려고 하는데, 오자서는 간언이 채택되지 않았다 하여 사직하고 병을 핑계 삼아 출정하지 않으려 하니 왕께서는 이에 대한 방비를 하셔야만 합니다. 이번에 어떤 화(禍)가 일어날지 예상하는 것은 그리 어려운 일이 아닙니다. 또 제가 사람을 시켜 은밀히 오자서를 조사해보니 그가 제나라에 사신으로 갔을 때 자기 아들을 제나라의 포씨(鮑氏)에게 맡겨두었습니다. 오자서는 신하의 몸으로 국내에서 뜻을 못 이루었다고 해서 밖으로 제후들에게 의탁하려고 하며, 자기는 선왕의 모신(謀臣)이거늘 지금은 저버림을 당하고 있다고 하여 항상 불평과 원망을 품고 있습니다. 원컨대 왕께서는 속히 이 일을 처리하십시오.'라고 하였다. 그러자 오왕은 '그대의 말이 없었다고 하더라도 나 역시 그를 의심하고 있었소.'라고 하고는, 사신을 보내 오자서에게 촉루(屬鏤)라는 이름의 명검을 내리며 '그대는 이 칼로 죽으라.'라고 하였다. 오자서는 하늘을 우러러보고 탄식하며 '아, 참신(讒臣) 백비가 나라를 어지럽히고 있거늘 왕은 도리어 나를 주살하시는구나. 내가 그의 아버지를 패자로 만들었고 그가 왕위에 오르기 전부터 여러 공자(公子)들이 왕위를 다투고 있을 때 내가 죽음으로써 선왕과 그 점을 다투었으니 그렇지 않았다면 그는 거의 태자가 될 수 없었을 것이다. 그가 왕위에 오르고 나서 나에게 오나라를 나누어주려고 하였을 때 나는 감히 그것을 바라지 않았다. 그러나 지금 그는 아첨하는 간신의 말을 듣고 나를 죽이려고 하는구나.'라고 말하였다. 그리고는 그의 문객(門客)에게 '나의 묘 위에 반드시 가래나무[梓]를 심어 관재(棺材)로 삼도록 하라. 그리고 내 눈알을 도려내어 오나라 동문(東門) 위에 걸어두어 월나라 군사들이 쳐들어와 오나라를 멸망시키는 것을 볼 수 있게 하라.'고 하고는 스스로 목을 찔러 죽었다. 이 소식을 듣고 크게 노한 오왕은 오자서의 시체를 가져다가 말가죽 자루에 넣어 강물에 던져버렸다. 오나라 사람

채미採薇[101]하던 백이숙제伯夷叔齊[102]

구추명절九秋名節[103] 일렀건만

수양산首陽山[104]에 아사餓死[105]하고,

말 잘하는 소진蘇秦 장의張儀[106]

들이 그를 불쌍히 여겨 강기슭에 사당을 세우고 서산(胥山)이라고 이름 하였다.

100 정령精靈 ; 만물의 근원을 이룬다는 신령스러운 기운이다. 죽은 사람의 영혼을 말하기도 한다. 산천초목이나 무생물 따위의 여러 가지 사물에 깃들어 있다는 혼령으로 원시 종교의 숭배 대상 가운데 하나이다.

101 채미採薇 ; '고사리를 캔다.'는 뜻으로 고사리로 연명하였다는 말이다. '首陽薇(수양미)'는 수양산 고사리로, 은나라의 충신 백이(伯夷)와 숙제(叔齊)가 수양산(首陽山)에서 고사리를 꺾어 먹고 연명하였다는 데서 나온 말이다.

102 백이숙제伯夷叔齊 ; 중국 은나라 때의 처사(處士)인 형 백이(伯夷)와 아우 숙제(叔齊)는 모두 은나라 고죽군 (孤竹君)의 아들이다. 주(周) 무왕(武王)이 은을 치려고 하는 것을 말리다가 이를 듣지 않으므로 형제는 주나라의 녹 먹기를 부끄럽게 여기고 수양산(首陽山)에 들어가 고사리를 캐어 먹으며 숨어 살다가 채미가(采薇歌)를 남기고 굶어 죽었다고 한다. 『맹자(孟子)』에 백이(伯夷)와 숙제(叔齊)는 성인 중에서 청백한 분(夷弟聖之 淸者)'이라는 말이 있다. [참고] 사기 백이열전 ; 백이와 숙제는 고죽국(孤竹國) 국왕의 두 아들이었다. 아버지는 아우 숙제를 다음 왕으로 삼으려고 하였다. 그런데 아버지가 죽은 뒤 숙제는 왕위를 형 백이에게 양여하였다. 그러자 백이는 '아버지의 명령이었다.'라고 말하면서 마침내 피해 가버렸고, 숙제도 왕위에 오르려 하지 않고 피해 가버렸다. 이에 나라 안의 사람들은 둘째 아들을 왕으로 옹립하였다. 이때 백이와 숙제는 서백창(西伯 昌)이 늙은이를 잘 봉양한다는 소문을 듣고 그를 찾아가서 의지하고자 하였다. 가서 보니 서백은 이미 죽고, 그의 아들 무왕(武王)이 시호를 문왕(文王)이라고 추존한 아버지의 나무 위패를 수레에다 받들어 싣고 동쪽으로 은 주왕(殷紂王)을 정벌하려 하고 있었다. 이에 백이와 숙제는 무왕의 말고삐를 잡고 간하기를 '부친이 돌아가셨는데 장례는 치르지 않고 바로 전쟁을 일으키다니 이를 효라고 말할 수 있습니까? 신하된 자로써 군주를 시해하려 하다니 이를 인(仁)이라고 말할 수 있습니까.'라고 하였다. 그러자 무왕 좌우에 있던 시위자들이 그들의 목을 치려고 하였다. 이때 태공(太公)이 '이들은 의인(義人)들이다.'라고 하며, 그들을 보호하여 돌려보내주었다. 그 후 무왕이 은난(殷亂)을 평정한 뒤, 천하는 주(周) 왕실을 종주(宗主)로 섬겼지만 그러나 백이와 숙제는 주나라의 백성이 되는 것을 치욕으로 여기고, 지조를 지켜 주나라의 양식을 먹으려 하지 않고, 수양산 (首陽山)에 은거하며 고비[薇]를 꺾어 이것으로 배를 채웠다. 그들은 굶주려서 곧 죽으려고 하였을 때, 노래를 지었는데 그 가사는 이러하였다. '저 서산(西山)에 올라 산중의 고비나 꺾자꾸나. 포악한 것으로 포악한 것을 바꾸었으니 그 잘못을 알지 못하는구나. 신농(神農), 우(虞), 하(夏)의 시대는 홀연히 지나가버렸으니 우리는 장차 어디로 돌아간다는 말인가. 아, 이제는 죽음뿐이로다. 쇠잔한 우리의 운명이여.' 마침내 이들은 수양산에서 굶어 죽고 말았다.

103 구추명절九秋名節 ; 보통 천추명절(千秋名節)이라고 한다. 천추명절(千秋名節)은 지조와 절개를 지킴으로 오래고 긴 세월 동안 이름을 날린 인물을 말한다.

104 수양산首陽山 ; 중국 산서성(山西省)에 있는 산 이름이다. 이곳에서 백이(伯夷)와 숙제(叔齊)가 아사(餓死) 했다고 한다. 또한 황해도 해주 시내에서 바로 동쪽 지점에 있는 산으로, 옛날 백이숙제(伯夷叔齊)가 고사리를 캐먹다 굶어 죽었다는 산과 이름이 같아서, 조선 시대에 이 산을 소재로 하여 지어진 한시 중에 백이숙제(伯夷 叔齊)와 관련된 작품이 많다.

105 아사餓死 ; 굶어 죽음을 말한다.

106 소진蘇秦 장의張儀 ; 소진과 장의가 말을 잘 했기 때문에 '말 잘하기는 소진 장의로군'과 같은 속담도 태어났

열국列國 제왕諸王[107] 다 달래도

염라대왕閻羅大王[108] 못달래며,

춘풍세우春風細雨 두견성杜鵑聲에

슬픈 혼백魂魄[109]이 되었으니[110],

하물며 초로草露[111]같은 우리 인생人生이야

이러한 풍악風樂소리를 듣고

아니 놀 수 없거던[112][113]

　　(타령곡打令曲에 맞추어 한참 춤추다가)

쉬—

　　(음악音樂과 춤 그친다)

봉제사연후奉祭祀然後에 접빈객接賓客하고

다. '소진이도 말 잘못할 때가 있다'는, 소진이와 같이 말 잘하는 사람도 말에서 실수하는 경우가 있다는 뜻으로, 말실수를 한 경우에 빗대어 이르는 속담이다. [참고] 蘇秦(소진) 張儀(장의) ; 소진과 장의는 옛날 전국시대 때의 언변가로 말 잘하기로 유명했다. 소진은 전국시대의 유세가로 장의와 함께 종횡가(縱橫家)의 대표적 인물이다. 6국 연합으로 진(秦)에 대항하자는 합종책(合縱策)을 주장하여 연(燕)의 소왕(昭王)에게 채용되었고, 조(趙)·제(齊)·위(魏)·한(韓)·초(楚) 등 열국(列國)을 설득하여 이를 관철시켰다. 이로 인해 6국의 재상이 되어 10여년간 부귀영화를 누렸으나 장의의 연횡책(連衡策)에 의해 그의 합종책은 깨지고 그동안 벌여왔던 각 국 간의 이간활동이 들통 나 제나라에서 살해되었다. 장의는 위(魏)나라 사람으로 일찍이 벼슬자리를 노려 위(魏)·초(楚)를 떠돌다가 화씨지벽(和氏之璧)의 도범으로 몰려 죽음 직전에 놓여나기도 했다. 그 후 진(秦)에 들어가 혜왕(惠王)에게 연횡책을 건의, 이것이 수용되어 무신군(武信君)의 벼슬에 올랐고 위나라에 들어가 한(韓)·위 간 동맹으로 제(齊)·초에 대응토록 했으며 소양왕(昭襄王) 때는 초에 들어가 제·초 동맹을 와해시키고 다시 제·진 동맹으로 초를 고립시켰는데, 이같은 연횡책은 소진의 합종책과 더불어 전국시대 각 나라간의 세력 균형을 형성하는 데 큰 역할을 했다.

107 　열국제왕列國諸王 ; 여러 나라의 왕을 말한다.

108 　염라대왕閻羅大王 ; 지옥에 살며, 십팔 장관과 팔만 옥졸을 거느리고, 죽어 지옥으로 떨어지는 인간이 생전에 지은 죄악을 심판하고 징벌하는 내왕을 말한다.

109 　혼백魂魄 ; 넋을 말한다.

110 　춘풍세우春風細雨 두견성杜鵑聲에 슬픈 혼백魂魄이 되었으니 ; 봄바람 가랑비에 두견새 울음소리에 슬픈 넋이 되었으니.

111 　초로草露 ; 풀잎에 맺힌 이슬을 말한다.

112 　이러한 풍악風樂소리를 듣고 아니놀 수 없거던 ; 불림으로 활용되었다.

113 　하물며 초로草露같은 우리 인생人生이야 이러한 풍악風樂소리를 듣고 아니놀 수 없거던 ; 하물며 풀잎에 맺힌 이슬 같은 우리 인생이야 이러한 풍악 소리를 듣고 놀지 아니할 수 없거든. 가면극 현장에서 한껏 즐기자는 뜻이다.

수인사연후修人事然後에 대천명待天命이라 하였이니

수인사修人事 한마디 들어가오

(타령곡打令曲에 맞추어 춤추며 노래 부른다)

══ 절개節槪는 여산廬山[114]이요[115]

지상신선地上神仙[116]은[117]……──

먹중 V[118][119] ══

---

114 여산驪山 ; 중국 섬서성(陝西省) 임동현(臨潼縣) 동남에 있는 산이다. 역산(酈山)으로도 불리는데, 산꼭대기에 소나무와 잣나무 푸른 숲이 빽빽하게 우거져 있는 모습이 마치 한 필의 푸른 당나귀와 비슷하다고 하여 여산(驪山)이라 불린다. 중국 역대 11개 왕조에서 도읍으로 삼은 서안(西安)의 진산(鎭山) 역할을 하여, 산 아래와 그 주변에 화청지(華淸池)와 편작(扁鵲)의 묘, 진시황릉(秦始皇陵) 및 홍문(鴻門) 등이 있다.

115 절개節槪는 여산廬山이요 ; 이는 유방이 한나라를 세우는 데에 충성을 다한 장사 10여인에 관한 역사적 사건을 암시한다. 한나라의 고조(高祖) 유방(劉邦)이 사상정장(泗上亭長)으로 있을 때, 고조는 현관(縣官)의 명을 받아 진(秦)나라 시황(始皇)의 장지인 여산(驪山)으로 역도(役徒)를 인솔하여 간 일이 있는데, 그 때 가는 도중에 일꾼인 장정(壯丁)들 중에 도망치는 자가 많았다. 목적지에 도달하면 한 명도 없이 다 도망칠 것만 같았다. 그리하여 풍서택중정(豐西澤中亭)에 이르러 유숙(留宿)할 제 밤에 데리고 가던 역도들을 모두 놓아 주면서 말하기를, '그대들은 모두 가라. 나도 어디든 가버리겠다.'라고 하니, 그 역도들 중에서 장사(壯士) 십여 인이 고조를 따르겠다 하였다. 이것이 한 고조가 부하를 얻는 시초가 되었으며, 또 유방이 한나라를 세우는데 공을 세웠던 것이다.

116 [보정] 지상신선地上神仙 ; 인간 세상에 존재한다고 상상하는 신선을 말한다. 팔자가 썩 좋은 사람을 비유적으로 이르는 말이기도 하다. 여기에서는 가면극 공연현장의 관객을 향한 것이다.

117 절개節槪는 여산廬山이요 지상신선地上神仙은…… ; 불림이다. 송석하본에서는 '흑운黑雲이 만첩천불견萬疊天不見……'라고 채록되었다.

118 [보정] 정병호는, 먹중V의 춤은 불림으로 시작하여 '한삼을 어깨에 메는 사위', '고개잡이', '제자리걸음', '두 손 앞뒤치기', 도무로서의 '외사위', '겹사위', '양사위' 등이 있다고 한다.

119 [보정] 이 대목에서 먹중 V의 대사는 판소리 심청가 가운데서, 심청이가 인당수에 빠져 가라앉지 않고 떠내려갈 때 주위의 경치를 읊은 대목인 소위 '범피중류(泛彼中流)'를 원용한 것이다. 잡가나 사설시조에서도 나타난다.

　　[참고] 범피중류(泛彼中流) 둥덩실 떠나간다. 망망(茫茫)한 창해(滄海)이며 탕탕(蕩蕩)한 물결이로구나. 백빈주(白頻洲) 갈매기는, 홍요안(紅蓼岸)으로 날아들고, 삼강(三江)의 기러기는, 한수(漢水)로만. 돌아든다. 요량한 남은 소리, 어적(魚笛)이 여기렷만. 곡종인불견(曲終人不見)의 수봉(數峯)만 푸르렀다. 의내성중(疑乃聲中) 만고수(萬古愁)는, 날로 두고 이름이라. 장사(長沙)를 지내가니, 가태부(賈台傅)는 간 곳 없고, 멱라수(汨羅水)를 바라보니, 굴삼여(屈三閭) 어복충혼(魚腹忠魂), 무량도 하시든가. 황학루(黃鶴樓)를 당도하니, 일모향관(日暮鄕關) 하처재(何處在)요, 연파강상(煙波江上) 사인수(使人愁)는, 최호(崔灝)의 유적(遺跡)이라. 봉황대(鳳凰臺)를 돌아드니, 삼산(三山)은 반락청천외(半落靑天外)요, 이수중분(二水中分) 백로주(白鷺洲)는 이태백(李太白)이, 노던데요. 침양강(浸陽江)을 다달으니, 백낙천(白樂天) 일거후(一去後)에, 비파성(琵琶聲)이 끊어졌다. 적벽강(赤壁江)을 그저 가랴. 소동파(蘇東坡) 노던 풍월(風月), 의구(依舊)하여 있다만은 조맹덕(曹孟德) 일세지웅(一世之雄), 이금(而今)에 안재재(安在哉)요. 월락오제(月落烏啼) 깊은 밤에, 고소성(姑蘇城)의 배를 매니, 한산사(寒山寺) 쇠북소리는 객선(客船)이 댕댕, 들리는구나. [하략]

(등장登場)

쉬—.

오호五湖[120]로 돌아드니

범려范蠡[121]는 간곳없고

백빈주白蘋洲[122] 갈매기는

홍료안紅蓼岸[123]으로 날아들고

삼호三湖[124]에 떼기러기는

부용당芙蓉堂[125]으로 날아들 제

---

[120] 오호五湖 ; 월(越)의 미인(美人) 서시(西施)가 오(吳)나라를 망하게 하고 월(越)에 돌아와 범려(范蠡)를 좇아 놀았다는 호수다. 서시는 중국 춘추시대 월나라의 미녀로 저라산(苧羅山) 근처에서 나무장수의 딸로 태어났다. 절세미녀였기 때문에 그 지방의 여자들은 무엇이든 서시의 흉내를 내면 아름답게 보일 것이라 생각하고, 병이 들었을 때의 서시의 찡그리는 얼굴까지 흉내를 냈다고 한다. 그래서 방빈(倣顰)이라는 말까지 생겼다. 또 오나라에 패망한 월왕(越王) 구천(勾踐)의 충신 범려(范蠡)가 서시를 데려다가, 호색가인 오왕(吳王) 부차(夫差)에게 바치고, 서시의 미색에 빠져 정치를 태만하게 한 부차를 마침내 멸망시켰다고도 전해지고 있다. 후에 서시는 범려와 함께 오호(五湖)로 도피했다고도 하고 또는 강에 빠져 죽었다고도 한다. '襟三江而帶五湖(금삼강이대오호)'는, 삼강(三江)을 깃으로 하고 오호(五湖)를 두르고, 형강(荊江), 송강(松江), 절강(浙江) 삼강은 옷깃이며, 태호(太湖), 파양(坡陽), 청초(靑艸), 원양(圓陽), 동정호(洞庭湖) 오호(五湖)는 띠와 같다는 말로 왕발(王勃)의 '등왕각서(滕王閣序)'에 있다.

[121] 범려范蠡 ; 춘추시대(春秋時代) 월왕구천(越王句踐)의 충신으로 서시(西施)로 미인계(美人計)를 써서 오왕(吳王) 부차(夫差)에 대한 구천(句踐)의 치욕을 씻었다. 범소백(范小伯), 범상공(范上公)이라고도 한다. 월왕구천을 도와서 오왕 부차(夫差)를 쳤으나, 높은 명성을 얻은 뒤에는 오래 살기 어렵다고 하며 벼슬을 내어 놓고 미인 서시(西施)와 더불어 오호(五湖)에 배를 띄우고 놀았다고 한다. 그 뒤 배를 타고 제(齊)에게 가서 변성명(變姓名)하여 치이자(鴟夷子)라 일컫고 재물을 모았다가 그 재물을 모두 흩어 백성들에게 나누어 준 다음 또 도(陶)땅에 가서 호를 도주공(陶朱公)이라 자칭했다. 다시 수만금을 모아 대부호가 되었으며, 왕이 공인(工人)에게 명하여 금으로 그의 형상을 새기게 하여 조정에서 예를 올렸다고도 한다.

[122] 백빈주白蘋洲 ; 흰 마름꽃이 피어 있는 물속의 작은 섬을 말한다. '마름'은 마름과의 한해살이풀로, 진흙 속에 뿌리를 박고, 줄기는 물속에서 가늘고 길게 자라 물 위로 나오며 깃털 모양의 물속뿌리가 있다. 잎은 줄기 꼭대기에 뭉쳐나고 삼각형이며, 잎자루에 공기가 들어 있는 불룩한 부낭(浮囊)이 있어서 물 위에 뜬다. 여름에 흰 꽃이 피고 열매는 핵과(核果)로 식용한다. 연못이나 늪에 나는데 한국, 일본, 중국 등지에 분포한다.

[123] 홍료안紅蓼岸 ; 붉은 여뀌꽃이 무성하게 피어 있는 물가 언덕을 말한다. '여뀌'는 마디풀과의 한해살이풀로. 잎은 피침형이며 줄기는 60cm가량, 여름에 흰 꽃이 핀다. 잎과 줄기는 짓이겨 물에 풀어서 고기를 잡는 데 쓰며, 매운 맛이 나므로 조미료로도 쓴다. '빈료(蘋蓼)'는 부평초와 여뀌다.

[124] 삼호三湖 ; 동정호, 파양호, 태호를 말한다. 오청본과 송석하본에는 '三湘(삼상)'으로 채록되었는데 이는 동정호(洞庭湖) 부근의 세 강, 소상(瀟湘), 자상(資湘), 원상(沅湘)을 말한다.

[125] 부용당芙蓉堂 ; 연꽃이 피어있는 연못을 말한다. 또한 황해도 해주(海州)에 있는 누각이기도 하다. 임진왜란 때, 인조(仁祖)가 탄생한 곳으로 건물의 구조가 웅장하고 아름답다.

심양강尋陽江[126] 당도當到하니

이적선李謫山[127] 간곳없고

벽강壁江[128] 추야월秋夜月[129]에

소동파蘇東坡[130] 노든 풍월風月[131]

의구依舊히 있다마는

조맹덕曹孟德[132] 일세효응一世梟雄[133]

이금爾今은 안재재安在哉[134]요[135]

---

[126] 심양강尋陽江 ; 중국 강서성(江西省) 구강현(九江縣)에 있는 강의 이름으로, 당나라 문인인 백거이(白居易)가 이곳을 지나다가 밤에 비파를 연주하는 소리를 듣고 「비파행(琵琶行)」을 지었다고 해서 유명해졌다.

[127] 이적산李謫山 ; '이적선(李謫仙)'의 잘못이다. 중국 당 나라 때 시인 이백(李白)을 말한다. 자는 태백(太白)이며, 호는 청련거사(青蓮居士), 주선옹(酒仙翁)이다. 시선(詩仙)으로 일컬어지는데 장안(長安)에 들어가 하지장(賀智章)을 만났을 때 하지장은 그의 글을 보고 탄(歎)하여 적선(謫仙)이라 하였다. '두보는 배에 오르지 않고 술 속의 신선이라고 스스로 자랑한다. 李白一斗詩百篇 長安市上酒家眼 天子呼來不上船 自稱臣是酒中仙'라고 노래하였다.

[128] 벽강壁江 ; '적벽강(赤壁江)'을 말한다. 중국 호북성 황강현에 있는 강으로 삼국시대 오나라의 장군인 주유가 제갈량의 도움을 받아 조조의 군대를 대파한 곳이다. 또한 송나라의 문인인 소식(蘇軾)이 뱃놀이를 하면서 '적벽부(赤壁賦)'를 지었던 곳이다.

[129] 추야월秋夜月 ; 가을밤의 달을 말한다.

[130] 소동파蘇東坡 ; 중국 북송(北宋) 때의 문인이자 정치가인 소식(蘇軾)을 말한다. 자(字)는 자첨(子瞻)이며, 호(號)는 동파(東坡)다. 소선(蘇仙)이라고도 한다. 아버지 순(洵)과 아우 철(轍)과 더불어 '삼소(三蘇)'라고 불리며, 당송팔대가(唐宋八大家)의 한 사람이자 송나라를 대표하는 제일의 문인으로 문명을 날렸다. 정치적으로는 개혁파인 왕안석(王安石)과 대립하여 좌천되었으나 후에 철종(哲宗)에게 중용(重用)되어 구법파(舊法派)를 대표했다. 대표적인 작품으로는 특히 「적벽부(赤壁賦)」가 유명하며, 서화(書畵)에도 능했다.

[131] 풍월風月 ; 청풍(清風)과 명월(明月)을 말한다. 아름다운 자연(自然)을 뜻하기도 한다. 여기서는 바람과 달에 부쳐 시가(詩歌)를 지으면서 살아가는 삶을 말한다.

[132] 조맹덕曹孟德 ; 중국 위(魏)나라 무제(武帝)다. 중국 삼국시대의 걸출한 정치가이자 군사가다. 맹덕(孟德)은 그의 자이고 이름은 조(操)이며, 어릴 때 이름은 아만(阿瞞)이다. 초(譙) 사람으로, 동한말 혼란에 천거되어 입신하였다. 건안 18년 위공(魏公)으로 봉해지고, 건안 21년 위왕(魏王)에 봉해졌으며, 건안 25년에 죽었다. 그의 아들인 조비(曹丕)가 한(漢)을 대신하여 칭제(稱帝)하였으며, 조조를 무제(武帝)로 추존하였다. 황건의 난을 다스려 군공을 세웠으며, 적벽의 싸움에서는 유비와 손권의 연합군에 패하여 중국이 삼분되었다.

[133] 일세효응一世梟雄 ; 한 시대의 사납고 용맹스러운 영웅을 말한다.

[134] 이금爾今은 안재재安在哉 ; 지금은 어디에 있는가.

[135] 일세효응一世梟雄 이금爾今은 안재재安在哉요 ; 소동파의 '전적벽부'의 한 구절을 원용한 것이다.
　　[참고] 전적벽부(前赤壁賦) ; 소자(蘇子)가 근심스레 옷깃을 바루고 곧추앉아 손에게 묻기를 '어찌 그러한가.' 하니, 객이 말하기를 '달은 밝고 별은 성긴데, 까막까치가 남쪽으로 난다.는 것은 조맹덕(曹孟德)의 시가 아닌가. 서쪽으로 하구(夏口)를 바라보고 동쪽으로 무창(武昌)을 바라보니 산천(山川)이 서로 얽혀 빽빽히 푸른데, 여기는 맹덕이 주랑(周郎)에게 곤욕(困辱)을 받은 데가 아니던가. 바야흐로 형주(荊州)를 깨뜨리고

월락오제月落烏啼 깊은 밤에

고소성외姑蘇城¹³⁶外 배를대니

한산사寒山寺¹³⁷ 쇠북소리

객선客船에 동동동 울려있고¹³⁸

소언少焉¹³⁹에 천변일륜홍天邊日輪紅¹⁴⁰은

부상扶桑¹⁴¹에 동실 높았는데¹⁴²

풍류정風流亭¹⁴³ 당도當到하야

사면四面을 굽어보니

만학천봉萬壑千峰 운심처雲深處¹⁴⁴에

강릉(江陵)으로 내려갈 제, 흘러서 동으로 가니 배는 천 리에 이어지고 깃발은 하늘을 가렸어라. 술을 걸러 강물을 굽어보며 창을 비끼고 시를 읊으니 진실로 일세(一世)의 영웅(英雄)이러니 지금 어디에 있는가. (이 하 생략)' 蘇者. 秋然正襟. 危坐而問客曰 : 何爲其然也 客曰 : 月明星稀烏鵲南飛此非曹孟德之詩乎 西望 夏口 東望武昌 山川上繆 鬱乎蒼蒼 此非孟德之困於周郞者乎 方其破荊州 下江陵 順流於東也 軸艫千里 旌 旗蔽空 釃酒臨江 橫槊賦詩 固一世之雄也 而今安在哉

136 고소성姑蘇城 ; 강소성(江蘇城) 오현(吳縣)의 고소산(姑蘇山)에 있는 성으로, 춘추시대 오나라 부차(夫差) 가 건축하였으며, 완성하는 데에 7년이 넘는 기간이 소요되었다고 한다.

137 한산사寒山寺 ; 중국 강소성(江蘇省) 오현(吳縣) 서쪽 풍교(楓橋)에 있는 절로, 한산(寒山)과 습득(拾得)이 라는 두 도승이 이곳에 있었으므로 붙여진 이름이다. 풍교사(楓橋寺)라고도 한다.

138 월락오제月落烏啼 깊은 밤에 고소성외姑蘇城外 배를대니 한산사寒山寺 쇠북소리 객선客船에 동동동 울려 있고 ; 달이 지고 까마귀가 우는 깊은 밤에 고소성 밖에 배를 대니 한산사 쇠북소리는 객선을 둥둥 울리고. 당나라 장계(張繼)의 '풍교야박(楓橋夜泊)' '月落烏啼霜滿天 달은 지고 까마귀는 울고 서리는 하늘에 가득한 데, 江楓漁火對愁眠 강변의 단풍과 어부의 불빛을 바라보다 시름 속에 잠든다. 姑蘇城外寒山寺 고소성--소 주성--밖 한산사 夜半鍾聲到客船 한 밤 북소리가 나그네 뱃머리에 들려온다.'를 원용한 것이다. 이는 우리 연 행문화에서 흔히 원용되었다.
    [참고] 月落烏啼 霜滿天ᄒ니 江楓漁火 對愁眠이라 / 姑蘇城外 寒山寺의 夜半鍾聲의 到客船이라 / 밤중 만 矣欠乃一聲의 山水綠이로다.『靑丘永言』
    [참고] 寒山寺 쇠북 소리 五更枕을 놀래 깨니 / 소상강 쩨기럭기 碧波 秋月을 반기는 듯 / 壁上의 耿耿孤 燈에 心懷를 도도는 듯.『雜誌』

139 소언少焉 ; 잠깐 동안이라는 뜻이다.

140 천변일륜홍天邊日輪紅 ; '하늘가에 붉게 떠오르는 해'를 비유적으로 이르는 말이다. '일륜(日輪)'은 태양을 말 한다. 해가 바퀴처럼 생겼기 때문에 일륜(一輪)이라 한다.

141 부상扶桑 ; 해가 뜨는 동쪽 바다다. 중국 전설에서, 해가 뜨는 동쪽 바다 속에 있다고 하는 상상의 나무다. 또는 그 나무가 있다는 곳을 말한다.

142 소언少焉에 천변일륜홍天邊日輪紅은 부상扶桑에 동실 높았는데 ; 잠깐 사이에 하늘가에 붉은 해가 부상에 둥실 높았는데.

143 풍류정風流亭 ; 멋스럽고 풍치가 있게 노는 곳이다. 관념적 명칭이다.

학선鶴仙[145]이 노니는 듯

유량嚠喨[146]한 풍악風樂소리

그저 지날 수 없거던[147]

　　(타령곡打令曲에 맞추어 춤추다가)

쉬—

　　(음악音樂과 춤 그친다)

봉제사연후奉祭祀然後에 접빈객接賓客하고

수인사연후修人事然後에 대천명待天命이라 하였으니

수인사修人事 한마디 들어가오

　　(타령곡打令曲에 맞추어 춤추며 노래부른다)

＝＝ 상산사호商山四皓 네[148] 늙은이

날 찾는다……—[149] [150]

144　만학천봉萬壑千峰 운심처雲深處 ; 만 굽이 골짜기와 천 개 봉우리가 있는 깊고 깊은 산 속의 구름 깊은 곳이란 뜻이다.

145　학선鶴仙 ; '화표학귀(華表鶴歸)'의 주인공 정령위(丁令威)를 일컫는다. '화표학귀(華表鶴歸)'는 '학이 되어 돌아와 화표에 앉다'라는 뜻으로, 인간 세상의 변천을 감탄하는 뜻으로 사용되는 고사성어이다. 도연명(陶淵明)이 지은 것으로 알려진 『수신후기(搜神後記)』에서 유래되었다. 학귀화표(鶴歸華表)라고도 한다. 중국 한나라 때의 요동(遼東) 사람 정령위는 영허산(靈虛山)에서 선도(仙道)를 닦았다. 나중에 그는 학이 되어 고향으로 돌아가 성문 앞에 있는 화표주(華表柱) - 묘 앞에 세우는 것으로 망주석 - 위에 머물렀다. 어느 날 한 소년이 학을 보고는 활을 겨누어 쏘려고 하였다. 학은 날아올라 공중에서 빙글빙글 돌며 '새가 있네 새가 있네 정령위라는 새라네. 집 떠난 지 천 년 만에 돌아왔다네. 성곽은 옛날과 다름없건만 사람들은 바뀌었네. 어찌 선도를 배우지 않아 무덤만 많아졌단 말인고. 有鳥有鳥丁令威, 去家千年今始歸, 城郭如故人民非, 何不學仙塚纍纍'라고 하고는 하늘 높이 솟구쳐 날아가 버렸다. 정령위가 선인(仙人)의 술을 배워 학이 되어 하늘로 올라갔다는 고사로 인하여 '정령위화학(丁令威化鶴)'이라고도 한다.

146　유량嚠喨 ; 음악 소리가 맑으며 또렷함을 뜻한다.

147　유량嚠喨한 풍악風樂소리 그저 지날 수 없거던 ; 불림으로 활용되었다.

148　네 ; 오청본은 '옛'으로 채록되었다.

149　상산사호商山四皓 네 늙은이 날 찾는다 ; 불림이다. 상산사호(商山四皓)는 중국 진시황 대에 나라가 어지러움을 피해 섬서성(陝西省) 상산(商山) 산에 숨어 들어간 네 은사(隱士)를 말한다. 동원공(東園公), 기리계(綺里季), 하황공(夏黃公), 녹리선생(甪里先生)을 말하는 데 이들은 모두 눈썹과 수염이 희었기에 '皓'가 붙었다. 이들은 자주 그림의 주제로 떠올렸다. 또한 우리 연행문화에 흔히 원용되었다.

　　[참고] 늘고 병 든 몸이 草堂에 흔거로다 / 鶴膝枕 노피 베고 일 업시 누어스니 / 商山 四皓 네 老人은 바둑 두려 날 ᄎᆞ즈라. 『樂府』

　　[참고] 『사기』 유후세가(留侯世家) ; 한(漢) 12년, 황제가 경포의 군사를 격파하고 돌아와서 병이 더욱 심해

먹중 Ⅵ[151][152]＝

지자 더더욱 태자를 바꾸고자 했다. 이에 유후가 그만두기를 간했으나 황제가 듣지 않자, 병을 핑계 삼아 공무를 돌보지 않았다. 태자태부 숙손통이 고금의 일을 인용해 설득하며 죽을 각오로 태자를 보위하기 위해서 애썼다. 황제는 거짓으로 그의 말을 들어주는 것처럼 했으나, 실제로는 여전히 바꾸려고 했다. 그러다가 연회에 술자리가 마련되었을 때 태자가 황제를 모시게 되었는데, 네 사람의 은자가 태자를 따르고 있었다. 그들은 모두 나이가 80이 넘었고 수염과 눈썹이 희었으며 의관은 매우 위엄 있었다. 황제가 괴이하게 여겨 묻기를 '저들은 무엇을 하는 사람들인가.'라고 하자, 네 사람이 앞으로 나아가 대답하며 각각 이름을 말하기를 동원공(東園公), 녹리선생(甪里先生), 기리계(綺里季), 하황공(夏黃公)이라 했다. 그러자 황제는 크게 놀라며 '짐이 공(公)들을 가까이 하고자 한 것이 몇 년이나 되었는데, 공들은 기어이 짐을 피해 도망가더니, 이제 공들이 어찌해 스스로 태자를 따라 노니는가.'라 했다. 네 사람이 모두 아뢰기를 '폐하께서는 선비를 업신여기시고 잘 꾸짖으시므로 신들이 의(義)에 욕되지나 않을까 해 두려운 나머지 도망해 숨었습니다. 그런데 삼가 듣건대, 태자께서는 사람됨이 어질고 효성스러우시며 사람을 공경하고 선비를 사랑하시어 천하에 목을 빼고 태자를 위해서 죽고자 하지 않는 이가 없다고 하므로 신들이 온 것입니다.'라 했다. 황제는 이에 이르기를 '번거로우시겠지만 공들께서 끝까지 태자를 잘 돌보아주기를 바라오.'라 했다. 네 사람이 축수(祝壽)를 마치고 급히 떠나가자, 황제는 눈길로 그들을 전송해 보내면서 척부인을 불러 그 네 사람을 가리켜 보이며 이르기를 '짐이 태자를 바꾸고자 했으나, 저 네 사람이 보좌해 태자의 우익(羽翼)이 이미 이루어졌으니 그 지위를 어떻게 할 수가 없소. 여후(呂后)는 진정으로 그대의 주인이오.'라 했다. 척부인이 흐느끼자 황제는 '짐을 위해서 초나라 춤을 춰 보여주오. 짐도 부인을 위해서 초나라 노래를 부르리라.'라고 하고, 이렇게 노래했다. '큰 고니 높디 높이 날아 / 한 번에 천리를 날거니 / 날개가 어느덧 다 자라나매 / 온 천하를 마음껏 날아다니도다. / 온 천하를 마음껏 날아다니니 / 마땅히 또 어떻게 하겠는가. / 설령 주살이 있다고 한들 / 오히려 그 무슨 소용 있으리요.' 몇 번 연달아 노래를 부르매 척부인은 한숨을 내쉬며 눈물을 흘렸다. 황제가 일어나 자리를 뜨자, 술자리는 끝이 났다. 결국 태자를 바꾸지 못한 것은 근본적으로 유후가 이 네 사람을 불러오게 했기 때문이었다.

　　[참고] 동원공(東園公) 전한 초기 상산사호의 한 사람으로 성은 유(庾), 자는 선명(宣明)이다.

　　[참고] 녹리선생(甪里先生) 전한 하내(河內) 지현(軹縣) 사람이다. 한고조(漢高祖) 때의 은사(隱士)로, 진(秦)나라의 학정을 피해서 상산(商山)에 숨어살던 사호(四皓) 가운데 한 사람이다. 성은 주씨(周氏)고, 이름은 술(術)이며, 자는 원도(元道)고, 패상선생(覇上先生)으로도 불린다. 또는 녹(甪)을 각(角)의 와자(譌字)로 보아 '각리선생'이라고도 부른다.

　　[참고] 기리계(綺里季) 전한 초기 때 은사(隱士)로, 상산사호(商山四皓)의 한 사람이다. 기계(綺季)로도 불린다. 진(秦)나라 말기에 동원공(東園公), 녹리선생(甪里先生), 하황공(夏黃公)과 함께 상산(商山)에 은거해 살았는데, 나이가 모두 여든을 넘겼다. 고조(高祖)가 초빙했지만 나오지 않았다. 여후(呂后)가 장량(張良)의 계책을 빌려 네 사람을 초빙해 태자를 보필하게 했다. 고조가 이를 보고 태자의 우익(羽翼)이 이미 갖추어진 것으로 보고, 태자를 폐하겠다는 논의를 중지시켰다.

　　[참고] 하황공(夏黃公) 전한 초기 때 은사(隱士)로, 상산사호(商山四皓)의 한 사람이다. 이름은 최광(崔廣)이고, 자는 소통(小通)인데, 하리(夏里)에 은거했기 때문에 붙여진 이름이다.

150　＝＝＝ 상산사호商山四皓 네 늙은이 날 찾는다……━ ; 송석하본에서는 '낙양동천이화정洛陽東天梨花亭…….' 이라고 채록되었다.

151　[보정] 정병호는, 먹중Ⅵ의 춤은 불림으로 시작하여 '독수리 날개치는 사위', '어깨춤으로 어르면서 팔을 목에 거는 사위', '외불림' 도무로서의 '외사위', '겹사위', '양사위' 등이 있다고 한다.

152　[보정] 이 대목에서 먹중 Ⅵ의 대사는 판소리 '적벽가'의 소위 '와룡강 경계'와, 판소리 '춘향가'의 소위 '기산영수'가 원용되었다.

　　[참고] '적벽가' 와룡강 경계 ; 이때는 건안 8년 중춘이라. 와룡강을 당도허니 경개가 무궁 기이허구나. 산불고이수려허고 수불심이증청이요 지불광이평탄허고 임불대이무성이라. 원학은 상친허고 송죽은 교취로다. 석벽부용은 구름 속에 잠겨 있고 창송은 천고절 푸른 빛을 띠었어라. 시문에 다다라 문을 뚜다리며, 동자야,

(등장登場)

쉬—.

산불고이山不高而 수려秀麗[153]하고

수불심이水不深而 청징淸澄[154]이라.

지불광이地不廣而 평탄平坦[155]하고

인불다이人不多而 무성茂盛[156]이라

월학月鶴은 쌍반雙伴[157]하고

송죽松竹은 교취交翠[158]로다.

기산영수箕山潁水[159] 별건곤別乾坤[160]에

소부巢父 허유許由[161] 놀아있다,

선생님 계옵시냐

　[참고] '춘향가' '기산영수' ; 기산 영수 별건곤, 소부 허유 놀고, 채석강 명월야에 이 적선도 놀아 있고, 적벽강 추야월의 소동파도 놀고, 시상리 오류촌 도연명도 놀아있고, 상산의 바둑뒤던 사호선생이 놀았으니, 내 또한 호협사라. 동원도리 편시춘 아니 놀고 무엇하리. 잔말 말고 일러라. 김세종제 '춘향가' 참조

　[참고] 시조(時調) – 箕山 潁水 別乾坤에 巢父 許由 놀아 잇고 / 赤壁江 秋夜月 蘇子瞻이 놀아 잇다 / 아마도 三公不換은 此江山인가. 『雜誌』

153 산불고이山不高而 수려秀麗 ; 산은 높지 아니하며 빼어나게 아름답다.

154 수불심이水不深而 청징淸澄 ; 물은 깊지 아니하며 맑고 깨끗하다.

155 지불광이地不廣而 평탄平坦 ; 땅은 넓지 아니하며 평평하다.

156 [보정] 인불다이人不多而 무성茂盛 ; 사람은 많지 않으나 무성하다. 원래는 '林不多而(임불다이) 茂盛(무성)'으로, '나무는 많지 않으나 무성하다'의 뜻이다. 의도적인 잘못인지 자세치 않다.

157 월학月鶴 쌍반雙伴 ; 달빛에 학은 나란히 날아감을 뜻한다.

158 송죽松竹 교취交翠 ; 소나무와 대나무는 비취빛이로구나. 푸른 대나무를 취죽(翠竹)이라고 한다.

159 기산영수箕山潁水 ; 중국 하남성에 있는 산과 시내를 말한다. 요임금 때 소부와 허유가 임금의 자리를 물려받으라는 왕명을 피하여 들어가 은거(隱居)했다는 산과 물이다. '기산'은 하남성(河南省) 행당현(行唐縣) 서북쪽에 위치한다. '영수'는 하남성(河南省) 등봉현(登封縣) 서쪽 경계에 있는 영곡(潁谷)에서 발원하여 회수(淮水)로 유입하는 물길이다.

160 별건곤別乾坤 ; 별세계, 별천지를 말한다.

161 소부巢父 허유許由 ; 고대 중국의 전설상의 은자(隱者)인 소부와 허유를 말한다. 속세를 떠나서 산의 나무 위에서 살았기 때문에 생긴 이름이며, 요(堯)가 천하를 그에게 나라를 맡기고자 하였으나 이를 사양하고 받지 않았다. 허유(許由)가 영천에서 귀를 씻고 있는 것을 소를 몰고 온 소부(巢父)가 보고서 그러한 더러운 물은 소에게도 마시게 할 수 없다며 돌아갔다는 고사(故事)가 있다. [참고] 소부(巢父) ; 소부와 허유를 소유(巢由), '소허(巢許)'라고 하며, 이를 한 사람으로 보는 설도 있다. 황보밀(皇甫謐)의 『고사전(高士傳)』(김장환 역, 예문서원, 2000)에 "요(堯) 임금 때의 은자로, 산 속에 살면서 세속의 이득을 영위하지 않았다. 늙어서는 나무에 보금자리를 만들고 그 위에서 잤기 때문에 당시 사람들이 소부라고 불렀다. 요 임금이 허유에게 양위하려 하자

채석강采石江[162] 명월야明月夜[163]에

이적선李謫仙이 놀아있고

허유는 소부에게 그 사실을 알렸다. 이에 소부는 '그대는 어찌하여 그대의 모습을 숨기지 않고 그대의 빛남을 감추지 않았는가. 그대는 내 친구가 아닐세.' 라고 하면서 허유의 가슴을 밀치며 그를 내려 보냈다. 허유는 실의에 빠졌다. 이에 소부는 청령(淸泠)-하남성(河南省) 남양현(南陽縣) 북쪽 풍산(豐山)에 있음. 맑고 깨끗한 물이라는 설도 있음.-의 강으로 가서 자신의 귀를 씻고 눈을 닦으며 '방금 전 탐욕스런 말을 듣고는 내 친구를 잃게 되었구나.' 하고는 마침내 떠나가서 평생을 만나지 않았다." 하였다. [참고] 허유(許由) ; 황보밀(皇甫謐)의 『고사전(高士傳)』(김장환 역, 예문서원, 2000)에 "허유는 자가 무중(武仲)이며 양성(陽城) 괴리(槐里) 사람이다. 사람됨이 의에 근거하고 올바른 도리를 실천하여, 그릇된 자리에는 앉지 않고 그릇된 음식은 먹지 않았다. 나중에는 패택(沛澤)-강소성(江蘇省) 패현(沛縣)에 있는 택지(澤池)-에 은거하였다. 요임금이 천하를 허유에게 양위(讓位)하고자 하여 말했다. '해와 달이 떠 있는데 횃불을 끄지 않는다면 비추기가 또한 어렵지 않겠습니까. 때맞춰 단비가 내리는데도 여전히 물을 끌어대고 적시는 것 또한 애만 쓰는 것이 아니겠습니까. 선생께서 임금의 자리에 서시면 천하가 잘 다스려질 텐데 내가 여전히 이 자리를 지키고 있습니다. 제 자신을 돌아보건대 부족한 게 많습니다. 부디 천하를 맡아 주십시오.' 허유는 말하였다. '그대가 천하를 다스려 이미 잘 다스려지고 있는데 내가 그대를 대신한다면 날더러 허울 좋은 이름을 위하라는 말인가. 이름이란 실(實)의 손님이니 날더러 손님이 되라는 말인가. 뱁새[鷦鷯]가 깊은 숲에 둥지를 튼다 해도 나뭇가지 하나면 충분하고, 두더지[偃鼠]가 황하의 물을 마신다 해도 배만 채우면 그만이오. 그러니 당신은 돌아가시오. 나에게는 천하가 쓸모가 없소이다. 요리사가 음식을 잘 만들지 못한다 하더라도 시축(尸祝)-중국의 고대 풍습에서 제례, 특히 조상에 대한 제례에서 특정한 사람을 조상의 자리에 앉히고 제물을 바치면서 그를 통해 신의 은택을 받고자 했는데, 그 사람을 尸라고 한다. 祝은 제주(祭主)와 尸 사이에서 제주의 성의를 尸에게 전달하는 자로서, 실질적으로는 제사를 주관하며 축문(祝文)을 읽는 사람임.-의 술 단지와 도마를 넘어가서는 그를 대신할 수는 없는 노릇이오.' 그리고 천하를 받지 않고 도망가 버렸다. 설결이 허유를 만나 '그대는 어디로 가려는가.' 하자, 허유는 '요 임금을 피하려고 합니다.' 하고 하였다. 설결이 '다시 무슨 일인가' 하자 '저 요 임금은 현인(賢人)이 천하에 이익이 된다는 것은 알지만 천하를 해친다는 것은 모르고 있습니다. 무릇 현과 불현의 경계에서 벗어난 사람[外乎賢者]만이 그것을 아는 것이지요.' 라고 하였다. 허유는 이에 중악(中岳)-오악(五岳) 가운데 하나인 숭산(嵩山)을 말함.-의 영수(潁水)-하남성(河南省) 등봉현(登封縣) 서쪽 경계에 있는 영곡(潁谷)에서 발원하여 회수(淮水)로 유입하는 물길임.-북쪽 기산(箕山)-하남성(河南省) 행당현(行唐縣) 서북쪽에 위치함.-아래에 숨어 밭을 갈면서 죽을 때까지 천하를 경영하려는 마음을 먹지 않았다. 요 임금이 다시 허유를 불러 구주(九州)의 수장(首長)으로 삼으려 했으나 허유는 듣고자 아니하고 영수 가에서 귀를 씻었다. 그때 그의 친구 소부(巢父)가 송아지를 끌고 와 물을 먹이려다 허유가 귀를 씻는 것을 보곤 그 이유를 물었다. '요임금이 나를 불러 구주의 수장으로 삼으려 하기에 그 소리가 듣기 싫어 귀를 씻고 있네.' 라고 대답하자, 소부는 이렇게 말하였다. '자네가 높은 언덕과 깊은 계곡에 거처한다면 사람 다니는 길이 통하지 않을 텐데, 누가 자네를 볼 수 있겠는가. 자네가 일부러 떠돌며 알려지기를 비래서 명예를 구한 것이니, 내 송아지의 입만 더럽혔네.' 그리고는 송아지를 끌고 상류로 가서 물을 먹였다. 허유가 죽자 기산의 꼭대기에 장사를 지내고 또한 허유산(許由山)이라 명명하였는데, 그 산은 양성의 남쪽 10여리에 있다. 요 임금은 그 묘를 찾아가 기산공신(箕山公神)이라 부르고 오악(五岳)에 배향하였으며, 대대로 제사를 받들어 지금까지 끊이지 않고 있다." 하였다.

162 채석강采石江 ; 중국 안휘성(安徽省)에 위치한 강으로, 당(唐)나라의 시인 이태백(李太白)이 놀다가 빠져 죽은 곳으로 유명하다. 동정호(洞庭湖)의 한 지류다. 이백(李白)이 채석강(采石江)에서 놀 때 술에 취하여 물에 비친 달을 잡으려고 강에 뛰어들어 빠져 죽었다고 한다. 그러나 이화(李華)의 태백묘지(太白墓誌)나 이양(李陽)의 '빙초당집서(氷草堂集序)'로 보아 그의 죽음에 대해서는 의심쩍은 데가 있다.

163 명월야明月夜 ; 달 밝은 밤을 말한다.

적벽강赤壁江 추야월秋夜月에

소동파蘇東坡 놀아있거든,

낙양洛陽[164] 동천東天[165] 유하정柳下亭[166]

이러한 풍류정風流亭에

한번 놀고 가려던[167]

　　(타령곡打令曲에 맞추어 춤추다가)

쉬—.

　　(음악音樂과 춤 그친다)

봉제사연후奉祭祀然後에 접빈객接賓客하고

수인사연후修人事然後에 대천명待天命이라 하였으니

수인사修人事 한마디 들어가오

　　(타령곡打令曲에 맞추어 춤추며 노래부른다)

═ 세이인간사불문洗耳人間事不聞하는[168]

한가閑暇롭다……—[169]

---

164   낙양洛陽 ; 중국 하남성(河南省)의 도시로, 주(周)의 낙읍(洛邑)으로 후한(後漢)·진(晋)·수(隋)·후당(後唐)의 도읍지였다. 하남은 주대(周代)의 고도인 낙양의 별칭이다. 하남성(河南省)이 예부터 한(漢) 민족의 활동 중심지였기에 중원(中原)이라고도 한다.

165   동천東天 ; '洞天(동천)'의 잘못이다. 신선이 사는 세계, 혹은 산에 싸이고 내에 둘린 경치 좋은 곳을 뜻한다. 참고로 '扶桑 東天(부상동천)은 동쪽 바다의 해 돋는 곳에 있다는 신목(神木), 또는 그 신목이 있는 곳을 말한다.

166   [보정] 유하정柳下亭 ; '梨花亭(이화정)'이 일반적이다. 낙양의 동쪽 산기슭에 있는 정자로, 조선 후기의 고소설인 '숙향전(淑香傳)'에 나오는 지명이기도 하다.

167   낙양洛陽 동천東天 유하정柳下亭 이러한 풍류정風流亭에 한번 놀고 가려던 ; 불림이다. 낙양의 신선이 사는 이화정과 같은 이러한 풍류정에서 한번 놀고 가려든. 오청본에서는 '이러한風流亭에 한번놀고가려든.'라고 채록되었다.

168   오청본에서는 '하는'이 없다.

169   세이인간사불문洗耳人間事不聞하는 한가閑暇롭다……— ; '귀를 씻고 세상의 인간사를 듣지 아니하니 한가롭다'는 뜻을 담고 있다. 불림이다. 소부허유 고사에 연원을 두고 있다.

먹중 Ⅶ[170][171]＝

(등장登場)

쉬―.

천지현황天地玄黃[172] 생긴 후後에

일월영측日月盈昃[173] 되었어라.[174]

천지天地가 개벽開闢[175] 후後에

만물萬物이 번성繁盛이라[176]

산山절로 수水절로 하니

산수간山水[177]間에 나도절로,

때 마츰 춘절春節이라[178]

---

[170] [보정] 정병호는, 먹중Ⅶ의 춤은 불림으로 시작하여 '좌우로 허리 돌리기', '한삼 꼬리 치기', '고개잡이', 도무로서의 '외사위', '겹사위', '양사위' 등이 있다고 한다.

[171] [보정] 이 대목에서 먹중 Ⅶ의 대사는 시조와, 잡가 '유산가'를 원용하고 있다.

[참고] 靑山도 절로 절로 綠水도 절로 절로 / 山 절로 水 절로 山水間에 나도 절로 / 그 中에 절로 ᄌᆞ란 몸이 늙기도 절로 ᄒᆞ리라.『靑丘永言』

[참고] 유산가(遊山歌) ― 화란츈셩ᄒᆞ고 만화방챵이라 넓 죠타 벗님네야 / 산쳔경긔를 구경을 가세 / 쥭장망혜 단표ᄌᆞ로 쳔이강산을 드러를 가니 / 만산홍록드른 일년일도 다시 뛰여 / 츈쇅을 자랑노라 쇠쇅이 불것ᄂᆞ듸 / 챵송취쥭은 챵챵울ᄒᆞ고 긔화요초 란만즁의 / 곳 속에 잠든 나뷔 ᄌᆞ취 업시 나라 든다 / 유상잉비는 편편금이오 화간졉무는 분분셜이라 / 삼츈가졀이 조흘시고 도화만발 졈졈홍이로구나 / 어쥬츅슈 삼츈이여든 무릉도원이 예 아니냐 / 양류셰지 스스록 ᄒᆞ니 황산곡리 당츈졀에 / 연명오류가 예 아니냐 / 졔비ᄂᆞᆫ 물을 차고 기력이 무리져셔 / 거지즁쳔에 놉히 넧셔 두 날릐 훨신 펴고 / 펄펄 빅운간에 놉히 넧셔 / 쳔리강산 머남은 길에 어이갈ᅀᅩ 슬피운다 / 원산은 쳡쳡퇴산은 쥬츔ᄒᆞ여 긔암은 층층 장송은 낙낙 / 에이구 부러져 광풍에 흥을 겨워 우줄우줄 츔을 춘다 / 층암졀벽상에 폭포슈은 쌀쌀 슈졍렴 드리온듯 / 이 골 물이 주루루룩 져 골 물이 쌀쌀 / 열에 열 골 물이 한듸 합수ᄒᆞ야 / 쳔방져 디방져 소코라지고 펑퍼져 / 넌츌지고 방울져 져 건너 병풍셕으로 / 으르렁 쌀쌀 흐르는 물결이 은옥갓치 흐터지니 / 소부허유 문답ᄒᆞ든 긔산영슈가 예 안니냐 / 쥬각졔금은 쳔고졀이오 젹다졍조는 일년풍이라 / 일츌낙됴가 눈압헤 버려나 경무긔궁이 됴흘시고 『증보신구잡가』

[172] 천지현황天地玄黃 ; 하늘은 위에 있으니 그 빛이 검고 그윽하며, 땅은 아래 있으니 그 빛이 누르다는 뜻이다.

[173] 일월영측日月盈昃 ; 해는 서쪽으로 기울고 달도 차면 점차 이지러진다는 뜻이다. 즉 우주의 진리를 말한다.

[174] 천지현황天地玄黃 생긴 후後에 일월영측日月盈昃 되었어라 ; 천자문의 첫 여덟 글자를 원용하였다.

[175] 개벽開闢 ; 세상이 처음으로 생겨 열림을 말한다. 세상이 어지럽게 뒤집힘을 말하기도 한다. 새로운 시대가 열리는 것을 비유적으로 이르는 말로도 쓰인다.

[176] 천지天地가 개벽開闢 후後에 만물萬物이 번성繁盛이라 ; 천지가 창조된 후에 민물이 번성한다.

[177] 산수山水 ; 산과 물이라는 뜻으로, 경치를 이르는 말이다.

[178] 산山절로 수水절로 하니 산수간山水間에 나도절로, 때 마츰 춘절春節이라 ; 산도 제 스스로요, 물도 제 스스로이니 산과 물속에 나도 제 스스로니, 때마침 춘절이라. 산과 물이 잘 어우러진 좋은 봄철이라 나도 그 풍광

산천경개山川景槪[179] 구경求景코져

죽장망혜竹杖芒鞋[180] 단표자簞瓢子[181]로

이 강산江山에 들어오니

만산홍록滿山紅綠[182]은 일년일차一年一次[183] 다시 피어

춘색春色을 자랑하야 색색色色이 붉었는데

창송취죽蒼松翠竹[184]은 울울창창鬱鬱蒼蒼[185]하고

기화요장奇花瑤章 난만중爛慢中[186]에

꽃속에 자든 나비 자취없이 날아난다[187].

유상앵비柳上鶯飛는 편편금片片金[188]이요

화간접무花間蝶舞는 분분설紛紛雪[189]이라

삼춘가절三春佳節[190]이 좋을시고

도화만발桃花滿發 점점홍點點紅[191] 이로구나.

속에 절로 **빠**져든다는 말이다.

179 산천경개山川景槪 ; 자연의 경치를 말한다.

180 죽장망혜竹杖芒鞋 ; 대지팡이와 짚신의 뜻으로, 먼 길을 떠날 때의 아주 간편한 차림새를 이르는 말이다. '망혜'는 '미투리'라고도 한다. '마혜(麻鞋)'가 '망혜(芒鞋)'로 와문 되어 흔히 죽장망혜(竹杖芒鞋)라고 많이 읽히는데 이것은 노래를 부를 때에 '마' 음(音)을 길게 뽑는 데서 말미암은 것이라 한다.

181 단표자簞瓢子 ; 도시락과 표주박을 말한다.

182 만산홍록滿山紅綠 ; 온 산이 붉고 푸름으로 가득 참을 말한다.

183 일년일차一年一次 ; 일 년에 한 번이라는 뜻이다.

184 창송취죽蒼松翠竹 ; 푸른 소나무와 푸른 대나무를 이른다. '창송녹죽(綠竹)'이라고도 한다.

185 울울창창鬱鬱蒼蒼 ; 큰 나무들이 **빽빽**하게 들어서 푸르게 우거져 있다.

186 [보정] 기화요장奇花瑤章 난만중爛慢中 ; '奇花瑤章(기화요장)'은 '奇花瑤草(기화요초)'의 잘못이다. 아름답고 고운 꽃과 풀이 활짝 많이 피어 화려함을 말한다.

187 날아난다 ; 오청본은 '날아든다'로 채록되었다.

188 유상앵비柳上鶯飛는 편편금片片金 ; 버들 위에서 꾀꼬리가 나니 조각조각 황금쪽 같구나.

189 화간접무花間蝶舞는 분분설紛紛雪 ; 꽃 사이로 나비가 춤을 추니 펄펄 나는 흰 눈 같구나.

190 삼춘가절三春佳節 ; 봄철 석 달의 좋은 시절이다. 음력 정월, 2월, 3월을 각각 맹춘(孟春), 중춘(仲春), 이춘(李春)이라고 하며 이를 통틀어 삼춘(三春)이라고 한다.

191 [보정] 도화만발桃花滿發 점점홍點點紅 ; 복숭아꽃이 만발하여 점점이 붉도다. 기존 작가의 작품의 한 구절을 원용하여 관용구formula로 정착된 사례다. [참고] 『동국이상국집』백운소설(白雲小說) ; 시중(侍中) 김부식(金富軾)과 학사 정지상은 문장으로 함께 한때 이름이 났는데, 두 사람은 알력이 생겨서 서로 사이가 좋지 못했다. 세속에서 전하는 바에 의하면 지상이, '임궁(琳宮)에서 범어를 파하니 琳宮梵語罷 하늘빛이 유리처럼 깨끗하

무릉도원武陵桃源¹⁹²이 예 아니냐.

양류세지揚柳細枝 사사록絲絲綠¹⁹³하니

황산곡리黃山¹⁹⁴谷¹⁹⁵裏 당춘절當春節¹⁹⁶에

연명오류淵明 五柳¹⁹⁷가 예 아니냐.

층암절벽상層岩絕壁上¹⁹⁸에 폭포수瀑布水¹⁹⁹가

구나. 天色淨琉璃' 라는 시구를 지은 적이 있었는데, 부식(富軾)이 그 시를 좋아한 끝에 그를 구하여 자기 시로 삼으려 하자, 지상은 끝내 들어 주지 않았다. 뒤에 지상은 부식에게 피살되어 음귀(陰鬼)가 되었다. 부식이 어느 날 봄을 두고 시를 짓기를, '버들 빛은 일천 실이 푸르고 柳色千絲綠 복사꽃은 일만 점이 붉구나 桃花萬點紅' 하였더니, 갑자기 공중에서 정지상 귀신이 부식의 뺨을 치면서, '일천 실인지, 일만 점인지 누가 세어보았느냐. 왜, 버들 빛은 실실이 푸르고 柳色絲絲綠 복사꽃은 점점 붉구나 桃花點點紅 라고 하지 않는가.' 하매, 부식은 마음속으로 매우 그를 미워하였다. 뒤에 부식이 어느 절에 가서 측간에 올라앉았더니, 정지상의 귀신이 뒤쫓아 와서 음낭을 쥐고 묻기를, '술도 마시지 않았는데, 왜 낯이 붉은가.' 하자, 부식은 서서히 대답하기를, '언덕에 있는 단풍이 낯에 비쳐 붉다.' 하니, 정지상의 귀신은 음낭을 더욱 죄며, '이놈의 가죽주머니는 왜 이리 무르냐.' 하자, 부식은, '네 아비 음낭은 무쇠였더냐.' 하고 얼굴빛을 변하지 않았다. 정지상의 귀신이 더욱 힘차게 음낭을 죄므로 부식은 결국 측간에서 죽었다 한다.

192 무릉도원武陵桃源 ; 선경(仙境) 또는 낙원(樂園)을 가리키는 말이다. 진(晉)나라 때에 어부(漁父)가 계곡물에 떠내려오는 복숭아꽃을 따라 올라갔다. 동굴 속으로 이어진 물줄기를 따라 굴 속에 들어가서, 그곳에 있는 선경(仙境)을 발견하고 귀가(歸家)하였다가 뒤에 다시 찾으려 했을 때 그 지형(地形)을 분별할 수가 없었다고 한 데서 온 말이다. 이와 관련하여 진(晉)나라 문인인 도잠(陶潛)이 지은 「도화원기(桃花源記)」가 있고, 당나라 문인인 이백(李白)이 지은 「산중문답(山中問答)」에도 「도화유수묘연거(桃花流水渺然去) 별유천지비인간(別有天地非人間)」이라는 구절이 있다.

193 [보정] 양류세지揚柳細枝 사사록絲絲綠 ; 버드나무 가느다란 가지마다 푸르르구나. 기존 작가의 작품의 한 구절을 원용하여 관용구formula로 정착된 사례다. '揚'은 '楊'의 잘못이다.

194 황산黃山 ; 옛 이름은 이산(移山)이다. 주봉은 연화봉(蓮華峰)으로, 천도봉(天都峰)이라고 한다. 당나라 때부터 현재의 명칭으로 바뀌었다. 황산은 안휘성 남부에 있는 연화봉을 위시로 한 72 봉이 연이어 있는 산괴(山塊)를 말하는 것으로 이 황산의 아름다움에 대해서는 수많은 시인들이 찬미하였다. 옛부터 황산의 아름다움은 대시인인 이백 등에 의해 칭송되었으며 명나라 때의 지리학자이며 여행가였던 서하객(徐霞客)은 30년에 걸쳐서 중국의 산하를 두루 여행한 후에 이렇게 말했다고 한다. '오악(五岳)-태산(泰山), 화산(華山), 형산(衡山), 항산(恒山), 숭산(嵩山)-을 보고 온 사람은 평범한 산은 눈에 들지 않는다. 황산을 보고 돌아온 사람은 오악도 눈에 차지 않는다. 五岳歸來不看山, 黃山歸來不看五.'

195 황산곡黃山谷 ; 이름은 정견(庭堅)이고, 자(字)는 노직(魯直)이고, 호는 산곡(山谷)이라고 한다. 송나라 철종(哲宗) 때 사람으로 시에 특장(特長)이 있어 세상 사람들이 소동파(蘇東坡)의 다음 간다고 해서 소황(蘇黃)이라 하고, 또한 초서(草書)와 해법(楷法)에 유명하다. 벼슬은 교서랑사인(校書郎舍人)을 역임하고 지태평주(知太平州)를 하다가 선주(宣州)로 귀양 가서 죽었다.

196 [보정] 황산곡리黃山谷裏 당춘절當春節 ; 황산곡(黃山谷)속에서 봄철을 맞이하였구나. 송나라 시인 황정견(黃庭堅)의 호(號)가 산곡(山谷)인데 인명을 지명과 같이 사용하였다. 중의적 표현이다.

197 연명淵明 오류五柳 ; 도연명이 자기가 살던 집 문 앞에 버드나무 다섯 그루를 심어 놓고 스스로 오류선생(五柳先生)이라 하였다. 버들을 보고 도연명을 연상하여서 한 말이다.

198 층암절벽상層岩絕壁上 ; 몹시 험한 바위가 겹겹으로 쌓인 낭떠러지를 말한다.

꽐꽐 흘러 수정렴水晶簾[200] 드리운 듯

병풍석屛風石[201]에 마주처서

은옥銀玉[202]같이 헐어지니[203]

소부巢父 허유許由 문답問答하든

기산영수箕山潁水 예 아니냐.

주각제금住刻啼禽[204]은 천고절千古節[205]이요

적다정조일년풍積多鼎鳥日年豊[206]이라.

경개景槪 무궁無窮[207] 좋을시고.

장중場中을 굽어보니

호걸豪傑[208]들이 많이 모여

해금奚琴 피리 저 북 장고杖鼓 느려놓고[209]

---

199 폭포수瀑布水 ; 낭떠러지에서 흘러 떨어지는 물을 말한다.

200 수정렴水晶簾 ; 수정 구슬을 꿰어서 만든 아름다운 발을 말한다.

201 병풍석屛風石 ; 능(陵)을 보호하기 위하여 능의 위쪽 둘레에 병풍처럼 둘러 세운 긴 네모꼴의 넓적한 돌이다. 겉에 12신(神)이나 꽃무늬 따위를 새긴다.

202 은옥銀玉 ; 은빛이 나는 옥을 말한다.

203 헐어지니 → 헐게 되니. 오청본은 '훗터지니'로 채록되었다.

204 주각제금住刻啼禽 ; '주각주각하고 우는 새'라는 뜻이다. '住刻'은 주걱새를 이른다. '주각(住刻)'은 울음소리에서 따온 것이다. 주걱새[촉국새]는 촉나라 망제의 혼이 화(化)하여 이 새가 되어 천년을 두고 그 비운을 슬피 운다는 이야기가 있다. 다 접동새(杜鵑)를 두고 말한 것이다.

205 천고절千古節 ; 영원히 변하지 않는 빛나는 곧은 절개를 말한다.

206 적다정조일년풍積多鼎鳥日年豊 ; 소쩍새가 솥이 작다고 울면 풍년이 든다. '積多鼎鳥(적다정조)'는 소쩍새를 말한다. 접동새라고도 한다. 소쩍새가 '솥 작다 솥 작다'하고 울었다는 데서 '積多鼎(적다정)'의 음과 훈을 따온 것이다. 민간어원이다. 우리나라에서는 예로부터 '솟쩍' 하고 울면 다음해에 흉년이 들고, '솟적다'라고 울면 '솥이 작으니 큰 솥을 준비하라'는 뜻에서 다음해에 풍년이 온다는 이야기가 전해 내려온다. 오청본에는 '積多鼎鳥一年豊'라고 채록되었다. 그리고 다른 자료들도 한해의 풍년이라는 뜻인 '一年豊'이라고 하였다. [참고] '소쩍 소쩍' 또는 '소쩍다 소쩍다'라는 울음소리를 내는데 이 울음소리에는 전설이 전해지고 있다. 아주 오랜 옛날에 며느리를 몹시 구박하는 시어머니가 있었는데 며느리에게 밥을 주지 않으려고 아주 작은 솥을 내주어 밥을 하게 하였다고 한다. 결국 며느리는 굶어죽었고 그 불쌍한 영혼은 새가 되어 '솥이 적다. 솥이 적다. 소쩍 소쩍'이라고 운다고 한다. 민간에서는 이 소쩍새의 울음소리로 그 해의 풍년과 흉년을 점치기도 한다. 새가 '소쩍 소쩍' 하고 울면 흉년이 들고, '소쩍다 소쩍다' 하고 울면 풍년이 든다고 한다. 즉, '솟쩍다'는 솥이 작으니 큰 솥을 마련하라는 뜻으로 해석한다.

207 경개무궁景槪無窮 ; '경치가 무궁하다'라는 뜻이다.

208 호걸豪傑 ; 지혜와 용기가 뛰어나고 기개와 풍모가 있는 사람을 말한다.

이리 뛰고 저리 뛰니

이 아니 풍류정風流亭인가.

나도 흥興에 겨워

한번 놀고 가려던[210]

　　(타령곡打令曲에 맞추어 춤추다가)

쉬─.

　　(음악音樂 춤 그친다)

봉제사연후奉祭祀然後에 접빈객接賓客하고

수인사연후修人事然後에 대천명待天命이라 하니[211]

수인사修人事 한마디 들어가오

　　(타령곡打令曲에 맞추어 춤추며 노래부른다)

═══ 옥동도화만수춘玉洞[212]桃花 萬樹春

가지가지……─[213]

209　느려놓고 → 늘어놓고

210　나도 흥興에 겨워 한번 놀고 가려던 ; 대화반응이 불림으로 활용되었다. 특히 '놀고 가려던'을 노래조로 실현한다.

211　이라 하니 ; 오청본은 '이라고하엿스니'로 채록되었다.

212　옥동玉洞 ; 옥으로 된 동혈(洞穴)로 신선이 사는 곳이다. 또는 은자(隱者)가 사는 곳을 일컫는 말로 쓰고 있다.

213　[보정] 옥동도화만수춘玉洞桃花 萬樹春 가지가지…… ; 한시와 우리말이 결합된 불림이다. 오청본은 '玉洞桃花 萬樹春가지가지'로 채록되었다. 오청본은 '花'가 누락된 것으로 채록과정에서, 혹은 연행과정에서 흔히 누락되는 일이 일어난다. '玉洞桃花萬樹春'이 옳다. '옥동(玉洞)의 복숭아꽃이 일만 나무 봄이로구나.'라는 뜻이다. 사설시조에서도 이 구절이 자주 나타난다. 입춘첩(立春帖)에도 활용된다. 남사고 설화에도 등장한다.

　　[참고] 六洲 五洋에 探險隊가 아즉도 發見 못한 武陵桃源 朱陳村이 世上 天下에 어듸매뇨 / 三千年開花 三千年結實하는 崑崙山 瑤池 蟠桃園인가 金鷄啼罷日 輪紅하는 都桃樹下인가 거긔도 아니오 劉關張 三人이 烏牛 百馬로 祭天結義하시든 桃園이 그 곳인가 玉洞桃花萬樹春의 거긔인가 前度劉郞 今又來한 玄都觀이 거긔련가 / 至今에 春水 方生하고 片片紅桃 둥둥 넷 흘너 오는 紫霞洞天에 가 무러 보소. -樂府 (高大本)

　　[참고] 『지봉유설(芝峯類說)』; 이달(李達)이 남격암(南格菴)을 위한 만사에 말하기를, '난새를 멍에 하여 표연히 야목진(若木津)을 떠났으니, 군평(君平)의 주렴 아래 다시 어느 사람이 있는가. 상동(床東)의 제자가 유초(遺草)를 거두니, 옥동(玉洞)의 복숭아꽃이 일만 나무 봄이로구나 鸞馭飄然若木津 君平簾下更何人 床東弟子收遺草 玉洞桃花萬樹春'라고 했다. 격암(格菴)은 남사고(南師古)의 호이다. 사고(師古)가 일찌기 이인(異人)에게서 진결(眞訣) ; 참비결)을 배워 드디어 비술(秘術)에 능통하였다고 한다. 이 글에 야진목(若木津)이라고 한 것은 아마 석목진(析木津)--석목(析木)은 성좌(星座) 위치의 이름으로 은하수의 나루다.--이라는 말을 잘못 인용한 것일 것이다.

먹중 Ⅷ [214][215]＝

　　　　　　（등장登場）

　　　　쉬—.

　　　　죽장竹杖[216] 짚고 망혜芒鞋[217] 신어

　　　　천리강산千里江山 들어가니

　　　　폭포瀑布도 장이 좋다마는

　　　　여산廬山[218]이 여게[219]로다.

　　　　비류직하삼천척飛流直下三千尺[220]은

　　　　옛말로 들었드니

　　　　의시은하낙구천疑是銀河落九天[221]은

---

214 [보정] 정병호는, 먹중Ⅷ의 춤장단은 첫목과 같다. 춤은 '수인사', '한삼끌어 어깨에 걸기', '한삼 걸어 고개잡이', '한삼 좌우로 돌려 불림', 도무로서의 '외사위', '겹사위', '양사위' 등이 있다고 한다.

215 [보정] 먹중 Ⅷ의 대사는 판소리 단가 소위 '죽장망혜'를 원용한 것이다.

216 죽장竹杖 ; 대지팡이를 말한다.

217 망혜芒鞋 ; '마혜(麻鞋)'의 잘못이다. 竹杖芒鞋(죽장망혜)는 대지팡이와 짚신의 뜻으로, 먼 길을 떠날 때의 아주 간편한 차림새를 이르는 말한다. '망혜'는 '미투리'라고도 한다. '마혜(麻鞋)'가 '망혜(芒鞋)'로 와문 되어 흔히 죽장망혜(竹杖芒鞋)라고 많이 읽히는데 이것은 노래를 부를 때에 '마' 음(音)을 길게 뽑는 데서 말미암은 것이라 한다.

218 여산驪山 ; 여기서는 '廬山'이 옳다. 강서성 구강부(江西省九江府)에 있는 명산이다. 보는 장소에 따라 달리 보이고 향로봉(香爐峰)과 여산 폭포가 유명하며, 광유(匡裕)라는 사람이 여기 살았기에 광려(匡廬)라고도 한다. 평야 지대에 위치해 있어서, 그 기세가 더욱 웅장하고 높아 보인다. 깎아지른 듯한 높은 절벽이 많고 맑은 물과 폭포가 유명하며, 산중에 늘 운무(雲霧)가 끼어 있어서 산봉우리를 보는 일이 쉽지가 않아 '不識廬山眞面目(불식여산진면목)'이라는 말이 있으며, 예로부터 명승지로 이름이 높다.

　　　　[참고] 소식(蘇軾) '제서림벽(題西林壁)'
　　　　　橫看成嶺側成峰,　　옆에서 보면 산령이오, 곁에서 보면 산봉이로세,
　　　　　遠近高低各不同.　　멀고, 가깝고, 높고, 낮기가 각각 다르구나.
　　　　　不識廬山眞面目,　　여산의 참 모습을 알지 못하는 것은,
　　　　　只緣身在此山中.　　바로 이 몸이 산 속에 있기 때문이로구나.

219 여게 → 여기

220 비류직하삼천척飛流直下三千尺 ; 날듯 수직으로 떨어지는 삼천 척 물줄기라는 뜻이다. 이백(李白)의 '망여산폭포(望廬山瀑布)'의 한 구절이다.

　　　　[참고] '망여산폭포(望廬山瀑布)'
　　　　　日照香爐生紫烟　　향로봉에 해 비치니 자주빛 안개 피어나고
　　　　　遙看瀑布掛前川　　멀리 보이는 폭포는 앞 냇물에 걸렸도다.
　　　　　飛流直下三千尺　　날듯 수직으로 떨어지는 삼천 척 물줄기는
　　　　　疑是銀下落九天　　의심컨대, 은하수가 하늘에서 떨어진 것이리.

과연 허언虛言이 아니로다.

은하석경銀河石徑[222] 좁은 길로

인도引導한 곳 나려가니

사호선생四皓先生[223] 바둑 두고

소부巢父는 무삼[224] 일로

소고삐[225]를 거슬리고[226]

허유許由는 어이하여 팔을 걷고

귀를 싯고[227] 앉어 있고[228][229]

---

221 의시은하낙구천疑是銀下落九天 ; 의심컨대, 은하수가 하늘에서 떨어진 것이라는 뜻이다. 이백(李白)의 '망여
산폭포(望廬山瀑布)'의 한 구절이다.

222 은하석경銀河石徑 ; 은하수와 같이 밝게 빛나는 돌길을 말한다.

223 사호선생四皓先生 ; 중국 진시황(秦始皇) 때 어지러운 세상을 피하여 섬서성(陝西省) 상산(商山)에 은거한
동원공(東園公)·하황공(夏黃公)·기리계(綺里季)·녹리선생(甪里先生) 등 네 사람의 백발 노인이다. 한(漢)
나라 고조(高祖)의 부인 여후(呂后)가 제일 공이 많은 한신(韓信)과 영포(英布), 팽월(彭越) 등에게 반(叛)한
다고 죄를 뒤집어 씌워 죽이고, 한고조의 후궁 적부인(戚夫人)과 조왕(趙王) 여의(呂意)를 무참히 죽이는 등
자기 세력을 늘리기 위해 혹독한 짓을 많이 하므로 이를 피해 상산(商山)에 은거(隱居)한 네 노인을 가리킨다.
후에 모두 한나라 혜제(惠帝)의 스승이 되었다. 모두들 수염과 눈썹이 백색이기 때문에 호(皓)라 한다. 이들은
상산에서 바둑이나 두고 한일월(閑日月)했다고 전한다.

224 무삼 → 무슨

225 소고삐 ; 오청본은 '소골피'로 채록되었다.

226 거슬리고 → 거스르고

227 싯고 → 씻고

228 소부巢父는 무삼 일로 소고삐를 거슬리고 허유許由는 어이하여 팔을 걷고 귀를 싯고 앉어 있고 ; 송석하본에
서는 '巢父는 무삼일로 소골피를 거슬이고'라 하였다. 오청본의 '蘇武'는 '巢父'의 잘못이다. 소부허유 고사에
연원을 두고 있다. 즉 '소부는 무슨 일로 소 고삐를 쥐고 풀을 베고, 허유는 어이 하여 팔을 걷고 귀를 씻고
앉어 있고'의 뜻이다. 시조 작품에서 '巢父는 무슴 일노 箕山 穎水에 귀를 씻노 / 許由은 어이 허여 곡비를
거슬런노 / 아마도 堯舜天地 말근 問答은 巢許 박게. 『樂府』'라고 하였다.
   소부허유 고사를 보면, 그때 그의 친구 소부(巢父)가 송아지를 끌고 와 물을 먹이려 허유가 귀를 씻는 것을
보곤 그 이유를 물었다. '요임금이 나를 불러 구주의 수장으로 삼으려 하기에 그 소리가 듣기 싫어 귀를 씻고
있네.' 라고 대답하자, 소부는 이렇게 말하였다. '자네가 높은 언덕과 깊은 계곡에 거처한다면 사람 다니는 길이
통하지 않을 텐데, 누가 자네를 볼 수 있겠는가. 자네가 일부러 떠돌며 알려지기를 바라서 명예를 구한 것이니,
내 송아지의 입만 더럽혔네.' 그리고는 송아지를 끌고 상류로 가서 물을 먹였다.

229 [보정] 이 대목은 소위 단가 소위 '죽장망혜'를 원용하고 있다. 판소리를 부르기 전에 목을 풀기 위하여 부르는
짧은 노래를 '단가(短歌)'라 하는데, 제목은 첫 구절을 그대로 따온 것이다. 단가로는 만고강산(萬古江山)·호
남가(湖南歌)·강산풍월(江山風月)·진국명산(鎭國名山)·죽장망혜·천하태평(天下太平) 등이 대표적이다.
   [참고] 단가 '죽장망혜' ; 죽장망혜 단표자로 천리 강산 들어가니, 폭포도 장히 좋다, 여산이 여기로구나, 비
류직하 삼천척은 옛말로 들었더니, 의시은하락구천은 과연 허언이 아니로구나. 그물이 유도허여 진금을 씻은

소리 좇아 나려가니

풍류정風流亭이 분명分明키로

한번 놀고 가려던

　　(타령곡打令曲에 맞추어 춤춘다)

쉬—

　　(음악音樂과 춤 그치다)

봉제사연후奉祭祀然後에 접빈객接賓客하고

수인사연후修人事然後에 대천명待天命이라 하였이니

수인사修人事 한마디 들어가오

　　(타령곡打令曲에 맞추어 춤추며 노래부른다)

＝＝ 강동江東에 범이 나니

길로래비 훨훨……230

　　(또는 만사萬事에 무심無心하니 일조간一釣竿도 가소롭다……231)

후, 석경의 좁은 길로 인도한 곳 내려가니, 저익은 이랴, 밭 갈고, 사호 선생 바돌 둔다. 기산을 넘고 넘어들어 영수로 내려가니 소부난 어이하야 팔 걷고 귀를 씻고, 허유난 무삼 일로 소고삐를 거사렸나. 창랑가 반겨 듣고 소리 좇아 내려가니, 엄룽탄 여울물으 고기 낚는 어옹 하나, 양의 갖옷 떨쳐 입고 벗을 줄을 모르더라. 오호라, 세인이 기군평 허니, 미재, 군 평 역기세라. 황 산곡을 돌아드니 죽림칠현이 다 모였네. 영척은 소를 타고, 맹호연은 나귀 타, 두 목지 본 연후, 백낙천 찾어가니, 장건은 승사로구나. 맹 동야 너른 들으 와룡강 중 들어가니, 학창의 혁대 띠고 팔진도 축지법을 흉장만갑허여 두고, 초당으 앉어 졸며 대몽시를 읊네그려, 헐일을 허여 가며 지내.

230　강동江東에 범이 나니 길로래비 훨훨 ; 불림이다. 이 불림의 의미는 미상하다. 오청본 제4장에서는 '江東에범인하니 질나래비훨훨'이라고 채록되었다. 강동범인은 진말(秦末)의 범인(梵人)인 항적(項籍)으로 자(字)는 우(羽)이다. 강동(江東)은 강남(江南), 양자강 하류 이남의 땅으로, 여기서는 항우의 고향을 가리킨다. '질나래비 훨훨'은 어린아이에게 새가 훨훨 날듯이 팔을 흔들라는 뜻으로 하는 말이라고 한다.

231　[보정] (또는 만사萬事에 무심無心하니 일조간一釣竿도 가소롭다……) ; '萬事에 無心하니 一釣竿도 가소롭다……'는 한시를 원용한 불림이다. '또는'이라고 한 것은 가면극의 현장성을 말해 준다. 萬事無心一釣竿은 엄자룽의 기상을 노래한 송나라 대복고(戴復古)의 시 '조대(釣臺)'를 원용한 것이다. 엄자룽이 은거하여 낚시한 일은 후대에 대표적인 은자로 회자되었다. 엄자룽은 엄광(嚴光)이다. 엄자룽은 본래 성이 장(莊)씨인데, 한나라 명제(明帝)의 이름을 피하여 엄(嚴)으로 바꾸었다. 어릴 적 후한의 광무제 유수(劉秀)와 함께 뛰놀며 공부한 사이였다. 광무제가 왕망(王莽)을 제압하고 제위에 오르자 모습을 감췄다. 광무제가 사람을 시켜 찾아보게 했더니 '양가죽 옷을 입고 못에서 낚시하고 있다 披羊裘, 釣澤中'고 하였다. 광무제는 세 번이나 사람을 보내 그를 조정으로 불러들였다. 광무제가 그에게 벼슬을 내리자 엄광은 벼슬을 받지 않고 부춘산(富春山)으로 들어가 몸을 숨겼다. 엄광이 은둔한 곳을 엄룽산(嚴陵山) 또는 엄룽뢰(嚴陵瀨)라 하며, 낚시하던 곳을 '엄룽조대(嚴陵釣臺)'라 부르기도 한다. 절강성(浙江省) 동려현(桐廬縣)의 서쪽 부춘산(富春山)에 역시 엄자룽조대(嚴

——232

먹중 Ⅷ이 춤추는 동안 일단一旦 퇴장退場했던 다른 먹중 칠인七人
이 일제一齊히 입장入場하여 한데 엉기여[233] 뭇둥춤[234]을 추면서 각
기各自 자기自己의 장기長技의 춤을 관중觀衆에게 보인다.[235]
이때의 반주伴奏는 타령打令, 구꺼리[236] 등等이다)

子陵釣臺)가 있다.

　　[참고] '조대(釣臺)'

　　　萬事無心一釣竿　　세상만사 뜻이 없어 오직 낚싯대 하나뿐
　　　三公不換此江山　　삼공 벼슬 준다 한들 이 강산과 바꿀쏘냐.
　　　平生誤識劉文叔　　평생에 유문숙 그대를 잘못 알아
　　　惹得虛名滿世間　　부질없는 이름만 세상 가득 날렸구나.

232　강동江東에 범이 나니 길로래비 훨훨…… (또는 萬事에 無心하니 一釣竿도 가소롭다……)— ; 오청본에서는
'萬事無心一釣竿可笑롭다……'로 채록되었다.

233　엉기여 → 엉키어 ; 엉클어져.

234　[보정] 뭇둥춤 → 뭇동춤 ; '합동춤'이라고도 한다. 정병호는, 뭇동춤은 탈판에 나온 팔목이 흩어져 서서 각자
추었던 개인춤을 중심으로 군무를 추는 것으로 공동체를 형성하는 화합의 춤을 추는 것을 의미한다고 한다.
춤은 일제히 불림을 하고 잦은 타령에 맞추어 한동안 각자 추다가 또다시 일제히 불림을 하고 '앉아뛰기 외사
위', '앉아뛰기 겹사위', 도무하면서 '외사위', '겹사위', '연풍대', '까치걸음' 등 활달한 건무(健舞)를 추다가 원무
(圓舞)로 돌면서 퇴장한다.

235　[보정] 먹중 Ⅷ이 춤추는 동안 일단一旦 퇴장退場했던 다른 먹중 칠인七人이 일제一齊히 입장入場하여 한데
엉기여 뭇둥춤을 추면서 각기各自 자기自己의 장기長技의 춤을 관중觀衆에게 보인다. ; 오청본에서는 '여덟재
목이한참춤을출때에 退場하엿든먹중七人이一齊히登場한다. 먹중八人이한데엉키여서 各自의長技춤을 各各
한부로춘다. 六角은打令曲과굿거리曲을석거서伴奏한다. 먹중八人은 이와같이뭇동춤을추고모다退場한다.'로
채록되었다. 정병호는 이때 까치걸음으로 뛰어나온다고 한다. 각자의 장기춤을 함부로 춘다는 데에서 뭇동춤
의 성격을 알 수 있다.

236　구꺼리 → 굿거리

3. '제삼장'의 복원

제삼장第三場[1]

[2]

---

1 [보정] 제삼장第三場 ; 오청본에서는 '第三場 社黨舞'라고 채록되었다.
  일반적으로 사당춤은 사당패의 전문 춤꾼들인 사당들이 추던 춤으로서 민족적인 흥취와 특색 있는 춤가락들을 적지 않게 포함하고 있다. 지금까지 전하여 내려오는 '사당춤'은 의상과 소도구에서 자기의 특색을 가지고 있다. 이 춤은 남자 2명과 여자 1명이 추는데 남자는 머리에 수건을 매고 날개 달린 쾌자에 넓은 소매옷을 입고 바지는 행전으로 꽉 조여매어 날씬하다. 여자는 고깔을 쓰고 긴 치마를 입고 쾌자를 걸쳤다. 그리고 소도구는 남녀가 다같이 색깔이 있는 큰 접이부채를 들었다. '사당춤'은 의상과 소도구에서뿐만 아니라 춤가락에서도 자기의 고유한 특징을 가지고 있다. 무용은 굿거리장단에 맞추어 추는 부분과 휘모리장단에 맞추어 추는 부분으로 나뉘어져 있다. 굿거리장단에 맞추어 추는 부분에서는 깊은 굴신과 함께 부채를 시원스럽게 접었다 폈다 하는 팔 동작, 무릎을 높이 들면서 뒤로 혹은 사선으로 걸어가는 근기 있는 발디딤, 앞으로 나갈 듯하다가 몸을 뒤로 젖히는 전주르기 등과 같은 동작들로 하여 아름답고 우아하면서도 멋들어지고 건드러진 감을 준다. 이와 반대로 휘모리장단에 맞추어 추는 대목에서는 남녀 사당들이 벼락같이 돌아가는 원돌기, 남자 사당이 접은 부채로 무릎과 어깨를 신바람 나게 치며 교체하는 동작 등과 같은 춤가락들로 하여 매우 활달하고 경쾌하면서도 시원한 감을 준다.
  사당무의 춤장단은 주로 만장단과 세마치다. 만장단은 국악 장단의 하나다. 빠르면서도 활발하고 흥취가 있는 장단으로 보통 매구를 비롯한 무용곡에 많이 쓴다. 세마치는 민요·판소리·농악 등에서 사용하는 장단의 하나. '세 번 마친다', 즉 세 번 친다는 뜻이다. 민요에서는 '양산도'·'긴방아타령'·'진도아리랑'·'한오백년'·'강원도 긴아리랑'·'밀양아리랑'·'도라지 타령'·'아리랑' 등에 사용되고, 3분박 좀 느린 속도의 3박자로 되어 있다. 민요에서 이 장단으로 된 곡은 활기찬 느낌을 주며, 판소리에서는 자진진양을 말하고, 3분박 보통 빠른 속도의 6박인 8분의 18박자 장단이다. 그러나 한배(빠르기)만 다를 뿐 치는 방법은 느린 진양과 같다. 정응민(鄭應珉)제 심청가의 '심봉사 망사대(望思臺) 찾아가는' 대목과 적벽가의 '옳더니라 옳더니라' 대목이 대표적인 예이다. 판소리에서 이 장단을 쓰는 곡은 꿋꿋한 느낌을 준다. 농악에서는 징을 세 번 치는 자진삼채가락을 말한다. 3분박 좀 빠른 속도의 4박인 8분의 12박자의 장단으로 자진모리장단과도 같다. 두레굿이나 마을굿과 같은 소박한 농악에서는 첫 장단은 꽹과리를 치고, 둘째 장단은 꽹과리와 함께 징을 3점 친다. 걸립패의 판굿과 같은 세련된 매구에서는 이 장단을 '덩덕궁이'라고도 하며, 꽹과리로 다양하게 변주하여 치고, 징은 첫 박에만 한 점을 친다. 매구에서의 이 장단은 매우 흥겹고 씩씩한 느낌을 준다. 이렇게 본다면 이 장면은 빠르고 활달하고 씩씩하여 흥겨운 느낌을 준다고 할 수 있다.

2 [보정] 오청본에는 '이場面은 그절(寺)附近의村落에왓든 거사社黨一團으로하야금 老僧의마음을 간즈려보는

(먹중 팔인八人이 한참 춤추다가 퇴장退場하면, 호래비거사[3] 등장登場한다)

홀아비거사＝

(시래기 짐[4]을 졌다)

(타령곡打令曲에 맞추어 되지도 않은 뭇둥춤을 되는 대로 함부로 춘다)

것이다.' 라고 부기 되어 있다. 이 장면이 다음 장면인 노장춤 장면과의 연계성을 암시해주는 대목이다. 여기서 '거사社黨一團'은, 이두현본에 '鳳山탈춤 臺詞 後記'에 보면 '호래비거사 一名「가무기」먹중탈로 共用. 거사 六 먹중탈로 共用.'이라고 한 점으로 보아 본래 팔목춤에서 등장하였던 팔목 중에서 6인이 역할을 담당하였던 것으로 생각된다. 그리고 홀아비거사는 노장춤의 노장-혹은 老僧-을 지칭하는 또다른 등장인물 기호일 것이다. '그 절(寺) 부근의 촌락에 왔던'은 사당패에 대한 연극사회학적 접근이 필요한 대목이다. 사당패들은 19세기 전기에 이르기까지의 오랜 역사적 기간에 걸쳐 광범한 지역의 도시와 농어촌들에서 다양한 가무활동을 벌었다. 그리하여 17~19세기에는 사당패들의 활동에서 일대 전성기를 이루었다. 사당패들은 중부지방을 비롯하여 서부지방과 남부지방의 여러 도시들과 농어촌 등 전국 각지에서 활동하였으며 산골짜기들에 자기들의 활동본거지인 '본산'을 두고 있었다. 원래 '본산'이라고 하면 한 불교종파의 절간체제에서 여러 작은 절간[말사]들을 총관할하는 큰 절간[본사]을 말한다. 그러나 사당패들의 본산은 각지를 돌아다니며 순회공연을 하던 사당패들이 일상적으로 생활하며 공연종목을 준비하는 본거지로서 그것은 많은 말사들을 관할하는 불교 중들의 본산과는 본질적으로 구별되었다. 사당패들의 본산은 비록 절간이기는 하였으나 부처를 공양하는 곳은 아니었으며 그들의 생활조건을 보장해주고 예술활동에 유리한 조건을 마련해 주는 보금자리였다. 사당패들은 그 수가 급격히 늘어남에 따라 본산인 절간뿐 아니라 그 부근의 일부 마을에도 본거지를 두었다. 이리하여 '사당골'이라는 이름을 가진 마을들이 생기게 되었는데 사당골은 본산과 깊은 연계를 가지고 있었다. 당시에 생겨난 사당패의 본산과 사당골로서 유명한 것은 경기 안성 청룡사와 그 부근의 청룡사당골, 고양 진관사, 양주 보광사, 여주 신륵사와 그 사당골, 황해도 문화 구월산의 패엽사와 그 근처의 사당골, 경상도 하동 쌍계사와 그 부근의 사당골, 전라도 강진 정수사와 그 부근의 사당골, 경상도 남해 화방사와 그 부근의 사당골, 충청도 서산 개심사와 그 부근의 사당골 등이었다. 이러한 점에 유의한다면 이 봉산가면극에 등장한 '거사社黨一團'은 외래의 연희집단이거나 '거사社黨一團'의 연회를 원용한 것일 것이다.

3   호래비거사 → 홀아비거사

4   [보정] 시래기 짐 ; 시래기집 혹은 시래기짐이다. '시래기'는 무청이나 배추의 잎을 말린 것으로, 새끼 따위로 엮어 말려서 보관하다가 볶거나 국을 끓이는 데 쓴다. 시래기 짐이라고 한 것은 시래기 짐을 졌거나 가마니나 거적을 두고 이른 듯하다. 이 가마니 혹은 거적이 뜻하는 바가 무엇인지는 미상이다. 오청본에서는 '시래기 집'라고 채록되었다. 무청을 말린 것을 시래기라고 한다. 이두현 채록 보고서에 '호래비거사는 가마니나 거적을 달아서 둘러멘다.'라고 한 것으로 보아 여기서 시래기집이라고 한 것은 시래기짐을 졌거나 가마니나 거적을 두고 이른 듯하다. 『동국세시기(東國歲時記)』 정월 상원에 의하면 박나물·버섯 등의 말린 것과 대두황권(大頭黃卷)·순무·무우 등을 묵혀 두는데 이것을 진채(陳菜)라 한다고 했다. 이러한 것들은 이 날 나물로 무쳐서 먹는다고 했다. '대체로 외고지·가지고지·시래기 등도 모두 버리지 않고 말려 두었다가 삶아서 먹는데, 이렇게 하면 여름 동안 더위를 먹지 않는다(凡瓜顱茄皮蔓靑葉 皆不棄曬乾 亦爲烹食 謂之不病署)'고 했다. 그리고 『평양지』에 의하면 묵은 나물에 고추잎나물, 고비나물, 구엽초나물, 고사리나물 등이 있는데 이것을 검정나물이라고 하며 그것을 정월 보름 명절 아침에 찰밥과 함께 먹으면 그 해에 건강하여 앓지 않는다고 하였다. 여기에서 등장하는 시래기짐은 이러한 입장에서 조망하여야 할 것으로 본다.

(이 때에 거사 육인六人이 사당⁵을 가마에 태워 등장登場한다)

사당=

(화관花冠몽도리⁶로 화려華麗하게 治裝했다. 사당을 태운 가마는 거사 4인四人이 떠멘다.

가마 앞에 거사 둘이 등룡燈龍⁷을 들고 앞서 가고 가마를 멘 뒤의 거사 하나는 일산日傘⁸을 바치고⁹ 사당을 차일遮日¹⁰한다)¹¹

5　사당 ; 寺黨, 社堂, 舍黨, 社長 등으로 표기되었다. 가무회로써 유랑하던 예인집단을 일컫는다. 이곳저곳 떠돌아다니며 온갖 노래와 춤을 연행하였던 집단을 말하는 고유어이다. 일찍이 '남사당'이 있었는데 '男寺黨', '男社堂' 등으로 표기되었다. 본래 불문에서 헌신적인 봉사와 염불에만 전심할 목적이었으나 차츰 속가(俗歌)를 부르는 쪽으로 변모하였다. 원래 사당패라고 하였는데, 여자 중심의 집단이었기에 여사당이라는 명칭이 붙었고, 후대에 이르러 남자 중심의 집단을 남사당이라 한 것으로 추정된다. 사당패의 조직은 대체로 남자가 집단의 우두머리격인 모갑이와 거사(居士)로 구성되고, 거사 밑에 사당이 있었다. 그런데 모갑이나 거사는 사당의 기생자들이었다. 이러한 점으로 볼 때에 여사당과 남사당을 별개의 것으로 볼 필요는 없다고 판단된다. 굳이 구별한다면 여사당이 노래와 춤 중심이었다면 남사당은 풍물, 버나, 살판, 어름 등과 같은 재주 중심이었다고 생각된다. 전신재의 「居士考」에 의하면 조선 전기 거사는 다음과 같은 동태를 보였다. 중도 아니고 속인도 아닌 비승비속의 집단이고, 승려를 비롯해서 관리, 군인, 노비 등이 이 집단을 형성했으며, 서울 및 지방에 존재했고, 도성 안에 절도 아니고 집도 아닌 사(社)를 짓고 불사를 행했으며, 사람들을 모아놓고 징과 북을 치며 가무를 하였다. 후기에 이르러서는 갑자기 수가 불어났고, 유랑하였다고 한다. 이들 무리를 거사사당배라고 불렀다고 하니 거사와 사당은 별개가 아니다.

6　화관花冠몽도리 ; '화관 몽두리'다. '화관(花冠)'은, 아름답게 장식한 관, 혹은 칠보로 꾸민 여자의 관, 혹은 예장(禮裝)할 때에 쓴다. 예전에, 나라의 잔치 때 기녀, 여령, 무동 등이 쓰던 관이다. 모양이 각기 달랐다. 화관족두리라고도 한다. '몽두리(蒙頭里)'는, 조선 시대에, 궁중에서 기녀가 춤출 때에 입던 옷으로 보통 초록색 두루마기와 비슷한데, 어깨와 가슴에 수를 놓고 붉은 띠를 매었다. 여자가 얼굴을 가리기 위하여 쓰던 것이다.
　　의상이다. 원래 이와 같은 차림이었는가는 연구 과제다. 여기서는 '화관'과 '몽두리'를 말한다. 화관은 여자가 예식용으로 쓰는 조그마한 관을 말한다. 족두리는 갖가지 보석으로 화려하게 장식하지만, 화관은 앞뒤로 걸치는 양(梁)이-양이란 굴건(屈巾)이나 금량관(金梁冠)이 등의 앞이마에서부터 우뚝 솟아 둥긋하게 마루가 져서 뒤에 닿은 부분이다.-있고, 자디잔 구슬 꿴 것을 여러 개 달아 걸을 때마다 간들간들 흔들리는 보요(步搖)가 있다. 혼례 때에 족두리를 쓰고 일반 의식에서는 화관을 쓴다. 몽두리는 기생이 잔치에 나아가는 정식 차림을 말한다. 초록색으로 원삼 비슷이 지어입고 끝 띠를 등 뒤로 매어 드리운다. 맞섶의 포(袍)로 소매 끝에 오색의 한삼 소매를 단다.

7　[보정] 등룡燈龍 ; '등농(燈籠)'의 잘못이다. 등의 하나. 대오리나 쇠로 살을 만들고 겉에 종이나 헝겊을 씌워 안에 촛불을 넣어서 달아 두기도 하고 들고 다니기도 한다.

8　일산日傘 ; 햇볕을 가리기 위하여 세우는 큰 양산이다. 우산보다 크며 놀이할 때에 한데에다 세운다. 황제, 황태자, 왕세자 들이 행차할 때 받치던 의장 양산은 자루가 길고 황색, 적색, 흑색의 비단으로 만들었다. 감사, 유수, 수령 들이 부임할 때 받치던 양산은 자루가 길고 흰 바탕에 푸른 선을 둘렀다.

9　바치고 → 받치고

10　차일遮日 ; 햇볕을 가리기 위하여 치는 포장이다.

11　[보정] 사당= (화관花冠몽도리로 화려華麗하게 치장治裝했다. 사당을 태운 가마는 거사 사인四人이 떠멘다.

홀아비거사=

　　　　　(사당과 거사들이 등장登場하는 것을 보자, 어찌할 줄 몰라 장내場
　　　　　內를 이리 왔다 저리 갔다 하며 당황唐慌히 군다)

　　　　　(타령곡打令曲이 끝나자, 사당이 탄 가마는 장내場內 중앙中央쯤
　　　　　와서 내려놓는다)

거사 Ⅰ=　　　술넝수우.[12]

거사 一同=　　5인五人 일제一齊히) 예에잇.[13]

거사 Ⅰ=　　　호래비거사 잡어 들여라.[14]

거사 一同=　　예에잇.

　　　　　(거사들은 각기各己 북, 장고杖鼓, 쟁錚[15], 꽹과리, 소고小鼓 등等을
　　　　　들고 치며 응뎅이춤[16]을 추면서 호래비거사 잡으러 쫓아간다.
　　　　　호래비거사는 잡히지 않으려고 피避해 다니다가 나중에는 장외場外
　　　　　로 도망逃亡가 버린다.)

사당=

　　　　　(가마에서 나와서 거사 육인六人과 같이 어울려서 만장단조調[17]에

　　가마 앞에 거사 둘이 등롱燈龍을 들고 앞서 가고 가마를 멘 뒤의 거사 하나는 일산日傘을 바치고 사당을 차일
遮日 한다) ; 오청본에서는 '이때에거사六人이어엽분社黨一人을다리고登場한다. 거사一人은社黨을업고 거사
五人은그뒤에따라場內의中央으로들어와서 社黨을땅에나려노코 거사六人이모다 社黨의겻트로모여선다.'라고
채록되었다. 이 자료상에 큰 차이를 보인다. 가마가 등장한다는 점, 등롱과 일산이 등장한다는 점, 사당을 가마
에 태우는지 업어 등장시키는지 등이 다르다.

12　술넝수우 ; 오청본에서는 '술넝수―'라고 채록되었다. '수'를 장음으로 실현한다는 말이다.

13　예에잇. ; 오청본에서는 '에―잇'라고 채록되었다.

14　거사 Ⅰ= 호래비거사 잡어 들여라. ; 홀아비 거사를 잡아들이는 이유는 미상하다.

15　[보정] 쟁錚 ; '징(鉦)'이 보통이다.

16　응뎅이춤 → 엉덩이춤 ; 허튼춤의 하나이다. 정병호는, 이 마당은 허튼춤이 주조를 이룬다고 한다. 매우 기쁘
거나 신이 나서 엉덩이를 들썩들썩하는 짓 혹은 엉덩이를 흔들며 추는 춤을 말한다. 허튼춤은 일정한 형식에
매이지 아니하고 자유로이 추는 흐트러진 춤이다. 여럿이 어울려 추되 각자가 흥과 멋에 겨워 추는 것으로, 크
게 입춤과 병신춤인 잡기춤으로 나뉜다. 허튼춤은 매구나 탈춤, 소리춤과 같은 대동 춤판에서 추는 즉흥적인
개인 춤이 라고 한다.

17　만장단조調 ; '만장단'이다. 국악 장단의 하나로 빠르면서도 활발하고 흥취가 있는 장단으로 보통 농악을 비롯
한 무용곡에 많이 쓴다.

맞추어 놀량가歌[18]를 같이 합창合唱한다.

그리고 군물軍物[19]을 치며 난무亂舞한다)[20]

---

18 놀량가歌 ; '놀량'을 말한다. '놀령'이라고도 한다. 경기나 서도의 산타령의 첫째 곡을 말한다. 경기 산타령은 일정한 장단 없이 느린 속도에 의하여 넓은 음넓이에 높은 소리와 가성(假聲)을 많이 쓴다. 서도 산타령에는 세마치 장단, 도들이 장단, 잦은 타령 장단 등으로 친다. 서도 산타령의 놀량 가사는 다음과 같다.

에라디여 어허야 요흘 네로구나. 녹양(綠楊)에 벋은 길로 북향산(北香山) 쑥 들어도 간다. 에헤에헤이에— 어허야 요흘 네로구나.

춘수(春水)는 낙락 기러기 나니 훨훨 낙락장송이 와자지끈 딱 부러졌다. 마들가지 남아 지화자자 좋을씨구나. 지화자자 좋을씨구나.

얼씨구나 좋다 말 들어도 보아라.

인간을 하직하고 청산을 쑥 들어도 간다. 에헤에 에이에 어허야 요흘 네로구나.

황혼 아니 거리겸쳐 잡고 성황당 숭벽궁새 한 마리 남게 앉고, 또 한 마리 땅에 앉아 네가 어디메로 가자느냐. 네가 어디메로 가자느냐. 이 산 넘어가도 거리숭벽궁새야 저산 넘어가도 거리숭벽궁새야 에.

어린 양자(樣姿) 고운 태도 눈에 암암(暗暗)하고 귀에 쟁쟁. 비나이다 비나이다. 비나니로구나. 소원성취로 비나니로구나. 에—

삼월이라 육구 함도(六衢咸道) 대삼월이라 얼씨구나 절씨구나. 담불담불이 생긴도 사랑 사랑 내 사랑아.

남창에 북창을 열고나 보니 담불담불이 쌓인 사랑 기암(奇巖)에 고송(古松)에 기어나 올라 휘휘 칭칭도 감긴도 사랑.

사랑초 다방초 홍두께 넌출넣출이 박넌출이 이내 가슴에 맺힌다. 사랑에 에—

나엘 네로구나. 아하 아하. –『한국가창대계』(이창배)

19 군물軍物 ; 풍물놀이의 악을 달리 이르는 말이다. 서민들 사이에 행하여지는 우리나라 고유의 음악으로 나발, 날라리, 소고, 꽹과리, 북, 장구, 징 따위를 불거나 치면서 노래하고 춤추며 때로는 곡예를 곁들이기도 한다. 여기서는 '군물을 친다' 함은 각기 악기를 가지고 연주를 한다는 말이다.

20 [보정] 사당= (가마에서 나와서 거사 육인六人과 같이 어울려서 만장단조調에 맞추어 놀량가歌를 같이 合唱한다. 그리고 군물軍物을 치며 난무亂舞한다) ; 정병호에 의하면 이때 '허튼춤'을 춘다고 한다. 즉 여기서의 '난무'는 '허튼춤'이다. 현재 이렇게 실현되는 사례는 보고되지 않고 있다.

4. '제사장'의 복원

제사장第四場[1]

소무〈小巫〉＝ (2인二人 등장登場. 화관花冠몽두리[2]를 쓰고, 검무복劍舞服[3]을 입
었다.
8八먹중이 이 소무小巫[4]둘을 각각各各 가마에 태워 들어와, 장내場
內 중앙中央쯤 와서 내려놓는다.
소무小巫는 가마에서 내려와서 먹중들과 어울려서 타령곡打令曲에
맞추어 춤을 춘다.[5]

1　[보정] 第四場 ; 오청본에서는 '第四場 老僧舞'라고 채록되었다. 그리고 '이場面은 小巫, 八墨僧, 老僧, 醉發,
鞋商等이登場하야 老僧의破戒를表現하는것이다.'라는 해설을 달았다.
　　정병호는, 이 장면의 춤은 염불, 굿거리, 잦은타령을 장단으로 하며, 춤은 '근경사위', '육환장을 떼어내려는 사
위', '부채로 공을 드리는 사위', 육환장을 어깨에 메고 '뒷걸음으로 접근하는 사위', '부채 펴서 소무를 보는 사
위', '어깨춤사위', '소무 뒤에서 등을 대는 근경사위', '고개잡이', '염주를 소무 목에 거는 사위', '단장하는 갖가
지 사위', '개구리 뛰기', '소무어르기', '풍구질 사위' '취발이와 대무하러가는 사위', '취발이와 싸우는 사위' 등이
있다. 소무의 춤도 염불, 굿거리, 잦은타령을 장단으로 한다고 한다.
2　[보정] 화관花冠몽두리 ; '화관'과 '몽두리'를 말한다. 화관은 여자가 예식용으로 쓰는 조그마한 관을 말한다.
족두리는 갖가지 보석으로 화려하게 장식하지만, 화관은 앞뒤로 걸치는 양(梁)-굴건(屈巾)이나 금량관(金梁
冠)이 등의 앞이마에서부터 우뚝 솟아 둥긋하게 마루가 져서 뒤에 닿은 부분이다.-있고, 자디잔 구슬 꿴 깃을
여러 개 달아 걸을 때마다 간들간들 흔들리는 보요(步搖)가 있다. 혼례 때에 족두리를 쓰고 일반 의식에서는
화관을 쓴다. 몽두리는 기생이 잔치에 나아가는 정식 차림을 말한다. 초록색으로 원삼 비슷이 지어입고 끝 띠
를 등 뒤로 매어 드리운다. 맞섶의 포(袍)로 소매 끝에 오색의 한삼 소매를 단다.
　　의상이다. 원래 이와 같은 차림이었는가는 연구 과제다.
3　검무복劍舞服 ; 칼춤 의상이다.
4　[보정] 소무小巫 ; '少巫'로 채록되기도 하였다. 무당과 관련하여 설명되기도 하는데, 『경도잡지(京都雜誌)』의
'야희(野戲)는 당녀(唐女) 소매(小梅)로 분하고 춤을 춘다. [중략] 소매는 옛날 미녀의 이름이다.'라는 기사에
나오는 '小梅'를 염두에 두어야 할 것이다. 즉 '小巫'는 '小梅'의 동일한 표기이다. '巫'라고 표기하였다고 하여
무당과 연계하여 이해해서는 안 된다.

이렇게 추는 동안 소무小巫는 장내場內의 한편으로 닥아 서서 손춤을 추다가, 먹중과 노장老丈 사이에 여러 가지 일이 일어나게 되면 적당適當한 시기時期에 살며시 퇴장退場한다.[6]

老丈〈老僧〉=   (살며시 등장登場하여 장내場內 한편 구석에 선다.
                검은 탈을 쓰고 송낙[7] 쓰고 먹장삼[8] 입고 그 위에다가 홍가사紅袈裟[9]

---

5 [보정] 2인二人 등장登場. 화관花冠몽두리를 쓰고, 검무복劍舞服을 입었다. 8八먹중이 이 소무小巫둘을 각각各各 가마에 태워 들어와, 장내場內 중앙中央쯤 와서 내려놓는다. 소무小巫는 가마에서 내려와서 먹중들과 어울려서 타령곡打令曲에 맞추어 춤을 춘다. ; 이 대목에서 소무 둘이 각각 가마를 타고 등장한다는 점, 여덟 먹중이 소무와 함께 춤을 춘다는 점이 핵심이다.

6 [보정] 이렇게 추는 동안 소무小巫는 장내場內의 한편으로 닥아 서서 손춤을 추다가, 먹중과 노장老丈 사이에 여러 가지 일이 일어나게 되면 적당適當한 시기時期에 살며시 퇴장退場한다. ; 여기서 살펴 볼 일은 '소무이인'이 먹중들과 춤을 춘 뒤에 퇴장하는가의 문제이다. 이 기사가 오청본에는 없다. 오청본과 비교해 보면 소무이인이 여덟 목과 춤을 추는 것은 동일하나, '소무 이인'이 도중에 퇴장한다는 점이 다르다. 이 장면의 후반부에 다시 소무 이인이 등장하여 노승[혹은 노장]과 함께 어울리게 된다. '소무 이인'이 퇴장함은 분명치 않다. 오청본에서 보면 뒤에서 '(먹중들이 모다 퇴장하자 소무이인은 장내의 중앙에서 염불장단의 반주에 맞추어 화려한 춤을 추기 시작한다.)'라고 채록된 것으로 보아 이 대목에서 소무 이인이 퇴장하는 것이 아닐 것이다. 그런데 이두현본에서는 소위 '제1경 노승춤'에서는 노장에게 천변수륙재를 지낸 다음에 소무가 등장하는 것으로 다음과 같이 채록되었다.
    목중들 : 오냐. (염불곡이 일제히 다시 시작되면서 장고 북 꽹과리 등을 치면서 소생한다 그것을 본 목중들 전원 퇴장하여 소모의 가마를 메고 들어온다.)
    소 모 : (화려하게 치장하고 머리엔 족두리를 썼다 부채로 얼굴을 가리고 얌전히 가마위에 앉아있다)
    목중들 : (등롱을 둘을 앞세우고 네 사람이 가마를 메고 뒤에 일산을 받쳐 들었다 타령곡으로 들어온다 노승과 어느 정도의 거리를 두고 가마를 내려놓는다)
    소 모 : (부채를 그 자리에 놓고 가마에서 내려선다)
    목중들 : (소모가 내리면 가마를 들고 반대편으로 일제히 퇴장한다)
    소 모 : (목중들이 퇴장하면 도도리곡이 나온다 춤을 추기 시작한다 〈소모와 사이엔 일체 말이 없이 그들의 심중을 춤과 행동으로만 표현한다〉)
   그러니까 오청본이나 임석재본에서처럼 이 장면이 시작될 때에는 소무는 등장하지 않는다는 점이 이두현본이 다르다. 결국 두 가지 연출 방법을 상정할 수 있다. 노장과 팔목들이 소무 2인을 가마에 태워 등장하면서 시작하는 방법이고, 다른 하나는 먼저 팔목과 노장이 등장하여 전개한 다음 나중에 소무 2인이 가마를 타고 등장하는 방법이다. 전자는 앞으로 전개될 장면이 예고된다는 점이 후자와 다르다. 우리 가면극연구에 있어서 지속적인 탐구가 필요한 부면이다.

7 송낙 ; 송라립(松蘿笠)을 말한다. 소나무 겨우살이로 만든 여승(女僧)의 쓰개다. 차양을 넓게 하여 햇빛이나 비를 막는데 쓰인다. 승려가 평상시에 납의(衲衣)와 함께 착용하는 모자다. 송라립(松蘿笠)이라고도 한다. 소나무 겨우살이, 즉 소나무에 기생하는 지의류(地衣類)인 송라로 짚주저리 비슷하게 엮는데, 위는 촘촘히 엮고 아래는 15㎝쯤 엮지 않고 그대로 둔다. 위는 뾰족한 삼각형이나 정수리 부분은 뚫려 있다.

8 먹장삼 ; 두루마기 길이에 큰 소매를 단 스님의 웃옷이다. 장삼은 정중한 옷이라 검은 물을 들여 '먹장삼'이라고 부르기도 한다. 장삼은 정중한 옷이라 검은 물-검은 회색-을 들여 '먹장삼'이라고 부르기도 한다. 요즈음에

를 걸치고, 염주念珠를 목에 걸고, 한손에 사선선四仙扇[10]을 들고 한
손에 육환장六環杖[11]을 짚었다.

먹중과 소무小舞[12]들이 난무亂舞하는 동시에 남모르게 가만히 등장
登場하여 가지고 한편 구석에 가서 서서 사선선四仙扇으로 얼굴을
가리고 육환장六環杖을 짚고 버티고 서서 그 난무亂舞의 상相을 물
그러미 본다.)

먹중 Ⅰ[13]=　　　　(한참 춤추다가 노장老丈 있는 쪽을 보고 깜짝 놀래여)

아나야아.[14]

　　　　(타령打令曲과 춤이 일제一齊히 그친다)

먹중 一同[15]=　　그랴 와이이[16]

먹중 Ⅰ=　　　　(노장老丈 쪽을 가리키며)

저 동편東便을 바라보니 비가 오실랴는지 날이 흐렸구나.[17]

와서 밝은 회색의 장삼을 입었다. 가사는 산스크리트어인 '카사kasaya'의 음차로 '어둡고 칙칙한 색'을 뜻한다. 그래서 승려들은 검회색으로 물들인 장삼을 입었고, 밝은 회색에 가까운 장삼을 입는 지금에도 그 언어의 습관은 남아 승복을 지칭할 때 '치물옷'이나 '치의(緇衣 : 검은 옷)'라 부르기도 한다.

9　홍가사紅袈裟 ; 장삼 위에 걸치는 외옷자락을 말한다. 붉은 천을 조각보 모양으로 모으는데 두 줄로 이어 호은 속은 모두 통하게 짓는다. 가사(袈裟)는 대체로 붉은 색이다.

10　[보정] 사선선四仙扇 ; 사선(四仙)을 그린 부채다. '사선(四仙)'이 누구인지는 분명하지 않다. 부채를 제작하는 입장에 따라 다르게 나타난다고 한다. 여기서 사선은 사벽도(四壁圖)에 등장하는 인물을 말하는 것이 아닌가 한다. 소도구이다. 참고로 궁중무용(宮中舞踊)인 일명 사선악부(四仙樂部) 혹은 사인취무(四人醉舞)로 사선무(四仙舞)가 있다. 신라 때 산수를 찾아 돌던 영랑(永郎)·술랑(述郎)·안상(安詳)·남석행(南石行) 등을 사선이라 불렀고, 금강산(金剛山)에는 이와 관련된 무선대(舞仙臺)라 부르는 곳이 있어, 이들에서 연유되어 이름 지어진 것이다. 사선무는 여기(女妓) 2명이 각기 연꽃 한 가지씩을 들고, 앞에서 1대가 되고 4명이 뒤에서 2대를 지으며 풍경곡(豊慶曲) 등에 맞추어 북쪽을 향해서 춤을 춘다. 사선무는 1829년(순조29)에 세자가 이를 개작한 것이 있다. 이 '사선무'의 영향으로 등장한 소도구로 추정된다.

11　[보정] 육환장六環杖 ; 소도구이다. 석장(錫杖)이라고도 한다. 머리에 쇠로 불탑을 장식하고 여섯 개의 쇠고리가 달린 중이 짚는 지팡이다. 쇠고리는 쇠소리를 내어 야수를 퇴치하기 위한 것이라 하는데, 어떤 종교적 심성과 관련이 있는 듯하다.

12　'小舞'는 '小巫'의 잘못이다.

13　[보정] 먹중 Ⅰ ; '제이장'에서는 '첫목'이라 하였다. 오청본에서는 '初目', '첫목'이라 하였다. 이와 같이 初目, 초목, 첫목, 첫째목, 첫째목중, 첫째묵숭 등이 자료에 따라서 혼재한다.

14　[보정] 아나야아 ; 오청본에서는 '아나야—'라고 채록되었다. '야'를 장음으로 실현하였다는 것이다.

15　먹중 一同 ; 오청본에서는 '墨僧들'이라고 채록되었다.

16　[보정] 그랴 와이이 ; 오청본에서는 '그래와이'라고 채록되었다. '와이'를 장음으로 실현하였다는 것이다.

먹중 II = 　　내 한번 들어가 보겠구나[18]

　　　　　　　(하며 춤을 추면서 노장老丈한테 가까이 갔다 곧 돌아와서)

　　　　　　　아나 애—[19]

먹중 一同 = 그랴 와이이—

먹중 II = 　　날이 흐린 것이 아니다. 내가 자서(자세仔細)히[20] 들어가 보니 옹기장사가 옹기짐을 버트려[21] 났더라.[22]

먹중 III = 　 아나야아—

먹중 一同 = 그랴 와이이.

먹중 III = 　 내가 가서 다시 한번 자서히 알어보고 나올라.

　　　　　　　(노장老丈한테 가서 보고 돌아와서[23])

　　　　　　　아나야아.

먹중 一同 = 그랴 와이이

먹중 III = 　 내가 이자[24] 자서히 들어가 본즉 숫[25]장사가 숫짐을 버트려 났더라.[26]

17　[보정] 저 동편東便을 바라보니 비가 오실랴는지 날이 흐렸구나. ; 무엇을 비유한 것이지 분명하지 않다.

18　이두현본과 김유경본에는 이 대목에 불림이 실현된다. 이하에서도 먹중들이 노장에게 다가갈 때에는 불림을 하고 춤을 추며 가는 것으로 실현된다.

19　[보정] 아나 애— ; '아나야'의 변형이다. 오청본에서는 '아나야—'라고 채록되었다.

20　[보정] 자서(자세仔細)히 → 자세히 ; 본래는 '자세(仔細)히'이지만 가면극 현장에서는 '자서히'로 실현된다는 기사다. 실제로 가면극 현장에서는 '자서—히'하는 식으로 '서'를 장음으로 실현한다. 이하 같음. 여기에서는 '자서히'라고 음을 단다.

21　버트려 → 버티어

22　[보정] 날이 흐린 것이 아니다. 내가 자서(자세仔細)히 들어가 보니 옹기장사가 옹기짐을 버트려 났더라. ; 오청본에서는 '내가 이제가보니 날이흐린것이안니라 甕器匠이가 甕器짐을버트여놧드라'라고 채록되었다. 김일출 채록에는 '장마에 떠내려 와 걸린 것을 옹기장사라고 했더라'라고 하였다. 토정 이지함과 관련된 설화에 보면 옹기장사와 토정이 내기를 하는 이야기가 있다. 마을이 물에 잠길 정도로 비가 내려 온 마을 사람을 산마루로 피하게 하였는데, 옹기 장사가 마을 사람들 보다 아래에 옹기짐을 버티고 태연히 앉아 있었다. 이때 토정이 물에 잠길 것이라 피하기를 권하였는데, 물은 옹기장사 발목까지 밖에 차지 않았다는 이야기다. 거꾸로 옹기장사의 위치에 토정이 앉아 있는 이야기도 있다. 즉 노장을 옹기장이에 빗댄 이유를 밝히는 것은 가면극 대사를 해명하는 데에 있어서 간과할 일이 아니다. 그것이 소위 사은유화(死隱喩化) 되었을 가능성을 점칠 필요가 있다. 속담에 '독장사 구구', '독장사 구구는 독만 깨뜨린다' 등이 있다.

23　[보정] 노장老丈한테 가서 보고 돌아와서 ; 오청본에서는 '老僧잇는곳으로갓가히가서 老僧을바라보고도라와서.'라고 채록되었다. 오청본에서는 '가까이 가는 행위'가 보태어졌다.

24　이자 → 이제

먹중 Ⅳ=   그나야아.

먹중 一同=   그랴와이.

먹중 Ⅳ=   내가 가서 다시 한번 자서히 보고 나올라.

         (노장老丈한테 갔다 와서)

       아나야아.

먹중 一同=   그랴와이.

먹중 Ⅳ=   내가 이제 자서히 들어가 본즉 날이 흐려서 대명[27]<대망大蟒>이가 났더
         라.[28]

먹중 一同=   (큰 소리로 놀라며)

       대명이야?[29]

먹중 Ⅴ=   아나야아.

먹중 一同=   그랴와이.

먹중 Ⅴ=   내가 또 다시 가서 보고 올라.

         (엉덩이춤을 추면서 가나, 무서운 양樣으로 노장老丈에게 가까이 가
         서 이모로 저모로 살펴보다가 깜짝 놀라며 땅위에 구을면서[30] 돌아
         온다)

먹중 一同=   (먹중Ⅴ가 굴러오는 것을 보고)

       아 이놈 지랄을 벋는다[31]. 아 이놈 지랄을 벋는다.

---

25 숫 → 숯

26 [보정] 내가 이자 자서히 들어가 본즉 숫장사가 숫짐을 버트려 났더라. ; 여기에서 '숯장사 숯짐'의 의미는 앞의
    '옹기장이'와 같은 맥락에서 해명되어야 한다.

27 [보정] 대명 ; '대망(大蟒)'이다. 구렁이나 이무기를 말한다. 이무기는 한국의 전설에 등장하는 상상의 동물이
    다. 용이 되기 전 상태의 동물로, 여러 해 묵은 구렁이를 말하기도 한다. 차가운 물속에서 천년 동안 지내면
    용으로 변한 뒤 꽹음과 함께 폭풍우를 불러 하늘로 날아올라간다고 여겨졌다.

28 [보정] 내가 이제 자서히 들어가 본즉 날이 흐려서 대명<대망大蟒>이가 났더라. ; 앞의 '옹기장이'와 '숯짐' 등
    과 같은 맥락에서 해명되어야 한다.

29 [보정] (큰 소리로 놀라며) 대명이야? ; 오청본에서는 「大蟒이야?」 (큰목소리로말하며깜작놀낸다.)'라고 채록
    되었다.

30 [보정] 구을면서 → 구르면서 ; '구을다'는 '구르다'의 고어투다. 여기서 '구르다'는 '밑바닥이 울리도록 발을 내
    리 디디다.'의 뜻으로, 먹중Ⅴ가 땅을 힘차게 내디디며 달려오는 모양을 말한다.

먹중 V＝　　　　　（일어나서）

아나야아.

먹중 一同＝　　　그랴와이이.

먹중 V＝　　　　사실事實이야 대명이 분명分明하더라.

먹중 VI＝　　　　아나야아.

먹중 一同＝　　　그랴 와이이.

먹중 VI＝　　　　사람이 이렇게 많이 모여 있는데 대명이란 말이 웬말이냐. 내가 가서 자
　　　　　　　　서仔細히 알고 나오리라.

　　　　　　　　　（노장老丈 있는 데로 슬금슬금 가서 머리로 노장老丈을 부다쳐 본
　　　　　　　　　다.[32] 노장老丈 부채를 흔들흔들 한다.）[33]

먹중 VI＝　　　　（놀라며 후퇴後退하여 와서）

아나야아.

먹중 一同＝　　　그랴와이이.

먹중 VI＝　　　　대명이니 숫짐이니 옹기짐이니 머니머니[34] 하더니 그것이 다 그런 게 아
　　　　　　　　니고 뒷절[35] 노老시님이 분명分明하더라.

먹중 VII＝　　　아나야아.

31　[보정] 지랄을 번다 ; '지랄을 떨다', 혹은 '지랄을 부리다', 혹은 '지랄을 치다'라고 한다. '지랄'은 마구 법석을
　　떨며 분별없이 하는 행동을 속되게 이르는 말이다. 지랄병을 말하기도 한다. 여기서 지랄은 욕설의 일종으로
　　탈춤 사설에 다반사로 등장한다. 속담 '하던 지랄도 멍석 펴주면 안 한다.'에서처럼 '지랄'은 어떤 행동을 비속
　　화한 것이다. 원래 '지랄'은 간질(癎疾)을 뜻하기도 하는데, 보통은 변덕스럽거나 잡스러운 언행을 두고 이른다.
　　여기서는 말짱하다가 갑자기 변덕스러워진 모습을 두고 이른 것이다. 속담 '지랄발광 네굽질'은 온몸을 다 놀리
　　면서 지랄하고 발광을 한다는 뜻으로, '미친 듯이 몹시 야단함'을 욕으로 이르는 말이다. 속담 '지랄쟁이 녹두밭
　　버릇듯 한다.'는 지랄쟁이가 녹두밭에 들어가 닥치는 대로 헤집어 놓듯이 무엇을 마구잡이로 뒤범벅이 되게 헤
　　집어 놓는 모양을 비겨 이르던 말이다. 속담은 민간화술의 하나로 서민 사이에서 큰 대립적 요인이 없이 통용
　　되는 것이다. 이렇게 본다면 우리 가면극 대사에서의 욕설은 대립과 갈등의 표출이 아니라 일상성 속에서 이해
　　되어야 한다.

32　부다쳐 본다 → 부딪혀본다

33　[보정] (노장老丈 있는 데로 슬금슬금 가서 머리로 노장老丈을 부다쳐 본다. 노장老丈 부채를 흔들흔들 한
　　다.) ; 가면극에서 인물간에, 즉 가면 간의 접촉은 이 대목이 유일하다. 여기서는 노장의 정체를 알아보고자 하
　　는 행위이다.

34　[보정] 머니머니 → 뭐니 뭐니 ; '머'는 '뭐'의 구어체이다.

35　뒷절 ; 마을의 뒤쪽이나 북쪽, 그리고 산속 깊은 곳에 위치하였다 하여 관습적으로 불려지는 명칭이다.

먹중 一同=   그랴와이이.

먹중 Ⅶ=   그럴 리理가 있나. 내가 가서 다시 자세仔細히 알고 오리라.

　　　　　(타령곡打令曲에 맞추어 춤을 추며 유유悠悠히 노장老丈한테로 가
　　　　　서[36])

　　　　　노老시님[37]!

老丈=   (부채를 흔들며 고개를 끄덕끄덕 한다)[38]

　　　　　〈주註 노장老丈은 일체一切 말을 안하고 동작動作으로 표시表示
　　　　　한다〉

먹중 Ⅶ=   (달음질하여 돌아와서)

　　　　　아나야아.

먹중 一同=   그랴와이이.

먹중 Ⅶ=   노老시님이 분명分明하더라. 그렇다면 우리 시님이 평생平生 좋아하시
　　　　　는 것이 백구타령白鷗打令이 아니드냐[39]. 우리 백구타령白鷗打令을 한
　　　　　번 하여 들려 드리자.[40]

먹중 一同=   그거 좋은 말이다.[41]

36　[보정] 타령곡打令曲에 맞추어 춤을 추며 유유悠悠히 노장老丈한테로 가서 ; 오청본에서는 '泰然히打令曲의
　　伴奏에마추어춤을추며 老僧의앞흐로가서'라고 채록되었다. 임석재본은 먹중 Ⅶ의 행위를 '유유히'라고 하였고,
　　오청본은 '태연히'라고 하였다. '유유히'와 '태연히'는 모두 연기 양상을 두고 이른 것이다. 앞에서 먹중 Ⅱ가 춤
　　을 추면서 노장에게 다가간 것으로 채록되었는데, 이런 점으로 보면 여기서의 '유유히'와 '태연히'는 춤을 추지
　　않고 다가간다는 것으로 추정된다. 결국 노장에게 다가가는 연기 방식에는 '춤을 추면서 다가가는 방식'과 '춤
　　을 추지 않으면서 다가가는 방식'으로 대별된다고 할 것이다.

37　[보정] 노老시님 ; '시님'은 '스님'의 방언이다. 여기서는 '노스님이 아니십니까.'의 뜻이다.

38　[보정] 노장을 두고 이리저리 운운하는 이 대복은 '날이 흐리다 → 옹기장이 옹기 → 숯장사 숯짐 → 대망(大
　　蟒)이' 순으로 전개되는 그 의미를 해명할 필요가 있다. 이 대목은 한편에 서있는 '노장'을 대상으로 하여 '수수
　　께끼식 문답'을 원용한 것이다. '수수께끼식 문답'을 원용함으로써 놀이성을 강화하게 된다.

39　아니드냐 → 아니더냐 ; '-드냐'는 '-더냐'의 잘못이다.

40　[보정] 노老시님이 분명分明하더라. 그렇다면 우리 시님이 평생平生 좋아하시는 것이 백구타령白鷗打令이 아
　　니드냐. 우리 백구타령白鷗打令을 한번 하여 들려 드리자. ; 특별히 노스님이 백구타령을 좋아한 이유가 무엇
　　인지 미상하다.

41　[보정] 그거 좋은 말이다. ; 오청본에서는 '그것조혼일이야.'라고 채록되었다. 두 채록 사이에는 층위의 상이함
　　이 나타난다. '말이다'는 상대역을 지향하고, '일이야'는 관객을 지향하는, 층위가 각각 다르게 실현된다.

먹중 Ⅷ=   그러면 내가 들어가서 노老시님께 여쭈어 보고 나올라.[42]

(춤을 추며 노장老丈에게로 가서[43])

노老시님!

老丈=   (고개를 끄덕끄덕 한다)

먹중 Ⅷ=   백구타령白鷗打令을 돌돌 말아서 귀에다 소르르——?[44]

老丈=   (고개를 끄덕끄덕 한다)

먹중 Ⅷ=   (돌아와서)

아나야아.

먹중 一同=   그랴와이이.

먹중 Ⅷ=   내가 이자 가서 노老시님게다[45] 백구타령白鷗打令[46]을 돌돌 말아서[47] 귀에

---

42 나올라 ; 오청본에서는 '올나'라고 채록되었다.

43 [보정] 춤을 추며 노장老丈에게로 가서 ; 오청본에서는 '意氣揚揚하게웅덩이춤을 추며老僧 의앞흐로가서'라고
채록되었다. 오청본에서는 구체적으로 '엉덩이춤'을 춘다고 되어 있다. '엉덩이춤'은 허튼춤의 하나이다. 오청본
에 따르면 먹중 Ⅷ은 '엉덩이춤'을 추며 노장에게 다가가는 것이다.

44 오청본에는 '?'가 없다.

45 老시님게다 → 老스님께다

46 백구타령白鷗打令 ; 일명 백구사(白鷗詞)라고도 한다. 십이가사의 한 가지이다. 도들이 장단에 8절로 구분된
다. 작자·연대 미상의 가사로 '백구가(白鷗歌)'라고도 한다. 모두 79구다. 벼슬에서 쫓겨난 처사가 대자연 속을
거닐면서 아름다운 봄날의 경치를 완상하는 내용이다. 『청구영언』과 『가곡원류』에 실려 전하며, 『남훈태평가』
에도 비슷한 내용의 가사가 수록되어 있다. 내용은 임금에게 버림받은 작자가 백구가 나는 시골로 내려와 백구
에게 놀라지 말라고 안심시키고, 함께 좋은 곳에 놀러 가자고 권유하는 대목으로부터 시작된다. 안개 자욱한
푸른 시내에 붉게 꽃이 피고 버드나무 파랗게 잎이 날 때, 깊은 골짜기 여러 봉우리에서 쏟아지는 폭포를 보고,
이곳이 바로 별천지라고 하였다. 뒤이어 높은 봉우리 뾰죽 솟은 가에 맑은 시냇물이 흐르고, 그 곁에 푸른 대나
무와 소나무 우거진 경치를 묘사하였다. 그리고는 명사십리 모랫길에 흐드러지게 핀 해당화가 모진 광풍에 뚝
뚝 떨어져 나부끼는 한 폭의 그림 같은 정경을 그리고 있다. 이들을 통해서 상춘(賞春)의 즐거움과 대자연 속
에서 물외(物外)의 한적을 즐기는 자신의 흥겹고 경쾌한 심정을 노래하였다. 그러나 광풍을 견디지 못하고 뚝
뚝 떨어진 해당화로 자신의 처지를 간접적으로 비유하는 등 눈앞에 보이는 경치에 대한 묘사 속에 암시적으로
서정을 이입하여 형상화하였다.
　　(백구야 펄펄) 나지 마라 너 잡을 내 아니로다. 성상(聖上)이 바리시니 너를 좇아 예왔노라. 오류춘광(五柳
春光) 경(景)좋은데 백마금편화류(白馬金鞭花遊)가자.
　　운침벽계화홍유록(雲枕碧溪花紅柳綠)한데　만학천봉비천사(萬壑千峰飛泉瀉)라.　호중천지별건곤(壺中天
地別乾坤)이 여기로다.
　　고봉만장청기울(高峰萬丈淸氣鬱)한데 녹죽창송(綠竹蒼松)은 높기를 다투어 명사십리(明沙十里)에 해당
화(海棠花)만 다 피어서.
　　모진 광풍을 견디지 못하여 뚝뚝 떨어져서 아주 펄펄 날아가니 귄들 아니 경(景) 일러냐.
　　바위 암상(巖上)에 다람이 가고 시내 계변(溪邊)에 금(金)자라 긴다. 조팝 남게 피죽새 소리며 함박꽃에

다 소르르하니가[48] 대갱이[49]를 횟물[50] 먹은 메기 대갱이 혼들듯이 하더라.[51]

　　　　　　　(혹或은 굶주린 개가 주인主人보고 대갱이 혼들 듯이 끄덕끄덕 하더라.[52])[53]

먹중 Ⅰ, Ⅱ.　　(둘이 같이 어깨를 겨누고 타령곡打令曲에 맞추어 같이 노래를 합창唱[54]하며 노장老丈에게로 간다)==

벌이 나서.

　몸은 둥글고 발은 작으니 제 몸을 못 이겨 동풍(東風) 건듯 불 제마다 이리로 접두적 저리로 접두적 너홀너홀 춤을 추니 진들아니 경(景)일러냐.

　황금(黃金)같은 꾀꼬리는 버들 사이로 왕래하고 백설(白雪) 같은 흰 나비는 꽃을 보고 반기 여겨.

　날아든다. 떠든다. 두 나래 펼치고 날아든다. 까맣게 별같이 높다랗게 달같이이 펄펄 날아드니 진들 아니 경(景)일러냐.

　　　　　　　　　　　　　　　　　　　　　　　　　　　　- 장사훈 소장, 『운초가사집 1』

　잡가(雜歌) - 빅구사(白鷗詞) - 나지마라 너 잡을 늬 아니로다 / 셩상이 바리시니 너를 좃ᄎ 에 왓노라 / 오류츈광경 죠흔듸 빅마금편 화류가즈 / 운심벽계 화홍도류록 흔듸 만학천봉 비쳔ᄉ라 / 호중텬지 별건곤이 여긔로다 / 고봉만장 청계울 흔데 록쥭 창송이 눕기를 닷퉈 / 명ᄉ십니에 희당화만 다 퓌여셔 / 쑥쑥 넫려져셔 아조 펄펄ᄂ라ᄂ니 / 근들 아니 경일너냐 / 바위 암상에 다람이 긔고 시늬 계변에 금자라 긘다 / 조팝남게 피죡시 소릐며 함박쏫셰 벌이 나셔 / 몸은 둥글고 발은 젹어셔 져리로 접두젹 / 졔 몸을 못 이겨 동풍 건듯 볼 졔마다 / 이리로 졉두젹 져리로 졉두젹 / 너홀 너홀 춤을 츄니 근들 아니 경일너냐 / 황금갓튼 쇠꼬리ᄂ 양류 사이로 왕릭ᄒ고 / 빅셜ᄀ튼 흰 ᄂ뷔ᄂ 꼿츨 보고 반기여셔 ᄂ라든다 / 두ᄂ릭 펼치고 ᄂ라든튼 넷든다 / 까맛케 별ᄀ치 눕다랏케 돌갓치 / 아죠 펄펄 ᄂ라드니 근들 아니 경일너냐　-『증보신구잡가』

47　[보정] 돌돌 말아서 ; 돌돌 말다. 백구타령을 돌돌 마는 모양은 백구타령을 불러서 들려드린다는 뜻이다.

48　[보정] 백구타령白鷗打令을 돌돌 말아서 귀에다 소르르하니가 ; '소르르'는 뭉치거나 얽히거나 걸린 물건이 쉽게 잘 풀리거나 흘러내리는 모양, 혹은 바람이 천천히 보드랍게 불어오는 모양, 혹은 물이나 가루, 낟알 따위가 조용히 보드랍게 새어 나오는 모양, 혹은 살며시 졸음이 오거나 잠이 드는 모양이다. 여기서는 백구타령을 들려드리는 모양새를 뜻한다.

49　대갱이 → 대가리 ; '머리'를 속되게 이르는 말이다.

50　횟물(灰-) ; '석회수'를 일상적으로 이르는 말이다.

51　[보정] 횟물 먹은 메기 대갱이 혼들듯이 하더라. ; 횟물을 풀면 민물고기들이 힘을 쓰지 못 한다고 한다. 이로 미루어 볼 때 '횟물 먹은 메기 대가리 혼들 듯하더라'는 노장이 머리를 천천히 힘없이 내두르는 모양을 두고 이른 비속한 표현이다.

52　[보정] 굶주린 개가 주인主人보고 대갱이 혼들 듯이 끄덕끄덕 하더라 ; 굶주린 개가 주인이 나타나니까 반가워서 머리를 조아리는 모양을 노장의 행위에 비댄 비속한 표현이다.

53　[보정] 내가 이자 가서 노老시님게다 백구타령白鷗打令을 돌돌 말아서 귀에다 소르르하니가 대갱이를 횟물 먹은 메기 대갱이 혼들듯이 하더라. (혹或은 굶주린 개가 주인主人보고 대갱이 혼들 듯이 끄덕끄덕 하더라.) ; 노장의 행위를 비속하게 표현한 대사다. 가면극 대사에는 이와 같은 비속한 표현을 통하여 축제적 분위기를 더욱 고조시키는 것이다. 노스님을 비하하기 위한 행위로만 볼 수는 없다. 오청본에는 '대갱이를 횟물 먹은 메기 대갱이 혼들듯이 하더라.'라는 대사가 없다.

54　[보정] 합창唱 ; 오청본에서는 '竝唱'이라고 채록되었다. 합창은 두 사람 이상이 함께 부르는 노래를 말한다. 병창은 악기를 연주하면서 판소리의 특정 대목이나 단가를 부르는 것을 말한다. '합창'이 옳다.

백구白鷗[55]야 훨훨 날지 마라.

너 잡을 내 아니도다.

성상聖上[56]이 바리시니[57]

너를 좇아 여기 왔다.

오류춘광五柳春光[58]……[59]

먹중 Ⅲ=   (노래가 끝나기 전에 뒤쫓아 가서 갑자기 Ⅰ,Ⅱ의 면상面相을 친다.

Ⅰ,Ⅱ 놀래며 뒤돌아보면)[60]

백구白鷗야 껑충 날지 마라.[61]

(하고 노래 부르며 셋이 같이 타령곡打令曲에 맞추어 춤추며 돌아

온다.)

먹중 Ⅳ=   아나야아.

(타령곡打令曲과 춤 그친다)

먹중 一同=   그랴와이이.

먹중 Ⅳ=   아 네미를 붙을 놈들[62]은 백구白鷗야 껑충 나지 마라 하는데 우리는 오도

---

55   백구白鷗 ; 갈매기를 말한다.

56   성상聖上 ; 집정(執政) 중인 자기 나라의 황제를 높이어 일컫는 말이다.

57   바리시니 → 버리시니 ; 이에 대하여는 '바리다'로 보는 입장과 '버리다'로 보는 입장이 있다.

58   오류춘광五柳春光 ; 다섯 그루의 버드나무에 봄빛이라는 말로 화창한 봄날을 두고 이른 것이다. 오청본에서
는 '五柳春光景'이라고 채록되었다.

59   백구白鷗야 훨훨 날지 마라. 너 잡을 내 아니도다. 성상聖上이 바리시니 너를 좇아 여기 왔다. 오류춘광五柳
春光…… ; 오청본에서는 '白鷗야훨훨날지마라 너잡을내안이로다. 聖上이버리시매 너를쪼차여긔왔다. 五柳春
光景조흔대 백마금편花柳가자.'라고 채록되었다.

60   먹중 Ⅲ= (노래가 끝나기 전에 뒤쫓아 가서 갑자기 Ⅰ,Ⅱ의 面相을 친다. Ⅰ,Ⅱ 놀래며 뒤돌아보면) ; 오청본
에서는 '(三目이 初目二目 의뒤로따라가다가 두사람의억개를 한번탁친다. 두사람은깜작놀나며뒤를휙근도라다
본다.)'라고 채록되었다.

61   [보정] 백구白鷗야 껑충 날지 마라 ; '백구사'의 한 대목이 불림으로 활용되었다. 오청본에서는 '白鷗야껑충날
지마라 너잡을내안이다'라고 채록되었다.

62   [보정] 네미를 붙을 놈들 ; 욕설로 관용적 표현이다. 오청본에는 이 대사가 없다. 이 욕설은 가면극 현장마다
전반에 걸쳐 두루 또 빈번히 나온다. 이는 간음을 금기시하는 사회 풍토에 있어서는 지나친 욕설이다. 그것은,
금각대명·금각담양·홍각대명 등과 같이 채록된 것은 너무 심한 욕설이므로 발음을 고의적으로 바꾼 것이라
한다는 채록상황에 대한 자료를 통하여, 가면극 공연자의 의식 속에 이미 그러한 점이 내재되어 있었음을 알
수 있다. 그러나 이를 근친상간(近親相姦)에서부터 출발했다고 볼 수는 없다. 노신의 말을 빌면 '나는 네 에미
의 先親十八代도 하노라.'에서 왔다고 한다. 한편 너무 심하다는 이유로 심지어는 속담이 탄생하기까지 하였

독이타령打令이나 한번 여쭈어 보자.

(하며 노장老丈 가까이 가서)

오도독이령打令을 돌돌 말어 귀에다 소르르……

老丈＝   (고개를 끄덕끄덕 한다)[63]

먹중 Ⅳ＝   (이걸 보고 먹중들 있는 데로 와서[64])

아나야아.

먹중 一同＝   그랴와이이.

먹중 Ⅳ＝   내가 이제 노老시님께 가서 오도독이타령打令[65]을 돌돌 말어 귀에다가 소르르 하니까. 대갱이를 용두치다[66]가 내버린 좃대갱이 혼들듯이 하더라[67].[68]

다고 한다. "에미 붙구 대명 간다."(박계홍;『한국구비문학대계』, 충남 대덕군편)와 "에미 붙어 담양갈 놈"(최래옥·김균태;『한국구비문학대계』, 전남 장성군편)과 같은 것이 대표적이다. 중국에서도 이와 같은 욕설은 혼히 사용되었다 한다. 노신도 '他媽的!'을 '국매(國罵)'라 하였다.

63 [보정] 이 대목은 오청본과는 약간의 차이가 있다. 오청본에는 아래와 같이 '墨僧들. 「그것도조흔일이야.」'이 더 있다.

오청본
四目. 「아네어미를붓틀놈들 白鷗야껑충날지마라도납부지는안치만 그것그만두고오도도기打令을엿주어 보자.」
墨僧들. 「그것도조흔일이야.」
四目. (老僧의앞흐로가서) 「老스님! 이번에는오도도기打令을 돌돌말아서귀에다가 소르르…….」
老僧. (고개를끄덕끄덕한다.)

64 [보정] 이걸 보고 먹중들 있는 데로 와서 ; 오청본의 '다름질하야도라와서'보다 인물의 행동선이 구체적이다.

65 오도독이타령打令 : 오독떼기 타령을 말한다. 오돌도기, 도독도기라고도 불린다. 강원도 강릉일대에 전승되고 있는 김매기소리의 하나다. 강릉지방에서는 마을마다 두레패를 이루어 한 조에 두 명 이상씩 여러 조를 만들어 번갈아가며 이 '오독떼기'를 불러가면서 즐겁게 김을 맨다. 아이김·두벌김·세벌김을 매면서 이 '오독떼기'를 부르는데, 부르는 속도나 가사에 따라서 '냇골오독떼기'·'수남오독떼기'·'하평오독떼기'로 달리 부르고 있다. 이 '오독떼기'는 강릉시 구정면 학산리에서 가장 뚜렷이 전승되고 있는데, 이곳에서는 냇골조 '오독떼기'를 부른다. 이 '오독떼기'와 잡가·사리당 등의 소리를 섞어서 부르며 흥을 돋우는데, 김맬 때만이 아니라 놀 때에도 이 소리들을 부른다. 다음과 같은 주장도 있다. '제주도 민요가 서울에 옮겨 와서 유행된 민요의 하나다. 서울 지방에서 부르는 오돌도기는 그 가락과 사설에 있어서 본바닥 제주도의 것과 상당히 다르다. 후렴도 변질된 것이다. 굿거리 장단으로 맞춘다.'

66 용두치다 ; 용두질. 남성이 여성과의 육체적 결합 없이 자기의 생식기를 주무르거나 다른 물건으로 자극하여 성적 쾌감을 얻는 짓이다. 용개질이라고도 한다.

67 [보정] 대강이를 용두질치다가내버린 좃대강2이혼들듯하더라. ; 머리를 혼드는 모습을 비속하게 표현한 것이다. 가면극에서의 비속성은 비속성으로 그치지 아니한다. 이러한 비속성은 세계의 여러 전통극에서도 혼히 보이는 표현이다.

68 [보정] 내가 이제 노老시님께 가서 오도독이타령打令을 돌돌 말어 귀에다가 소르르 하니까. 대갱이를 용두치

먹중 V =	아나야아.
먹중 一同=	그랴 와이이.[69]

　　　　　　　　　〈주註. 이하략以下略. 단但 남은 먹중들도 각각各各 번番갈라서[70]
　　　　　　　　　시조時調나 단가短歌를 돌돌 말아서 노장老丈[71] 귀에다 너줬다고[72]
　　　　　　　　　하고 와서는 노장老丈을 모욕하는 말을 하는 것[73]이다〉[74]

먹중 I =	〈첫목〉 아나야이.
먹중 一同=	그랴와이이.
첫목=	시님을 저렇게 불붙는 집에 좃기둥[75] 세우듯이[76] 두는 것은 우리 상좌上

───────────────────

다가 내버린 좃대갱이 흔들듯이 하더라. ; 역시 비속한 행위로 가면극 현장을 축제적인 분위기를 조성하는 데
에 이바지한다.

69　[보정] 먹중 V = 아나야아. 먹중 一同= 그랴 와이이. ; 오청본에는 이 대사가 없다.

70　번番갈라서 → 번갈아서

71　[보정] 노장老丈 ; 이하는 '老시님'이라 하지 아니하고 '老丈'이라 하였다. 오청본에서는 '老僧'이라 채록되었
다. '노장', '노시님', '노승', '시님' 등과 같이 다양하게 채록되고 있다. 이같이 등장인물 기호가 분명치 않음은
이 인물의 성격 규정에도 참고해야 할 것으로 판단된다.

72　너줬다고 → 넣어 주었다고

73　[보정] 노장老丈을 모욕하는 말을 하는 것 ; 오청본에서는 '老僧을侮辱한다.'라고 채록되었다. 이는 가면극 연
출법의 하나로 '계획된 욕먹이기'이다.

74　[보정] 〈주註. 이하략以下略. 단但 남은 먹중들도 각각各各 번番갈라서 시조時調나 단가短歌를 돌돌 말아서
노장老丈 귀에다 너줬다고 하고 와서는 노장老丈을 모욕하는 말을 하는 것이다〉 ; 오청본에서는 '먹중八名은
이러케서로各各番갈녀가면서 무슨打令이니 무슨노래이니하면서 老僧에게무러보고 도라와'라고 채록되었다.
이로 보아 채록된 노래 이외에도 실제로는 나머지 인물들도 시조나 단가를 부르는 것으로 실현되었을 것이다.
시조나 단가를 불러주는 행위가 왜 모욕하는 행위인지 연구 대상이다. 그리고 '노승을 모욕한다'함은 이미 '계
획된 욕 먹이기'라는 관점에서 이해할 필요가 있다. 다음 수영들놀음 자료는 우리 가면극 대사 속에 나타나는
욕설을 이해하는 데에 중요한 단서를 제공한다.
　　　넷째양반 : 그 놈을 다시 불러? 兩班 體面에 그 놈에게 逢辱을 當하면 어찌하겠단 말인고? (一同 완강하
　　　　　게 反對하는 등 異論이 紛紛하다가)
　　　次兩班 : 逢辱을 當해도 적잖이 한 섬쯤은 받을 걸세.
　　　首兩班 : 그러나 저러나 逢辱을 혼자서 다 감당할 수 없으니 내가 적당히 辱分配를 하지. 辱이 만약 한섬
　　　　　의 내린다며는 지차는 닷말을 먹고, 세째와 네째는 꼭같이 두말씩 먹고 宗家아기는 한말은 쳐먹
　　　　　으면 안 되겠나.
　　　次兩班 : 니는 한번도 안 쳐먹겠단 말인가. (서로 首兩班에게 辱사발을 퍼부으니 宗家의 責任上 逢辱을
　　　　　독담키로 하고)
　　　　　　　　　　　　　　　　　　　　　　　　　　　　　- 水營 들놀음, 양반탈;釜山大學校 傳統藝術研究會 채록

75　좃기둥 ; 남성의 성기를 비속하게 이르는 말이다.

76　[보정] 불붙는 집에 좃기둥 세우듯이 ; 관용적 표현이다. 본래 '불난 집에 기둥'으로 무관심하다는 말이다. 여기
서는 '기둥'을 '좃기둥'이라 하여 비속화하였다.

佐의 도리道理가 아니니 그 시님을 모셔야 하지 않느냐.

먹중 一同= 　네 말이 옳다.

(하고, 모두 노장老丈이 있는 데로 간다.

먹중 둘이 노장老丈이 짚고 있는 육환장六環杖의 한쪽 끝을 붙잡고 앞서 온다.

노장老丈은 그에 따라온다.

남은 다른 먹중들은 「남무대성南無大聖 인로왕보살引路王菩薩」의 인도引導소리[77]를 크게 합창合唱하면서 뒤따른다.[78]

중앙中央쯤 와서 노장老丈은 힘이 차서 육환장六環杖을 놓고 꺼꾸러진다.

다른 먹중 하나가 얼른 육환장六環杖을 잡는다.

앞서 가는 먹중 둘은 노장老丈[79]이 여전如前히 따르거니 하고 그대로 간다.

한참 가다가 뒤 돌아다보고 의외意外의 경景에 놀랜듯이 큰 소리로)

老시님은 어데 가고 이게 웬 놈이란 말이냐?[80]

앞서 가든 다른 먹중[81]= 이럴 리理가 있나. 노老시님이 온데 간데 없어졌으니, 아마도 상좌上佐인 우리가 정성精誠이 부족不足하여서 그런 거이다. 우리 같이 한번 노老시님을 찾어 보자.

(타령곡打令曲이 시작始作되자 먹중 여덟은 서로 어우러져 난무亂

77 　인도引導소리 ; 범패(梵唄)로 불교의 의식음악이다. 범음(梵音)·어산(魚山) 또는 인도(印度, 引導) 소리라고도 한다.

78 　[보정] 남은 다른 먹중들은 「南無大聖 남무대성 引路王菩薩 인로왕보살」의 인도引導소리를 크게 합창合唱하면서 뒤따른다. ; '나무'는 중생이 부처에게 귀의한다는 말이다. '대성'은 석가여래를 말한다. '인로왕보살'은 죽은 이의 영혼을 이끌어 극락세계로 인도하는 보살이라 한다. 범패(梵唄)를 부른다는 것이다.

79 　원자료에는 '노장老杖'이다.

80 　[보정] 노老시님은 어데 가고 이게 웬 놈이란 말이냐? ; 오청본에서는 '初目'의 대사로 채록되었다. 임석재본이 채록과정에서 미처 확인하지 못한 것으로 추정된다.

81 　[보정] 앞서 가든 다른 먹중 ; 오청본에서는 '二目'이라고 채록되었다. 채록과정에서 미처 확인하지 못한 것으로 추정된다.

舞하며 노장老丈을 찾아본다.

(노장老丈이 넘어져 누워 있는 것을 먹중 하나가 본다.)

먹중 하나=　쉬—

(타령곡打令曲과 춤 그친다)

이거 안 된 일이 있다[82].

다른 먹중 하나= 하나[83] 무슨 일이냐.[84]

먹중 하나[85]=　이제 내가 한편을 가 보니 노老시님이 누워 있으니 아마 죽은 모양이더라.

먹중[86]=　아나야아.

먹중 一同=　그랴와이이.

먹중 VI[87]=　노老시님이 과연果然 죽었는가 내가 가서 자서仔細히 보고 올라.

(다름질하여 가서 멀지기[88] 노장老丈이 누운 양樣을 보고 돌아와서)

이거 야단 났다.

먹중 VII[89]=　무슨 일이게 야단났단 말이냐.

82　[보정] 이거 안된 일이 있다 ; 오청본에서는 '이것 큰일 낫다.'로 채록되었다.

83　하나 ; '아나'의 잘못이다.

84　[보정] 이 대목에서 오청본과 차이를 보인다. 오청본은 초목과 이목, 팔목이 전개하는데, 임석재본은 인물의 역할
이 분명하게 설정되지 않고 있다. 역할 분담이 자유롭게 전개되는 대목인지, 채록상의 문제인지 분명하지 않다.
오청본
墨僧들.「그래 네말이올타.」
　　(八名의먹중들이 모다老僧에게로가서 初目과二目은老僧의앞헤서그의집행이끗을잡고 다른
먹중들은뒤에서老僧을에워싸고「南無大聖引路王菩薩」이라고引導소리를하면서 老僧을場內의
中央으로引導한다. 老僧은먹중들에게떠바치여 入場하다가 中途에서넘어진다. 이때뒤에서따라
오든먹중한사람이 老僧의집행이를쥐고老僧처럼初目二目의뒤를따라온다. 初目이뒤를도라보고
깜작놀낸다.)
初目.「우리老스님은어데로가시고 이게웬놈들이란말이냐.」
二目.「그럴理가 있나 上佐인우리의精誠이不足하야그런것이지. 우리가다시한번老스님을차저보잣구나.」
　　(打令장단에마추어 八名의먹중들이亂舞하며老僧을차저간다. 先頭에서가든初目이老僧의넘
어저잇는것을보고 깜작놀내여뒤로도라선다.)
初目.「쉬—. (樂의伴奏와舞는긋친다.) 이것큰일낫다.」
八目.「무슨 일이야.」

85　먹중 하나 ; 오청본에서는 '初目'이라고 채록되었다.

86　[보정] 먹중 ; 앞뒤 상황으로 보아 '먹중 VI'이다. 오청본에서는 '二目'이라고 채록되었다.

87　먹중 VI ; 오청본에서는 '二目'이라고 채록되었다.

88　멀지기 → 멀찍이 ; 멀리

먹중 Ⅵ[90]=	노老시님이 유유정정화화柳柳井井花花[91]했더라.

먹중 Ⅶ[92]=　아 이놈 벽센 말[93] 한마디 하는 구나. 유유정정柳柳井井 화화花花, 유유

정정柳柳井井 화화花花야? 그것 유유정정柳柳井井 화화花花라니, 아!

알았다. 버들버들 우물우물 꽂꽂이[94] 죽었단 말이구나.

먹중 Ⅲ=　　아나야아.

먹중 一同=　그랴와이이.

먹중 Ⅲ=　　우리 노老시님이 그렇게 쉽사리 죽을 리理가 있나. 내가 들어가 다시 한

번 자서仔細히 보고 올라.

(다름질하여 노장老丈 있는 데 갔다가 되돌아와서)

야아, 죽을시[95] 분명分明하더라. 육칠월六七月에 개 썩는 내가 나더라.[96]

먹중 Ⅴ=　　아나야아.

먹중 一同=　그랴 와이이ㅡ

<주註. 이와같이 남은 먹중들은 번番갈아서 노장老丈이 누워 있는

곳에 갔다가 와서 죽었다는 보고報告를 하여 노장老丈에 대하여 모

욕적侮辱的 언사言辭를 쓴다. 그러나 여기서는 약略한다>[97]

89　먹중 Ⅶ ; 오청본에서는 '六目'이라고 채록되었다.

90　먹중 Ⅵ ; 오청본에서는 '二目'이라고 채록되었다.

91　[보정] 유유정정화화柳柳井井花花 ; 김삿갓[金笠]의 시 '부음(訃音)'에 '柳柳花花'라 한 점으로 볼 때에 죽음
과 관련이 있다.

92　먹중 Ⅶ ; 오청본에서는 '六目'이라고 채록되었다.

93　벽센 말 ; '박센 말'이다. 무슨 뜻인지 알기 어려운 말이다.

94　[보정] 버들버들 우물우물 꽂꽂이 ; 오청본에서는 '버들버들우물우물꽂꽂이'라고 채록되었다. '柳柳井井花花'
의 훈을 이용한 언어유희이다.

95　죽을시 ; 죽은 것이. '-을시'는 '-을 것이', '-은 것이'에 가까운 뜻이다.

96　[보정] 육칠월六七月에 개 썩는 내가 나더라. ; 육칠월에 개가 죽어 썩은 냄새가 심하게 나더라. 관용적 표현이
다. 비속한 표현이다.

97　[보정] <주註. 이와같이 남은 먹중들은 번番갈아서 노장老丈이 누워 있는 곳에 갔다가 와서 죽었다는 보고報
告를 하여 노장老丈에 대하여 모욕적侮辱的 언사言辭를 쓴다. 그러나 여기서는 약略한다> ; 오청본에서는
'(이러케먹중八人이 번갈나가면서 老僧의넘어저잇는것을보고와서는 여러 가지辱說 을한다.)'라고 채록되었다.
채록을 생략한 이유가 나타나지 않고 있다. 그 이유가 무엇인지 미상하다. 비속성 때문이 아닌가 한다. 그러나
앞서 지적하였듯이 탈춤 사설의 비속성은 본래적 성격이다. 오청본에서도 욕설을 한다고 하였을 뿐 채록되지
는 못하였다. 이같은 소위 '계획된 욕 먹이기'에 해당한다. '계획된 욕 먹이기'는 대상과의 대립 갈등을 첨예화

먹중 Ⅰ＝   아나야아.

먹중 一同＝   그랴 와이이.

먹중 Ⅰ＝   중은 중의 행시<행세行勢>[98]를 해야 하고 속인俗人은 속인俗人의 행시
            行勢를 해야 하는 법法이니 우리가 시님에(의) 상좌上佐가 되여가지고
            거저 있을 수 있느냐. 시님이 도라가셨으니 천변수락[99]에 만변야락[100] 굿
            을 하여 보자꾸나.[101]

먹중 一同＝   그랴와이이. 거 옳은 말이다.[102]

            (하며, 먹중들 각각各各 징, 장고, 북, 꽹가리[103] 등等 악기樂器를 들
            고 치면서 노장老丈이 업드러진[104] 곳의 주위周圍를 돌면서 염불念
            佛하며 재齋를 올린다. 염불조念佛調[105]로)

            == 원아願我 임욕명종시臨欲命終時

            진제일체盡除一切 제장애諸障碍

            면견피불아미타面見彼佛阿彌陀

            즉득왕생卽得往生 안락찰安樂刹[106]——[107]

      하지 아니하고 해학적인 분위기를 조성함으로써 축제를 더욱 축제답게 하는 기능을 발휘한다.

98   [보정] 행시<행세行勢> → 행세(行世) ; '행세(行世)'를 관습적-사투리-으로 '행시'라고 하기도 한다.

99   천변수락 ; 천변수륙재(川邊水陸齋)를 말한다. 수륙재(水陸齋)는 불교에서 물과 육지에서 헤매는 외로운 영
     혼과 아귀(餓鬼)를 달래며 위로하기 위하여 불법을 강설하고 음식을 베푸는 종교의식이다. 설단(設壇)의 양식
     을 살펴보면, 이 수륙의식이 불보살 이외에 다신교적인 신앙의 대상을 의식도량에 끌어들이고 있는 것을 볼
     수 있는데, 여러 신앙의 대상을 의식도량에 끌어들여서 궁극적으로는 불보살의 신앙으로 통섭되고 만다는 밀
     교적인 지혜가 작용하고 있음을 살필 수 있다. 그리고 수륙재의 수륙은 여러 신선이 흐르는 물에서 음식을 취
     하고, 귀신이 깨끗한 땅에서 음식을 취한다는 뜻에서 따온 말이므로 청정한 사찰 또는 높은 산봉우리에서 행하
     기도 한다.

100 야락굿 ; 야락잔치 즉 씻김굿을 말한다.

101 [보정] 천변수락에 만변야락 굿을 하여 보자꾸나. ; 오청본에서는 '천변수락에만병야락굿을하여보잣구나.'라고
     채록되었다. 채록상의 '천변수락'은 '천변수륙(川邊水陸)'의 잘못이다. 만변야락의 '만변(萬變)'은 천변만화 즉
     여러 가지로 변고가 있음을 뜻하고, '야락(夜-)'은 진도 씻김굿을 밤에 한다 하여 이르는 말이라고 한다. '천변
     수락'과 '만변야락'은 댓구를 이룬다.

102 [보정] 그랴와이이. 거 옳은 말이다. ; 여기에서 '그랴와이이'는 불필요한 대사다. 오청본에서는 '그것조흐말이
     다.'라고 채록되었다.

103 꽹가리 → 꽹과리

104 업드러진 → 엎드러진

105 염불조念佛調 ; 염불곡으로 무용 반주곡의 하나다. 도들이 장단으로 경기 민요 형식의 가락에 의한 곡이다.

먹중 Ⅱ＝   아나야아

                (염불念佛과 굿치는 소리 그친다)

먹중 一同＝   그랴와이이.

먹중 Ⅱ＝   염불念佛이 약藥은 약藥이다. 시님이 다시 갱생更生을 하는구나.[108] 그러면

                시님이 평생平生 좋아하시던 것이 염불念佛이댔으니 염불念佛을 한바탕

                실컨 하자.

                (8八 먹중들, 염불조念佛調로 악기樂器를 치면서 한참 난무亂舞하다

                가 전원全員 퇴장退場)[109]

小巫 二人＝   (먹중들이 다 퇴장退場하자 등장登場하여 노장老丈이 누워 있는

                자리에서 좀 떨어진 데서 양인兩人 상당相當 거리距離를 두고 서

                서 염불타령곡조念佛打令曲調에 맞추어 춤을 춘다.)[110]

老丈＝   (누운 채로 염불곡念佛曲에 맞추어 춤추며 일어나려 한다.

---

106 [보정] 원아임욕명종시願我臨欲命終時 진제일체제장애盡除一切諸障碍 면견피불아미타面見彼佛阿彌陀 즉
    득왕생안락찰卽得往生安樂刹 ; '장엄염불' 등과 같은 염불의 한 대목이다. '원컨대 내가 죽음에 임해서 일체의
    장애를 제거하고 저 아미타불을 볼 수 있다면 안락찰[극락정토(極樂淨土)]에 왕생하게 하소서.'의 뜻이다. 염
    불곡조로 실현한다.

107 [보정] —— ; 오청본에는 장음 표시가 없다.

108 [보정] 염불念佛이 약藥은 약藥이다. 시님이 다시 갱생更生을 하는구나. ; 오청본에서는 '이것이藥은참藥이다
    스님이다시사라나시는구나'라고 채록되었다. 염불이 스님을 살아나게 하는 약이라는 것이 무엇인지는 분명치
    않다. 다만 '극락왕생'의 뜻이 담긴 염불을 외었으니 갱생한다는 말일 것이다. 삼전삼복(三輾三伏)에 대한 김일
    출의 『조선민속탈놀이 연구』의 자료를 염두에 둘 필요가 있다. 김일출은 '첫목의 이와 같은 기괴한 춤은 사자
    (死者)의 부활과 부활의 환희를 표현한 것이라고도 한다(재령 탈놀이 박형식 담). <목춤>은 자연과 인간 사회
    에 관한 지식이 아직도 불충분하였던 옛날 사람들이 자기의 생활에 재해(災害)와 불행을 가져온다고 믿어온
    <역귀>를 구축하는 유쾌감 또 이것을 물리치고 난 후의 승리감·행복감을 표현하고 있다.'고 하였다. 이는 별도
    로 심도 있는 연구가 필요한 부면이다.

109 [보정] (8八 먹중들, 염불조念佛調로 악기樂器를 치면서 한참 난무亂舞하다가 전원全員 퇴장退場) ; 오청본에
    서도 '(먹중八人은한데엉키여 念佛曲으로樂器를울니며 亂舞하다가一齊히退場한다.)'라고 채록되었다. 이를
    보면 팔목들이 악기를 들고 염불곡조를 연주하면서 난무함을 알 수 있다. 현재는 악기를 들고 연주하는 방식으
    로 실현하는 사례는 보이지 않는다. 그리고 여기서는 '난무'는 어떠한 춤인지는 미상하다.

110 [보정] 小巫 二人＝ (먹중들이 다 퇴장退場하자 등장登場하여 노장老丈이 누워 있는 자리에서 좀 떨어진 데
    서 양인兩人 상당相當 거리距離를 두고 서서 염불타령곡조念佛打令曲調에 맞추어 춤을 춘다.) ; 오청본에서
    는 '(먹중들이모다退場하자 小巫二人은場內의中央에서 念佛장단의 伴奏에마추어 華麗한춤을추기始作한
    다.)'라고 채록되었다. 애초부터 소무 2인이 무대에 등장해 있었던 것인지 팔목들이 퇴장한 후에 등장하는 것인
    지 분명하지 않다.

그러나 넘어진다.

다시 춤추며 일어나려 하는데 또 넘어진다.

겨우하여 육환장六環杖을 짚고 일어나서 사선선四仙扇으로 면面을 가리고 주위周圍에 사람이 있나 없나를 살펴보려고 부채살 사이로 사방四方을 살핀다.

그러다 소무小巫가 춤추고 있는 양樣을 보고 깜짝 놀래며 다시 땅에 업딘다[111],[112]

한참 후後에 다시 일어나 사방四方을 살펴보고 소무小巫를 은근히 응시凝視한다)

〈주註. 노장老丈과 소무小巫는 일체一切 무언無言. 다만 행동行動과 춤으로써 그의 중심中心의 모습을 표현表現한다.〉[113]

老丈＝   (동작動作과 춤으로써 다음과 같은 심정心情의 모습을 표현表現한다 —

소무小巫의 미용美容을 선녀仙女인가 의심疑心한다.

선녀仙女가 이 속세俗世에 어찌 왔나 한다.

그런데 그는 선녀仙女가 아니고 사람임을 알게 된다.

인간세상人間世上에도 저런 미색美色이 있구나 하고 매우 감탄感嘆한다.

---

111 업딘다 → 엎드린다

112 [보정] 老丈＝ (누운 채로 염불곡念佛曲에 맞추어 춤추며 일어나려 한다. 그러나 넘어진다. 다시 춤추며 일어나려 하는데 또 넘어진다. 겨우하여 육환장六環杖을 짚고 일어나서 사선선四仙扇으로 면面을 가리고 주위周圍에 사람이 있나 없나를 살펴보려고 부채살 사이로 사방四方을 살핀다. 그러다 소무小巫가 춤추고 있는 양樣을 보고 깜짝 놀래며 다시 땅에 업딘다. 한참 후後에 다시 일어나 사방四方을 살펴보고 소무小巫를 은근히 응시凝視한다) ; 소위 삼전삼복(三顚三伏)이다. 연출법을 제시한 것이다. 삼전삼복(三輾三伏)에 대한 김일출의 『조선민속탈놀이 연구』의 자료를 염두에 둘 필요가 있다. 김일출은 '첫목의 이와 같은 기괴한 춤은 사자(死者)의 부활과 부활의 환회를 표현한 것이라고도 한다(재령 탈놀이 박형식 담). 〈목춤〉은 자연과 인간 사회에 관한 지식이 아직도 불충분하였던 옛날 사람들이 자기의 생활에 재해(災害)와 불행을 가져온다고 믿어온 〈역귀〉를 구축하는 유쾌감 또 이것을 물리치고 난 후의 승리감·행복감을 표현하고 있다.'고 하였다.

113 〈주註. 노장老丈과 소무小巫는 일체一切 무언無言. 다만 행동行動과 춤으로써 그의 중심中心의 모습을 표현表現한다.〉 ; '채록자 주'다.

그리고 산중山中에 들어박혀 무미無味하게 지냈던 자기自己의 과거過去가 몹시도 무의미無意味했고 적막寂寞한 것을 깨닫는다.

생生을 그렇게 헛되이 보낼 것인가 하고 회의懷疑해 본다.

인간세상人間世上이란 저러한 미인美人과 자유自由로이 즐길 수 있는 세상世上인가 하고 생각해 본다.

자기自己의 과거過去의 생활生活을 그대로 계속繼續할 것인가 그렇지 않으면 인간세상人間世上에 들어와서 저러한 여인女人과 흥취興趣있는 생활生活을 하여볼까 하고 비교比較하여 본다.

어떠한 결정決定이 지어졌는지 고개를 끄덕끄덕한다.

그래도 계면쩍은지 부채로 면面을 가리고 육환장六環杖을 짚고 염불곡念佛曲에 맞추어 조심조심操心操心 춤추며 장내場內를 돈다.

소무小巫의 주의注意를 끌을[114] 동작動作을 여러가지 한다)[115]

小巫 Ⅰ =	(노장老丈을 본체만체하고 그냥 그 자리에서 춤만 춘다.)
老丈 =	(소무小巫의 무관심無關心함을 보자 좀 적극적積極的으로 나가보려 든다.
	육환장六環杖을 어깨에 메고 춤추며 소무小巫 곁으로 간다.
	그러나 아직도 조심스러운 동작動作이다.
	소무小巫의 배후背後에 가만히 접근接近한다.[116]
	그리고 자기自己 등을 소무小巫의 등에 살짝 대어본다.)[117]
小巫 Ⅰ =	(모르는 체하고 여전如前히 춤만 춘다)

---

114 끌을 → 끌

115 [보정] 老丈 = (동작動作과 춤으로써 다음과 같은 심정心情의 모습을 표현表現한다 ~ 소무小巫의 주의注意를 끌을 동작動作을 여러가지 한다) ; 연출법을 제시한 것이다. 지시어가 추상적이며 주관적이다. 이를 토대로 하여 우리 가면극의 주제를 탐구한 견해가 있다. 그러나 희곡 텍스트의 성격상 이를 곧바로 주제와 연결시킴은 무리가 있다. 임석재본에서 이와 같은 추상적이며 주관적인 지시문은 이것이 유일하다. 한편 오청본에는 각 마당마다 추상적이며 주관적인 설명을 덧붙이고 있다.

116 소무小巫의 배후背後에 가만히 접근接近한다. ; '조심스러운 동작動作'의 표현인 듯하다.

117 老丈 = (소무小巫의 무관심無關心함을 보자 좀 적극적積極的으로 나가보려 든다. ~ 그리고 자기自己 등을 소무小巫의 등에 살짝 대어본다.) ; 연출법을 제시한 것이다.

老丈= (소무小巫가 본체만체하므로 소무小巫의 앞으로 돌아가서 그의 얼굴을 마주쳐 본다.)

小巫 I = (보기싫다는듯이 노장老丈을 피避하여 돌아선다.)[118]

老丈= (낙심落心한다. 휘등휘등하다가[119] 소무小巫의 전면前面으로 돌아가 본다)

小巫 I = (또 싫다는듯이 돌아선다.)[120]

老丈= (노怒한듯이 소무小巫의 앞으로 바싹 닥아 선다.)

小巫 I = (약간若干 교태嬌態를 부리며 살짝 돌아선다.)[121]

老丈= (초면初面에 부끄러워서 그렇겠지 하고 소무小巫의 심정心情을 해석解釋하고,

자기自己를 싫어하지 않는구나 하고 고개를 끄덕끄덕하고 두손으로 육환장六環杖을 水平으로 들고[122] 소무小巫곁에 가까이 가서 여러가지 춤[123]으로 얼러본다.

그러다가 육환장六環杖을 소무小巫의 사탱이[124] 밑에 넣었다가 내어든다.[125]

소무小巫를 한참 드려다본다.

육환장六環杖을 코에다 갖다 대고 맡아본다.

---

118 [보정] 小巫 I = (보기싫다는듯이 노장老丈을 피避하여 돌아선다.) ; 오청본에서는 '少巫. (泰然히춤을추며실타는듯이 살작살작老僧을避하야도라선다.)'라고 채록되었다. 오청본에 따르면 춤을 추며 피하는 식으로 실현한다.

119 [보정] 휘등휘등하다가 → 휘뚝휘뚝하다가 ; '휘뚝휘뚝'은 넘어질 듯이 자꾸 한쪽으로 쏠리거나 이리저리 흔들리는 모양이다. 혹은 일이 위태위태하여 마음을 놓을 수 없게 된 모양이다. 여기서는 전자의 뜻으로 쓰였다.

120 [보정] 小巫 I = (또 싫다는듯이 돌아선다.) ; 오청본에서는 '少巫. (살작도라서서춤을춘다.)'라고 채록되었다. 오청본에 따르면 돌아서는 행위 끝에 춤을 추는 것으로 실현한다.

121 [보정] 小巫 I = (약간若干 교태嬌態를 부리며 살짝 돌아선다.) ; 오청본에서는 '少巫. (漸漸嬌態를부리며 살작도라서서춤을춘다.)'라고 채록되었다. 오청본에 따르면 돌아서는 춤을 추는 것으로 실현한다.

122 [보정] 육환장六環杖을 수평水平으로 들고 ; 소도구를 들고 연기를 실현하는 방법이 제시되어 있다.

123 여러가지 춤 ; 어떤 춤인지 미상하다.

124 사탱이 → 사타구니

125 [보정] 그러다가 육환장六環杖을 소무小巫의 사탱이 밑에 넣었다가 내어든다. ; 성적 행위를 상징적으로 보여주는 연출법이다.

뒤로 물러나와서 육환장六環杖을 무릎으로 꺾어 내버린다.

[이때 반주伴奏는 타령곡打令曲으로 변變한다. 이 곡曲에 맞추어 춤춘다.]

염주念珠를 벗어서 소무小巫의 목에 걸어준다)[126]

小巫 I =   (걸어준 염주念珠를 벗어서 팽개친다.)

老丈 =   (놀래어 염주念珠를 줏어 들고 소무小巫 앞으로 가서 정면正面하여 얼린다.)

小巫 I =   (살짝 돌아선다.)

老丈 =   (춤추며 소무小巫 곁으로 다가서서 얼리며 염주念珠를 다시 소무小巫의 목에 걸어준다.)[127]

(이러한 동작動作을 수차數次 되풀이 한다.

그리하다가 내종乃終에는 소무小巫는 그 염주念珠를 벗지 않고 그대로 걸고 춤을 춘다.)

老丈 =   (대단大端히 만족滿足해 하며 춤을 춘다.

한참 추다가 소무小巫에게 가까이 가서 입도 만져보고, 젖도 만져보고 겨드랑도 후벼보다가 염주念珠의 한편 끝을 자기自己의 목에 걸고 소무小巫와 마주 서서 비로소 희희낙락喜喜樂樂하며 춤을 춘다.)[128]

---

126 [보정] 老丈 = (초면初面에 부끄러워서 그렇겠지 하고 소무小巫의 심정心情을 해석解釋하고, 자기自己를 싫어하지 않는구나 하고 고개를 끄덕끄덕하고 두손으로 육환장六環杖을 수평水平으로 들고 小巫곁에 가까이 가서 여러가지 춤으로 얼러본다. ~ 염주念珠를 벗어서 소무小巫의 목에 걸어준다) ; 연출법을 지시한 것이다. 노장의 비속한 행위는 가면극 공연의 중요한 특성이다.

127 [보정] 육환장六環杖을 코에다 갖다 대고 맡아본다. 뒤로 물러나와서 육환장六環杖을 무릎으로 꺾어 내버린다. [이때 반주伴奏는 타령곡打令曲으로 변變한다. 이 곡曲에 맞추어 춤춘다.] 염주念珠를 벗어서 소무小巫의 목에 걸어준다 ; '염주'는 의상의 일부이자 소도구이다. 염주는 소무와의 결연의 매체다. 육환장을 꺾어버린다든지 염주를 벗어서 소무의 목에 걸어주는 행위를 '파계'로만 보아서는 안 된다. 이 행위를 '파계'로 보는 입장은 조선 시대에 일부에서 일어났던 사상적 혼재가 우리 가면극에도 직접적으로 영향을 주었다는 관점에서 도출된 것이다. 심도 있는 연구가 필요한 대목이다.

128 [보정] 老丈 = (대단大端히 만족滿足해 하며 춤을 춘다. 한참 추다가 소무小巫에게 가까이 가서 입도 만져보고, 젖도 만져보고 겨드랑도 후벼보다가 염주念珠의 한편 끝을 자기自己의 목에 걸고 소무小巫와 마주 서서 비로소 희희낙락喜喜樂樂하며 춤을 춘다.) ; 연출법을 제시한 것이다. 역시 비속한 행위이다. 오청본에서는 이 설정이 채록되지 않았다.

(노장老丈은 이와같은 동작動作과 순서順序로 소무小巫Ⅱ에게 가
서 되풀이하여 자기自己의 수중手中에 들어오게 한다.)¹²⁹

(생불生佛이라는 노장老丈은 두 소무小巫를 자기自己의 수중手中
에 넣은 것이나, 사실事實은 소무小巫의 요염妖艶한 교태嬌態와 능
난한 유혹誘惑에 빠진 것이다.

노장老丈은 두 미녀美女의 사이에 황홀恍惚히 되었다.)¹³⁰

신장사¹³¹＝　　　(원숭이를 업고 등장登場)

야— 장場이 잘 섰다.

장자미場滋味¹³²가 좋다기에

불원천리不遠千里¹³³하고 왔드니

과연果然 거짓말이 아니로구나.

인물병풍人物屛風¹³⁴을 둘러 쳤이니¹³⁵

이것 태평장太平場¹³⁶이 아닌가.

이 장場이나 태평장太平場이거나¹³⁷

---

129 [보정] (노장老丈은 이와같은 동작動作과 순서順序로 소무小巫Ⅱ에게 가서 되풀이하여 자기自己의 수중手中
에 들어오게 한다.) ; 연출법을 제시한 것이다. 현재는 '소무Ⅱ'와의 장면은 실현되는 사례가 없다.

130 [보정] (생불生佛이라는 노장老丈은 두소무小巫를 자기自己의 수중手中에 넣은 것이나, 사실事實은 소무小
巫의 요염妖艶한 교태嬌態와 능난한 유혹誘惑에 빠진 것이다. 노장老丈은 두 미녀美女의 사이에 황홀恍惚히
되었다.) ; 연출법을 제시한 것이다.

131 신장사 ; 오청본에서는 '鞋商'이라고 채록되었다.

132 장자미場滋味 → 장재미 ; 시장에서의 좋은 성과나 보람을 말한다.

133 불원천리不遠千里 ; 아무리 먼 길이라도 마다하지 않고 달려간다는 뜻으로, 가까운 벗이나 친한 사람을 만나
는 데에는 먼 거리도 문제가 되지 않는다는 뜻을 담고 있다. 『맹자(孟子)』 '양혜왕(梁惠王)'편에 '노인께서 천
릿길도 마다하지 않고 오셨으니, 우리나라에 장차 이로운 일이 생기겠습니까 不遠千里而來 亦將有以利吾國
乎'에 연유하는데, 맹자가 천릿길도 마다하지 않고 양혜왕을 만난 것은 인의를 말하기 위한 것인데, 하필이면
이익을 말하느냐고 질책하는 대목이다.

134 인물병풍人物屛風 ; 뛰어난 인물들이 병풍처럼 둘러싸여 있다는 말이다.

135 [보정] 인물병풍人物屛風을 둘러 쳤이니 ; 여기서는 가면극 공연현장에 가득히 모인 관객을 두고 이른 것이다.

136 [보정] 태평장太平場 ; '태평(太平/泰平)'은 나라가 안정되어 아무 걱정 없고 평안함, 혹은 마음에 아무 근심
걱정이 없음을 뜻한다. '태(太)'는 삼년 풍년을, '평(平)'은 일년 풍년을 뜻하기도 한다. 여기서 '태평장'은 풍년
을 기원하는 뜻을 담은 관념적 명칭이다.

137 이 장場이나 태평장太平場이거나 ; 오청본에서는 '太平場이거나무슨場이거나'라고 채록되었다.

속담俗談에 이른 말이

이쌈[138]은 말리고 홍정붙이랬으니[139],

상인商人이 되여서는 물건物件을 팔아야겠다.

식食이(而) 위천爲天이라 하였으니[140]

식료품食料品[141]부터 팔어보자.

　　　(사방四方을 돌아다보며 외치는 소리로)

군밤을 사랴 삶은 밤을 사랴.

　　　(살아 오는[142] 사람이 하나도 없다)

그러면 신이나 팔아 볼가.

　　　(크게 외치는 소리로)

세코집세기 육六날 메투리[143]

고흔[144] 아씨에 신을 사랴오[145].

老丈＝　　　(신장사의 뒤로 가서 부채로 어깨를 탁 친다.)[146]

신장사＝　　　(깜짝 놀라며)

이게 무엇이냐.

138　이쌈 ; '싸움'을 말한다.

139　쌈은 말리고 홍정붙이랬으니 ; 속담으로 관용적 표현이다. 민간화술이다. '홍정은 붙이고 싸움은 말리랬다 勸買賣 鬪則解'라는 속담을 원용한 것이다. 좋은 일은 권하고 나쁜 일은 말려야 한다는 뜻이다. ['洌上方言(열상방언)' 참조] 이와 같이 속담을 원용하는 것이 가면극 대사의 한 특성이다.

140　식食이(而) 위천爲天이라 하였으니 ; 백성은 먹는 것을 하늘로 삼는다는 뜻으로, 먹는 것이 사람이 살아가는 데에 있어서 가장 중요하다는 말이다. 오청본에서는 '食而爲天이라하엿스니'라고 채록되었다.

141　식료품食料品 ; 오청본에서는 '먹을것'이라고 채록되었다.

142　살아 오는 → 사러오는

143　세코집세기 육六날 메투리 ; 짚신과 미투리를 말하는 것으로 관용적 표현이다. '집세기'는 짚신의 사투리이고, 메투리는 미투리의 사투리이다. 짚신은 볏짚으로 새끼를 꼬아 날을 하고 짚을 결어서 바닥을 한 신을 말한다. 보통 코-버선이나 신 따위의 앞 끝이 오뚝하게 내민 부분.-를 셋을 만들기에 세코집세기이다. 초혜(草鞋), 비구(扉屨), 망리(芒履)라고 한다. 미투리는 질긴 삼베로 삼은 신인데, 발이 편하라고 날이 여섯 가닥 또는 여덟 가닥 되게 한다. 마혜(麻鞋), 승혜(繩鞋)라고도 한다.

144　고흔 → 고운

145　사랴오 → 사려

146　[보정] 老丈＝ (신장사의 뒤로 가서 부채로 어깨를 탁 친다.) ; 노장이 자신의 존재를 드러내는 행위이다.

(위아래로 훑어보고)

네 놈의 차림차림을 보니

송낙을 눌러쓰고

백팔염주百八念珠[147]를 목에 걸고

장삼長衫을 줏어입고

홍가사紅袈裟를 걸치고서[148]

육환장六環杖을 짚었으니[149]

중놈일시[150] 분명分明하구나.

중놈이면 승속僧俗[151]이 다른데 양반兩班을 보면 소승小僧 문안問安드리요 하는 인사人事도 없이 몽동이[152]로 사람을 치니 이것 웬일이냐.」

老丈＝   (소무少巫의 발을 가리키고 부채로 소무小巫의 발 치수를 재어보이고 신 사겠다는 동작動作을 한다.)

신장사＝   (노장老丈의 뜻을 알아채리고 신을 내놓으려고 등에 진 짐을 내려놓고 보따리를 끄른다.[153]

의외意外에도 원숭이가 뛰어나와 앞에 가 앉는다.

깜짝 놀래며 원숭이[154] 보고)

---

147 백팔염주百八念珠 ; 염주가 108개의 구슬을 사용한다 하여 이렇게 부른 것이다. 불보살에게 예배할 때 손목에 걸거나 손으로 돌리는 불구(佛具)의 하나이다.

148 걸치고서 ; '걸치다'는 '입다'와 상대적인 뜻을 지닌다.

149 짚었으니 → 집었으니

150 중놈일시 ; 중놈일 것이. '-일시'는 '-게'의 방언이다.

151 승속僧俗 ; 승녀와 속인을 말한다.

152 몽동이 → 몽둥이 ; 여기서는 부채로 쳤다는 과장된 표현이다.

153 [보정] 등에 진 짐을 내려놓고 보따리를 끄른다. ; '등에 진 짐'과 '보따리'는 소도구다. 우리 가면극에서 소도구가 등장하는 장면은 흔하지 않으며, 등장한다 하더라도 이 대목과 같이 적극적으로 활용되는 경우는 많지 않다.

154 원숭이 ; 방위는 서남방, 오행은 금(金), 색깔은 백(白)색이며, 시간은 3~5시이고 4시가 신시의 중이다. 12지의 제9위인 신(申)일이라 하고, 원숭이날·납날이라고도 한다. 세시풍속으로 정월 첫 잔나비날에는 일손을 쉬고 놀며, 특히 칼질을 하며 손 벤다고 하며 삼간다. 남자가 먼저 일어나서 부엌과 마당의 네 귀를 쓸고, 부엌에 귀신이 있다고 하여 남자가 먼저 부엌에 들어가기도 한다. 제주도에서는 나무를 자르지 않는데, 이날 자른 나무를 사용하여 만든 물건에는 좀이 많이 쓴다고 한다. 한편 경상남도 지방에서는 이날뿐 아니라 어느 신일에도 '원숭이'란 말을 입에 담으면 재수가 없다고 하여 불가피한 경우 '잔나비'라고 바꾸어 말한다.

네가 무엇이냐 물짐성[155]이냐?

원숭이[156]=　　(고개를 쌀쌀[157] 혼들어 부정否定한다.)

신장사=　　그러면 수어[158]냐?

원숭이=　　(고개를 좌우左右로 혼들어 부정否定한다.)

신장사=　　농어냐.

원숭이=　　(부정否定)[159]

신장사=　　잉어냐.[160]

원숭이=　　(부정否定)

신장사=　　메기냐.[161]

원숭이=　　(부정否定)

신장사=　　뱀장어냐.

원숭이=　　(부정否定)

신장사=　　그럼 네가 뭐냐? 네 발을 가졌으니 산山짐성이냐?

원숭이=　　(고개를 끄덕끄덕하며 긍정肯定한다.)

신장사=　　범이냐.

원숭이=　　(부정否定)

신장사=　　노루냐.

원숭이=　　(부정否定)

신장사=　　사심[162]이냐.

우리 가면극에 이같이 원숭이가 등장하는 이유는 현재 불분명하다. 나례 때나 장터에서 장대를 타는 묘기를 보여주는 원숭이가 등장하기도 하였다.

155　물짐성 → 물짐승

156　원숭이 ; 오청본에서는 '猿'이라고 채록되었다.

157　쌀쌀 ; 머리를 천천히 살래살래 혼드는 모양이다. '살살'보다 센 느낌을 준다.

158　수어 ; 숭어를 말한다. 오청본에서는 '물고기'라고 채록되었다.

159　부정(否定) ; 오청본에서는 '(머리를左右로혼든다)'라고 채록되었다.

160　신장사= 잉어냐. ; 오청본에는 없다.

161　신장사= 메기냐. ; 오청본에는 없다.

162　사심 → 사슴

원숭이=　　　　　　(부정否定)

신장사=　　　맷도야지¹⁶³냐.¹⁶⁴

원숭이=　　　　　　(부정否定)

신장사=　　　오오 알겠다. 그전前 어른에 말슴을 들은 일이 있는데, 네가 사람에 입
　　　　　　　내¹⁶⁵를 잘 내는 것을 보니 원숭이로구나.

원숭이=　　　　　　(긍정肯定)¹⁶⁶ ¹⁶⁷

신장사=　　　오오 그러면 우리 선친先親때에 중국사신中國使臣으로 다닐 적에 이 놈
　　　　　　　이 힘이 있고 날램이 있는 고故로, 대국大國 다니던 기념紀念도 되고 가
　　　　　　　정家庭에 보호保護군¹⁶⁸도 될 것 같다 해서 사다가 둔 것을 내가 신짐을
　　　　　　　지고 나온다는 것이 원숭이 짐을 지고 나왔구나. 네가 영영怜怜하고¹⁶⁹
　　　　　　　날냄이 있는 놈이라 저 뒷절 중놈한테 신을 팔고 신값을 아직 못 받은 것
　　　　　　　이 있으니, 네가 가서 받어 가지고 오너라.

원숭이=　　　　　　(날새게 소무小巫한테 가서 소무小巫의 허리등¹⁷⁰에 붙어서 음외淫
　　　　　　　猥스러운 동작動作을 한다)¹⁷¹

163　맷도야지 → 멧돼지

164　신장사= 맷도야지냐. ; 오청본에는 없다.

165　입내 ; '흉내'의 방언이다. 소리나 말로써 내는 흉내를 말한다.

166　(긍정肯定) ; 오청본에서는 '(머리를끄덕끄덕하야肯定한다)'라고 채록되었다.

167　[보정] 이 대목은 수수께끼식 문답법에 의한 전개다. 이미 알려진 것에 대한 수수께끼식 문답을 주고받음으로
　　　써 가면극 현장을 축제 분위기를 조성한다. 수수께끼는 역사가 오랜 표현 수법으로, 상식적으로는 사물을 빗대
　　　어서 알아맞추는 놀이, 혹은 일정한 대답을 바라는 사물의 비유적 묘사나 표현이다. 또 수수께끼는 은유를 써
　　　서 대상물을 정의하는 언어표현법이며, 구연에 있어서 화자와 청자 쌍방이 참여한다는 점, 묘사가 극히 단순하
　　　다는 점·은유적 표현이란 점, 고의적 오도(誤導)성을 띠고 있다는 점 등을 수수께끼의 특징으로 든다. 또 수수
　　　께끼는, 의미의 다발을 전달하고, 긴장과 이완은 혼란을 의도하고, 단어의 탄력을 이용하며, 질서에 대한 집단
　　　의 원칙을 이야기하는 것이 허용되는 관습적 위상이 일치되는 속에서 전개된다. 또, 수수께끼는 사건의 해결을
　　　구하는 문제라고도 하고, 바른 대답을 목적으로 한 고풍(古風)의 질문이라고도 한다. 즉 수수께끼식 문답이란,
　　　이러한 수수께끼의 특성을 바탕으로 전개되는, 탈춤 사설의 한 양상이다. 또한, 이 수수께끼와 유사한 형태에
　　　'스무 고개(twenty-questions)'가 있다.

168　보호保護군 ; 보호하는 사람이다.

169　영영怜怜하고 ; '怜悧(영리)' 혹은 '伶俐(영리)'의 잘못이다.

170　허리등 ; '등허리'의 방언이다.

171　[보정] 원숭이= (날새게 소무小巫한테 가서 소무小巫의 허리등에 붙어서 음외淫猥스러운 동작動作을 한다)
　　　; 음외한 행위는 우리 가면극에서 다반사로 나타난다.

신장사=　　여보오 구경求景하는 이들.[172] 내 노리개 작난作亂감[173] [174] 어데로 가는 걸 못 봤소.

　　　　　(하며 사방四方으로 원숭이를 찾으려 돌아다닌다.

　　　　　소무小巫 허리등에 붙어 있는 것을 보고)

야 요놈 바라. 요놈 신값 받어 오라니까 돈을 받어 거기다 다 써 버렸너냐.

　　　　　(원숭이를 붙잡아 가지고 전前에 있던 자리로 와서)

요놈아, 너는 소모[175](소무小巫)를 하였으니 나는 네 뺙[176]이나 한번 하겠다.[177]

　　　　　(하며 원숭이를 엎어놓고 음외淫猥한 동작動作을 한다)

원숭이=　　(날새게 빠져나와 신장사를 엎어 놓고 뺙하는 동작動作을 한다.

　　　　　한참 후後에 두리[178] 같이 일어난다)

신장사=　　이 놈, 생긴게 요꼴이, 다 무얼 안다구…… 그런데 신값이나 분명分明히 받어 오너라. 얼만고 허니[179]

　　　　　(하며 신값을 계산計算하느라고 땅에다 수자數字를 쓴다)

원숭이=　　(신장사가 쓰는 수자數字를 지운다)[180]

신장사=　　(다른 데다 계산計算해 쓴다)

원숭이=　　(또 가서 지운다)

신장사=　　(다른 데다 또 계산計算해 쓴다)

---

172 [보정] 여보오 구경求景하는 이들. ; 관중에게 이른 것이다. 이러한 대사는 관중과의 소통을 유도하는 장치라고 보는 것이 일반적이다.

173 작난作亂감 → 장난감

174 [보정] 내노리개 작난作亂감 ; 원숭이를 두고 이른 것이다. 성적 노리개라는 뜻인 듯하다.

175 소모 → 소무

176 뺙 → 비역 ; 사내끼리 성교하듯이 하는 짓이다. 계간(鷄姦)이라고도 한다.

177 [보정] 요놈아, 너는 소모(소무小巫)를 하였으니 나는 네 뺙이나 한번 하겠다. ; 음외한 행위이다. 뒤로부터 성행위를 하겠다는 말이다.

178 두리 → 둘이

179 얼만고 허니 → 얼마인가 하니

180 [보정] 원숭이= (신장사가 쓰는 수자數字를 지운다) ; 훼방을 노는 행위이다. 이에 대하여는 별도의 연구가 필요하다.

원숭이=	(또 쫓아가서 지운다)
	<주註. 이런 동작動作 수차數次 반복反復한다>[181]
신장사=	(땅위에 계산計算한다)[182]
원숭이=	(이번에는 신장사를 돌아보지 않고 소무小巫한테 가서 먼저와 같이 음외淫猥한 짓을 한다)
老丈=	(원숭이의 동작動作을 보고 부채자루로 마구 때린다)
신장사=	(원숭이가 맞는 것을 보고 쫓아가서 원숭이를 잡어 가지고 치료治療하러 간다고 같이 퇴장退場한다)[183]

---

181 <주註. 이런 동작動作 수차數次 반복反復한다> ; '채록자 주'다.

182 [보정] 신장사와 원숭이가 벌이는 쓰고 지우고 쓰고 지우고 하는 이 대목을 오청본에서는 '(하며 신갑을計算하느라고 땅에數字를쓴다. 원숭이는쪼차다니면서 數字를지워버린다.)'라고 간략히 채록되었다.

183 [보정] 이 장면은 흔히 정현석(鄭顯奭)의 『敎坊諸譜(교방제보)』의 '僧舞(승무)'에 비견한다는 견해가 지배적이다. 승무의 풍류랑은 취발에 비견한다고 본다. 이는 소위 노장 마당을 해명하는 데에 있어서 염두에 두어야 할 자료다. 그 내용을 보이면 다음과 같다.

> [참고] 小妓拜而舞 어린 기생이 절하고 춤춘다. / 風流郎着快子對舞 풍류랑은 쾌자를 입고 마주 춤을 춘다 [대무對舞]. / 郎繞妓而舞 戲狎備至 랑이 기생의 주위를 돌며 춤을 추어 희롱하고 친압(親狎)하기에 열중한다. / 有老僧伏軒隅 때마침 이럴 즈음에 노승이 이르러 무대 한쪽에 엎드려 있다. / 上座出舞 往老僧前 指示妓 상좌가 춤추다가, 노승에게 앞에 가서 기생을 가리킨다. / 老僧掉頭不見 노승은 머리를 조아리고 보지 않는다. / 上座又附耳而語 老僧稍稍氣視 상좌가 또 귀에 대고 무어라고 말하니 노승은 잠깐 쳐다본다. / 上座曳山錫杖 상좌가 산석장을 끈다. / 老僧戰慄不能起 노승은 떨며 일어나지 못한다. 欲起而頹臥 又曳出起舞 漸近妓處 繞行而舞 일어나려다가 자빠져 누워버린다. 다시 끌자 나와 일어나 춤추며 점차로 기생 가까이 가서는 주위를 돌며 춤춘다. / 上座居間周旋 郎故避之 상좌가 끼어들어 주위를 돌자 랑은 그곳을 피한다. / 老僧與妓戲狎 노승은 기생과 더불어 희롱하고 친압한다. / 每見郎近入則避去 매양 랑이 가까이 들어오는 것을 살피다가 피하여 도망간다. / 郎以錦鞋着妓足而去 랑은 기생 발에 비단신을 신기고 나간다. / 老僧亦以色鞋換着足而去 노승 역시 색신을 바꾸어 신기고 나간다. / 郎還見其換鞋 怒而打妓 랑이 돌아와 그 바뀐 신을 보고 노하여 기생을 때린다. / 妓佯泣 郎抱腰解忿而去 기생이 우는 체하자 랑이 허리를 안아 달래다가 나간다. / 老僧又來戲 負妓而去 노승이 또 와서 기생을 희롱하다가 업고 나간다. / 郎乘醉亂步而入見妓不在 乃伸脚坐泣 랑이 술에 취하여 비틀거리며 들어와 기생이 없음을 보고는 다리를 뻗고 운다. / 妓棄僧還入抱郎腰而泣 기생이 노승을 버리고 돌아와 랑의 허리를 끌어안고 운다. / 郎打妓 妓飮泣不已 랑이 기생을 때리자 기생은 울기를 그치지 않는다. / 郎抱腰解之 妓不聽 랑이 허리를 끌어안아 달래도 기생이 듣지 않는다. / 郎連解之 更爲起舞郎 랑이 계속해서 달래니 다시 일어나 랑과 춤을 춘다. / 郎抱一少妓 랑이 다른 기생을 끌어안는다. / 妓妬打之 기생이 질투하여 다른 기생을 때린다. / 又爲起舞 또 (기생이) 일어나 춤을 춘다. / 妓先拜出 기생이 먼저 절하고 나가면 / 郎亦出 랑도 역시 나간다. / 老僧與上座舞 노승과 상좌는 춤춘다. / 罷 끝난다.

> 此一場雜戲也 한 마당의 잡희이다. 然究其本意 亦寓勸懲之義 그러나 궁구하는 그 본 뜻은 역시 권선징악의 뜻을 빗댄 것이다. 女始若懷貞 終爲淫亂 여자는 처음에는 정조를 품은 것 같지마는 끝내는 음란해지고 士始若守操 終爲乖悖 선비는 처음에는 지조를 지키는 것 같지마는 끝내는 어그러지며 僧始若戒行 終爲癲狂 중은 처음에는 계율을 행하는 것 같지마는 끝내는 미치광이가 된다. 此乃調戲人間 이는 곧 인간 세상의

醉發[184]이＝　　　　(허리에 큰 방울[185]을 차고 푸른 버들가지[186]를 허리띠에 꼽고[187] 술

　　　　　　　　　　취醉한 것처럼 비틀거리고[188] 등장登場하다가 갑짜기 다름질하며

　　　　회롱에 휩쓸려 鮮克有終者也 끝내 자신을 이겨내는 자가 드물다는 것이다. 覽者如是 구경하는 자도 마찬가
　　지다.
　　　　少年白晳弄紅粧　　신수 흰한 젊은이는 기생을 회롱하고,
　　　　撩亂春風老錫腸　　봄바람이 요란하니 노승의 간장이 탄다.
　　　　禪心幻作探香蝶　　선심이 홀려서 향기로운 나비를 탐하는구나.
　　　　竟逐飛花上下狂　　필경 날아다니는 꽃을 좇아 상하[젊은이와 늙은이]가 미쳐버리네.

184 [보정] 醉發(취발) ; 일반적으로 술에 취하여 지지벌개가지고 다니기에 이러한 이름이 붙었다고 한다. 그런데 다음과 같은 사실을 염두에 두어야 한다고 본다. 은율가면극에서는 '최괄이'라 하였고, 이를 이두현은 취발이와 같이 보았다. 손진태의 『校註 歌曲後集』 권제육 농가월령가(農家月令歌) 시월령을 보면 '李風憲 金僉知는 즌말숯희 醉倒ᄒ고 崔勸農 姜約正은 <u>체궐이춤</u>을 춘다.'라는 대목이 보인다. 여기의 '체궐이춤'을 주목할 일이다. 또한 중국의 팔선(八仙) 가운데에 술을 잘 먹는 철괴리(鐵拐李)가 나오는데, 박지원의 '광문자전'에 나오는 광문이도 철괴리춤에 능했다고 하였다. 따라서 철괴리, 체궐이, 최괄이, 취발이 등은 동일 대상, 혹은 동일한 관념이 작용하고 있는 대상에 대한 상이한 표기라고 보아야 할 것이다. 『퇴계원산대놀이 연희본』에서 다음과 같이 설명하고 있다.
[참고] 취발이 : 취발이는 노총각으로 절에서 밥 짓고 물 긷는 일을 하는 불목한. 임석재는 그의 회고록에서 '취발이도 그냥 한글로 써야 할 것을 한자로 썼는데, 그 당시 막연히 취한 것 같은 인물이 연상이나 취발(醉發)이라고 했다'고 하였는데, 취발이 대사에 '술 서너 잔 먹어 얼굴이 지지벌거니깐…'라는 대목이 있다. 같은 역이 은율 가면극에서만은 '최괄이'로 되어 있다. 최괄이는 사설시조 <관등가(觀燈歌)>에 '사자(獅子) 탄 체괄(體适)이요 호랑(虎狼)이 탄 오랑캐(兀良哈)과…'로 보이는 그 '체괄'에서 최괄(崔适)로 바꾼 말이 아닌가 생각된다. 최괄은 오랑캐의 이름이라고 하였는데 (鄭炳昱 編, 《時調文學事典》, 524쪽) 오랑캐는 야만스러운 종족이란 뜻으로 침략자를 업신여겨 부르던 말이다. 고려 말부터 조선 전기에 걸쳐 두만강 연변이나 그 북쪽지방에서 살던 여진족(女眞族)을 이르던 말이다. 그러나 원래는 북부 만주에서 시베리아 남쪽에 걸친 삼림 속에 살던 수렵민(狩獵民)의 범칭(汎稱)이다. 그러기에 힘세고 용맹스런 '사자탄 체괄이요'라고 읊었고. 다시 은율가면극에서는 '최괄'로 취발이의 배역명으로 정하지 않았나 생각된다. <농가월령가(農家月令歌)> 10월령의 1절에 '체달이 춤을 춘다.' 라고 있는데 이 체달이 춤이 '체괄(體适)이 춤'으로도 표기된 곳이 있어 취발이의 옛 표기로 생각된다는 의견도 있다. (서연호, 『山臺탈놀이』, 78쪽)

185 [보정] 큰 방울 ; 소도구다. 이 방울이 가지고 있는 연극적 의미나 상징성은 또다른 연구 과제다. 방울은 일반적으로 종교의식에서 흔히 등장한다. 샤머니즘과의 관련성에만 국한시키는 입장은 경계해야 한다.

186 [보정] 푸른 버들가지 ; 버들가지는 생명력의 상징으로 본다. 버드나무는 냇가에서 흔히 자라고 우리나라와 만주와 일본에 분포한다. 썩은 버드나무의 원줄기는 캄캄할 때 빛이 난다. 이것을 도깨비불이라고 한다. 도깨비가 나온다고 알려진 곳은 습지에서 버드나무가 무성한 숲일 때가 많다. 불교에서 서른 셋 관세음보살이 신봉되었는데 그 첫째인 양류관세음보살(楊柳觀世音菩薩)을 비롯하여 덕왕(德王), 청경(靑頸), 쇄수(灑水) 관세음보살이 버드나무와 관계가 있다고 한다. 관세음보살 진언에 '몸에 있는 질병을 없애려거든 버드나무 가지를 든 관세음보살에게 진언을 왼다.'라 한 점으로 보아 그 종교적 심성을 알 수 있다. 우리 가면극에서의 푸른 버드나무 가지도 이러한 차원에서 수용할 필요가 있다. 예수가 못 박힌 십자가도 버드나무로 알려져 있다. 한국의 신화에서도 곳곳에 버드나무가 등장한다.

187 [보정] 허리에 큰 방울을 차고 푸른 버들가지를 허리띠에 꼽고 ; 방울과 푸른 버들가지는 역할 변신을 위한 장치로 쓰였다.

188 [보정] 술 醉한 것처럼 비틀거리고 ; 이러한 이유로 '취발(醉發)이'란 이름이 붙은 것으로 보고 있으나 이는

중앙으로 온다)

에에케, 아그 제어미를 할 놈[189]에 집안은 곳불[190]인지 행불[191]인지[192]

해해 연년年年이 다달이 나날이

시시時時 때때로[193]

풀도라들고[194] 감도라드다[195]

(타령곡打令曲에 맞추어 한참 춤춘다)

연구 대상이다.

189 [보정] 제어미를 할 놈 ; 우리 가면극에서 흔히 등장하는 욕설이다. 속담에도 '에미를 붙구 대명 간다.', '에미를 붙어 담양 갈 놈' 등이 있다. 노신은 이를 국매(國罵)라고 하였다. 노신의 말을 빌면 '나는 네 에미의 先親十八 代도 하노라.'에서 왔다고 하면서 '他媽的!'을 '國罵'라 하였다. 中國의 '下等人種' 사이에서는 본래 '你的媽穴 (나는 네 어미 구명을 한다.)'를 비롯하여 '你媽的祖宗十八代(나는 네 에미의 先祖十八代도 하였다.)', '媽才立 介穴(어미 저 구명)' 등이 쓰여지고 있었으나, '你'란 말이 제삼자를 의미하는 '他'로 변하여 드디어 구체적인 동사와 목적어가 떨어져간 것이다. 중국어의 이런 종류의 매리(罵詈)는 가문이나 祖宗(祖宗)의 위력을 매세 (賣勢)하는 자에의 반항에서 생긴 것이라 한다. 일본어에도 '母開'라는 말은 '너는 네 어머니를 姦한다.'라는 뜻이다. 야촌신일은, 남사당패 재담에서 쓰인 욕설을, 단어의 수준으로 상대편을 헐뜯어 희롱하는 것 · 말의 희 롱을 엿볼 수 있는 것과 마을 생활과 관련 깊은 동식물을 이용한 것 · 동물 이외의 것 · 배설물에 관한 것 · 병 신이나 불구나 볼품없는 사람을 이르는 것 등으로 분류하고는, 욕설은 그 어떠한 가치를 지니고 있든지 간에 적어도 '살아있는' 말이었다 라고 하였다. 野村伸一, "辱說考", 『韓國民俗藝能』, (社會評論社, 1985 참조.) 욕설은 반드시 비속한 단어를 사용하는 것만으로 성립하는 것이 아니라, 오히려 언어유희라든가 문맥의 전환 혹은 엉뚱한 말을 가져옴으로써 보다 극적효과를 올리고 있다고 할 만하다 한다.
    다음과 같은 사례도 있다.
      말뚝이: 이 어떤 제미를 붙고 금각 대명(潭陽)(大命이 옳다 — 필자)을 갈 이 양반들이 … <東萊 들놀음>
      首兩班: 이 제기를 붙고 경각대명(頃刻待明) 갈 연식들 … <水營 들놀음>
      원양반: … 이내 몸은 한글한글하여 石塔에 비겨 앉아 古今事를 곰곰 생각할 때, 이런 제할미 붙고 홍각대 명을 우쭌 우쭌 갈 놈들이 … 밤이 맞도록 웅방캥캥하는 소리 양반이 잠을 이루지 못하야 이미 나 온지라 이 사람 四寸들! <統營 五廣大, 諷刺탈;李玟基 채록>
      쇠뚝이: 얘 우리 같으면 네 어미 씹구녁이나 잘 했느냐 할 터인데, 신중히 계시니 분명한 양반이시더라.<楊 州別山臺, 의막사령놀이;李杜鉉 채록>
      쇠뚝이: 하, 이런 놈의 일 보게. 양반의 새끼라 다르다. 상놈같으면 네미나 잘 붙었느냐? 그럴 텐데 그런 호래들 녀석이 어디 있어? 늙은 사람에게 의젓이 좋이 있더냐 그러네!
                                                      - 楊州別山臺, 샌님과정;趙鐘洵 채록

190 곳불 ; 고뿔의 옛말로 감기(感氣)를 일상적으로 이르는 말이다.

191 행불 ; '고뿔'의 방언이다.

192 곳불인지 행불인지 ; 곳불은 고뿔의 옛말로 감기(感氣)를 일상적으로 이르는 말이다. 행불은 '고뿔'의 방언이 다. 이음동의어반복의 언어유희이다.

193 [보정] 해해 연년年年이 다달이 나날이 시시時時 때때로 ; '매우 자주'라는 뜻으로 이음동의어반복의 언어유희 이다.

194 풀도라들고 → 풀돌아 들고 ; '풀돌다'는 '어떤 둘레를 돌던 방향과 반대로 빙빙 돌다.'의 뜻이다.

195 감도라드다 → 감돌아들다 ; '감돌다'는 '어떤 둘레를 여러 번 빙빙 돌다.'의 뜻이다.

쉬—

　　(타령打令과 춤 그친다)

산불고이山不高而 수려秀麗[196]하고 수불심이水不深而 청징淸澄[197]이라

지불광이地不廣而 평탄平坦[198]하고, 인불다이人不多而 무성茂盛[199]이라

월학月鶴은 쌍반雙伴[200]하고 송죽松竹은 교취交翠[201]로다

녹양綠楊[202]은 춘절春節이다.

기산영수별건곤箕山潁水別乾坤[203]에 소부허유巢父許由[204]가 놀고

채석강采石江[205] 명월야明月夜[206]에 이적선李謫仙[207]이 놀고

적벽강赤壁江 추야월秋夜月[208]에 소동파蘇東坡[209]가 놀았이니

196　산불고이山不高而 수려秀麗 ; 산은 높지 아니하며 빼어나게 아름답다.

197　수불심이水不深而 청징淸澄 ; 물은 깊지 아니하며 맑고 깨끗하다.

198　지불광이地不廣而 평탄平坦 ; 땅은 넓지 아니하며 평평하다.

199　[보정] 인불다이人不多而 무성茂盛 ; 사람은 많지 않으나 무성하다. 원래는 '林不多而(임불다이) 茂盛(무성)'
　　으로, '나무는 많지 않으나 무성하다'의 뜻이다.

200　월학月鶴은쌍반双伴 ; 달빛에 학은 나란히 거닐다.

201　송죽松竹은교취交翠 ; 소나무와 대나무는 비취빛이로구나. 푸른 대나무를 취죽(翠竹)이라고 한다.

202　녹양綠楊 ; 잎이 푸르게 우거진 버드나무를 말한다.

203　기산영수별건곤箕山潁水別乾坤 ; '기산영수'는 중국 하남성에 있는 산과 시내를 말한다. 요임금 때 소부와
　　허유가 임금의 자리를 물려받으라는 왕명을 피하여 들어가 은거했다는 산과 물이다. '기산'은 하남성(河南省)
　　행당현(行唐縣) 서북쪽에 위치한다. '영수'는 하남성 등봉현(登封縣) 서쪽 경계에 있는 영곡(潁谷)에서 발원하
　　여 회수(淮水)로 유입하는 물길이다. '별건곤'은 별세계, 별천지를 말한다.

204　소부허유巢父許由 ; 고대 중국의 전설상의 은자(隱者)인 소부와 허유를 말한다. 속세를 떠나서 산의 나무 위
　　에서 살았기 때문에 생긴 이름이며, 요(堯)가 천하를 그에게 나라를 맡기고자 하였으나 이를 사양하고 받지
　　않았다. 허유(許由)가 영천에서 귀를 씻고 있는 것을 소를 몰고 온 소부(巢父)가 보고서 그러한 더러운 물은
　　소에게도 마시게 할 수 없다며 돌아갔다는 고사가 있다. 소부와 허유를 소유(巢由), 소허(巢許)라고도 하며,
　　이를 한 사람으로 보는 설도 있다.

205　채석강采石江 ; 중국 안휘성(安徽省)에 위치한 강으로, 동정호(洞庭湖)의 한 지류다. 이백(李白)이 채석강
　　(采石江)에서 놀 때 술에 취하여 물에 비친 달을 잡으려고 강에 뛰어들어 빠져 죽었다고 한다.

206　명월야明月夜 ; 달 밝은 밤이라는 뜻이다.

207　이적선李謫仙 ; 중국 당 나라 때 시인 이백(李白)을 말한다. 자는 태백(太白)이며, 호는 청련거사(靑蓮居士),
　　주선옹(酒仙翁)이다. 시선(詩仙)으로 일컬어지는데 장안(長安)에 들어가 하지장(賀智章)을 만났을 때 하지장
　　은 그의 글을 보고 탄(歎)하여 적선(謫仙)이라 하였다. 두보(杜甫)는 '飮中八仙歌(음중팔선가)'에서 '이백은 말
　　술에 백 편의 시를 짓고 장안 거리 술집에서 잠을 자며 천자가 불러도 배에 오르지 않고 술의 신선이라고 스스
　　로 자랑한다. 李白一斗詩百篇 長安市上酒家眼 天子呼來不上船 自稱臣是酒中仙'라고 노래하였다.

208　적벽강추야월赤壁江秋夜月 ; 적벽 강가의 가을 달밤이라는 뜻이다.

나도 본시本是 오입쟁이[210]로

금강산金剛山 좋단 말을 풍편風便에 잠간暫間[211] 듣고[212][213]

녹음간綠陰間[214] 수풀 속에 친구親舊 벗을 찾어 갔드니[215]

친구親舊 벗은 하나도 없고

승속僧俗이 가하거든[216]

중이 되여 절간에서 불도佛道는 힘 안 쓰고

이뿐 아씨를 대려다가[217] 놀리면서

　　(타령곡에 맞추어 춤추며 노래 부른다)

꾸웅꾸웅[218]

209　소동파蘇東坡 ; 중국 북송(北宋) 때의 문인이자 정치가인 소식(蘇軾)을 말한다. 자(字)는 자첨(子瞻)이며, 호(號)는 동파(東坡)다. 소선(蘇仙)이라고도 한다. 아버지 순(洵)과 아우 철(轍)과 더불어 '삼소(三蘇)'라고 불리며, 당송팔대가(唐宋八大家)의 한 사람이자 송나라를 대표하는 제일의 문인으로 문명을 날렸다. 정치적으로는 개혁파인 왕안석(王安石)과 대립하여 좌천되었으나 후에 철종(哲宗)에게 중용(重用)되어 구법파(舊法派)를 대표했다. 대표적인 작품으로는 특히 「적벽부(赤壁賦)」가 유명하며, 서화(書畵)에도 능했다.

210　[보정] 오입쟁이 ; 여기서는 풍류를 즐기는 사람을 두고 이른 것이다.

211　잠간暫間 ; 오청본에서는 '넌짓'이라고 채록되었다.

212　[보정] 금강산金剛山 좋단 말을 풍편風便에 잠간暫間 듣고 ; 불림으로 흔히 사용되어온 구절이다.

213　[보정] 산불고이山不高而 수려秀麗하고 ~ 금강산金剛山 좋단 말을 풍편風便에 잠간暫間 듣고 ; 이 대목은 제2장의 먹중 Ⅵ의 첫 대사와 같다. 오청본에 따르면 채록 당시에 먹중 Ⅵ은 김태혁이 맡았고 취발은 이윤화가 맡았는데 동일한 대사가 활용되었다는 것은 연구할 과제다. 공연집단이 공유하는 대사인지 공연자에 국한한 것인지가 연구 과제이다.

214　녹음간綠陰間 ; 우거진 숲속이라는 뜻이다.

215　[보정] 이 대목은 제이장의 먹중 Ⅵ의 대사와 같다는 점은 시사하는 바가 있다. 이는 일인 다역으로 가면극이 진행되었을 가능성이 있고, 또한 '취발이'는 여덟목 가운데 하나일 가능성이 있다는 점이다. 몇 자료 가운데에 탈을 공용한다는 점만 보더라도 짐작할 수 있다. 그리고 사설시조나 잡가에도 등장한다는 점도 관심을 가질 것이다.
　　[참고] 天下 名山 五岳之中에 衡山이 죠토던지 / 六觀大師ㅣ 說法濟衆홀 제 上佐中 靈通者로 龍宮에 奉命홀 제 石橋上에 八仙女 만나 戱弄흔 罪로 幻生 人間ᄒ여 龍門에 놉히 올나 出將入相타가 太師堂 도라들 제 窈窕絶代드리 左右에 버려시니 蘭陽公主 李簫和 英陽公主 鄭瓊貝며 賈春雲 秦彩鳳과 桂蟾月 狄驚鴻 沈裊煙 白凌波로 슬커지 노니다가 山鍾 一聲에 자던 꿈을 다 깨け고다 / 아마도 富貴 功名이 이러흔가 ᄒ노라. -『靑丘永言』
　　[참고] 학타고 뎌불고 호로병 차고 불노초 메고 / 쌍상투짜고 싁등거리 닙고 / 가는 아히 계 좀 셧거라 말 무러보자 / 요지진연시예 누구누구 모여 계시더냐 / 그곳에 영양공쥬 뎡경픠 란양공쥬 리소화 / 진칙봉 가츈 운 하북에 젹경홍 계섬월 / 심효연 빅릉파가 다 모여 계시더라 [하략] -『증보신구잡가』

216　[보정] 승속僧俗이 가하거든 ; 앞에서 '승속이 다른데'라고 한 점으로 보아 '승속이 다르거든'이 옳다.

217　대려다가 → 데려다가

	(하며 노장老丈 옆으로 가까이 간다)²¹⁹
老丈＝	(부채 꼭지로 취발醉發이를 딱 친다)
	(타령곡打令曲과 취발이의 춤 끝난다)

醉發이＝　아이쿠 아아 이것이 뭐이란 말인고.

아 대체 매란 거이²²⁰ 맞어 본 적이 없는데 머이²²¹ 빽하고 때리니 아 원

이거 머이란는 건고.²²²

오오 알겠다

내가 세이인간사불문洗耳人聞²²³事不聞²²⁴하야

산간山間에 뜻이 없어 명승지名勝地 찾어나니²²⁵

천하天下 명승名勝 오학지중五壑²²⁶之中에

향산香山²²⁷이 높았이니

서산대사西山大師²²⁸ 출입후出入後에

218　꾸웅꾸웅 ; 취발이 노장에게 다가가는 소리이며, 불림이다. 오청본에서는 이 자리에 '꿍-덕꿍'이라고 불림하는 것으로 채록되었다.

219　[보정] 이뿐 아씨를 대려다가 놀리면서 / (타령곡에 맞추어 춤추며 노래 부른다) / 꾸웅꾸웅 / (하며 노장老丈 옆으로 가까이 간다) ; 여기 '(타령곡에 맞추어 춤추며 노래 부른다)'에서 '노래 부른다'는 행위는 이미 실현한 것이니 따라서 '(타령곡에 맞추어 춤추며 노장에게 다가간다)'가 옳다. 그리고 이 지시문은 '꾸웅꾸웅' 다음에 기사되어야 한다. 이 대목이 오청본에서는 '입분아씨를대려다노코 놀고나면꿍─덕꿍.' / (打令曲의伴奏에마추어춤을추며 老僧의앞흐로슬금슬금거러간다)'라고 채록되었다.

220　거이 → 게 ; 여기서는 '것을'이다.

221　머이 → 무엇이

222　머이란는 건고 ; '무엇이라는 것인가'의 뜻이다.

223　人聞 ; '人間'의 잘못이다.

224　[보정] 세이인간사불문洗耳人聞事不聞 ; 귀를 씻고 세상의 사람 일을 듣지 아니한다는 뜻이다. 오청본에서는 '人間事不聞'-세상의 사람 일을 듣지 아니한다.-라고 채록되었다. 임석재본을 참고한다면 '소부허유 고사'를 염두고 두고 이른 것이다.

225　찾어나니 → 찾아 나서니

226　오학五壑 ; 백두산·금강산·묘향산·지리산·삼각산을 말한다. 산악에 대한 신앙으로 오행사상(五行思想)에 의하여 오악의 개념이 생겼다. 보통은 '五岳', '五嶽' 등으로 표기한다.

227　향산香山 ; 묘향산을 말한다. 평안북도 영변군·회천군과 평안남도 덕천군에 걸쳐 있는 산이다. 예로부터 동금강(東金剛)·남지리(南智異)·서구월(西九月)·북묘향(北妙香)이라 하여 우리 나라 4대 명산의 하나로 꼽혔다. 또한, '수이장(秀而壯)'이라 하여 산이 빼어나게 아름다우면서도 웅장한 모습을 지닌 명산으로 알려졌다. 일명 태백산(太白山 또는 太佰山) 혹은 향산(香山)이라고도 한다. 서산대사와 사명대사의 원당이 이곳에 있다.

228　서산대사西山大師 ; 조선 중기의 승려이며, 승군장(僧軍將)이었다. 완산 최씨(完山崔氏)로 이름은 여신(汝

상좌上佐[229]중 능통자[230]로

용궁龍宮[231]에 출입出入다가

석교상石橋上 봄바람에

팔선녀八仙女[232] 노던 죄罪로

적하인간謫下人間[233] 하직下直하고

태사당太師堂[234] 돌아들 때,

요조숙녀窈窕淑女[235]는 좌우左右로 벌려 있고

信), 아명은 운학(雲鶴), 자는 현응(玄應), 호는 청허(淸虛). 별호는 백화도인(白華道人) 또는 서산대사(西山大師)·풍악산인(楓岳山人)·두류산인(頭流山人)·묘향산인(妙香山人)·조계퇴은(曹溪退隱)·병로(病老) 등이고 법명은 휴정이다. 선조는 그에게 팔도선교도총섭(八道禪敎都摠攝)이라는 직함을 내렸으나 나이가 많음을 이유로 군직을 제자인 유정에게 물려주고, 묘향산으로 돌아가 나라의 평안을 기원하였다. 선조가 서울로 환도할 때 700여 명의 승군을 거느리고 개성으로 나아가 어가(御駕)를 호위하여 맞이하였다. 선조가 서울로 돌아오자 그는 승군장의 직을 물러나 묘향산으로 돌아와 열반(涅槃)을 준비하였다. 이 때 선조는 '국일도 대선사 선교도총섭 부종수교 보제등계존자(國一都大禪師禪敎都摠攝 扶宗樹敎 普濟登階尊者)'라는 최고의 존칭과 함께 정2품 당상관 직위를 하사하여 나라에 있어서의 공과 불교에 있어서의 덕을 치하하였다. 그 뒤에도 여러 곳을 순력하다가 1604년 1월 묘향산 원적암(圓寂庵)에서 설법을 마치고 자신의 영정(影幀)을 꺼내어 그 뒷면에 '80년 전에는 네가 나이더니 80년 후에는 내가 너로구나 八十年前渠是我 八十年後我是渠'라는 시를 적어 유정에게 전하게 하고 가부좌하여 앉은 채로 입적하였다. 나이 85세, 법랍 67세였다. 입적한 뒤 21일 동안 방안에서는 기이한 향기가 가득하였다고 한다. 묘향산의 안심사(安心寺), 금강산의 유점사(楡岾寺)에 부도(浮屠)를 세웠고, 해남의 표충사(表忠祠), 밀양의 표충사, 묘향산의 수충사(酬忠祠)에 제향하였다.

229 상좌上佐 ; 산스크리트어 'sthavira', 팔리어 'thera'에서 온 말로, 출가한 지 오래 되어, 모임에서 맨 윗자리에 앉는 비구나 수행 기간이 길고 덕이 높은 수행자를 말한다. 승려를 높여 일컫는 말이기도 하다. 또한 출가한 지 오래되고 덕망이 높아, 사원의 승려들을 통솔하는 직책을 맡은 승려를 말하기도 한다.

230 능통자(能通者) ; 수도하여 초인적인 영묘한 힘을 얻은 사람을 말한다.

231 용궁龍宮 ; 용신(龍神)이 산다는 곳으로 대개 강·바다·나무 속·우물 속·설산(雪山)의 기슭 등이 그 대상이 된다. 청결한 땅, 즐거운 숲속, 꽃과 과일, 아름다운 새소리, 노래와 춤, 금·은 등으로 만들어진 궁전, 미녀와 쾌락과 장수(長壽), 여의주와 진미(珍味) 등으로 그 아름다움이 묘사된다. 뱀을 살려 주어 용궁에 초대되는 이야기, 인류의 행복을 위하여 용궁으로 여의주를 찾아 떠나는 이야기 등 용궁을 무대로 한 많은 설화문학이 불교의 발상지인 인도에서 나타났다. 한국에서도 고려 태조의 이야기인 '왕건과 용녀', 동부여(東扶餘)의 '금와(金蛙)', '귀토지설(龜兎之說)' 등 용궁에 관한 설화가 있다.

232 팔선녀八仙女 ; 선경에 사는 여덟 여자 신선을 말한다. 난양공주, 영양공주(英陽公主), 진채봉, 계섬월, 백능파, 심뇨연, 적경홍(狄驚鴻), 가춘운(賈春雲) 등을 이른다.

233 적하인간謫下人間 ; 인간 세상으로 귀양을 살러 내려가거나 내려옴을 말한다.

234 태사당太師堂 ; '대사(大師)'는 '불보살'을 높여 이르는 말이다. 혹은 '중'을 높여 이르는 말이다. '태사(太師·大師)'는 고려, 삼사(三師)의 하나다.

235 요조숙녀窈窕淑女 ; 말과 행동이 품위가 있으며 얌전하고 정숙한 여자를 말한다. 『시경』에 '관관(關關)히 우는 저구(雎鳩)새 하수(河水)의 모래섬에 있도다. 요조(窈窕)한 숙녀(淑女) 군자(君子)의 좋은 짝이로다. 關關

난양공주蘭陽公主[236] 진채봉秦彩鳳[237]이며

세운細雲[238]같은 계섬월桂蟾月[239]과

심뇨연沈裊烟[240] 백능파白陵波[241]로

이 세상世上 시일토록[242] 노닐다가

귀가歸家하여 돌아오던 차次에

마침 이곳에 당도當到하고 보니

산천山川은 험준險峻하고

수목樹木을 진잡한[243] 이곳에[244]

아마도 금수오작禽獸烏鵲[245]이

나를 희롱戱弄하는가 보다.

내가 다시 들어가서

자서仔細히 알고 나와보겠다.[246]

雎鳩 在河之洲 窈窕淑女 君子好逑'에서 유래한다. 한(漢)나라 광형(匡衡)이 말하기를, "'요조숙녀(窈窕淑女) 군자호구(君子好逑)'라는 것은 능히 그 정숙함을 지극히 하여 그 지조(志操)를 변치 않아서, 정욕(情欲)의 느낌이 용의(容儀)에 개입함이 없고, 연사(宴私)의 뜻이 동정(動靜)에 나타나지 않음을 말한 것이다. 그러한 뒤에야 지존(至尊)에 짝하여 종묘(宗廟)의 주인이 될 수 있는 것이니, 이는 기강(紀綱)의 머리요, 왕교(王敎)의 단서이다." 하였다.

236 난양공주蘭陽公主 ; 김만중의 '구운몽(九雲夢)'에 등장하는 인물이다.

237 진채봉秦彩鳳 ; 김만중의 '구운몽(九雲夢)'에 등장하는 인물이다.

238 세운細雲 ; 연기가 피어오르는 듯한 구름을 이른다.

239 계섬월桂蟾月 ; 김만중의 '구운몽(九雲夢)'에 등장하는 인물이다.

240 심뇨연沈裊燕 ; 김만중의 '구운몽(九雲夢)'에 등장하는 인물이다.

241 백능파白凌波 ; 김만중의 '구운몽(九雲夢)'에 등장하는 인물이다.

242 시일토록 → 싫도록 ; 오청본에서는 '실토록'이라고 채록되었다.

243 [보정] 수목樹木을 진잡한 ; '산천山川은 험준險峻하고'와 대구가 되려면 '수목은 진잡하고'가 옳다. '진잡(塵雜)'은 더럽고 잡스러운 것을 이른다. 여기서는 무성하다는 뜻으로 쓰였다. 오청본에서는 '密立'이라고 채록되었다.

244 [보정] 내가 세이인간사불문洗耳人間事不聞하야 ~ 산천山川은 험준險峻하고 수목樹木을 진잡한 이곳에 ; 김만중의 '구운몽'의 한 대목을 연상케 하는 대목이다.

245 금수오작禽獸烏鵲 ; 날짐승과 들짐승과 까마귀와 까치를 이른다.

246 아마도 금수오작禽獸烏鵲이 나를 희롱戱弄하는가 보다. 내가 다시 들어가서 자서仔細히 알고 나와보겠다. ; 이두현본에서는 '중천에 뜬 솔개미란 놈이 나를 고기덩이로 알고 이놈도 휘익 저놈도 휘익. 아마 나를 희롱하는가보다 내다시 들어가 자서히 알고 오려던' 라고 채록되었다.

(타령곡打令曲에 맞추어 춤추며 노장老丈 옆으로 가면서 노래 부른다)[247]

══ 적막寂寞은 막막漠漠 중천中天에 구름은

뭉게 뭉게 솟아 있네.[248]

老丈＝　　　　　(부채꼭지로 취발醉發의 면상面相을 탁 친다)

(타령곡打令曲과 취발의 춤, 노래 그친다)

醉發＝　　　아 잘은 맞는다. 이, 이게 뭐람. 나라는 인간人間은 한창 소년시절少年時

節에는 맞어본 일이 없는데, 아 이거 또 맞었구만,

(노장老丈을 쳐다보며)

아 원, 저거 뭐람. 오오 이재[249] 내가 알겠다.

저이[250] 거밋거밋한[251] 것도 보이고

또 번득번득한 것도 보이고

히뜩히뜩[252] 한 것도 보이고

저 번들번들한 것도 보이는 것을 본즉

아마도 금金인가부다.

이 금金이란 말이 당當치 않다.

유출기계愈出奇計[253] 진평陳平이가

황금삼만냥黃金三萬兩을 초군중楚軍中에 흩었으니[254]

---

247 (타령곡打令曲에 맞추어 춤추며 노장老丈 옆으로 가면서 노래 부른다) ; 이 지시문은 '══ 적막寂寞은 막막漠漠 중천中天에 구름은 뭉게 뭉게 솟아 있네.'라는 불림 다음에 있는 것이 옳다. '노래 부른다'는 행위는 불림 한다는 것이다. 이렇게 보면 '(타령곡打令曲에 맞추어 춤추며 노장老丈 옆으로 간다.)'가 옳다. 다만 불림은 춤을 추면서 실현하는 것이 대부분이니 여기서의 기사를 그대로 수용토록 한다. 이하에서도 같은 방식으로 채록되었다.

248 [보정] 적막寂寞은 막막漠漠 중천中天에 구름은 뭉게 뭉게 솟아 있네. ; 한자어와 우리말이 결합된 불림이다. '적막은 막막'은 유사음어 반복이다. 운율을 맞추기 위한 것이다.

249 이재 → 이제

250 저이 ; '저기'라는 말이다. 오청본에서는 '저─'라고 채록되었다.

251 거밋거밋한 → 거뭇거뭇한

252 히뜩히뜩 → 희뜩희뜩

253 유출기계愈出奇計 → 육출기계(六出奇計)

거 금金이란 말도 당當치 않다.

그러면 옥玉인가?

(노장老丈한테로 한발 가까이 가서)

너 옥玉이여든[255]

---

254 [보정] 유출기계愈出奇計 진평陳平이가 황금삼만냥黃金三萬兩을 초군중楚軍中에 흩었으니 ; 진평과 관련한 고사다. 진평은 중국 한(漢)나라 정치가로 진유자(陳留子)라곤 한다. 양무(陽武) 호유(戶牖) 사람인데, 호유(戶牖)가 진류현(陳留顯)에 속해 있기 때문에 진유자(陳留子)라고 하였다. 황로(黃老)의 술(術)을 배워 한나라의 고조를 섬겼다. 그 공(功)으로 혜제(惠帝) 때 좌승상이 되어 주발(周勃)과 여씨(呂氏) 일족을 죽여 한실(漢室) 부흥에 공을 이루었다. 젊을 때에는 가난하였으나 글읽기에 힘을 기울여, 뒤에 한 고조의 신하로서 '육출기계(六出奇計)'의 공을 세워 곡역후(曲逆侯)에 봉해졌다. 그는 형과 함께 살았는데, 형은 농사를 지으면서 동생인 진평에게는 공부를 하도록 하여 진평은 살이 찌고 잘 생겼다. 한번은 그의 형수가 그에게 농사에 전혀 도움이 되지 않는다고 하여 쌀겨와 같다고 욕을 하자, 나중에 그 말을 들은 그의 형이 자기 아내를 내쫓았다고 한다. '육출기계'는 진평이 고조 유방(劉邦)을 도와 여섯 번 기묘한 계책을 낸 고사로, 여섯 가지 계책은, 첫째는, 황금 4만 근으로 초나라 진중의 장수들을 매수하여 항우의 모사인 범증이 한과 내통하고 있다는 허위 풍문을 유포하여 불신케 하였고, 둘째는 초나라 사신이 위조 편지를 훔쳐 가게 하여 범증의 계책을 사용하지 못하게 하였고, 셋째는 형양성(滎陽城)이 초나라 군사에게 포위되었을 때 밤에 여자 2천 명을 내보냄으로써 포위를 해제시켜 한 패공을 탈출케 하였고, 넷째는 한신을 제왕(齊王)에 봉하게 하여 제에서 속히 회군하여 초군과 대전케 하였으며, 다섯째는 패공이 제위에 오른 후 운몽(雲夢)으로 수렵을 간다고 핑계를 대고서 한신을 사로잡게 하고, 여섯째는 흉노를 정벌하려다가 오히려 흉노에 의해 백등성(百登城)에 포위되자 흉노왕이 고조(高祖)의 황후(皇后)인 여태후의 미색에 빠질 것이라는 소문을 퍼트림으로써 흉노왕비의 시기를 유발하여 위기를 벗어나게 한 것들이다. [참고] 『사기』 진승상세가(陳丞相世家) 이에 한왕은 그렇다고 생각하여 황금 4만 근을 내어 진평에게 주어서 마음대로 쓰게 하고, 그 돈의 출납에 대해서는 일체 묻지 않았다. 진평이 많은 황금을 써서 초나라 군대에 대량으로 첩자를 파견하여 공개적으로 유언비어를 퍼뜨려 종리매 등이 항왕의 장수로서 공을 많이 쌓았는데도 항왕이 끝내 땅을 떼어 왕으로 봉하지 않았기 때문에 한나라와 동맹하여 항왕을 멸망시키고 그 땅을 나누어 각기 왕이 되고자 한다고 하였다. 그러자 항왕은 과연 종리매 등을 불신하기 시작하였다. 항왕이 이미 그들을 의심하면서 사신을 한나라로 보냈다. 이에 한왕은 사람을 시켜 풍성한 태뢰(太牢)를 마련하여 들고 들어가게 하였다. 그리고는 초나라의 사신을 보고 짐짓 놀라는 척하며 말하기를 "나는 아부의 사신인 줄 알았더니 알고 보니 항왕의 사신이었구려!"라고 하고는 그 풍성한 음식을 가지고 나가게 하고, 다시 나쁜 음식을 사신에게 올리게 하였다. 초나라 사신이 돌아가 모든 사실을 항왕에게 보고하니, 항왕은 과연 아부를 매우 의심하였다. 그때 아부는 급히 형양성을 공격하여 항복시키려고 하였으나, 항왕이 그의 말을 의심하여 따르려고 하지 않았다. 아부는 항왕이 자신을 의심한다는 말을 듣고는 화를 내며 말하기를 "천하의 대사가 대체로 확정되었으니 이제 대왕께서 직접 경영하소서. 원컨대 이 늙은 해골을 집으로 돌아갈 수 있도록 해주십시오"라고 하였다. 아부는 귀가 도중 팽성에 못 미쳐 등에 종기가 나서 죽고 말았다. 이에 진평이 야밤을 틈타 여자 2,000명을 형양성 동문으로 내보내자, 초나라가 곧 이를 공격하였다. 그 틈에 진평은 한왕과 함께 성의 서문을 통해서 밤중에 달아났다. 한왕은 이렇게 하여 관중으로 들어가서 흩어진 병사를 모아 다시 동쪽으로 진군하였다. 그 이듬해 회음후(淮陰侯)는 제(齊)나라를 격파하고 자립하여 제왕(齊王)이 된 후, 사신을 보내어 그 사실을 한왕(漢王)에게 알렸다. 이에 한왕이 크게 노하여 욕을 하였는데, 진평이 슬며시 한왕의 발을 밟으니, 한왕 또한 문득 크게 깨닫고 곧 제나라 사신을 후하게 대접하였고, 장자방(張子房)을 보내어 결국 한신을 제왕으로 세웠다. 한왕은 호유향(戶牖鄕)을 진평에게 봉해 주고 그의 기묘한 계책을 써서 마침내 초나라를 멸망시켰다. 진평은 일찍이 호군중위의 신분으로 한왕을 따라 연왕(燕王) 장도(臧荼)를 평정하기도 하였다.

옥玉에<의> 내력來歷을 들어봐라.[256]

홍문연鴻門宴 높은 잔체

범증范增이가 깨친 玉이

옥석玉石의 구분俱焚[257]이라

옥玉과 돌이 다탔거든[258]

---

255 옥玉이여든 ; '옥이거든'의 고어투다.

256 옥玉에<의> 내력來歷을 들어봐라. ; 옥이라 할 사연이나, 옥이라 할 증거를 내보이라는 말이다.

257 [보정] 옥석玉石의 구분俱焚 : 『서경(書經)』'윤정'에 연유한 말로, 옥과 돌이 모두 불에 탄다는 뜻에서, 선악의 구별 없이 함께 멸망함을 일컫는 말이다. [참고] 『서경(書經)』'윤정' ; '불이 곤강(崑岡)을 태우면 옥과 돌이 모두 불탄다. 천리(天吏)로서 지나친 덕(德)은 맹렬한 불보다 더하니, 큰 괴수를 죽이고 위협(威脅)에 따른 자들은 다스리지 말아서 옛날에 물든 나쁜 풍습을 모두 함께 새롭게 하겠다. 火炎崑岡 玉石俱焚 天吏逸德 烈于猛火 殲厥渠魁 脅從罔治 舊染汚俗 咸與惟新 ; 곤(崑)은 옥(玉)이 나오는 산 이름이고, 강(岡)은 산의 등마루이다. 일(逸)은 지나침이요, 거(渠)는 큼이다. 불이 곤강(崑岡)을 태우면 옥(玉)·석(石)의 좋고 나쁨을 구분하지 않고 태우니, 만약 천리(天吏)가 되어 지나친 덕(德)이 있어서 사람의 선악(善惡)을 가리지 않고 죽이면 그 폐해가 맹렬한 불이 옥(玉)·석(石)을 구분하지 않는 것보다 심하다. 지금 나는 단지 첫 번째로 악(惡)을 주도한 괴수를 벨뿐이요, 위협에 따른 무리는 다스리지 말아서 옛날에 나쁜 풍습에 물든 사람을 또한 모두 용서하여 새롭게 한다 하였으니, 악(惡)을 주벌하고 선(善)을 용서함은 이는 오히려 왕(王)의 군대인 것이다. 이제 살펴보건대 윤후(胤后)가 정벌(征伐)할 적에 처음 희화(羲和)의 죄를 칭하면서 다만 "관직을 어지럽히고 처한 바의 위차(位次)를 버려 비로소 천기(天紀)를 어지럽혔다."고 말하였고, 이에 이르러는 "위협에 따랐다." "옛날에 물들었다."는 말이 있으니, 희화(羲和)의 죄가 마땅히 때를 폐하고 날을 어지럽히는데 그치지 않고, 반드시 불령(不逞)[불량]한 사람들을 모아 사사로운 고을에서 술을 마심을 숭상하여 난당(亂黨)을 만들어 예를 도와 악(惡)을 한 자임을 알 수 있다. 윤후(胤侯)가 가서 정벌할 때에 이들의 반역(叛逆)을 숨기고 말하지 않은 것은 아마도 그 죄를 바로 이름 하면 반드시 뿌리를 뽑고 근원을 제거해야 할 터인데, 중강(仲康)의 형세가 족히 후예(后)를 제재할 수 없었다. 그러므로 다만 직무를 유기한 죄만 책하였으나 실제는 신하노릇하지 않는 마음을 주벌한 것이다.

258 [보정] 홍문연鴻門宴 높은 잔체 범증范增이가 깨친 玉이 옥석玉石의 구분俱焚이라 옥玉과 돌이 다탔거든 ; 玉石俱焚(옥석구분)은 『서경(書經)』'윤정'에 연유한 말로, 옥과 돌이 모두 불에 탄다는 뜻에서, 선악의 구별 없이 함께 멸망함을 일컫는 말이다. 이 '옥석구분'은 '홍문연'과는 직접적인 관련성이 없다. 여기서는 '옥'에 관한 이야기를 하자니 임의로 '옥석구분'을 등장시킨 것이다. 이같이 모순된 면을 보이는 대사가 가면극에는 흔히 등장한다. 세익스피어의 '로미오와 줄리엣' 1막 2장에서 어릿광대는 '구둣방장이는 잣대를, 양복장이는 신틀을, 낚시꾼은 연필을, 그림장이는 그물을 가지고 먹고 살아야 한다?'라고 한다. 구둣방장이와 신틀, 양복장이와 잣대, 낚시꾼과 그물, 그림장이와 연필 등이 정상인데도 모순된 대사를 보이고 있다.

홍문연은 섬서성 임동현(陝西省臨潼縣)의 홍문(鴻門)에서 한고조 유방(劉邦)에게 초왕 항우(項羽)가 베푼 잔치를 말한다. 항우가 범증(范增)의 말을 듣고 유방을 죽이려다가 장량(張良)의 꾀로 유방이 무사히 피할 수 있었던 유명한 회합이다. 범증(范增)은 기이한 계책을 좋아하여 나이 70에 항우의 모사가 되어 항우가 아부(亞父)라 불렀다. 홍문연에서 한패공(漢沛公)─한고조 유방(劉邦)─을 죽이도록 권하였으나 항우가 따르지 않아 뜻을 이루지 못했고, 이 일의 실패로 인한 화를 참지 못하고 등에 종기가 나서 죽었다. [참고] 『사기』「항우본기(項羽本紀)」 장량이 묻기를 "대왕께서는 오실 때 무슨 선물을 가지고 오셨습니까?" 라고 하니, 패공이 말하기를 "백벽(白璧) 한 쌍을 가져와서 항왕에게 바치려고 하였으며, 옥두(玉斗) 한 쌍은 아부(亞父)에게 주고자 하였옥玉이란 말도 당當치 않다.

그러면 귀신鬼神이냐.

　　(노장老丈에게로 한발 더 나간다)

너 귀신鬼神이여던

귀신鬼神에 내력來歷을 들어봐라.

백주청명白晝淸明 밝은 날에

귀신鬼神이란 말이 당當치 않다.

그러든²⁵⁹ 네가 대大명²⁶⁰이냐?²⁶¹

老丈＝　　　　　(고개를 좌우左右로 흔들어 취발醉發이 앞으로 두어 걸음 나온다.)

醉發＝　　이이 이것 야단 났구나. 오오 이제야 알겠다. 자서仔細히 보니까 네 몸에

다 칠포漆布²⁶² 장삼長衫을 떨처 입었으며²⁶³ 육환장六環杖을 눌러짚고

백팔염주百八念珠 목에 걸고 사선선四仙扇²⁶⁴을 손에 들고 송낙을 눌러

는데, 그 노한 모습을 대하고는 감히 바치지를 못하였소이다. 그러니 공께서 나를 대신해서 바쳐주시오" 라고 하였다. 장량이 말하기를 "삼가 받들겠나이다." 라고 하였다. 이때 항왕의 군대는 홍문 아래에 있었고 패공의 군대는 패상에 있었으니 서로 떨어진 거리가 40리였다. 패공은 자신의 수레와 말을 버려둔 채 몸만 빠져나와서 홀로 말에 오르고, 검과 방패를 들고 도보로 수행하는 번쾌, 하후영(夏侯嬰), 근강(靳彊), 기신(紀信) 등 네 사람과 함께 여산(驪山)을 내려와서 지양(芷陽)의 샛길을 이용하였다. 그전에 패공은 장량에게 이르기를 "이 길을 통해서 우리 군영까지는 20리에 불과하니, 내가 군영에 이르렀다고 생각되거든 공께서는 즉시 들어가시오" 라고 하였다. 패공이 나간 뒤 샛길을 통해서 군영에 이르렀을 때가 되자 장량은 들어가서 사죄하여 이렇게 말하였다. 패공께서 술을 이기지 못하여 하직인사를 드릴 수가 없었습니다. 그리하여 삼가 신 장량으로 하여금 백벽 한 쌍을 받들어 대왕 족하(足下)께 재배(再拜)의 예를 올리며 바치게 하고, 옥두 한 쌍은 대장군 족하께 재배의 예를 올리며 바치게 하였나이다. 항왕이 "패공은 어디에 계신가?" 라고 물으니, 장량이 대답하기를 "대왕께서 심히 질책하려는 마음이 있으시다는 것을 듣고 빠져나가서 홀로 떠났는데 이미 군영에 당도했을 것입니다" 라고 하였다. 그러자 항왕은 구슬을 받아서 자리 위에 두었는데, 아부는 옥두를 받아서 땅에 놓고는 검을 뽑아 그것을 깨뜨리며 말하기를 "에이! 어린아이와는 더불어 대사를 도모할 수가 없도다. 항왕의 천하를 빼앗을 자는 반드시 패공일 것이며, 우리들은 이제 그의 포로가 될 것이다".

259 그러든 ; '그러면'이 옳다.

260 대大명 ; '대망(大蟒)'을 말한다.

261 [보정] 이 대목은 소위 '정체확인형 사설' 혹은 '금옥 사설'의 실현 방법을 원용한 것이다. 위에서와 같이 금인가, 옥인가, 귀신가 등으로 대상의 정체를 알아내려는 모습을 보이는 대사를 판소리에서는 소위 '정체확인형 사설'이라고 한다.

262 칠포漆布 장삼長衫 ; 옻칠한 헝겊으로 만든 장삼을 이른다.

263 떨처 입었으며 → 떨쳐 입었으며 ; '드러나게 차려입었으며'라는 말이다.

264 사선선四仙扇 ; 세 부처를 그린 삼불선(三佛扇)이 있으며, 네 선녀를 그린 사선(四仙)부채, 여덟 선녀를 그린

썼일[265] 때에는 중놈일시 분명分明하구나. 중이면 절간에서 불도佛道나
심씰[266] 것이지 중에 해사<행세行勢>[267]로 속가俗家에 내리와서[268] 예쁜
아씨를 하나도 멋한데[269] 둘씩 셋씩 다려다 놓고
낑꼬랑 깽꼬랑.[270]

　　　(타령곡打令曲에 맞추어 한참 춤춘다)

쉬—

　　　(타령打令과 춤 그친다)

이놈 중놈아, 말들어 거라허니[271], 너는 이뿐 아씨를 둘씩이나 다려다 놓
고 저와 같이 노니 네 놈에 행세行勢은 잘 안 됐다. 그러나 너하고 나하
고 내기나 해보자. 너 그전에 땜질[272]을 잘 했다 허니, 너는 풍구[273]가 되고
나는 불 테이니,[274] 네가 못 견디면 저년을 날 주고 내가 못 견디면 내 엉
덩이밖에 없다[275].

그러면 솟[276]을 땔가 가마를 땔가[277].

　　　(타령곡打令曲에 맞추어 한참 춤춘다)[278]

팔선녀(八仙女)부채도 있다.

265　썼일 → 썼을

266　심씰 → 힘쓸

267　[보정] 해사<行勢> → 행세<行勢> ; 관습적으로 '행시'라고 실현한다.

268　내리와서 → 내려와서

269　멋한데 → 무엇한데

270　[보정] 낑꼬랑 깽꼬랑 ; 우리말 불림이다. 의태어를 그대로 활용하였다.

271　말들어 거라허니 → 말 듣거라 하니

272　땜질 ; 금이 가거나 뚫어진 그릇을 때우는 일을 말한다.

273　풍구 ; '풀무'의 방언으로 불을 피울 때에 바람을 일으키는 도구이다. 또한 곡물에 섞인 쭉정이·겨·먼지 등을
　　　날리는 데 쓰인다. 지역에 따라 '풍로(경상남도 영산, 전라남도 보성)'·'풀무'·'풍차(風車)'로도 불린다.

274　[보정] 너는 풍구가 되고 나는 불테이니 ; 풍구는 풀무라고도 하는데, 곡물에 섞인 쭉정이, 겨, 먼지 따위를 날
　　　려서 제거하는 농기구의 하나다. 노장보고 풍구가 되어 바람을 일으키라 하고, 취발 자신은 입으로 분다는 것
　　　이다. 이 내기는 애초부터 취발이 이길 수 없는 내기다.

275　[보정] 엉덩이밖에 없다 ; 뒤에서 하는 성행위의 노골적 표현이다. 민간화술에 해당하는 관용어화 된 비속어이다.

276　솟 → 솥

277　[보정] 솟을 땔가 가마를 땔가 ; 우리말 불림이다. 가마솥에 불을 땐다는 뜻을, '솥'과 '가마'를 떼어서 언어유희
　　　를 보이고 있다. '솥가마'는 이북말이다.

쉬—

　　(타령打令과 춤 그친다)

아 이것도 못견디겠군. 그러면 이번에는 너하고 나하고 대무對舞하며 네가 못 견디면 그렇게 하고 내가 못 견디면 그렇게 하자.[279]

　　(타령곡에 맞추어 춤추며 노래한다)[280]

≡≡ 백수한산심불로白首寒山心不老[281]……—

[282]

　　(타령打令 춤 노래 그친다)

아 이것도 못견디겠군. 자 이거 야단난 일이 있군.[283] 그 저 도깨비는 방맹이로 휜다드니[284] 이것 들어가 막 두들겨 봐야겠군.

　　(타령곡打令曲에 맞추어 춤추며 노래한다)[285]

≡≡ 강동江東에 범이 나니

---

278 (타령곡打令曲에 맞추어 한참 춤춘다) ; 여기서의 춤은 노장과 내기 한다-노장은 풍구가 되고 취발이는 입으로 불어 세기를 겨루는 내기-는 대유(代喩)적 의미를 가진 행위이다.

279 [보정] 아 이것도 못견디겠군. 그러면 이번에는 너하고 나하고 대무對舞하며 네가 못 견디면 그렇게 하고 내가 못 견디면 그렇게 하자. ; 내기에서 승패의 결과가 분명하지 않게 말하고 있다. 어떻게 해서든지 이겨야겠다는 의중을 드러낸 것이다.

280 (타령곡에 맞추어 춤추며 노래한다) ; '(타령곡에 맞추어 춤춘다)' 옳다. 불림 '백수한산심불로白首寒山心不老' 다음에 기사되는 것이 옳다. 여기서의 춤은 노장과 내기 한다-노장과 취발이다 대무(對舞) 하는 내기-는 대유(代喩)적 의미를 가진 행위이다.

281 [보정] 백수한산심불로白首寒山心不老…… ; 한자어 불림이다. '한산과 같이 머리는 회었으나 마음은 늙지 않았다'는 뜻이다. 당나라 왕발(王勃)의 '등왕각서(滕王閣序)'의 '내가 믿는 바로는 군자는 가난을 편안하게 여기고 달인은 자신의 운명을 안다. 늙을수록 더욱 강해져야 하나니 어찌 노인의 마음을 알 것이며, 가난할수록 더욱 굳건해져야 하나니 청운의 뜻을 저버리지 않을 것이다. 所賴 君子安貧 達人知命 老當益壯 寧知白首之心 窮且益堅 不墜靑雲之志'를 연상케 하는 구절이다. 몸은 늙었을망정 마음은 청운지지(靑雲之志)를 버리지 않는다는 뜻이다. 이를 원용한 것이다. 이같은 양상은 가사 작품에서도 나타나는데 '금강도사도덕가'에서는 '白首寒山心不老라 靑春압장 이世界에 마음조차 늘글소냐' 라고 읊었다.

282 이 자리에 '쉬—'가 생략되었다. 의도적인 생략인지 채록상의 누락인지 분명치 않다.

283 자 이거 야단난 일이 있군. ; 오청본에서는 '자— 이것야단낫구나'라고 채록되었다. 송석하본에서는 '醉發. (춤을 추다가 「백수한산白首寒山에 심불로心不老……」 라고 창唱하니 악樂과 무舞는 그친다)' 라고 채록되었다.

284 [보정] 도깨비는 방맹이로 휜다 ; 관용적 표현이다. '도깨비는 방망으로 떼고 귀신은 경으로 뗀다.' '미친개에게는 몽둥이가 제격.' 등과 같이, 귀찮은 존재를 떼는 데는 특수한 방법이 있다는 말이다. -『한국속담집』, 한국민속학회 편.

285 (타령곡打令曲에 맞추어 춤추며 노래한다) ; 전개상으로 볼 때에 불필요한 기사다.

길로래비[286]가 훨훨[287]

(하며 노장老丈한테 간다)[288]

老丈＝　　　(부채로 취발醉發이 면상面相을 한대 친다)

醉發＝　　　아이쿠

(타령打令과 춤 그친다. 훨적[289] 한번 뛰어 노장老丈에게서 도망逃亡
친다)

아이쿠 이 웬일이냐, 이놈이 때리긴 바로 때렸다. 아 이놈아 때리긴 발
뒤축을 때렸는데 아아 피가 솟아 올라서 코피가 나는군.[290] 아 이것을 어
떻게 하면 좋단 말인가 저거 코 터진건 타라막는[291]것이 제일第一이라드
라. 자 그런데 코를 찾일 수가 있어야지, 상판[292]이 조선朝鮮 반半만해
서[293] 어디가 코가 있는지 찾일 수가 있어야지, 그러나 지재차산중只在此
山中[294]이지 내 상판 가운대에 있겠지.[295] 그런즉 이걸 찾일랴면[296] 끝에서

286　길로래비 ; 현재는 미상하다. '질나래비훨훨'은 어린아이에게 새가 훨훨 날듯이 팔을 흔들라는 뜻으로 하는
　　　말이라고 한다.

287　[보정] 강동江東에 범이 나니 길로래비가 훨훨 ; 불림이다. 오청본에서는 '江東에범인하니 질나래비훨훨.'이라
　　　고 채록되었다. '江東에 범이'나 '江東에범인'은 '강동 범인'을 말하는 것이다. '강동범인'은 진나라 말의 범인인
　　　항적(項籍)으로 자(字)는 우(羽)이다. 강동(江東)은 강남(江南), 양자강 하류 이남의 땅으로, 여기서는 항우의
　　　고향을 가리킨다.

288　[보정] (하며 노장老丈한테 간다) ; 여기서는 '(타령곡에 맞추어 춤을 추면서 노장한테 간다)'가 적절하다.

289　훨적 → 훨적

290　[보정] 아 이놈아 때리긴 발 뒤축을 때렸는데 아아 피가 솟아 올라서 코피가 나는군 ; 맞기는 발 뒤축을 맞았는
　　　데 코피가 난다 함은 불합리한 표현이다. 이같은 표현 수법도 가면극 대사에서는 흔히 나타난다. 오청본에서는
　　　'아이놈이때리긴바로때렸구나. 아— 피가솟겨올나서코피가나는군.'이라고 채록되었다.

291　타라막는 → 틀어막는

292　상판 ; 얼굴을 말한다. 보통은 '쌍판'이라고 한다.

293　[보정] 상판이 조선朝鮮 반半만해서 ; 얼굴 크기가 조선 땅의 반 만하다는 말로 얼굴이 크다는 과장된 표현이다.

294　지재차산중只在此山中 ; 다만 이 산중에 있도다. 가도(賈島)의 시의 한 구절이다. 이 구절은 다른 연행물에
　　　서도 나타난다.
　　　[참고]
　　　松下問童子(송하문동자)　　소나무 아래에서 동자에게 물으니,
　　　言師採藥去(언사채약거)　　스승은 약을 캐러 갔다고 대답하네.
　　　只在此山中(지재차산중)　　다만 이 산 속에 있으련만,
　　　雲深不知處(운심부지처)　　구름이 깊어서 간 곳을 알길 없구나.
　　　[참고] 가도(賈島)는 당나라 때의 시인으로 자는 낭선(浪仙)이다. 하북(河北) 범양 사람으로 처음에 출가(出

부터 찾어 들어와야지.[297]

　　(하며 머리 정수리서부터 더듬어서 아래로 차차次次 내려온다)

아 여기가 코가 있는 걸 그렇게 애써 찾었구나.

　　(코에다 무엇을 타라[298]막는다)

아 이 코를 타라막아도 피가 자꾸 나오는구나, 이걸 어떻거나, 옛날 의사
醫師 말에 코 터진건 몬지[299]로 문지르는 것이 제일第一[300]이라드라.

　　(하며 흙몬지로 코 터진 데를 문지른다)

아 이렇게 낫는 것을 애를 괴연히[301] 빠락빠락[302] 썼구나. 이제는 다시 들
어가서 찬물을 쥐여먹고[303][304] 이를 갈고서라도[305] 이 넘을[306] 때려 내쫓고

　　家)하여 법호를 무본(無本)이라 하였다가 후에 한유와 가까이 사귀게 되어 환속(還俗)하였다. 일찍이 시 읊
　　기를 좋아하며 항상 시구를 찾아 명상하였으며, 비록 귀인들을 만나도 깨닫지 못할 정도였다. 퇴고(推敲)에
　　관한 일화는 유명(有名)하다. 하루는 서울에서 말을 타고 가면서 '鳥宿池邊樹, 僧敲月下門(조숙지변수, 승고
　　월하문)'이라는 시구를 지었는데, '堆'자와 '敲'자 중에서 어느 자가 좋은지 고심하다가 한유(韓愈)와 충돌하
　　는 것도 알지 못했다. 충돌한 사연을 들은 한유가 '敲'자가 좋다고 했다. 이후 한유와 포의교(布衣交)를 맺고
　　환속하여 장강(長江)의 주부(主簿)를 지냈다.
　　　[참고] 松下에 間童子ᄒ니 스승이 영장 방장 봉래 三神山으로 採藥하러 가선니아다 / 只在此山中이나 雲
　　深ᄒ여 不知處라 / 童子야 스승이 오시거든 나 왓드라고. 『時調』(關西本)

295　[보정] 자 그런데 코를 찾일 수가 있어야지, 상판이 조선朝鮮 반半 만해서 어디가 코가 있는지 찾일 수가 있어
　　야지, 그러나 지재차산중只在此山中이지 내 상판 가운데에 있겠지. ; 코는 얼굴에 있다는 말이다. '지재차산중
　　只在此山中이지'는 본래의 뜻과는 상관 없이 '내 상판 가운대에 있겠지.'라는 동일 의미로 활용되었다. 이와
　　같은 불합리한 표현은 가면극 대사에 흔히 등장한다.

296　찾일랴면 → 찾으려면

297　[보정] 자 그런데 코를 찾일 수가 있어야지, 상판이 조선朝鮮 반半 만해서 어디가 코가 있는지 찾일 수가 있어
　　야지, 그러나 지재차산중只在此山中이지 내 상판 가운데에 있겠지. 그런즉 이걸 찾일랴면 끝에서부터 찾어 들
　　어와야지. ; 얼굴이 조선 땅 반만하다고 하여 얼굴이 큼을 과장한 것이다. 또한 이하의 사설로 보아 취발이탈이
　　매우 큼을 짐작할 수 있다. 결국 취발이 탈을 직설한 것이다. 이같이 가면극 현장에서 탈의 형상을 직설한 대사
　　가 곳곳에 보인다.

298　타라 → 틀어

299　몬지 → 먼지

300　[보정] 코 터진건 몬지로 문지르는 것이 제일第一 ; 코 터진 데에는 특별한 약이 있는 것이 아니라 먼지로 문
　　지르기만 하면 된다는 말이다. 별것 아니라는 말이다. 오청본에서는 '코터진데는문지르는것이第一'이라고 채록
　　되었다.

301　괴연히 → 공연히 ; 오청본에서는 '公然히'라고 채록되었다.

302　빠락빠락 ; '바락바락'의 센말이다. 원말은 '버럭버럭'이다.

303　쥐여먹고 ; '지어 먹고'인 듯하다. '지어 먹다'는 '마음을 다잡아 가지다' 라는 뜻이다. 오청본에서는 '먹고'라고
　　채록되었다. 이두현본에서는 '쥐어 먹고'라고 채록되었다.

저 년을 다리고 놀 수밖에 없다.

(타령곡打令曲에 맞추어 노장老丈에게로 춤추며 노래 부르며 간다)[307]

=== 소상반죽[308]열두마디[309]……

(노장老丈을 막 때린다)

老丈＝　　　(취발醉發이에게 얻어맞고 퇴장退場)

醉發＝　　　(좋아하며 신이 나서 춤추며 노래한다)

=== 때렸네. 때렸네. 뒷절 중놈을 때렸네.

영낙 아니면 송낙이지.[310][311]

(노래 끝내고 소무小巫 I에게로 간다. 타령打令과 춤 그친다)

자 이년아 네 생각에 어떠냐. 뒷절 중놈만 좋아하고 사자獅子 어금니[312]

같은 나는 싫으냐?

---

304 찬물을 쥐여먹고 ; 보통 '정신 차린다'는 뜻으로 쓴다.

305 [보정] 이를 갈고서라도 ; 마음을 다부지게 먹는다는 관용적 표현이다.

306 이 넘을 → 이놈을

307 (타령곡打令曲에 맞추어 노장老丈에게로 춤추며 노래 부르며 간다) ; 여기서는 '(타령곡打令曲에 맞추어 노장老丈에게로 춤추며 간다)'가 적절하다. 그리고 불림 '소상반죽열두마디' 뒤에 실현되는 것이 옳다.

308 소상반죽(瀟相斑竹) ; 중국 소상지방에서 나는 아롱진 무늬가 있는 대를 말한다. 순임금이 창오산에서 죽은 후, 순임금의 두 비인 아황, 여영이 소상강 가에서 피눈물을 흘린 것이 대나무에 맺혀 소상반죽이 되었다는 전설이 있다.

309 [보정] 소상반죽열두마디…… ; 불림이다. '소상반죽으로 만든 담뱃대'라는 뜻이다.
　　　[참고] '담바귀타령' - 담바귀야 담바귀야 동래 울산 답바귀야 너의 국은 어떻건데 우리 국은 왜 나왔나 은도 없고 금도 없고 담바귀 씨 갖고 나와 저기저기 남산 밑에 훌훌살살 뿌려놓고 낮이어던 찬 냉수 주고 밤이나 되면 찬 이슬 맞아 곁에 겉잎 다 제쳐놓고 속의 속잎 척척 접어 네 귀 번듯 은장도로 어슥비슥 곱게 썰어 소상반죽 열두 마듸 모양나게 맞춰놓고 청동화로 백탄 숯을 이글이글 피워놓고 담배 한 대 먹고 나니 목구멍에서 실안개 돌고 또 한 대를 먹고 나니 청룡 황룡이 뒤틀어지고 또 한 대를 먹고 나니 용문산 밑에서 안개 돈다.
　　　[참고] 청울치 뉵늘 메토리 신고 휘대 長衫 두루쳐 메고 / 瀟湘斑竹 열 두 마듸를 불훳재 쌘혀 집고 모로 너머 재 너머 들 건너 벌 건너 靑山 石逕에 구분 늙은 솔 아릐로 횟근 누은 누은 횟근 횟근동 너머 가옵거늘 보신가 못 보신가 긔 우리 男便 禪師 둥이올너니 / 남이셔 둥이라 ᄒ여도 밤中만 ᄒ여서 玉 ᄀᆺ튼 가슴 우희 슈박 ᄀᆺ튼 듸고리를 둥굴썰금 썰금둥굴 둥실 둥실 긔여 울나 올 제 내사 죠해 즁 書房이 - 靑丘永言(珍本)

310 [보정] 영낙 아니면 송낙이지 ; '영낙'과 '송낙'을 결합한 유사음 언어유희이다. '영낙 없다'는 말이다.

311 [보정] 때렸네. 때렸네. 뒷절 중놈을 때렸네. 영낙아니면 송낙이지. ; 춤을 끝내면서 실현하는 불림이다. 오청본에서는 '때렷네때렷네 뒷절중놈을때렷네 영낙아니면송낙이지.'라고 채록되었다.

312 사자獅子 어금니 ; 관용적 표현이다. 힘을 쓰는 데에 없어서는 안 될 물건이나 사람을 가리키는 말이다.

이년아 돈 받어라.

小巫 I＝　　　　（손을 내민다）

醉發＝　　　아 시러배 아들년[313] 다 보겠다. 쇠줄피[314] 밭다[315] 대통[316] 기름자[317]보고 따
　　　　　라댕기겠군.[318]

　　　　　이년아 돈 받어라.

　　　　　　（돈을 던져 준다）

小巫 I＝　　　　（돈 주으러 온다）

醉發＝　　　　（큰 소리로）

　　　　　앗!

　　　　　　（돈을 제가 주어 넣는다）

小巫 I＝　　　　（뒤로 물러 나간다）

醉發＝　　　아 그년 쇠줄피 밭은 것[319]을 보니 문고리 쥐고 엿장수 부르겠다.[320] 그러
　　　　　나 너 내에<의> 말 들어 보아라.

　　　　　주사청루酒肆靑樓[321]에 절대가인絶代佳人[322] 절영絶影[323]하야

313　시러베 아들년 ; '시러베 아들'은 실없는 사람을 낮추어 이르는 말이다. 보통은 아들놈, 혹은 딸년하는데 여기
　　서는 시러베 아들년이라 하여 더욱 비속화하였다.

314　쇠줄피 ; '쇠줄바'로, 여러 가닥의 강철 철사를 합쳐 꼬아 만든 줄인 강삭(鋼索)을 말한다. 여기서는 엽전을
　　엮는 쇠줄을 가리켜, 결국은 '엽전꾸러미'를 이른다.

315　밭다 ; 어떤 사물에 열중하거나 즐기는 정도가 너무 심한 모습을 말한다.

316　대통 ; 속담에서 '돈이라면 대통 그림자도 따라간다.'라고 하였다.

317　기름자 → 그림자

318　쇠줄피 밭다 대통 기름자보고 따라댕기겠군 ; '돈이라면 대통 그림자도 따라간다.'와 같은 뜻이다. 돈이라면
　　오금을 못 쓰고 행동하는 사람을 비유적으로 이르는 말이다. '돈맛을 보면 대통 그림자를 따라간다.'라고도 한다.

319　[보정] 쇠줄 밭은 것 ; '쇠줄을 꼭 붙들고 있는 모양'이라는 뜻이다. '밭다'는 '어떤 사물에 열중하거나 즐기는
　　정도가 너무 심하다.'라는 뜻이다. 여기서는 돈에 욕심이 많은 것을 뜻한다.

320　아 그년 쇠줄피 밭은 것을 보니 문고리 쥐고 엿장수 부르겠다 ; 돈에 욕심이 많은 것을 보니 행실이 바르지
　　못하다는 말이다. 속담 '행실을 배우라 하니까 포도청 문고리를 뺀다'는 바른 행실을 배우라고 하니까 한 수
　　더 떠서 범죄자를 붙잡아가는 관청의 문고리를 뺀다는 뜻으로, 품행을 단정히 하라고 하였더니 오히려 더 엄청
　　난 못된 짓을 함을 비겨 이르던 말이다. 같은 뜻을 담은 속담으로 '버릇 배우라니까 과부집 문고리 빼어들고
　　엿장사 부른다.'도 있다.

321　주사청루酒肆靑樓 ; 술집, 기생집, 매음굴 따위를 통틀어 이르는 말이다.

322　절대가인絶代佳人 ; 이 세상에서는 견줄 사람이 없을 정도로 뛰어나게 아름다운 여자를 이른다.

청산靑山동무[324]로 세월歲月을 보내드니마는

오늘날에 너를 보는 세상인물世上人物이 아니로다.[325]

탁문군卓文君에 건문고[326] [327]로 월노승月老繩[328] 다시 맺어

나하고 백세百歲[329]를 무양[330]하는 게 어떠냐.

小巫 I=　　　　(싫다는 듯이 살짝 외면外面해 선다)

醉發=　　　　아 그대도[331] 나를 마대[332]? 그러면, 그것은 다 농담弄談이지만 너걸은 미

323　절영絶影 ; 그림자조차 끊어진다는 뜻으로, 발길을 아주 끊음을 이르는 말이다.

324　청산靑山동무 ; 청산을 벗삼는다는 말이다.

325　세상인물世上人物이 아니로다 ; 여기서는 보통은 미인이라는 말이다.

326　건문고 → 거문고

327　탁문군卓文君 건문고 ; 탁문군과 사마상여(司馬相如)에 얽힌 고사를 말한다. 탁문군은 한나라 탁왕손(卓王孫)의 딸로 음악을 좋아했는데, 익주에 살다가 사마상여가 타는 '봉구황곡(鳳求凰曲)'의 거문고 소리에 반하여, 밤에 몰래 집을 도망쳐 나가 사마상여의 아내가 되었다. 탁문군의 아버지는 처음에는 사마상여를 냉대하다가 후에 사마상여가 익주의 자사가 되어 가자, 그제서야 탁문군에게도 재산을 아들들과 똑같이 나누어 주었다고 한다. 녹기금(綠綺琴)은 한나라 사마상여가 쓰던 거문고인데, 사마상여는 녹기금으로 '봉구황곡'을 타서 그 때 마침 과부가 되어 있던, 탁문군을 꾀어내었다. 사마상여는 한나라 성도인(成都人)으로 경제(景帝) 때에 무기상시(武騎常侍)가 되었으나 병으로 사임(辭任)하고 촉나라로 돌아가던 중 임공(臨邛)에서 탁문군을 만나 함께 사랑하게 되었다. 무제 때에 양득의(楊得意)의 추천으로 효문원령(孝文園令)이 되었다.

328　월노승月老繩 ; 월하노인이 가지고 다니며 남녀의 인연을 맺어 준다고 하는 주머니의 붉은 끈을 말한다. 중매쟁이를 뜻한다. 보통은 '월하빙인'이라 하며 '월하노'와 '빙산인'의 약어다.
　　　[참고] 月老繩[월노승] ; 다음과 같은 고사에 연유한다.
　　　당나라 위고(韋固)가 어려서 결혼하지 않았을 때 송성(宋城)에 여행하던 차에 기인한 주머니를 지니고 달빛 아래 책을 넘기고 있는 이인(異人)을 만났다. 위고가 묻자 대답하였다. '하늘 아래 혼인이라는 것은 주머니 속의 붉은 끈에 달렸다. 이로써 남편과 아내의 발을 묶어 놓으면 비록 원수지간이라도 끈이 하나로 묶어 바꿀 수가 없다. 그대의 아내는 이곳 채소 파는 노파의 딸이라네.' 그 뒤 십사 년 후 삼상주(參相州)의 군사 자사왕(刺史王) 태(泰)의 딸로써 아내를 삼았다. 나이는 십육 칠이었다. 그 딸이 말하였다. '저는 군수의 딸이었다. 아버지가 송성에 부임하여 때마침 강보에 쌓여 있을 때에 돌아가시자 아침저녁으로 채소를 보급하는 유모에 의하여 길러졌다.' 송성에서 들으니 그 가게 이름을 정혼점(定婚店)이라 한다. -『속유괴록(續幽怪錄)』
　　　색담(索紞)의 자는 숙철(叔徹)이다. 점술을 잘 했다. 후령(候令) 호책(狐策)이 얼음 위에 서서 얼음 아래에 있는 사람과 말을 주고받는 꿈을 꾸었다. 담(紞)이 말하였다. 얼음 위는 양(陽)이라 하고, 아래는 음(陰)이라 하는데 양과 음이 이야기를 했다는 것이다. 그대가 얼음 위에 있어 얼음 아래 사람과 말을 주고받았다는 것은 양이 음에게 말한 것으로 중매의 일이다. 그대는 마땅히 일을 도모할 것이로되. 혼인은 얼음이 녹을 때에 이루어진다. 태수 전표(田豹)를 만나 인하여 책(策)의 아들을 위하여 장공(張公)의 딸을 취하여 중춘(仲春)에 혼인이 성사되었다. -『진서예술전(晉書藝術傳)』

329　백세百歲 ; 오랜 세월을 말한다.

330　무양(無恙) ; 몸에 병이나 탈이 없음을 말한다.

331　그대도 → 그래도

332　마대 → 마다고 해

색美色을 보고 주랴던 돈을 다시 내가 거두아 가진다는 것은 당當치 않
은 일이다.

아나[333] 돈 받어라.

(소무小巫 I에게로 돈을 던진다)

小巫 I=　　　(돈을 받아 줏는다[334])[335]

醉發=　　　(타령곡打令曲에 맞추어 춤추며 노래한다)

▇▇ 낙양동천洛陽東天

유하정柳下亭[336][337]……

(하며 소무小巫 I에게로 가서 같이 어울려서 춤춘다……한참 춤춘
후後 타령打令과 춤 그친다)

小巫 I=　　　(배 앓는 양樣을 한다)

<주註. 이와 같은 동작動作을 소무小巫 II에 대對해서도 되풀이한
다.>[338]

333　아나 ; 상대편의 분수에 맞지 않는 희망이나 꿈에 대하여 비웃거나 조롱할 때 쓰는 말이다. 여기서는 '옛다',
'여기 있다' 정도의 뜻으로 쓰였다.

334　줏는다 → 줍는다 ; '줏다'는 '줍다'의 방언이다.

335　[보정] 이 대목에서 취발이와 소무와의 돈 거래는 무엇인가. 연구할 대목이다. '지전'은 종이를 돈 모양으로 재단
한 것으로, 현물화폐가 아닌 저승에서 망자가 사용할 저승화폐를 상징화한 무구중의 하나다. 지전(紙錢)은 한지
나 창호지를 가늘게 접어 엽전의 원형이 길게 이어지도록 오린 것을 여러 가닥 모아 만든 조형물이다. 불교에서
는 음전(陰錢)·우전(寓錢)이라고도 한다. 지전은 황해도·서울경기·동해안에서는 금전·은전으로, 호남 지역
에서는 넋전·돈전, 제주도에서는 그 형태에 따라 지전·발지전·통지전이라고 부른다. '지전춤'은 백지 엽전이
여러 개 이어진 모양처럼 길게 찢어 뭉친 지전을 당골이 양손 또는 한손에 들고 신을 부르거나 보내기 위해
추거나 망자의 넋을 불러 부정을 가시게 하고 원한을 풀어 극락으로 천도하기 위해 추는 춤이다. 진도씻김굿의
지전춤을 추는 당골은 흰 한복을 입는다. 제석굿에서는 두루마기를 입고, 종이고깔을 쓰고, 홍띠를 두른다. 이
춤은 처음에 느리게 추다가 후반부에서 빠른 동작으로 격렬하게 추어 절제되면서도 역동적인 힘을 보여준다.
진도씻김굿에서는 돈이 있으면 귀신도 부릴 수 있다고 믿어 돈을 상징하여 지전춤을 돈전춤이라고도 한다.

336　[보정] 유하정柳下亭 ; '梨花亭'이 옳다. 채록 과정에서 음이 와전된 것이다. 梨花亭(이화정)은 낙양의 동쪽 산
기슭에 있는 정자로, 조선 후기의 고소설인 『숙향전(淑香傳)』에 나오는 지명이다. 낙양은 중국 하남성의 도시
로 북에는 망산(邙山) 남에는 낙수(洛水)가 있다. 주(周)·후한(後漢)·진(晋)·수(隋)·후당(後唐)의 도읍지였
다. '성동(城東) 도리(桃李)'는 낙양성 동쪽에 피어 있는 복숭아와 오얏나무 꽃을 두고 이르는 말이다.
　　[참고] 洛陽 東村 梨花亭에 麻姑仙女 집의 술 닉단 말 반겨 듯고 / 靑驢에 鞍裝 지어 金돈 싯고 드러가
　　가셔 / 兒孩也 淑娘子 계신야 門 밧긔 李郞 왓다 살와라. -靑丘永言(六堂本)

337　[보정] 낙양동천洛陽東天 유하정柳下亭…… ; 불림이다. 오청본에서는 '洛陽東天리화전'이라고 채록되었다.

338　<주註. 이와 같은 동작動作을 소무小巫 II에 대對해서도 되풀이한다.> ; '채록자 주'다.

小巫=   (배 앓는 양樣을 한 뒤에 아이를 낳았다 하고 소무小巫 둘다 퇴장
退場한다)[339]

醉發=   (춤추며 소무小巫 섰던 곳으로 가서 아이를 안고서 아이 우는 목소
리로)[340]

에 애 애

(자기自己 목소리로)[341]

애게게[342] 이것이 웬일이냐. 아아[343] 동내양반洞內兩班들[344] 말슴 들어 보
오. 연만칠십年晩七十에 생남生男했오.[345] 우리 집에 오지도 마시요.[346]
우리 아이 이름을 지어야겠군. 둘재라고 질가. 아 첫재가 있어야 둘재라
하지.[347] 에라[348] 마당에서 났이니[349] 다당[350] 이다[351] 질 수 밖에 없군.[352]

---

339 [보정] 小巫 I= (배 앓는 양樣을 한다) <주註. 이와 같은 동작動作을 소무小巫 Ⅱ에 대對해서도 되풀이한다.>
小巫 = (배 앓는 양樣을 한 뒤에 아이를 낳았다 하고 소무小巫 둘다 퇴장退場한다) ; 오청본에서는 '少巫. (배
압혼表情을 하더니 少焉에小兒를産出한다)'라고 채록되었다. 현재 '소무 Ⅱ'에 의하여 실현되는 사례는 보이지
않는다.

340 [보정] (춤추며 소무小巫 섰던 곳으로 가서 아이를 안고서 아이 우는 목소리로) ; 1인 2역으로 전환됨을 보여
준다.

341 [보정] (자기自己 목소리로) ; 아이 역에서 취발 역으로 전환-역할 변신-됨을 보여준다.

342 애게게 ; 뉘우치거나 탄식할 때 아주 가볍게 내는 소리다. 혹은 대단하지 아니한 것을 보고 업신여기어 내는
소리다.

343 아아 ; 오청본에서는 '아―'라고 장음 표시를 하여 채록되었다. 여기서는 말을 하기에 앞서 상대편의 주의를
끌기 위하여 가볍게 내는 소리다.

344 동내양반洞內兩班들 ; 관중을 가리킨다. '양반'은 남자를 범상히 또는 홀하게 이르는 말로도 쓴다.

345 [보정] 연만칠십年晩七十에 생남生男했오. ; 나이 70살에 남자 아이를 낳았다는 것이다. 자료에 따라 차이가
있다. 취발을 '젊음'의 상징으로 보는 견해가 있었다. 이는 노장탈이 '검은색'이고 취발탈이 '붉은색'이라는 점에
만 관심을 두고 도출해낸 결과다. 재고의 여지가 있다.

346 [보정] 우리 집에 오지도 마시요 ; 아이를 낳았으니 출입을 삼가라는 말이다. 아이를 낳은 집에는 삼칠일간 찾
아감을 꺼리는 풍속이 나타나 있다.

347 [보정] 아 첫재가 있어야 둘재라 하지. ; 태어난 순서에 따라 이름을 부르는 관습이 나타나있다.

348 에라 ; 생각을 단념하거나 무엇을 포기하려 할 때 내는 소리를 말한다.

349 났이니 → 낳았으니

350 다당 ; '마당'의 잘못이다.

351 이다 → '이라'의 잘못이다.

352 [보정] 에라 마당에서 났이니 다당 이다 질 수 밖에 없군. ; 태어난 곳을 따서 이름으로 삼는다는 말이다. 본명
은 아니지만, 귀하게 낳은 자식일수록 별명으로 태어나 곳을 이름으로 삼는 풍속이 나타나 있다.

마당어머니 젓[353] 좀 주소……

　　(아이 얼르는 소리로)[354]

에 게게 동동동동 내사랑.

어델 갔다 이제 오나.[355]

기산영수箕山潁水 별건곤別乾坤[356]에

소부허유巢父許由[357]와 놀다왔나.

채석강采石江[358] 명월야明月夜[359]에

이적선李謫仙[360]과 놀다 왔다.

수양산首陽山[361] 백이숙제伯夷叔齊[362]와

353　젓 → 젖

354　[보정] (아이 얼르는 소리로) ; 오청본에서는 '(唱)'이라고 채록되었다. 결국 노래조로 실현함을 알 수 있다.

355　에 게게 동동동동 내사랑. 어델 갔다 이제 오나. ; 오청본에서는 '어화등둥내사랑 어델갓다이제오나.'라고 채록되었다. 여음구에 차이를 보인다. 이러한 현상은 채록현장의 상황이나 공연자에 따라 달라질 수 있다.

356　기산영수별건곤箕山潁水別乾坤 ; '기산영수'는 중국 하남성에 있는 산과 시내를 말한다. 요임금 때 소부와 허유가 임금의 자리를 물려받으라는 왕명을 피하여 들어가 은거했다는 산과 물이다. '기산'은 하남성(河南省) 행당현(行唐縣) 서북쪽에 위치한다. '영수'는 하남성(河南省) 등봉현(登封縣) 서쪽 경계에 있는 영곡(潁谷)에서 발원하여 회수(淮水)로 유입하는 물길이다. '별건곤'은 별세계, 별천지를 말한다.

357　소부허유巢父許由 ; 고대 중국의 전설상의 은자(隱者)인 소부와 허유를 말한다. 속세를 떠나서 산의 나무 위에서 살았기 때문에 생긴 이름이며, 요(堯)가 천하를 그에게 나라를 맡기고자 하였으나 이를 사양하고 받지 않았다. 허유(許由)가 영천에서 귀를 씻고 있는 것을 소를 몰고 온 소부(巢父)가 보고서 그러한 더러운 물은 소에게도 마시게 할 수 없다며 돌아갔다는 고사(故事)가 있다. 소부와 허유를 소유(巢由), 소허(巢許)라고도 하며, 이를 한 사람으로 보는 설도 있다.

358　채석강采石江 ; 중국 안휘성(安徽省)에 위치한 강으로, 당(唐)나라의 시인 이태백(李太白)이 놀다가 빠져 죽은 곳으로 유명하다.

359　명월야明月夜 ; 달 밝은 밤을 말한다.

360　이적선李謫仙 ; 중국 당 나라 때 시인 이백(李白)을 말한다. 자 태백(太白)이며, 호 청련거사(靑蓮居士), 주선옹(酒仙翁)이다. 시선(詩仙)으로 일컬어지는데 장안(長安)에 들어가 하지장(賀智章)을 만나자 하지장은 그의 글을 보고 탄(歎)하여 적선(謫仙)이라 하였다.

361　수양산首陽山 ; 중국 산서성(山西省)에 있는 산 이름이다. 이곳에서 백이(伯夷)와 숙제(叔齊)가 아사(餓死)했다고 한다. 또한 황해도 해주 시내에서 바로 동쪽 지점에 있는 산으로, 옛날 백이숙제가 고사리를 캐먹다 굶어 죽었다는 산과 이름이 같아서, 조선 시대에 이 산을 소재로 하여 지어진 한시 중에 백이숙제(伯夷叔齊)와 관련된 작품이 많다.

362　백이숙제伯夷叔齊 ; 중국 은나라 때의 처사(處士)인 형 백이(伯夷)와 아우 숙제(叔齊)는 모두 은나라 고죽군(孤竹君)의 아들이다. 주나라 무왕(武王)이 은을 치려고 하는 것을 말리다가 이를 듣지 않으므로 형제는 주나라의 녹 먹기를 부끄럽게 여기고 수양산(首陽山)에 들어가 고사리를 캐어 먹으며 숨어 살다가 채미가(采薇歌)를 남기고 굶어 죽었다고 한다. 『맹자(孟子)』에 '백이와 숙제는 성인 중에서 청백한 분(夷弟聖之淸者)'이라는

채미採薇[363]하다 이제 왔다.[364]

둥둥둥둥 내 사랑아.[365]

　　(아이 소리로)

여보 아버지, 날 다리고 이렇게 둥둥 타령打鈴[366]만 할 것 없이, 나도 남에 자식子息들과 같이, 아 글 공부工夫를 시켜 주시요.

　　(자기自己 목소리로)

야 이게[367] 좋은 말이로구나

　　(소아小兒소리).

그러면 아버지 나를 양서[368]로 배워주시오.

　　(제소리)[369]

양서[370]라니 평안도平安道하고 황해도黃海道하고,[371]

　　(소아小兒소리)[372]

아아니 그거 아니라오. 언문諺文[373] 진서眞書[374]하고

말이 있다.

363　채미採薇 ; '고사리를 캔다'는 뜻으로 고사리로 연명하였다는 말이다. '首陽薇(수양미)'는 수양산 고사리로, 은나라의 충신 백이(伯夷)와 숙제(叔齊)가 수양산(首陽山)에서 고사리를 꺾어 먹고 연명하였다는 데서 나온 말이다.

364　수양산首陽山 백이숙제伯夷叔齊와 채미採薇하다 이제 왔다 ; 오청본에서는 '首陽山伯夷叔齋와 採薇하다 이제왔나'라고 채록되었다.

365　둥둥둥둥 내 사랑아 ; 오청본에서는 '어허둥둥내사랑 아가아가둥둥내사랑.'이라고 채록되었다.

366　[보정] 둥둥 타령打鈴 ; 어린아이를 안거나 쳐들고 어를 때 내는 소리를 두고 이른 것이다.

367　이게 ; 오청본에서는 '이거'라고 채록되었다.

368　양서 ; 여기서는 '兩書' 즉 한글과 한문을 아울러 이르는 말이다.

369　(제소리) ; '(자기自己 목소리로)'와 같은 의미의 기사다.

370　양서 ; 여기서는 '兩西' 즉 황해도와 평안도로 황평양서(黃平兩西)를 이르는 말이다.

371　[보정] (소아小兒소리). 그러면 아버지 나를 양서로 배워주시오. / (제소리) 양서라니 평안도平安道하고 황해도黃海道하고 ; 아이가 양서(兩書) 즉 한글과 한문을 배우게 하여 달라고 하였는데, 취발은 양서(兩西) 즉 평안도와 황해도라고 받은 유사음 이의어를 활용한 언어유희다.

372　[보정] 소아小兒목소리 ; 한 행위자에 의한 두 행위이다. 소위 1인 2역이다.

373　언문諺文 ; 한글을 예전에 일컫던 말이다.

374　진서眞書 ; 예전에, 우리글을 언문(諺文)이라고 낮춘 데에 상대하여 진짜 글이라는 뜻으로 '한문'을 높여 이르던 말이다.

(제소리)

오냐. 그는 그렇게 해라. 하늘 천天.

(소아小兒소리)

따지地.

(제소리)

아. 이넘[375] 봐라. 나는 하늘 천天하는데 이넘은 따 지地하는구나.[376]

(소아小兒소리)

아버지. 나는 하늘천天 따지地도 배와주지 말고[377] 천자千字뒤푸리[378]로
배와주시오.

(제 목소리)

거 참 좋은 말이다.

(음악音樂에 맞추어 노래부른다)[379]

━━ 자시子時[380]에 생천生天[381]하니

불언행사시不言行四時[382] 유유피창悠悠彼蒼[383] 하날[384] 천天.

---

375 이넘 → 이놈

376 [보정] 나는 하늘 천天하는데 이넘은 따 지地하는구나 ; '하늘 천'을 가르쳐주니 '따 지'도 아는구나. '하나를
    가르쳐주면 열을 안다'와 같은 뜻이다.

377 [보정] 나는 하늘천天 따지地도 배와주지 말고 ; '본래의 천자문풀이로 가르치시지 말고'의 뜻이다

378 천자千字뒤푸리 ; 천자문에 있는 글자의 뜻을 풀어 운율에 맞추어 해석하여 부르는 타령의 한 가지이다. 천자
    문의 글자를 풀어 노래조로 꾸민 민요. 어희요(語戲謠)의 일종이다. 한자의 특징을 해학적으로 풀이하여 부르
    는 내용으로, 서당에서 한문공부가 성행하던 근래까지 전국적으로 많이 불린 노래이다. 이러한 어희요는 한국
    민요의 특징의 하나로 한자공부의 어려움을 잊기 위하여 해학과 풍자로 읊은 것이다. 개인창의 음영민요가 주
    종을 이루고 있는데, 그 대표적인 예를 들면 "하늘천 따따지/가마솥에 누룽지/딸딸 긁어서/배꼭다리 한 그릇"
    (禮安地方), "높고 높은 하늘천(天)/깊고 깊은 따지(地)/홰홰친친 가물현(玄)/불타졌다 누룽황(黃)"(春香傳 完
    本) 등이 있다. 글자풀이 노래는 비단 이것만 있는 것은 아니다. 이와 유사한 것으로 '한글풀이(국문풀이)'와
    '구구(九九)풀이', '지명풀이' 등이 있는데 그 중에도 '한글풀이'는 천자풀이와 맥을 같이 하는 것으로 다양한 사
    설이 전한다. 천자문(千字文)은 중국 양(梁)나라의 주흥사(周興嗣)가 무제(武帝)의 명으로 지은 책이다. 1구
    4자로 250구, 모두 1,000자로 된 고시(古詩)이다. 하룻밤 사이에 이 글을 만들고 머리가 허옇게 세었다고 하여
    '백수문(白首文)'이라고도 한다.

379 음악音樂에 맞추어 노래부른다 ; 여기서의 음악은 타령곡일 것이다.

380 자시子時 ; 밤 11시부터 1시 사이를 말한다.

381 생천生天 ; 하늘이 생긴다는 말이다.

382 불언행사시不言行四時 ; 말없이 네 계절이 운행된다는 말이다.

축시丑時[385]에 생지生地[386]하다 만물창성萬物昌盛[387] 따 지地.

유현幽玄비모[388] 흑적색黑赤色[389] 북방현무北方玄武[390] 가물 현玄.

궁상각치우宮商角徵羽[391] 동서사방東西四方[392] 중앙토색中央土色[393] 누

루 황黃.

천지사방天地四方[394] 몇만리萬里냐 거루광활巨樓廣闊[395] 집 우宇.

여도 국도國都[396] 흥망성쇠興亡盛衰[397] 그 누구 집 주宙.

우치홍수禹治洪水[398] 기자춘[399] 홍범구주洪範九疇[400] 넓을 홍洪.

---

383 유유피창悠悠彼蒼 ; 아득히 먼 저 푸른 하늘을 말한다.

384 [보정] 하날 → 하늘 ; 관습적으로 '하날'이라고 한다.

385 축시丑時 ; 밤 1시에서 3시 사이를 말한다.

386 생지生地 ; 땅이 생긴다는 말이다.

387 만물창성萬物昌盛 ; 만물이 번성한다는 말이다.

388 [보정] 유현幽玄비모 ; 본래는 '유현비묵(幽玄秘墨)'이다. 이치가 깊고 그윽하여 알기 어려운 검은색[墨]을 말한다.

389 [보정] 흑적색黑赤色 ; 붉은 빛이 도는 검은색을 말한다. 임석재본에는 '黑正色'으로 채록되었다. 천자문 뒤풀이 자료들에서는 대체로 '黑正色'으로 나타난다.

390 북방현무北方玄武 ; 사신(四神) 중의 하나로 북쪽을 맡은 거북과 뱀의 형상을 닮은 태음신(太陰神)을 말한다.

391 궁상각치우宮商角徵羽 ; 동양 음악의 다섯 음(音)을 이른다.

392 동서사방東西四方 ; 동서남북의 사방을 말한다.

393 중앙토색中央土色 ; 중앙은 흙색이라는 말이다.

394 천지사방天地四方 ; 온 세상을 말한다.

395 거루광활巨樓廣闊 ; 크고 너른 누각을 말한다.

396 [보정] 여도 국도國都 ; '역대국도(歷代國都)'의 오기인 듯하다. 혹은 '역대국조(歷代國朝)'의 오기로 보기도 한다.

397 흥망성쇠興亡盛衰 ; 흥하고 망함을 이른다.

398 우치홍수禹治洪水 ; 우(禹)의 아버지 곤(鯀)은 제요(帝堯) 때에 황하(黃河)의 대홍수를 9년간이나 다스렸으나 치수의 업적을 올리지 못하고 마침내 죽음을 당하고 말았다. 따라서 그의 아들 우가 치수에 전력하여 제순(帝舜) 때에 완전히 성공을 보았으므로 마침내 천자가 될 수 있었다는 고사에서 연원을 두고 있다. '구년치수(九年治水)'라고도 한다. 관용구다.

399 기자춘 ; '箕子推演(기자추연)'의 잘못이다. 기자가 홍범구주의 내용을 상세히 풀이[추연(推演)]한 것을 두고 이른다. 기자는 은나라 주임금에게 그릇됨을 바로 잡고자 하였으나 듣지 아니하자 주나라로 도망하여 무임금에게 홍범구주를 추연한 것을 바쳤다고 한다.

400 홍범구주洪範九疇 ; 중국 하나라 우왕(禹王)이 남겼다는 정치 이념이다. 홍범은 대법(大法)을 말하고, 구주는 9개 조(條)를 말하는 것으로, 즉 9개 조항의 큰 법이라는 뜻이다. 우왕이 홍수를 다스릴 때 하늘로부터 받은 낙서(洛書)를 보고 만들었다고 한다. 주나라 무왕(武王)이 기자(箕子)에게 선정의 방안을 물었을 때 기자가 이 홍범구주로써 교시하였다고 한다.

전원장무田園將蕪 호불귀胡不歸[401] 삼경취황三徑就荒[402] 거칠 황荒.

요순성덕堯舜聖德[403] 장壯하시다 취지여일就之如日[404] 날 일日.

억조창생億兆蒼生[405] 격양가擊壤歌[406] 강구연월康衢煙月[407] 달 월月.

오거시서五車詩書 백가서百家書[408] 적안영상積案盈床[409] 찰 영盈.

---

401 [보정] 전원장무田園將蕪 호불귀胡不歸 ; 고향의 전원이 장차 거칠어지려는데 어찌 돌아가지 않으리. 도연명의 '귀거래사'의 한 대목이다. 오청본에서는 '田園丈夫(將蕪)不好歸'라고 채록되었다.

402 삼경취황三徑就荒 ; '전원의 세 갈래 길은 거칠어진다.'는 뜻이다. 도연명의 '귀거래사'의 한 대목이다.

403 요순성덕堯舜聖德 ; 중국 고대의 성군인 요임금과 순임금의 거룩한 덕을 이른다.

404 취지여일就之如日 ; 해를 따르고 구름을 바라본다는 말로 임금의 덕을 우러러 본다는 말이다. 『사기』의 '오제기(五帝紀)'에 옛날 요임금의 덕이 지극하여 사람들이 '그 어짊이 하늘과 같고 그 슬기 신 같으며, 그에게 나아가기를 해에 나아가듯 하고 그를 바라보기를 구름같이 하네. 其仁如天 其知如神 就之如日 望之如雲'이라 했다.

405 억조창생億兆蒼生 ; 매우 많은 수의 백성, 혹은 많은 사람을 가리키는 말로 쓰이며 '억만창생(億萬蒼生)'이라고도 한다.

406 격양가擊壤歌 ; '땅을 치며 노래한다.'는 뜻이며, 요(堯)나라 때의 태평세월을 구가한 것이다. 이 노래는 요나라 때 지은 노래라 하나 필경 후세의 위작(僞作)일 것이라는 설이 강하다. 격양이란 원래 나무를 깎아 만든 양(壤)이라는 악기를 친다는 뜻과, 땅[壤]을 친다는 뜻이 있다. 요임금이 천하를 다스린 지 50년이 되었을 때, 과연 천하가 잘 다스려지고 백성들이 즐거운 생활을 하고 있는지 직접 확인하고자 평민 차림으로 거리에 나섰다. 넓고 번화한 네거리에 이르렀을 때 아이들이 노래 부르며 놀고 있어 그 노랫소리를 유심히 들었다. 그 노랫말은 "우리가 이렇게 잘 살고 있는 것은 모두가 임금의 지극한 덕이네. 우리는 아무것도 모르지만 임금이 정하신 대로 살아간다네. 立我烝民 立我烝民 莫匪爾極 不識不知 順帝之則"라고 하였다. 그 뜻은 임금님이 인간의 본성에 따라 백성을 도리에 맞게 인도하기 때문에 백성들은 법이니 정치니 하는 것을 염두에 두거나 배워 알거나 하지 않아도 자연 임금님의 가르침에 따르게 된다는 것으로, 이 노래를 강구가무(康衢歌舞)라고도 한다. 임금은 다시 발길을 옮겼다. 한 노인이 길가에 두 다리를 쭉 뻗고 앉아 한 손으로는 배를 두들기고 또 한 손으로는 땅바닥을 치며 장단에 맞추어 노래를 부르고 있었다. 그 노랫말은 "해가 뜨면 일하고, 해가 지면 쉬고, 우물 파서 마시고, 밭을 갈아 먹으니, 임금의 덕이 내게 무슨 소용이 있으랴 日出而作 日入而息 鑿井而飮 耕田而食 帝力于我何有哉" 하였다. 이는 정치의 고마움을 알게 하는 정치보다는 그것을 전혀 느끼기조차 못하게 하는 정치가 진실로 위대한 정치라는 것을 뜻하는 것으로, 이 노래를 격양가라 한다. 이 노래를 들은 요임금은 크게 만족하여 "과시 태평세월이로고." 하였다 하며, 그 후 중국은 물론 우리나라에서도 풍년이 들어 오곡이 풍성하고 민심이 후한 태평시대를 비유하는 말로 쓰이고 있다.

407 강구연월康衢煙月 ; '강구(康衢)'는 번화한 네거리를 뜻하며, '연월(煙月)'은 달빛이 연무(煙霧)에 은은하게 비치는 모습을 형용한다. 이는 『열자(列子)』 '중니편'에 나오는 '강구요(康衢謠)'에서 유래한 말이다. '강구요'는 중국의 요임금이 나라를 다스린 지 50년이 되어 민심을 살피려고 나온 길에 어느 번화한 네거리에서 놀고 있던 아이들이 불렀다는 노래이다. 그 가사는 "우리가 이렇게 잘 살고 있는 것은 모두가 임금의 지극한 덕이네. 우리는 아무것도 모르지만 임금이 정하신 대로 살아간다네. 立我烝民 莫匪爾極 不識不知 順帝之則"라는 것으로, 요임금의 치세를 찬양하는 내용이다. 여기서 유래하여 강구연월은 태평성대의 평화로운 풍경을 비유하는 말로 사용된다.

408 [보정] 오거시서五車詩書 백가서百家書 ; '오거서'와 '시서백가어'와 '백가어'가 결합된 말이다. '오거서'는 다섯 수레에 가득 실을 만큼 많은 책을 말한다. 장자(莊子)의 친구 혜시(惠施)가 학식이 많아 장서가 오거지서(五車之書)였다 한다. '시서백가어'는 『시전(詩傳)』과 『서전(書傳)』과 제자백가(諸子百家)의 서책을 말한다. '백가

밤이 어느 때냐 월만즉측月滿則昃[410] 기울 측昃.

이십팔수二十八宿[411] 하도낙서河圖洛書[412] 중성공지衆星拱之[413] 별 진辰.

투계소년鬪鷄少年 아해兒孩[414]들아 창가금침娼家衾枕[415] 잘 숙宿.

절대가인絕代佳人[416] 좋은 풍류風流 만반진수滿盤珍羞[417] 벌 열列.

야반삼경夜半三更 심창리深窓裡[418]에 갖은 정담情談 베풀 장張.……

서百家書'는 보통 '百家語(백가어)'라고 한다. '백가어'는 중국(中國) 전국시대(戰國時代)의 제자백가(諸子百家)의 말을 두고 이른 것이다.

[409] 적안영상積案盈床 ; 누독연편(累牘連篇), 연편누폭(連篇累幅), 연장누독(連章累牘)이라고도 한다. '독(牘)'은 종이가 발명되기 이전에 글을 쓰는 데 이용한 죽간(竹簡)이나 목간(木簡)을 가리킨다. '연편누독(連篇累牘)'은 '편에서 편으로 이어지는 글과 높이 쌓인 죽간'이라는 뜻으로, 쓸데없이 문장이 길고 복잡함을 비유하는 말이다. 중국 수(隋)나라 때 이악(李諤)이 쓴 글에서 유래되었다.

이악은 자가 사회(士恢)이며, 수나라 문제(文帝) 때 치서시어사(治書侍御史)라는 벼슬을 지냈다. 당시 문단의 풍조는 위진북북조시대를 답습하여 문장의 화려함만을 추구하고 내용은 중시하지 않았기 때문에 실생활과는 동떨어진 공허함이 만연하였다. 이에 이악은 황제에게 '상서정문체(上書正文體)'라는 글을 올려 이러한 풍조를 바로잡아야 한다고 상주하였다. 이 글에서 이악은 당시의 문인들의 행태에 대하여 "도리는 빠뜨리고 기이함만 있으며, 허황된 것을 찾고 사소한 것을 좇아 한 운(韻)의 기이함을 다투고, 한 글자의 교묘함만 다투고 있습니다. 글이 편에서 편으로 이어지고 죽간이 높이 쌓이도록 달과 이슬의 형체가 드러나지 않으며, 다 읽은 죽간이 책상에 가득하고 상자를 채우도록 오직 바람과 구름의 형상만 묘사하고 있을 뿐입니다. 連篇累牘, 不出月露之形, 積案盈箱, 唯是風雲之狀」라고 비판하였다. 이악의 글은 당시의 문단에 상당한 영향을 미쳤다고 한다. 여기서 유래하여 연편누독은 내용도 없으면서 쓸데없이 장황하고 복잡하기만 한 글을 비유하는 고사성어로 사용된다. 뒷구절의 적안영상(積案盈箱)도 비슷한 의미로 쓰인다.

[410] 월만즉측月滿則昃 ; 달도 차면 기운다는 뜻이다. 오청본에서는 '月中昢尺'으로 채록되었다.

[411] 이십팔수二十八宿 ; 해와 달의 위치를 밝히기 위하여 황도를 중심으로 나눈 스물 여덟 자리를 말한다.

[412] 하도낙서河圖洛書 ; 고대 중국에서 예언(豫言)이나 수리(數理)의 기본이 된 책이다. 『하도(河圖)』는 복희(伏義)가 황하(黃河)에서 얻은 그림으로, 이것에 의해 복희는 팔괘(八卦)를 만들었다고 하며, 『낙서(洛書)』는 하우(夏禹)가 낙수(洛水)에서 얻은 글로, 이것에 의해 우(禹)는 천하를 다스리는 대법(大法)으로서의 『홍범구주(洪範九疇)』를 만들었다고 한다.

[413] 중성공지衆星拱之 ; 뭇별들이 북극성을 둥글게 둘러싸는 모양을 두고 이른 것이다. 보통은 제후국이 천자에게 충성을 다한다는 뜻으로 쓰인다. 『논어』 '위정(爲政)'에 '덕정(德政)을 펴게 되면, 북신(北辰)이 가만히 제자리를 지키고 있어도 뭇별들이 옹위하는 것처럼 될 것이다. 爲政以德 譬如北辰居其所 而衆星共之' 라고 하였다.

[414] 투계소년鬪鷄少年 아해兒孩들아 ; '투계鬪鷄'와 같은 도박에 빠져서 소일하는 젊은이를 일컫는다. '투계鬪鷄'는 닭끼리 싸움을 붙여서 이를 보고 즐기거나 내기를 거는 놀이로 지금까지도 세계적으로 분포되어 있으며, 도박의 폐해가 심하여 금지하는 경우도 있었다.

[415] 창가금침娼家衾枕 ; '창가'는 몸 파는 기생의 집을 말한다. '금침'은 이부자리와 베개를 아울러 이르는 말이다. 결국 기생집에 들러 질탕하게 논다는 말이다. 일부 판소리나 천자뒤풀이에는 왕발의 시 '임고대'의 '가련금야숙창가(可憐今夜宿娼家)'라는 구절이 원용되기도 하였다.

[416] 절대가인絕代佳人 ; 그 시대에 견줄 이 없는 뛰어난 미인을 말한다.

[417] 만반진수滿盤珍羞 ; 상에 가득 차린 진수성찬을 말한다.

(소아小兒소리)

그 건 그만 해두고 이제는 언문諺文을 배와주시요.

(제소리로)

그래라. 언문諺文을 배우자.

가갸 거겨 고교 구규

(소아小兒소리)

아바지[419] 그것도 배와주지 말고 언문諺文 뒤푸리[420]로 배와 주시요.

(제소리로 노래조調로)

가나다라 마바사아 자차카타 아차차 잊었구나.[421]

기억 니은 지긋하니 기억자字로 집을 짓고,

니은같이 사잤더니 지긋같이 벗어난다.[422]

가갸거겨 가이없은 이내몸은 거지없이 되였구나.[423]

고교구규 고생하던 이내몸이 고구하기[424] 짝이 없다.[425]

---

418 야반삼경夜半三更 심창리深窓裡 ; '한밤중 깊은 창문 안에'라는 말이다.

419 아바지 → 아버지

420 언문諺文 뒤풀이 ; 한글의 자모 순서에 따라 말을 만들어가며 말놀이하는 동요다. 어희요(語戲謠)의 하나로 가갸뒤풀이 · 국문뒤풀이 · 언문뒤풀이 · 가갸풀이 · 국문풀이 · 언문풀이라고도 한다. 곧, ㄱㄴㄷ 혹은 가갸거겨의 순서에 따라서 말을 꾸며나가는데, 거침없이 외어나가는 데에 흥취를 느끼며 전승된다. '이고사본춘향전 李古寫本春香傳'이나 '신구잡가 新舊雜歌'에도 드러나는 것으로 보아 오래 전부터 전승된 듯하다. 경기 잡가의 하나이기도 하다. 경기도의 '창부 타령' 곡조를 많이 닮았으며, 굿거리장단이다.

421 [보정] 가나다라 마바사아 자차카타 아차차 잊었구나 ; 동음이의어를 원용한 언어유희이다. 오청본에서는 '가나다라마바사 아자차 잊었구나 기억'라고 채록되었다.

422 [보정] 기억 니은 지긋하니 기억자字로 집을 짓고 니은같이 사잤더니 지긋같이 벗어난다 ; 한글 자모 이름 낭송은 '기억자로 집을 짓고 니은같이 사는 것'은 편안한 삶을 뜻하게 된다. 그러던 것이 '디귿'이 '지긋지긋'의 뜻으로 의미가 전이(轉移) 된다. 결국 편안한 삶을 갈구하였는데 그렇지 못하다는 뜻이 된다. 오청본에서는 '기억 니은 디긋하니 기억字로집을짓고 니은같이사잣더니 디긋같이離別된다.'라고 채록되었다.

423 [보정] 가갸거겨 가이 없은 이내 몸은 거지없이 되였구나 ; '가엾은 이 몸이 거지 같은 신세가 되었구나.'의 뜻이다. 'ㄱ'음 변용을 통한 언어유희이다. '가이'와 '거지'가 대구를 이룬다. 오청본에서는 '가갸거겨 가이업슨 이내몸이 거이업시되엿구나'라고 채록되었다. 오청본에 따르면 '아무것도 없는 신세'가 되었다는 뜻이 된다. 이같은 양상은 전승 유통과정에서 다양한 모습으로 나타난다.

424 [보정] 고구하기 ; 여기서는 '구구하기'가 옳다. 앞의 '교교구규'와 짝을 맞추기 위하여 '고구하기'라고 한 것이다. '구구하다'는 일일이 언급하기가 구차스럽다는 말이다. 오청본에서는 '구구하기'라고 채록되었다. 이같은 양상은 구연자가 가지고 있는 '관용구 formula'에 따라서 달라질 수 있다.

나냐너녀 날라가는[426] 원앙鴛鴦새야 널과 날과 짝을 무쳐,[427]

노뇨누뉴 노류장화路柳墻花 인개가절人皆可折[428]

눌로[429] 말미암아 생겨났는고.[430]

다댜더뎌 다닥 다닥 붙었든 정情이 덛이없이[431] 떨어진다.[432]

도됴두듀 도장[433]에 늙은몸이

두고가기 막연漠然하다[434]……[435]

　　　(이하략以下略)[436]

　　　(타령곡打令曲에 맞추어 춤을 한바탕 추고 아이를 들고 퇴장退場).

425　[보정] 고교구규 고생하던 이내몸이 고구하기 짝이 없다 ; '고생하던 이 몸이 구차스러운 신세가 되었네.'의 뜻
　　이다. 'ㄱ'음을 변용한 언어유희이다.

426　날라가는 → 날아가는

427　[보정] 무쳐 ; '두어'의 잘못인 듯하다. 이두현본에서는 '두위'라고 채록하였다가, 수정본에서는 '두워'라고 수정
　　하였다.

428　노류장화路柳墻花 인개가절人皆可折 ; 길 가의 버들과 담 밑의 꽃은 누구든지 쉽게 만지고 꺾을 수 있다는
　　뜻으로, 기생을 뜻한다. 달리 말하면 기생은 여러 남자의 노리개가 될 수 있다는 말이다. 『열자(列子)』에 '山鷄
　　野鶩 莫可能馴 路柳墻花 人皆可折 산닭이나 들오리는 능히 길들이지 못하고, 길가의 버들이나 담 밑의 꽃은
　　다 꺾을 수 있다.'라고 하였다.

429　눌로 → 누구로

430　[보정] 나냐너녀 날라가는 원앙鴛鴦새야 널과 날과 짝을 무쳐, 노뇨누뉴 노류장화路柳墻花 인개가절人皆可折
　　눌로 말미암아 생겨났는고. 다댜더뎌 다닥 다닥 붙었든 정情이 덛이없이 떨어진다. 도됴두듀 도장에 늙은몸이
　　두고가기 막연漠然하다…… ; 이 대목이 오청본에서는 '나냐너녀 나귀등에솔질하여 순금안장지어타고 四海江
　　山널은天地 周遊天下를하잣구나. 노뇨누뉴 노자노자鸚鵡盃에 盞갓득이술부어라 離別郎君拜送할가. 다댜더
　　뎌 다닥다닥붓텃든情이 더지업시떠러를진다. 도됴두듀 도창에늙은몸을두고 떠나기가茫然하다. 라랴려려 랄아
　　가는鸚鵡새는 너와나와짝이로다. 로료루류 路柳墻花人皆佳節 날로위해푸러를내네.'라고 채록되었다. 두 자
　　료를 비교해 보면 행간 배치에 변화가 있거나, 일부 탈락되거나 하였음을 볼 수 있다. 이같은 양상은 전승 유통
　　과정에서 다양하게 나타난다.

431　[보정] 덛이없이 → 덧없이 ; 'ㄷ'음을 이용한 언어유희를 실현하다 보니 '덛이없이'로 된 것이다. 이두현본에서
　　도 '덛이 없이'라고 채록되었다.

432　[보정] 다댜더뎌 다닥 다닥 붙었든 정情이 덛이없이 떨어진다 ; 'ㄷ'음을 변용한 언어유희다.

433　[보정] 도장 ; 오청본에서는 '도창'이라고 채록되었다. 언문뒤풀이 자료에 '도장'과 '도창' 등으로 나타난다.

434　[보정] 막연漠然하다 ; 문맥상으로는 '茫然하다'의 잘못이다. '망연하다'를 '막연하다'로 실현한 것은 유희성에
　　바탕을 둔 것이다. 오청본에서는 '茫然하다'라고 채록되었다.

435　[보정] 이 대목은 언문 뒤풀이 전체가 불림으로 활용된 것이다.

436　[보정] (이하략以下略) ; 이하를 생략하였다는 것이다. 이것은 실제 현장에서는 계속될 수 있음을 말한다. 즉
　　현장의 상황에 따라 출입이 있을 수 있다는 것이다. 이를 가면극의 현장성의 한 가지라고 한다.

5. '제오장'의 복원

제오장第五場[1]

1 　제오장第五場 ; 오청본에서는 '第五場 獅子舞'라고 채록되었다. 장면의 명칭이 '獅子舞'라고 붙어 있다. [참고] 사자놀이 ; 보통은 음력 정월 대보름날 축사연상(逐邪延祥)의 주원(呪願)으로서 거행되는 탈놀이다. 지방에 따라서는 주지놀음[하회지방]·사지놀음[광주(廣州)지방]·사자놀음[북청지방]이라고도 한다. 이 놀이는 나무나 대광주리·종이를 가지고 만든 사자탈 속에 두 사람이 들어가 쓰고 풍물을 치면서 마을을 돌아다닌다. 이때에 여유 있는 집으로 들어가 마당에서 한바탕 춤을 추고 논 뒤에, 그 집주인으로부터 사례로 곡물이나 금전 등을 받는다. 이 곡물과 금전은 마을을 위한 공공사업에 사용되는 것이 보통이다. 지금은 시대의 변천으로 옛날같이 세시풍속의 하나로서 연회되지는 않는다. 광복 8년 전까지만 해도 정초의 벽사(僻邪)에 북청(北青)·정평(定平)·종성(鐘城)·명천(明川)·회령(會寧)·경성(鏡城)·경흥(慶興)·고성(高城)·횡성(橫城)·순천(順川)·광주(廣州)·안성(安城)·송화(松禾)·은율(殷栗)·해주(海州)·봉산(鳳山)·마산(馬山)·통영(統營)·수영(水營)·김해(金海)·남해(南海)·아산(牙山)·경주(慶州) 등 큰 고을 20여 곳에서 행하여졌다. 그 중에서도 지방으로는 북청의 사자놀음이 봉산가면극의 사자춤과 더불어 한때 그 이름이 높았다. 이 사자놀이가 언제부터 연행되었는지는 분명하지 않으나, 문헌상으로는 《삼국사기》 악지(樂志)에 사자놀이가 보인다. 최치원(崔致遠)의 '향악잡영鄉樂雜詠'에는 '산예(狻猊)'가 보인다. 또, 성종 19년(1488) 3월에 우리나라에 사신으로 왔던 명나라의 동월이 자신을 영접하는 산대회(山臺戲)를 보고 지은 '조선부'에 사자가 나온다. 동월이 본 놀이 가운데 '말가죽을 벗겨 뒤집어쓰고 사자와 코끼리로 꾸민 것飾獅象盡蒙解剝之馬皮'이 나온다. 여기서의 사자는 바로 사자춤을 추는 것으로 생각된다. 유득공의 '경도잡지' 성기조에 의하면, 나례도감에 속하는 산회에 사자춤이 나온다. 그리고 송만재가 1843년에 지은 '관우회'에도 사자춤이 보인다. 또 김홍도가 그린 평안감사환영도와 화성성역의궤의 낙성연도에도 사자춤이 보인다. 『국연정재창사초록(國宴呈才唱詞抄錄)』에 의하면, 고종24년에 성천잡극이라고 하는 사자춤을 처음 사용했다는 기록이 발견된다. 이 사자춤은 평안남도 성천지방의 민속 사자춤을 받아들인 것으로 보인다. 두 마리의 사자가 춤을 추는 놀이 내용은 현재의 북청사자놀이와 매우 유사하다. 사자춤에서는 머리 쪽에 한 사람, 뒤쪽에 한 사람이 들어가는 것이 보통이며, 사자가 큰 경우에는 몸뚱이 쪽에 한 사람이 더 들어가서 추기도 한다. 춤의 동작은 꼿꼿하게 높이 솟기도 하고, 앉아서 좌우로 몸을 돌려이 잡는 시늉을 하기도 하며, 꼬리를 흔들면서 몸을 긁기도 한다. 타령이나 굿거리장단에 맞추어 덩실덩실 춤을 추기도 한다. 이 사자놀이에는 대체로 사자 한 마리가 나오는데, 지방에 따라서는 두 마리도 나온다. 왕년에 경주지방에서 축사연상의 주원으로서 행하여졌던 사자놀이에는 두 마리의 사자가 나와 싸우며, 하회가면극(河回假面劇)에도 두 마리가 나와 싸운다. 조선시대에 간행된 『화성성역의궤(華城城役儀軌)』의 '낙성연도(落成宴圖)'에는 3명의 몰이꾼이 사자와 범 한 마리씩을 놀리는 장면을 볼 수 있다. 1887년(고종 24) '성천잡극(成川雜劇)'이라는 사자무를 시용(始用)하였다는 필사본 기록에는, '악기만방녕(樂氣萬方寧)'의 곡(영산회상)에 사자 두 마리가 풍류를 따라서 몸을 흔들고 뛰어나간다. 이 사자들은 동과 서로 나뉘어 북으로 향하여 머리를

2

먹중 八人=	(등장登場하며, 한편 구석에 적당適當히 느러선다.)³⁴
馬夫=	(등장登場. <마부馬夫⁵는 먹중 중中 하나가 된다>⁶ 큰 소리로 외친다)

짐생났오——.

獅子=	(마부馬夫 뒤에서 어슬렁어슬렁 들어온다)⁷
먹중 一同=	(사자獅子 있는 데로 나오며)

짐생이라니

(사자獅子를 보고 놀래며)

들고, 입으로 땅을 두드리고, 눈을 번쩍이며 일어난다. 풍류장단에 맞추어 꼬리를 휘두르고 발로 뛰며 좌우로 돌아보고, 또 입을 벌리고 이빨을 딱딱거리며 나가고, 물고 돌아 즐거이 춤추다가 물러가며, 풍류도 그쳤다.'고 하였다.

2 [보정] 오청본에는 '이 장면은 생불과 같은 노승을 유인하여 타락시킨 불량배를 징계하려고 부처님의 사자로서 사자가 출현하는 것이다. 먹중 일인이 돌연 출현한 사자에게 그 유래를 묻다가 사자를 때리면 사자는 그 먹중을 잡아먹는다. 이에서 다른 먹중들은 사자의 온 뜻을 알고 크게 공포하여 곧 개과하기로 맹서하고 최후의 춤이라 하며 사자와 함께 춤을 추는 것이다.' 라고 부기되어 있다. 이 기사는, '먹중갑'의 대사에서도 볼 수 있듯이 '서유기'에서, 삼장법사와 손오공을 시험하기 위하여 문수보살이 자신이 타고 다니던 푸른 사자를 오계국왕으로 변장시켜 괴롭혔던 장면을 원용하였다. 서유기에서는 삼장법사와 손오공에게 힘을 불어넣어주기 위하여 시험하는 것인데, 여기에서는 불량배를 징계하려고 사자를 출현시켰다고 하였다. '시험'함으로써 더욱 힘을 발휘토록 한다는 관념이 후대에 이르러서는 '징계'로 관념하는, 즉 권선징악적 발상에 의한 기사다. '노승을 유인하여 타락시켰다'함은 '제4장 노승무'와 연락 관계가 있다고 보는 입장에서 나온 기사다. 이는 우리 가면극의 각 장면이 연락 관계가 어떻게 되는가와 관련시키면서 탐구할 과제다.

3 [보정] 먹중 八人 = (등장登場하며, 한편 구석에 적당適當히 느러 선다) ; 오청본에서는 '먹중八人이 먼저살작 등장登場하야 한便구석에모여잇슬때에 白獅子한匹이설넝설넝들어온다.'라고 채록되었다. 여덟 목이 먼저 등장하고 이어서 여덟 목 중에서 한 목이 '짐승 났소.'하고 외치면, 그 뒤에서 사자가 한 필 등장한다. 그러니까 여덟 목 중에서 한 목이 '마부'의 역할role을 담당하게 되는 것이다. 임석재본과 오청본을 비교해 보면, 전자는 마부가 사자를 인도하면서 등장하고, 후자는 사자 스스로 등장한다. 김유경 연희본에서는 다음과 같다.
　　　　마 부 : <먹중들이 흥겹게 합동춤을 출 때 사자가 뛰어 나온다.
　　　　　　　 먹중들이 놀라서 도망하는데 한 먹중이 미쳐 피하지 목하고 잡아먹힌다. 사자는 잡아먹고 춤추면서 뒤꽁무니로 사람을 빼어서 퇴장시키고 한참 놀다 선다.>
　　이같은 김유경 연희본 자료를 중시한다면 여덟 목이 등장하여 뭇둥춤을 추다가 사자가 등장하는 방식으로 전개되었을 것으로 추정된다.

4 [보정] 정병호는, 사자무의 춤장단은 잦은타령과 굿거리이며, 사자에 맞추어 허튼춤을 춘다고 한다.

5 [보정] 마부馬夫 ; 마부라기보다 인도하는 인물이다.

6 [보정] <마부馬夫는 먹중 중中 하나가 된다> ; 채록자 주다. 가면극이 1인 다역으로 실현된다는 사례에 대한 증언이다.

7 獅子 = (마부馬夫 뒤에서 어슬렁어슬렁 들어온다) ; 오청본에서는 '白獅子한匹이설넝설넝들어온다.'라고 채록되었다. 오청본에서 '백사자'라고 밝히고 있다.

이거이[8] 무슨 짐생이냐?

노루 사슴도 아니요

범도 아니로구나.[9]

먹중 하나[10]＝ 어디 내가 한 번 물어보자.

(사자獅子 앞 가까이 가서)

네가 무슨 짐생이냐.

우리 조상祖上적 부터

보지 못하든 짐생이로구나.

그런데 노루냐?

獅子＝ (머리를 설레설레 흔들어 부정否定)[11]

〈주註. 사자獅子는 일체一切 말하지 않는다.〉[12][13]

---

8 이거이 → 이것이 ; '이거'는 '이것'의 구어체이다.

9 [보정] 이 대목은 '수수께끼식 문답'으로 전개된다.

10 [보정] 먹중 하나 ; 이하는 '먹중'이라 하였다. 오청본에서는 '墨僧甲'이라고 채록되었다. 이두현본에서는 목승 중 한 명이 마부가 되는 것으로 채록되었다. 이렇게 보면 여기서는 '먹중 하나'가 마부의 역할을 맡는다. 이러한 사실은 보다 심도 있는 연구가 요청된다. 즉 등장인물기호가 그 인물의 성격을 대변해준다는 입장을 염두에 둔다면, 여기서 등장인물을 '먹중 하나'로 볼 것인가 '마부'로 볼 것인가 하는 문제가 남는다.

11 (머리를 설레설레 흔들어 부정否定) ; 오청본에서는 '(머리를左右로설넝설넝흔들어否定한다)'라고 채록되었다.

12 〈주註. 사자獅子는 일체一切 말하지 않는다〉 ; 채록자 주다. '사자탈'은 무언탈임을 알 수 있다.

13 [보정] 이 장면은 최치원의 '향악잡영(鄕樂雜咏)'의 '산예(狻猊)'를 염두에 둘 필요가 있다.
    [참고] 최치원 '향악잡영' 산예
    遠涉流沙萬里來 멀리 유사를 건너 만리를 오니
    毛衣破盡着塵埃 털은 다 빠지고 먼지로 뒤덮였네.
    搖頭掉尾馴仁德 머리를 흔들고 꼬리를 치며 인덕(仁德)을 가르치네.
    雄氣寧同百獸才 웅혼한 기상과 안녕은 백수의 재목이라.
    상상의 동물인 '산예'의 형상과 '사자'의 형상 사이에서 혼재 현상이 일어난 것으로 추측된다. 『청장관전서(靑莊館全書)』의 다음과 같은 기사가 이를 방증하여 준다. '경복궁(景福宮) 어구(御溝)의 곁에 누워 있는 석수(石獸)가 있다. 얼굴은 새끼 사자 같은데 이마에 뿔이 하나 있으며 온 몸에는 비늘이 있다. 새끼 사자인가 하면 뿔과 비늘이 있고, 기린인가 하면 비늘이 있는 데다 발이 범같아서 이름을 알 수 없다. 후에 상고해 보니, 남양현(南陽縣)의 북쪽에 있는 종자비(宗資碑)-종자(宗資)의 비. 종자는 후한(後漢)의 남양현(南陽縣) 안중(安重) 사람으로 벼슬이 여남 태수(汝南太守)에 이르렀다.《後漢書 卷67 范滂傳》-곁에 두 마리의 석수(石獸)가 있는데, 그 짐승의 어깨에 하나는 천록(天祿)이라 새겨져 있고, 하나는 벽사(辟邪)라 새겨져 있다. 뿔과 갈기가 있으며 손바닥만 한 큰 비늘이 있으니 바로 이 짐승이 아닌가 싶다. 지화(至和 송 인종의 연호, 1054~1055) 연간에 교지(交趾)에서 기린을 바쳤다. 모양은 소와 같으나 크며 큰 비늘이 있고 뿔이 하나 있었다. 심존중(沈存中 존중은 송(宋) 나라 심괄(沈括)의 자)은 이를 보고 기린이 아니라 천록(天祿)이라 하였다. 남양(南陽)에 있는 송균(宋均)의 묘 앞에도 두 마리의 석수(石獸)가 있는데 모양은 영양

먹중=　　　　사슴이냐.

사자=　　　　　　（부정否定）[14]

먹중=　　　　그러면 범이냐.

사자=　　　　　　（부정否定）

먹중=　　　　옳다 알겠다.

　　　　　　　예로부터 성현聖賢[15]이 나면 기린麒麟[16]이 나오고

　　　　　　　군자君子가 나면 봉鳳[17]이 난다드나[18]

　　　　　　　우리 시님이 났이니,

　　　　　　　네가 분명分明

　　　　　　　기린麒麟이로구나.[19]

　　　（羚羊) 같다. 왼쪽의 것에는 천록이라 새겼고 오른쪽 것에는 벽사(辟邪)라 새겨 있으니 이는 같은 동물로서
　　두 가지 이름이 있는 것인 듯싶으나 자세히 알 수 없다. 남별궁(南別宮)에도 이러한 짐승이 하나 있는데 바
　　로 경복궁에서 옮겨 놓은 것이다.'

14　（부정否定)；앞에서 '(머리를 설레설레 혼들어 否定)'라고 채록한 것을 약식으로 대신한 것이다. 오청본에서
　　는 '(머리를左右로설넝설넝)'이라고 채록되었다.

15　성현聖賢；성인(聖人)과 현인(賢人)을 아울러 이르는 말이다.

16　기린麒麟；털은 오색이고 이마에 뿔이 하나 돋아 있으며, 사슴의 몸에 소의 꼬리, 말과 같은 발굽과 갈기를
　　가지고 있는 것으로 알려진 상상의 동물이다. 용·거북·봉황과 함께 사령(四靈)이라 하며, 상서로운 동물로 인
　　식되었다.

17　봉鳳；상서롭고 고귀한 뜻을 지닌 상상의 새다. 고대 중국에서 신성시했던 상상의 새로 기린·거북·용과 함
　　께 사령(四靈)의 하나로 여겼다. 수컷을 봉(鳳), 암컷을 황(凰)이라고 하는데 그 생김새는 문헌에 따라 조금씩
　　다르게 묘사되어 있다. 『설문해자(說文解字)』에는 봉의 앞부분은 기러기, 뒤는 기린, 뱀의 목, 물고기의 꼬리,
　　황새의 이마, 원앙새의 깃, 용의 무늬, 호랑이의 등, 제비의 턱, 닭의 부리를 가졌으며, 오색(五色)을 갖추고 있
　　다고 하였다. 『악집도(樂汁圖)』에는 닭의 머리와 제비의 부리, 뱀의 목과 용의 몸, 기린의 날개와 물고기의 꼬
　　리를 가진 동물로 봉황의 모양을 묘사하고 있다. 『주서(周書)』에는 봉의 형체가 닭과 비슷하고 뱀의 머리에
　　물고기의 꼬리를 가졌다고 하였다. 봉황은 동방 군자의 나라에서 나와서 사해(四海)의 밖을 날아 곤륜산(崑崙
　　山)을 지나 지주(砥柱)의 물을 마시고 약수(弱水)에 깃을 씻고 저녁에 풍혈(風穴)에 자는데, 이 새가 세상에
　　나타나면 천하가 크게 안녕하다고 한다. 그래서 봉황은 성천자(聖天子)의 상징으로 인식되었다. 천자가 거주
　　하는 궁궐 문에 봉황의 무늬를 장식하고 그 궁궐을 봉궐(鳳闕)이라고 했으며, 천자가 타는 수레를 봉연(鳳
　　輦)·봉여(鳳輿)·봉거(鳳車)라고 불렀다. 중국에서 천자가 도읍한 장안(長安)을 봉성(鳳城)이라 하였고 궁중
　　의 연못을 봉지(鳳池)라고 불렀다. 이처럼 봉황이 천자의 상징이 된 까닭은 봉황이 항상 잘 다스려지는 나라에
　　나타난다고 믿어 천자 스스로가 성군(聖君)임을 표방한 데 연유한다.

18　난다드나 → 난다더니

19　[보정] 예로부터 성현聖賢이 나면 기린麒麟이 나오고 군자君子가 나면 봉鳳이 난다드나 우리 시님이 났이니,
　　네가 분명分明 기린麒麟이로구나. ; 옛날부터 성현이 태어나고자 하면 먼저 기린이 나타나고 군자가 태어나고
　　자 하면 봉황이 나타난다고 하더니 우리 스님이 나셨으니 네가 분명히 기린이로구나. 한편 기린이 나면 성현이

사자=	(부정否定)
먹중=	이것도 아니라, 저것도 아니라니[20], 이거 참 야단 났구나.
먹중들=	이거 참 야단났구나.[21]
	(일동一同 제각기 떠들며)
	(야단 법석한다)
먹중=	옳지 알겠다.
	제齊나라때 전단田單이가
	소에다 가장假裝하여
	수만數萬 적군敵軍을 물리쳤다드니,
	그러면
	우리가 이렇게 떠드니까
	전장戰場으로 알고 뛰여들어 온
	소냐.[22]

태어나고 봉황이 나면 군자가 태어난다고도 한다. 여기서 사자를 기린이라고 오답을 한 이유는 노승을 군자라고 본 것 때문이다.

20 이것도 아니라, 저것도 아니라니 ; 오청본에는 이 대사가 없다.

21 먹중= 이것도 아니라, 저것도 아니라니, 이거 참 야단 났구나. 먹중들= 이거 참 야단났구나. ; 사자의 정체를 알 수 없어서 야단났다는 말이다.

22 제齊나라때 전단田單이가 소에다 가장假裝하여 수만數萬 적군敵軍을 물리쳤다드니, 그러면 우리가 이렇게 떠드니까 전장戰場으로 알고 뛰여들어 온 소냐. ; 전단(田單)이 연나라를 상대로 싸워 승리했던 역사적 사건을 두고 이른 것이다. 전단田單은 제(齊)나라의 명장이자 공족의 후예다. 연나라 장수 악의(樂毅)가 이끄는 5국 연합군의 총공격에 의해 제나라의 70여 개 성읍(城邑)이 한꺼번에 함락되는 전무후무한 국란을 겪을 당시 즉묵(卽墨) 태수를 역임하면서 망국 직전의 제나라를 지키기 위해 고군분투했다. 세자 법장(法章)이 거주(莒州) 땅에 피신해 있는 사실을 알고 그를 영입해 양왕(襄王)으로 즉위시켰다. 그후 참소와 유언비어에 의해 당대의 명장 악의가 연나라로 소환되고 기겁(騎劫)이 제나라에 주둔하게 되자 그 틈을 타 신묘한 작전으로 연나라 군사를 대패시켰다. 이에 호응하여 제나라 70여 개 성이 일제히 독립함으로써 연나라 세력을 제나라에서 완전히 축출하는 데 특등 공신이 됨. 제나라를 수복하고 수도 임치(臨淄)에 입성한 후에도 양왕을 도와 국정을 훌륭하게 운영하였다. [참고] 『사기』 전단열전(田單列傳) ; 전단은 성 안에서 소 1천여 마리를 모아 붉은 비단 옷을 만들어, 거기에 오색으로 용무늬를 그려 소에게 입혔다. 또한 칼날을 쇠뿔에 붙들어 맨 다음, 갈대를 쇠꼬리에 매달아 기름을 붓고 갈대 끝에 불을 붙였다. 그리고는 성벽에 수십 개의 구멍을 뚫어 밤을 틈타 구멍으로 소를 내보내고, 장사 5천명이 소 뒤를 따르게 했다. 소는 꼬리가 뜨거워지자 성이 나서 연나라 군중으로 뛰어 들어갔고, 연나라 군사는 한밤중에 크게 놀랐다. 쇠꼬리에 붙은 횃불은 눈이 부실 정도로 빛이 났는데, 연나라 군사가 자세히 보니 모두 용의 모습을 하고 있었고, 그것에 부딪치기만 하면 모두들 죽거나 부상을 당했다. 게다가 장사 5천명이 함매(銜枚)-군사가 행진할 때에 떠들지 못하도록 군졸들의 입에 나무 막대기를 물리던 일.-를

사자=　　　　　　（부정否定）

먹중=　　　　이거 참 야단났구나.

하하아, 그러면 인제야 알겠다.

당唐나라때 오계국烏鷄國[23]이 가물어서

온 백성百姓이 떠들 때에

국왕國王에 초빙招聘[24]으로

너의 신통神通을 다 부려서

단비를 내려주고

오계국왕烏鷄國王[25]의 은총恩寵 입어

궁중宮中에 한거閑居[26]하여

갖은 영화榮華 다 보다가

궁중후원宮中後苑 유리정琉璃亭[27]에

국왕國王을 생매生埋[28]하고

삼년간三年間 동안이나 국왕國王으로 변장變裝하여

부귀영화富貴榮華 누리다가

서천西天 서역국西域國[29]으로

하고 돌격했고, 성 안에서는 북을 울리며 함성을 올렸으며, 노약자들도 모두 구리 그릇을 두들기며 성원을 했
는데, 그 소리가 천지를 뒤엎는 것 같았다. 연나라 군사들은 크게 놀라 패해서 달아났다. 제나라 사람들은 마침
내 연나라 장군 기겁(騎劫)을 죽여 버렸다. 연나라 군사는 허둥지둥 정신없이 계속 달아났다. 제나라 사람들은
도망가는 적을 추격했는데, 그들이 지나며 들른 성과 고을은 모두 연나라를 배반하고 전단에게로 귀순했다. 제
나라는 날마다 병사가 불어나며 승기를 탔지만, 연나라는 하루하루 패해 도망만 가다가 결국 하상(河上)에 닿
았다. 이리하여 제나라의 70여 성은 모두 제나라 것이 되었다.

23　오계국烏鷄國 ; 서유기에 나오는 나라 이름이다.

24　[보정] 초빙招聘 ; 여기서는 오계국왕이 도움을 청한 사실을 두고 한 말이다. 반어적 표현이 담겨 있다.

25　오계국왕烏鷄國王 ; '서유기' 등장인물이다. 도사로 변장한 요괴에게 당해 어화원(御花園)의 우물에 빠져 죽
　　는다. 용왕의 도움으로 시신 상태로 보존되어 있다가, 마침 길을 가다 보림사(寶林寺)에 묵은 삼장법사를 찾아
　　와 도움을 청한다. 삼장법사는 손오공으로 하여금 요괴를 물리치고 국왕을 되살리게 한다. 손오공은 태상노군
　　로부터 구전환혼단(九轉還魂丹)을 얻어와 국왕을 되살려낸다.

26　[보정] 한거閑居 ; 여기서는 하는 일없이 지냄을 뜻한다. 본래는 한가하게 집에 있음을 말한다.

27　유리정琉璃亭 ; '유리정琉璃井'이 옳다. 서유기에 나오는 우물 이름으로, 오계국왕이 갇혔던 곳이다.

28　생매生埋 ; 목숨이 붙어 있는 생물을 산 채로 땅속에 묻음을 뜻한다.

불경佛徑[30] 구求하러 가든

당삼장唐三藏[31]이

보림사寶林寺[32]에 유숙留宿할 제

생매生埋된 오계국왕烏鷄國王이 현몽現夢하여

삼장법사三藏法師[33] 수제자首弟子[34]로

두솔천兜率天[35]에 행패行悖[36]하든

제천대성齊天大聖[37] 손행자孫行者[38]에게

---

29 서천西天 서역국西域國 ; 인도를 지칭한 것이다. '서천'은 부처가 태어나신 나라 즉 인도의 별칭이다. '서역'은 옛날 중국인이 중국의 서쪽에 있는 여러 나라를 부른 범칭으로, 곧 중국의 서쪽에 있는 총령(葱嶺)의 동서편에 있는 여러 나라를 통틀어 일컫는다. 또는 중국에서 부처님의 나라가 중국의 서쪽에 있으므로 서역(西域)이라고도 한다.

30 불경佛徑 ; '佛經'의 잘못이다.

31 당삼장唐三藏 ; 서유기에 나오는 삼장법사를 두고 이른 것이다. '당(唐)'은 중국을 통칭할 때에 쓰인다.

32 보림사寶林寺 ; 서유기에 나오는 절로 삼장법사가 묶은 곳이다.

33 삼장법사三藏法師 ; 불교 성전인 경장(經藏), 율장(律藏), 논장(論藏)에 모두 정통한 사람을 이르는 말이다. 삼장 비구(比丘) 또는 삼장 성사(聖師)라고도 부르며 줄여서 삼장이라고도 한다. 한 가지 장에 정통하기도 어려운 일이었으므로 삼장에 모두 정통한 법사란 극진한 존경의 뜻이 포함된 호칭이었다. 중국에서는 인도와 서역에서 불경을 들여와 한자로 번역하는 일에 종사하던 사람들을 역경삼장이나 삼장법사라고 불렀다. 가장 알려진 사람은 중국 최대의 번역승려인 현장이며 쿠마라지바와 진체(眞諦)도 삼장법사로 불렸다. 특히 현장이 천축(天竺)에서 불경을 들여온 일을 소설화한 '대당삼장취경시화(大唐三藏取經詩話)'와, 명나라 때의 장편백화소설인 '서유기(西遊記)'가 세상에 소개된 뒤부터는 손오공, 저팔계, 사오정 등을 제자로 삼아 천축으로 모험과 고난의 여행을 하는 구법승려인 현장을 일컫는 경우가 많다. 현장(玄奘)은 중국 당나라의 고승(高僧)으로 인도로 떠나 나란다 사원에 들어가 계현(戒賢:시라바드라) 밑에서 불교 연구에 힘썼다. 이후 중국으로 돌아와 인도 여행기인 '대당서역기(大唐西域記)'를 저술하였다.

34 수제자首弟子 ; 여러 제자 가운데 배움이 가장 뛰어난 제자를 말한다.

35 두솔천兜率天 ; 불교의 우주관에서 분류되는 천(天)의 하나다. 미륵보살(彌勒菩薩)이 머물고 있는 천상(天上)의 정토(淨土)이다. 범어 듀스타(Tusita)의 음역으로서, 의역하여 지족천(知足天)이라고 한다. 즉, 이곳에 사는 무리들은 오욕(五欲)을 만족하고 있음을 뜻한다. 불교에서는 세계의 중심에 수미산(須彌山)이 있고, 그 산의 꼭대기에서 12만 유순(由旬) 위에 있는 욕계(欲界) 6천 중 제4천인 도솔천이 있다고 한다. 도솔천은 미륵보살의 정토(淨土)로서, 정토신앙과 밀접한 관계가 있다.

36 [보정] 행패行悖 ; 여기서는 손오공이 잔재주를 피움을 두고 이른 것이다.

37 제천대성齊天大聖 ; '서유기(西遊記)'의 주인공인 손오공이 스스로 붙인 봉호이다. 72가지의 변화술과 근두운, 여의봉을 가진 그는 처음 하늘나라에 불려가 마구간을 관리하는 필마온(弼馬溫)이라는 말단 벼슬을 받는데, 나중에 속았다는 것을 알고 다시 화과산의 원숭이 무리로 돌아가 하늘나라에 대항하면서 '제천대성'이라고 자처했다. 이것은 하늘나라 옥황상제와 동등한 위대한 신선이라는 뜻이다. 이후 그의 위세를 누르지 못한 옥황상제는 그 봉호를 승인해준다.

38 손행자孫行者 ; 손오공을 말한다. '행자'는 불도를 닦는 사람, 혹은 여러 곳의 성지(聖地)를 돌아다니며 참배

본색本色이 탄로綻露되어

구사일생九死一生 달아나다가

문수보살文殊菩薩[39]에 구호救護 받어

근근僅僅히 생명生命을 보존保存케 되어

문수보살文殊菩薩이 타고 다니든

사자獅子냐.[40]

하는 사람, 혹은 중이 되기 위하여 출가한 사람으로서 아직 계를 받지 못한 사람을 말한다.

39   문수보살文殊菩薩 ; 문수는 문수사리(文殊師利) 또는 문수시리(文殊尸利)의 준말로, 범어 원어는 만주슈리 (Manjushri)이다. '만주'는 달다[甘], 묘하다, 훌륭하다는 뜻이고, '슈리'는 복덕(福德)이 많다, 길상(吉祥)하다는 뜻으로, 합하여 훌륭한 복덕을 지녔다는 뜻이 된다. 문수보살은 부처님이 돌아가신 뒤 인도에서 태어나 반야 (般若)의 도리를 선양한 이로서, 항상 반야지혜의 상징으로 표현되어 왔다. 그는 '반야경'을 결집, 편찬한 이로 알려져 있고, 또 모든 부처님의 스승이요 부모라고 표현되어 왔다. 이는 '반야경'이 지혜를 중심으로 취급한 경 전이고, 지혜가 부처를 이루는 근본이 되는 데서 유래된 표현이다.

40   [보정] 당唐나라때 오계국烏鷄國이 가물어서 ~ 문수보살文殊菩薩이 타고 다니든 사자獅子냐. ; 오승은의 '서유 기'에 나오는 한 장면을 원용한 것이다. 이같이 고사를 원용하는 일은 세계 사자춤들의 공통점이기도 하다.
    [참고] '서유기'
    [전략] 일행이 다다른 월상동산(月上東山)에는 칙건보림사(敕建寶林寺)가 있었다. 삼장 일행은 나이 벌써 저물었으므로 이 절에서 하룻밤 묵어가기로 했다. 밤이 되자 오공과 발계, 오정은 모두 잠에 빠졌다. 삼장만 이 혼자 탁자 앞에 앉아 조용히 경문을 외다가 밤이 깊어 삼경이 될 무렵에야 자신도 모르게 잠에 들었다.
    삼장은 잠결에 임금의 복장을 갖추어 입은 사람이 다가오는 것을 보았다. 그 사람이 말했다.
    "나는 오계국(烏鷄國)의 임금이오. 5년 전에 나라에 큰 가뭄이 들어 초목이 다 마르고 많은 백성이 굶어 죽는 일이 있었소. 그런데 어느 날 바람과 비를 부르는 도인 한 사람이 날 찾아왔소. 나는 그를 보고 기우제 를 지내 달라고 청하였고 그 도사가 제단으로 올라가 기우제를 지내자 과연 큰 비가 내리더니 우리나라에 가뭄이 사라졌소. 나는 그의 은혜에 감사하기 위해 그와 의형제를 맺었소."
    "형제가 되었군요."
    "도인과 인연을 맺었으니 난 진심으로 기뻤소. 그를 정말 친형제 이상으로 아꼈지요."
    "당연한 일이지요."
    임금은 계속 말을 이었다.
    "그렇게 이 년이 흘렀소. 그러다 삼 년 전 어느 봄날 나는 그 도인과 함께 꽃동산으로 봄나들이를 하러 나 갔을 때의 일이오. 그 도인은 내가 방심하고 있는 틈을 노려 나를 유리정(琉璃井)으로 밀어 떨어뜨린 위 넓 적한 돌판으로 우물 입구를 덮고 그 위에는 파초 나무 가지 심어 놓았소. 그리고는 내 모습으로 둔갑을 하더 니 내 나라를 빼앗고 임금의 자리에 앉았소. 궁궐의 신하들은 그 도인이 나인 줄로 잘못 알고 있소이다."
    "아, 그럴 수가? 임금의 자리를 탐내어 접근한 흉악한 놈이었구려."
    "그렇소. 원통하기 그지없소."
    "쯧쯧…. 정말 안 되었소이다."
    삼장은 진심으로 위로하였다.
    "그래서 하는 말이오……."
    오계국의 임금은 삼장에게 그 요괴를 쫓아 줄 것을 부탁하고 백옥규(白玉圭)를 주며 말했다.
                                    [중략]
    오공이 여의봉을 들고 요괴의 머리를 내려치려는 순간 문수보살이 나타나 오공을 말렸다. 문수보살은 오공

獅子=	(머리를 끄덕끄덕하여 긍정肯定)
먹중=	그러면 네가 무슨 일로 적하인간謫下人間⁴¹ 하였느냐.

우리 시님 수행修行하야

온 세상世上이 지칭指稱키를 생불生佛⁴²이라 이르나니

석가여래釋迦如來⁴³ 부처님이

우리 시님 모시라고 명령命令듣고

여기 왔냐.

獅子=	(否定)
먹중=	그러면 네가

오계국烏鷄國에 있을 때에

실이목지호悉耳目之好⁴⁴하며

궁심지지소락窮心志之所樂하여

인간人間에 갖은 행락行樂 마음대로 다 하다가⁴⁵

을 도와 요괴를 잡으려고 온 것이었다. 보살이 조요경을 꺼내 비추자 요괴는 순식간에 본래의 모습으로 돌아
갔다.

"모두들 수고하였다."

요괴는 다름 아닌 문수보살이 타고 다니던 푸른 털의 사자로 여래의 분부를 받고 오계국에 내려와 삼장과
제자들을 시험했던 것이다.

"그대들이 듣던 것보다 더 훌륭히 임무를 수행하고 있어서 흡족하구나."

삼장법사가 무릎을 꿇고 두 손을 모아 합장을 하자 오공을 비롯한 제자들도 일제히 삼장을 따라 했다. 보
살은 목하 푸른 털 사자를 타고 하늘로 떠났다. 이튿날 삼장과 제자들은 오계국의 임금과 신하들과 작별 인
사를 하고 다시 서천을 향해 발길을 재촉하였다. [후략]

41 적하인간謫下人間 ; 인간세계로 귀양 보내 짐을 말한다.

42 생불生佛 ; 살아 있는 부처라는 뜻으로, 덕행이 높은 승려를 이르는 말이다. 중생과 부처를 아울러 이르거나,
여러 끼를 굶은 사람을 비유적으로 이르기도 한다.

43 석가여래釋迦如來 ; 가비라국(迦毗羅國) 정반왕(淨飯王)의 맏아들로 석가모니(釋迦牟尼)를 이른다. 부처가
되시기 전에는 이름이 선혜(善慧), 도솔천(兜率天)에 계실 때에는 이름이 성선(聖善) 또는 호명대사(護明大
士)였다. 여래는 산스크리트 '타타가타(tathāgata)'를 음역한 것으로 'tathā'는 '이와 같이', 'āgata'는 '왔다'의 뜻
이다. 대승 불교에서 주로 진리를 체득하여 중생 제도를 위해 이 세상에 왔다는 의미로 사용되었다. 아울러 여
래는 부처의 위대함을 나타내는 열 가지 칭호인 불십호(佛十號)의 첫째 명칭이다.

44 [보정] '悉耳目之所好'를 '尋耳目之所好'의 오류로 보는 일부 자료는 잘못된 것이다.

45 그러면 네가 오계국烏鷄國에 있을 때에 실이목지호悉耳目之好하며 궁심지지소락窮心志之所樂하여 인간人
間에 갖은 행락行樂 마음대로 다 하다가 ; '실이목지호悉耳目之好하며 궁심지지소락窮心志之所樂하여'는 '욕
실이목지호欲悉耳目之好하며 궁심지지소락窮心志之所樂하여'가 옳다. 푸른 사자인 네가 오계국에서 오계국

손행자孫行者에게 쫓겨서 천상天上으로 올라간 후後

문수보살文殊菩薩 엄시하嚴視下에 근근僅僅이 지내다가[46]

왕으로 변장하여 '귀와 눈에 좋은 바를 다하고자 하며, 마음과 뜻에 즐거운 바를 다하며, 즉 인간의 갖은 즐거움 마음대로 다 하다가' 라는 말이다. 2세 황제가 조고(趙高)에게 한 말이다. 『사기』이사열전(李斯列傳)에서 원용한 구절이다. 조고는 '지록위마(指鹿爲馬)' 고사의 주인공이다. [참고] 『사기』이사열전(李斯列傳) ; 2세 황제가 한가할 적마다 조고(趙高)를 불러 함께 의논하였는데 '대저 사람이 태어나 세상에 살아 있는 시간은 비유하자면 여섯 마리의 준마가 끄는 수레가 뚫어진 틈을 지나가는 것과 같소. 나는 이미 천하에 군림하게 되었고, 귀와 눈에 좋은 바를 다하며, 마음과 뜻에 즐거운 바를 다하며, 이로써 종묘(宗廟)를 안정시키고 만백성을 기쁘게 하여, 천하를 오래도록 소유한 채, 나의 천수를 마치고 싶은데, 어떤 방법이 있겠소.' 라고 물었다. 조고는 대답하기를 '이것은 현명한 군주만이 누릴 수 있는 바이고, 어리석은 군주는 그럴 수 없는 바입니다. 제가 감히 도끼로 처형당함을 피하지 않고 말씀을 드립니다만, 폐하께서 조금이라도 이것을 유념해주십시오. 대저 사구(沙丘)에서의 음모를 여러 공자들과 대신들이 모두 의심하고 있는데, 여러 공자들은 모두 폐하의 형들이며, 대신들도 선제께서 등용하셨던 인물입니다. 이제 폐하께서 즉위하시자 그 무리들은 이 일을 못마땅하게 여겨서 모두 복종하지 않았으니, 변란을 일으킬까 두렵습니다. 그리고 몽염이 이미 죽었다고 하나, 몽의(蒙毅)는 군대를 이끌며 변방에 머물고 있습니다. 저는 전전긍긍하며 오로지 두려움을 떨쳐버리지 못하고 있습니다. 그러니 폐하께서 어찌 그러한 즐거움을 누리실 수 있겠습니까.' 라고 하였다. 2세 황제가 '이 일을 어찌하면 좋겠소.' 라고 묻자, 조고는 '법을 엄하게 하고 형벌을 가혹하게 하여, 명령을 위배한 자에게는 연좌(連坐)하여 처단하고 일가족을 구속하도록 하십시오. 대신들을 멸하고 골육의 형제들을 멀리하십시오. 가난한 자를 부유하게 하고 천한 자를 존중하게 하십시오. 선제의 옛 신하들을 모두 제거하시고, 폐하께 신망을 주는 자로 대체하시어 가까이하십시오. 이렇게 하시면 잠재된 덕이 폐하께 모이고, 해로운 것이 제거되면 간사한 계략이 방지될 것이며, 여러 신하들 가운데 폐하의 두터운 은덕을 입지 않은 자가 없게 되어, 폐하께서는 베개를 높이 하고 마음껏 즐기실 수 있습니다. 이보다 나은 계책은 없을 것입니다.' 2세 황제는 조고의 말을 옳다고 여기고 이에 법률을 바꾸었다. 그리하여 여러 신하들과 공자들 중에 죄를 지으면 조고에게 맡겨서 죄를 조사하고 처형하도록 하였다. 이렇게 하여 대신 몽의 등이 죽었고, 공자 12명이 함양의 시장 바닥에서 죽었으며, 공주 10명도 두현(杜縣)에서 사지(四肢)가 찢겨 죽었다. 재산은 모두 관청에 몰수되었고, 연루된 자도 이루 다 헤아릴 수 없었다. 공자 고(高)는 도망가려다가 가족이 구속되는 것이 두려워서, 이에 상서(上書)를 올렸다. 二世燕居, 乃召高與謀事, 謂曰:「夫人生居世間也, 譬猶騁六驥過決隙也. 吾旣已臨天下矣, 欲悉耳目之所好, 窮心志之所樂, 以安宗廟而樂萬姓, 長有天下, 終吾年壽, 其道可乎」高曰:「此賢主之所能行也, 而昏亂主之所禁也. 臣請言之, 不敢避斧鉞之誅, 願陛下少留意焉. 夫沙丘之謀, 諸公子及大臣皆疑焉, 而諸公子盡帝兄, 大臣又先帝之所置也. 今陛下初立, 此其屬意怏怏皆不服, 恐爲變. 且蒙恬已死, 蒙毅將兵居外, 臣戰戰栗栗, 唯恐不終. 且陛下安得爲此樂乎」二世曰:「爲之柰何」趙高曰:「嚴法而刻刑, 令有罪者相坐誅, 至收族, 滅大臣而遠骨肉 ; 貧者富之, 賤者貴之. 盡除去先帝之故臣, 更置陛下之所親信者近之. 此則陰德歸陛下, 害除而姦謀塞, 群臣莫不被潤澤, 蒙厚德, 陛下則高枕肆志寵樂矣. 計莫出於此.」二世然高之言, 乃更爲法律. 於是群臣諸公子有罪, 輒下高, 令鞫治之. 殺大臣蒙毅等, 公子十二人僇死咸陽市, 十公主矺死於杜, 財物入於縣官, 相連坐者不可勝數.

　　[참고] 『사기』진시황본기(秦始皇本紀)8월 기해일에 조고는 반란을 일으키고자 했으나 군신들이 듣지 않을까 염려되자, 먼저 시험해보기 위해서 2세 황제에게 사슴을 바치며 말하기를 '말[馬]입니다.' 라고 하였다. 이세는 빙그레 웃으며 '승상이 틀렸을 게요. 사슴을 말이라고 하는구려.' 라고 말하고는 주변의 군신들에게 물으니, 어떤 사람은 묵묵히 있으면서 대꾸를 하지 않았고, 어떤 사람은 말이라고 대답하여 조고에게 아부했으며, 또 어떤 사람은 사슴이라고 말하였다. 조고는 은밀하게 사슴이라고 말한 사람을 법을 빙자하여 모함하였다. 이와 같은 일이 있은 다음, 군신들은 모두 조고를 두려워하였다.

우리가 이렇게 질탕이 노는 마당

유량[47]한 풍악風樂소리 천상天上에서 반겨듣고

우리와 같이 한바탕

놀아 볼랴고 내려 왔느냐.

獅子 =   (부정否定)

먹중 =   그러면 네가

무엇을 먹으랴고 여기 왔느냐.[48]

獅子 =   (긍정肯定)[49]

먹중 =   그러면 네가

가왕假王[50] 노릇 三年 동안

산진해미山珍海味[51] 다 먹다가

인간음식人間飮食 취미趣味 붙여서

다시 한 번 맞보고저[52] 왔느냐.[53]

獅子 =   (부정否定)

먹중 =   (화를 내어)

그러면 네 에미에비[54] 먹으려 왔느냐.[55]

---

46   [보정] 손행자孫行者에게 쫓겨서 천상天上으로 올라간 후後 문수보살文殊菩薩 엄시하嚴視下에 근근僅僅이
      지내다가 ; 손오공에게 쫓기어서 하늘로 올라 간 후에 문수보살의 엄한 가르침을 받으며 근근이 지내다가. 이
      문맥은 '서유기'의 사건과 순서가 다르다. '서유기'로 보면 사건은 본래 '문수보살의 엄한 가르침을 받으며 지
      냄', 그러다가 '문수보살의 분부로 삼장과 오공을 시험하는 중에 '손오공에게 쫓김', '문수보살을 태우고 하늘로
      올라감'의 순서다. 하릴없이 지냈음을 강조하기 위하여 사건의 전개 순서를 바꾸어 놓은 듯하다.

47   嚠喨(유량) ; 음악 소리가 맑으며 또렷함을 이른다.

48   먹중 = 그러면 네가 무엇을 먹으랴고 여기 왔느냐. ; 오청본에는 이 대사가 없다.

49   獅子 = (긍정肯定) ; 오청본에서는 부정한다.

50   가왕假王 ; 가짜 임금을 뜻한다.

51   산진해미山珍海味 ; 산과 바다에서 나는 온갖 진귀한 물건으로 차린 맛이 좋은 음식을 말한다. 보통은 '산해
      진미(山海珍味)'라고 한다.

52   맞보고저 → 맛 보고자

53   가왕假王 노릇 三年 동안 산진해미山珍海味 다 먹다가 인간음식人間飮食 취미趣味 붙여서 다시 한 번 맛
      보고저 왔느냐. ; 푸른 사자 네가 오계국왕으로 변장하여 거짓 임금 노릇을 하던 삼년 동안이나 산해진미를 모
      두 먹다가 사람들이 먹는 음식이 좋아서 다시 한 번 맛보려고 왔느냐.

(하고 막대기[56]로 사자獅子의 머리통을 때린다)

獅子 =   (크게 노怒하여 장내場內를 이리 뛰고 저리 뛰며 먹중을 잡아먹으려 한다)

먹중 一同 =   (사자獅子에게 쫓기어 이리 도망逃亡치고 저리 도망逃亡치고 한다)

먹중 하나 =   (사자獅子에게 잡혀 먹힌다)

                (한참만에 사자獅子의 꼬리쪽으로 살짝 빠져 나온다.

                그리하여 사자의 뱃속에서 본 것을 여러가지로 재미있게 재담才談[57]을 한다.

                또는 약略하는 수도 있다. 여기에는 약略한다.)[58]

먹중 II =   (크게 무서워하며) 저놈이 우리 중을 잡어 먹을 적에는 아마도 우리가 시님을 꾀여냈다고 해서 우리를 다 잡아 먹으랴는 모양이다.

먹중들 =   아마 그런 모양이다.

---

54   에미에비 ; ‘어미 아비’다. ‘에미’는 ‘어미’의 방언이다. ‘에비’는 ‘애비’가 옳다. ‘애비’는 ‘아비’의 방언이다.

55   묵승갑. (화가 나서) 「그러면 네 어미아비를 잡어먹으려 왔느냐.」 ; 정체를 알 수 없어 끝내는 욕설을 퍼붓는 대목이다.

56   [보정] 소도구로 ‘막대기’를 들었음을 알 수 있다. 보통은 채찍 형태다.

57   [보정] 재담才談 ; 익살과 재치를 부리며 재미있게 이야기 하거나, 또는 그런 말을 이른다. [후기 참조]

58   먹중 하나 = (사자獅子에게 잡혀 먹힌다) (한참만에 사자獅子의 꼬리쪽으로 살짝 빠져 나온다. 그리하여 사자의 뱃속에서 본 것을 여러가지로 재미있게 재담才談을 한다. 또는 약略하는 수도 있다. 여기에는 약略한다.) ; 이 기사는 ‘복중(腹中) 모티프’ 혹은 ‘동굴 모티프’와 관련하여 연구할 필요가 있다고 본다. ‘동굴’과 ‘복중’은 재생의 상징이다. ‘동굴’은 재생의 공간을 상징함은 인류학에서 널리 알려진 관점이다. 그러니까 이 장면은 ‘재생’과 연관시켜 연구해야 할 대상인 것이다.

  [참고] 「호랑이 뱃속으로 들어갔다 나온 사람」 ; 옛날에 호랑이 담배 필적에 보따리장수 하나가 보따리를 짊어지고 큰 태산준령을 넘어가고 있었다. 그런데 갑자기 여산대호가 나타나 보따리장수를 꿀꺽 삼켜 버렸다. 여산대호에게 삼켜져 뱃속으로 들어가게 된 보따리장수는 일단 보따리를 풀어놓고 앉았다. 보따리장수는 캄캄하여 아무 것도 보이지 않는 것이 답답하였다. 잠시 후 또 한 사람이 뱃속으로 쑥 들어왔다. 그 사람은 사기장수였다. 사기장수는 사기를 짊어지고 가다가 여산대호에게 먹혀 뱃속으로 들어온 것이었다. 사기장수도 사기 짐을 벗어 놓고 앉았다. 두 사람은 캄캄한 호랑이 뱃속에 앉아서 손으로 주위를 더듬다가 호랑이의 기름막을 발견하였다. 그래서 호랑이의 기름막을 떼어다가 연료로 삼고 종이로 심지를 만든 다음 사기장수의 사기그릇에 놓고 불을 붙였다. 두 사람이 불을 밝혀 놓고 보니 호랑이 뱃속에 모여 있는 장사꾼이 넷이었다. 네 사람은 심심하니 투전이나 하자고 하였다. 그래서 네 사람은 모여 앉아 투전을 하기 시작하였다. 호랑이는 뱃속에 있는 장사꾼들이 불을 밝히고 투전까지 하자 뱃속이 뜨겁고 아파 설사를 하기 시작하였다. 호랑이가 똥을 누려고 하니 똥구멍을 통해서 밖의 환한 빛이 들어왔다. 네 사람은 똥구멍을 통해 밖을 내다보다가 호랑이의 꼬리를 발견하고 얼른 잡아채어 힘껏 잡아당겼다. 그 바람에 호랑이는 가죽이 벗겨져 죽고 말았다. 호랑이 뱃속에서 나온 네 사람은 호랑이의 가죽과 고기를 팔아 나눠 가지고 잘 살았다. -『양주군지』

(하여 모두 무서워 야단친다)

다시 물어 봐서 정 그렇다면 우리들은 마음과 행실行實을 고쳐야겠다.

먹중 Ⅱ＝ 그러면 내가 한 번 자서仔細히 물어 보자.

(사자獅子 앞으로 나가서)

여 봐라 사자獅子야. 말들어거라허니[59],

우리 시님 수행修行하여 온 세상世上이 생불生佛이라 칭칭稱하는 것을

우리가 음탕淫蕩한 길로 꾀여 내어

파계破戒가 되게 하였다고

석가여래釋迦如來 부처님이 우리를 징계懲戒하시기 위하여

이 세상世上에 너를 내려보내시며

우리를 다 잡아먹으라시드냐?

獅子＝ (긍정肯定)[60]

먹중들＝ (한데 모여서 무서워 벌벌 떤다)

우리들이야 무슨 죄罪가 있느냐. 우리 스승 취발醉發이가 시님을 시기하여 이렇게 만든 것이 아니냐. 그러면 우리 기왕已往 잘못한 것을 곧 회개悔改하기로 하자.

먹중 Ⅱ＝ (사자獅子를 향向하야)

사자야 네가 온 뜻 알겠다. 우리들이 회개悔改하여 이제부터는 부처님을 잘 섬길 터이니 우리가 기왕에 잘못한 것을 용서하고 춤이나 한 번 추고 마즈막으로 헤여지자.[61]

---

59 말들어거라허니 ; '말 + 들어 + 거라 + 허니'와 같이 결합된 말이다. 이 어투에는 명령하는 뜻과, 으레 있어 온 일이라는 뜻이 담겨있다.

60 (긍정肯定) ; 오청본에서는 '(머리를끄덕끄덕한다)'라고 채록되었다.

61 [보정] 먹중 Ⅱ＝ (사자獅子를 향向하야) 사자야 네가 온 뜻 알겠다. 우리들이 회개悔改하여 이제부터는 부처님을 잘 섬길 터이니 우리가 기왕에 잘못한 것을 용서하고 춤이나 한 번 추고 마즈막으로 헤여지자. ; 오청본에서는 '墨僧丙. (獅子의압흐로다시가서) 「獅子야 너의온뜻을잘알앗다 우리는悔改하야 이제붙어는부처님을 잘 섬길터이니 우리들의已往잘못한것을容恕하여다오 그러고마즈막으로 너도우리와함께춤이나한번추고 헤여지잣구나.」 獅子. (머리를끄덕끄덕한다)'라고 채록되었다. 이 두 자료에는 사자의 춤이 실현되지 않고 있다. 이두 현본을 보면 다음과 같이 채록되었다.

獅子＝   (긍정肯定)

먹중 II＝   꿍 떡

(이 말이 나자 음악音樂이 연주演奏된다.

먹중 팔인八人과 사자獅子, 한데 어울려 각각各各 장기長技의 춤을

추다가 전원全員 퇴장退場)62

마 부 : 그러면 헤어지는 이 마당에서 저런 좋은 음률에 맞춰 춤이나 한자리 추고가는 것이 어떻냐?

사 자 : (긍정)

마 부 : 좋아 그러면 무슨 춤으로 출랴는지 네 형편을 알아보겠다 긴영산으로 출랴느냐? 아니야 그럼 도도리를 출랴느냐? 그것도 아니야 옳다 이제야 알갔다 타령으로 출랴느냐? —낙양동천이화정— (사자와 같이 한참 타령곡으로 추다가) 쉬이 (장단 그치고 사자 그자리에 앉는다) 아간 타령으로 췄지만 이번엔 굿거리로 한번 추는것이 어떠냐?

사 자 : (좋다고 한다)

마 부 : 아 좋아 —덩덩 덩덕꿍— (굿거리 곡으로 한참 추다가 사자를 데리고 퇴장한다)

이두현본에 따르면 사자는 도도리와 굿거리 장단에 맞추어 두 차례 춤을 춘다. 다음의 김유경 연희본도 유사하다.

마 부 : 옳지!

그러면 우리 헤어지는 이 마당에 이런 좋은 풍악에 맞추어 한거리 놀고 가는 것이 어떠하냐?

사 자 : <긍정>

마 부 : 옳지! 옳지!

긴 영상으로 출려느냐?

사 자 : <부정>

마 부 : 아니야?

옳지 알겠다. 네가 타령으로 출려고 하는구나.

사 자 : <긍정>

마 부 : 옳지! 옳지!

낙양 동천 이화정 (洛陽 洞天 梨花亭)

<사자는 타령곡에 맞추어 춤추고 마부도 채칙을 흔들며 돈다.

한참 뒤에 마부가 사자를 세우고>

쉬이!

춤 자알 추었다.

타령으로 추었으니 이제는 굿거리로 한번 놀아 봄이 어떠하냐?

사 자 : <긍정>

마 부 : 덩덩 덩더꿍

<굿거리에 맞추어 한참 놀다 퇴장한다>

이렇게 두 자료를 참고해 보면 도도리 타령과 굿거리 장단에 맞춘 두 차례에 걸친 사자춤이 실현되었을 것으로 본다.

62 [보정] 먹중 II = 꿍 떡 (이 말이 나자 음악音樂이 연주演奏된다. 먹중 팔인八人과 사자獅子, 한데 어울려 각각各各 장기長技의 춤을 추다가 전원全員 퇴장退場) ; 오청본에서는 '(이로붙어 獅子는여러먹중들과함께 打鈴曲의長短에마추어 快活한춤을한참춘다음 各各同時에 退場한다.)'라고 채록되었다. 타령곡 장단에 쾌활한 춤으로 전개된다. 이 대목은 임석재본에 따르면 각 목은 '장기의 춤'을 춘다는 점을 유의할 필요가 있다. 아울러 악기 소리를 모방한 대사 '꿍 떡'이 불림으로 활용되었다.

6. '제육장'의 복원

제육장第六場[1]

말둑이[2] =   (등장登場. 울긋불긋한 검붉은 탈[3]을 쓰고, 머리에 검은 벙거지[4]를
                    썼다.
                    붉으레한 짧은 옷[5] 입고, 우수右手에 채찍[6]을 쥐었다.
                    구꺼리장단長短[7]에 맞추어 우스운 춤[8]을 추며 양반兩班[9] 삼형제를

---

1   第六場 ; 오청본에서는 '第六場 兩班舞'라고 채록되었다. 그리고 '이 장면은 양반의 비부 말둑이가 주역이
    되어 시골 양반의 생활상을 재미스럽게 풍자 표현하는 것으로써 마침내 그 위로써 방탕무뢰한 취발을 체포하
    는 것이다. 그러나 전 오장과는 별개의 것인 듯하다' 라고 부기 되어 있다. 이러한 기사가 지금까지 이 장면의
    주제로 치부되어왔다. 그러나 이는 연출법이 될지언정 주제가 될 수는 없다.

2   말둑이 ; 보통 '말뚝이'라 한다.

3   울긋불긋한 검붉은 탈 ; '울룩불룩한 검붉은 탈'인 듯하다. 오청본에서는 '울눅불눅한 검붉은 탈'이라고 채록되
    었다. '울긋불긋'은 짙고 옅은 여러 가지 빛깔들이 야단스럽게 한데 뒤섞여 있는 모양을 말한다. '울룩불룩'은
    물체의 거죽이나 면이 고르지 않게 매우 높고 낮은 모양을 말한다.

4   검은 벙거지 ; 오청본에서는 '黑色말둑벙거지'라고 채록되었다. '벙거지'는 전립(戰笠)을 말한다. '모자'를 속
    되게 이르는 말이다. '전립(戰笠)'은 조선 시대에, 무관이 쓰던 모자의 하나. 붉은 털로 둘레에 끈을 꼬아 두르
    고 상모(象毛), 옥로(玉鷺) 따위를 달아 장식하였으며, 안쪽은 남색의 운문대단으로 꾸몄다.

5   붉으레한 짧은 옷 ; 의상의 형태와 색상이 나타나 있다. 오청본에서는 '붉은빛갈에짧은웃옷'이라고 채록되었다.

6   채찍 ; 소도구다.

7   구꺼리장단長短 → 굿거리 장단

8   [보정] 우스운 춤 ; 정병호는, 이 마당의 춤장단은 굿거리를 주로 쓰며, '두어춤', '거드름춤', '발림춤' 등이 쓰인
    다고 한다.
        [참고] 두어-춤은 가면극에서, 양반의 종 말뚝이가 양반을 희롱하는 몸짓을 표현하는 춤이다. 말뚝이의 두
    어춤은 양반들을 돼지우리 속에 몰아넣는다고 해서 붙여진 이름이라고 한다. 거드름춤은 경기도 지방에 전
    해 오는 산대계(山臺系)의 대표적인 춤사위다. 이 춤은 깨끼춤과 쌍벽을 이루는 춤으로, 단조롭게 완만한 형
    태로 움직이는 느린 동작의 춤이다. '거드럭거린다', '거드름 피운다'라는 말의 의미와 함께 몸의 마디마디의
    흥과 멋을 풀어 감듯이 꿈틀거리며 추는 이 춤은, 주로 6박의 긴 염불장단에 의해 노승·옴중·연잎·눈끔적
    이·상좌(上佐)와 같은 승려 성분의 역들에 의해 전형적인 의식무로 연출된다. 이 춤의 대표적인 동작의 종

인도引導한다)

兩班三兄弟＝   (말둑이 뒤에 따라 매우 점잖을 피우며 들어온다. 허나 어색스러운

점잔뺌¹⁰이다.¹¹)

(양반兩班 삼형제三兄弟는 장長은 샌님<생원生員님>¹², 둘째는 서

방書房님¹³, 끝은 도령道令님¹⁴이다.

류와 형태 및 그 숨은 뜻은 다음과 같다.

① 팔뚝잡이 : 상좌와 음중이 추며, 마치 술잔을 향불 위에 세 번 돌리고 제신(諸神)에게 바치듯이 한 팔뚝 을 받들어 머리를 숙인 채 나머지 한 팔로 내밀면서 사방에 축원하는 동작이다.

② 고개끄덕이 : 음중이 추며 장삼자락을 어깨너머로 넘기고 삼진삼퇴(三進三退)하면서 고개를 좌우로 살 피듯 돌리면서 끄덕거리는 동작이다.

③ 사방치기 : 팔뚝잡이의 형식으로 상좌·음중·노장이 추며, 사방의 축원과 잡신사기악신(雜神邪氣惡 神)들을 차례로 쫓아내는 일종의 구나의식무(驅儺儀式舞)로, 긴 장삼자락을 머리 위로 펴면서 한 방향으로 돌아가며 사방에 재배하는 동작이다.

④ 용트림 : 음중이 추며, 용이 세상 밖에 처음 나와서 이편저편의 세상 실정을 조심스럽게 돌아보듯 양팔 을 펴들고 꿈틀거리는 동작이다.

⑤ 활개꺾기 : 학이 날개를 펴고 날아가듯 펼쳐진 일직선의 양팔을 한쪽씩 접어 올렸다 내렸다 하는 동작 이다.

⑥ 활개펴기 : 팔뚝잡이동작 앞이나 뒤에 나오는 동작으로, 삼진삼퇴가 끝나고 방위를 바꿀 때 양팔을 활 개 펴듯 펴서 거드름을 피우는 동작으로 완만하고 단조롭게 춘다.

이상과 같은 춤사위들로 구성된 이 춤의 특성은 삼진삼퇴의 전형적인 의식무에 축원의 형식을 띠고 있으며, 반드시 종반에는 거드름춤 그 자체로 끝나지 않고 장단이 바뀌면서 깨끼춤을 동반하고 있어 흥을 돋우어 주는 구실을 한다.

발림춤은 입창에서 흔히 활용된다. 노래 부르는 사람이 서서 연주하기 때문에 붙여진 입창이라는 말은 앉아 서 부르는 좌창의 대칭어로 쓰인다. 원래 사당패(社黨牌)의 소리인 입창은 한 사람이 장고를 메고 소리를 메기 면 소고수 4, 5명이 일렬로 늘어서서 전진 또는 후진하며 발림춤을 추면서 제창으로 받는 소리를 하는 교창(交 唱)형식으로 연행된다. 이들은 연주 도중에 흥에 겨워 앞뒤로 왔다 갔다 하면서 발림춤을 추기도 한다.

9   양반兩班 ; 고려·조선 시대에, 지배층을 이루던 신분이다. 원래 관료 체제를 이루는 동반과 서반을 일렀으나 점차 그 가족이나 후손까지 포괄하여 이르게 되었다. 요즘에는 점잖고 예의 바른 사람을 말하기도 한다. 또한 자기 남편을 남에게 이르는 말로, 남자를 범상히 또는 홀하게 이르는 말로, 사정이나 형편이 좋음을 비유적으 로 이르는 말로 의미가 확장되었다.

10   점잔뺌 → 점잖 뺌

11   말둑이 뒤에 따라 매우 점잖을 피우며 들어온다. 허나 어색스러운 점 잔뺌이다. ; 오청본에서는 '兩班三兄弟 는 모다점잔은체로 발자최를드믄드믄띄며 之字거름으로 말둑이뒤를따라登場한다.'라고 채록되었다. 걸음걸이 모습이 오청본이 보다 구체적이다. 연출법을 제시하고 있다. '점잖을 피우며', '지자거름' 등의 기사로 보아 양반 흉내를 내는 형상이다.

12   샌님<생원生員님> ; '샌님'은 '생원님'의 준말이다. '생원(生員)'은 조선 시대에, 소과(小科)인 생원과에 합격 한 사람을 말한다. 예전에, 나이 많은 선비를 대접하여 이르던 말로 쓰였다.

13   서방書房 ; '남편'을 낮추어 이르는 말이다. 혹은 성에 붙여 사위나 매제, 아래 동서 등을 이르는 말로 쓰인다. 또 벼슬이 없는 사람의 성 뒤에 붙여 이르는 말로 쓰인다. 여기서는 '둘째'라는 뜻이다. 오청본에서는 '仲弟'라

생원生員과 서방書房님[15]은 흰 창옷[16]을 입고 머리에 관冠[17]을 쓰고, 도령님은 복건卜巾[18]을 썼다.

생원生員님은 흰수염이 늘어진 백색면白色面인데 언챙이다. 장죽長竹[19]을 물었다.[20]

서방書房님은 검은 수염이 돋친 약간若干 붉은 면面을 썼고, 도령道令님은 소년면小年面을 쓰고 남색쾌자藍色快子[21]를 입었다.[22]

이는 종시終始 말하지 않고 형兄들이 하는 동작動作을 같이 따라서

고 채록되었다.

14   도령道令 ; 총각을 대접하여 이르는 말이다. 한자를 빌려 '道令'으로 적기도 한다. 오청본에서는 '末弟'라고 채록되었다.

15   생원生員과 서방書房님 ; 오청본에서는 '兩班兄과仲弟'라고 채록되었다.

16   창氅옷 ; '소창옷'의 준말이다. '소창옷(小氅一)'은 예전에, 중치막-소매가 넓고 길이가 길며 앞은 두 자락, 뒤는 한 자락으로 된, 무-윗옷의 양쪽 겨드랑이 아래에 대는 딴 폭-가 없이 옆이 터진 네 폭으로 된 웃옷. 옛날에 지체는 높으나 벼슬하지 못한 백두(白頭)가 입었음. 벼슬아치가 평소에도 입음.-밑에 입는 웃옷의 하나로 두루마기와 같다. 오청본에서는 '氅衣'라고 채록되었다.

17   머리에 관冠 ; '정자관(程子冠)'이다. '정자관'은 선비들이 집에서 평상시에 창의나 도포를 입었을 때에 함께 쓰던 관이다. 중국 송나라 때 정자(程子)가 만든 제도라서 붙여진 이라고 한다. 홀겹으로부터 2층 3층으로 썼는데 지위가 높을수록 층이 많은 것을 썼다. 오청본에서는 '亭子冠'이라고 채록되었다.

18   복건卜巾 ; 도복(道服)에 갖추어서 머리에 쓰던 건(巾). 검은 헝겊으로 위는 둥글고 삐죽하게 만들었으며, 뒤에는 넓고 긴 자락을 늘어지게 대고 양옆에는 끈이 있어서 뒤로 돌려 매게 되어 있다. 오청본에서는 '福巾'이라고 잘못 채록되었다.

19   장죽長竹 ; 긴 담뱃대를 말한다.

20   [보정] 생원生員님은 흰수염이 늘어진 백색면白色面인데 언챙이다. 장죽長竹을 물었다. ; 탈의 형상이 나타나 있다. 소도구도 제시되어 있다. 여기의 '언챙이'는 피부에 나는 질병인 '창병(瘡病)'의 상징이다. 이러한 상징성에 입각하여 보면 이 장면에서 말둑이가 양반탈을 채찍으로 치는 행위는 벽사(辟邪)의 의미를 갖는다. 이러한 행위를 사회학적 시각에서는 양반을 모욕하는 행위로 조망하기도 하였다. 오청본에는 '언챙이'에 관한 기사가 없다.

21   남색쾌자藍色快子 ; 남색빛이 돋는 쾌자다. '쾌자'는 괘자(掛子), 전복(戰服), 답호(褡護)라고도 한다. 동달이-군복의 두루마기에 해당하는 옷-위에 껴입는 소매 없는 웃옷이다. 일반으로 검은 빛을 썼으나 맡은 임무에 따라 색깔을 달리하여 구분하기도 하였다. 고종 때에 두루마기 위에 검은 전복을 받쳐 있도록 통일한 적도 있었으나, 근자에는 옥색 두루마기에 남빛 전복은 신랑의 차림새로 지켜져 왔다. 복건(幞巾[福巾])과 함께 명절이나 돌날에 어린이에게 입히기도 한다.

22   양반兩班 삼형제三兄弟는 장長은 샌님<생원生員님>, 둘째는 서방書房님, 끝은 도령道令님이다. 생원生員과 서방書房님은 흰 창옷을 입고 머리에 관冠을 쓰고, 도령님은 복건卜巾을 썼다. 생원生員님은 흰수염이 늘어진 백색면白色面인데 언챙이다. 장죽長竹을 물었다. 서방書房님은 검은 수염이 돋친 약간若干 붉은 면면을 썼고, 도령道令님은 소년면小年面을 쓰고 남색쾌자藍色快子를 입었다. ; 탈의 형상과 의상이 제시되어 있다. 오청본에서는 '관(冠)과 복건(卜巾)'이 빠져있다.

한다.[23]

말둑이＝　　　　（중앙中央 쯤 나와서）

쉬-

（음악音樂과 춤 그친다）[24]

（큰 소리로）

양반兩班 나오신다아,

양반兩班이라거니[25]

노론老論 소론小論 이조吏曹 형조戶曹

옥당玉堂[26]을 다 지내고

삼정승三政丞[27] 육판서六判書[28]를 다 지내고

퇴로재상退老宰相[29]으로 계신

양반인 줄 아지 마시요.

개잘양[30]이라는 양자字에

개다리 소반[31]이라는 반자字를 쓰는

---

23 이는 시종終始 말하지 않고 兄들이 하는 동작動作을 같이 따라서 한다. ; 도령탈은 무언탈임을 말하는 기사
다. 오청본에는 이 기사가 없다.

24 [보정] 말둑이 ＝ （중앙中央 쯤 나와서） 쉬-（음악音樂과 춤 그친다） ; 행위를 지정하고 있다. 오청본에서는 '말
둑이. （채직을左右로휘둘니며）「쉬———.」（樂의伴奏와춤은긋친다.）' 라고 채록되었다. 두 자료를 통하여 정리하
여 보면 말둑이는 무대 중앙에 나와서 채찍을 휘두르며 '쉬--'하는 것이다. 이러한 말둑이의 행위는 이 장면에
서 반복된다. '쉬—'는 가면극에서 흔히 춤과 음악을 멈추라는 뜻으로 활용된다. 극적 긴장으로부터 이완으로
이끄는 효과를 보여준다. 채찍은 말둑이를 상징하는 대표적 소품이다. 채찍을 마부의 용품으로만 보아서는 안
된다. 오브제로서의 연극적 의미를 추출하여야 할 대상이다.

25 양반兩班이라거니 ; '—거니'는 예스러운 표현이나 문어체에 쓰여 이미 정해진 어떤 사실을 인정하면서 그것
이 다른 사실의 전제나 조건이 됨을 나타내는 말이다.

26 옥당玉堂 ; 홍문관의 부제학, 교리(校理), 부교리, 수찬(修撰), 부수찬 따위를 통틀어 이르는 말이다.

27 삼정승三政丞 ; 영의정·좌의정·우의정 등을 이른다.

28 육판서六判書 ; '육조 판서'의 준말이다. '육조'는 고려와 조선 때의 주요한 국무를 처리하던 이조·호조·예
조·병조·형조·공조 등 여섯 관부(官府)를 이른다.

29 퇴로재상退老宰相 ; 늙어서 벼슬에서 물러난 재상을 말한다.

30 개잘량 ; 털이 붙어 있는 채로 무두질하여 다룬 개의 가죽. 흔히 방석처럼 깔고 앉는 데에 쓴다.

31 개다리 소반 ; 개의 뒷다리처럼 구부러진 다리를 가진 상을 말한다. 혹은 네모반듯하고 다리가 민틋한 막치
소반을 말한다.

양반이 나오신단 말이요.[32]

兩班 들[33]=　야 이놈 뭐야아.[34]

말뚝이[35]=　아아 이 양반兩班 어찌 듣는지 모르겠오.

노론老論 소론小論 이조吏曹 호조戶曹

옥당玉堂을 다 지내고

삼정승三政丞 육판서六判書를 다 지내고

퇴로재상退老宰相으로 계시는

이생원李生員네 삼형제三兄弟분이 나오신다고 그리 했오.[36]

兩班 들=　　　(합창合唱)

이생원李生員 이라네에[37]

　　　(구꺼리長短에 모두 같이 춤춘다)

32　[보정] 양반兩班 나오신다아, 양반兩班이라거니 노론老論 소론小論 이조吏曹 형조戶曹 옥당玉堂을 다 지내고 삼정승三政丞 육판서六判書를 다 지내고 퇴로재상退老宰相으로 계신 양반인 줄 아지 마시요. 개잘양이라는 양자字에 개다리 소반이라는 반자字를 쓰는 양반이 나오신단 말이요. ; 유사의미반복과 파자놀이를 활용한 언어유회다. 노론, 소론, 이조, 형조, 옥당, 삼정승, 육판서 등과 같이 당파 명칭과 관청 명칭과 직분 명칭 등을 나열, 반복하는 유사의미반복을 활용한 언어유회와, '양'을 '개잘량'의 '양'으로, '반'을 '개다리소반'의 '반'으로 풀이하는 동음이의어를 활용하는 파자놀이를 원용하고 있다. 이 대목이 오청본에서는 「兩班나오신다 兩班나오신다. 兩班이라니壯元及第하야 玉堂·承旨·三提學다지내고 吏曹戶曹兵曹禮曹刑曹工曹六判書다지내고 左右領相三政丞다지내고 退老宰相으로계신老論少論兩班인줄은아지마오. 개잘량이란양字에 개다리小盤이란 반字쓰는 양반나온다.」와 같이 채록되었다. 육판서 명을 활용하는 데에 차이가 있다. 대체로 육판서 명이 모두 실현하는 것이 보통이나 몇 가지 요인으로 압축 혹은 생략되기도 한다.

33　兩班 들 ; 오청본에서는 '兩班伯·仲'이라고 채록되었다.

34　오청본에서는 '(兩班伯仲二人은怒氣騰騰하엿스나 末弟는아모말도하지안코 兄들의떠드는動作만보고 가만히섯다.)'라고 채록되었다.

35　원자료는 '말뚜이'라고 하였다.

36　[보정] 말뚝이= 아아 이 양반兩班 어찌 듣는지 모르겠오. 노론老論 소론小論 이조吏曹 호조戶曹 옥당玉堂을 다 지내고 삼정승三政丞 육판서六判書를 다 지내고 퇴로재상退老宰相으로 계시는 이생원李生員네 삼형제三兄弟분이 나오신다고 그리 했오. ; '아아 이 양반兩班 어찌 듣는지 모르겠오.'는 오청(誤聽)을 유도한 것이다. 즉 잘못 들은 것이 아닌데도 잘못 들은 것으로 유도함으로써 희극적 분위기를 연출하고 있다. 이같은 수법은 이 장면에서 반복된다. '이생원님네 삼형제분'이라고 구체적으로 성씨를 거명하고 있다. 별도의 고찰이 필요하다.

37　[보정] 兩班 들= (합창合唱) 이생원李生員 이라네에 ; '오청'을 자인한 것이다. 이같은 수법은 이 장면에서 반복된다. 그 형태가 공연 환경에 따라서 다양하게 변용될 수 있다. 아울러 이어서 춤을 춘다는 점에서 보면 대화 반응이 '불림'으로 전환되어 실현된 것이다. 경우에 따라서는 도령도 함께 불림할 수 있다. 오청본에서는 '老論少論兩班李生員이라네.'라고 채록되었다.

(춤 추는 동안에 도령道令은 때때로 형兄들의 면면을 탁탁 치며 돌
아다닌다)[38]

말둑이=　　　　쉬-

(음악音樂과 춤 그친다)

여보 구경求景하는 양반兩班들

말슴좀 들어 보시요.

잘다란[39] 골연[40] 잡수지 말고

저 연죽전煙竹廛[41]으로 가서

돈이 없으면 내에게 기별寄別이라도 해서

양칠간죽簡竹[42] 자문죽紫紋竹[43]을

한발아웃식式[44] 되는 것을 사다가

육무깍지[45] 희자죽喜字竹[46]

오동수복 연변竹[47]을 사다

---

38 [보정] 도령道令은 때때로 형兄들의 면면을 탁탁 치며 돌아다닌다 ; 도령의 행위에 관한 기사다. 여기서 면상을 탁탁 치는 행위가 어떤 의미인지는 알 수 없다. 면상을 톡톡 치는 행위는 양주별산대놀이에서도 나타난다. '면상을 치는 행위'에 대하여는 별도의 연극적 기능을 탐구할 필요가 있다.

39 잘다란 → 잔다란 ; '잔다랗다'는 꽤 잘다, 아주 자질구레하다, 볼 만한 가치가 없을 정도로 하찮다 등의 뜻이다. 여기서는 '꽤 잘다'라는 뜻으로 쓰였다. '잘다란'은 '잔다란'과 '잘다'가 결합한 민간화술적 표현인 듯하다.

40 골연 → 궐련 ; 얇은 종이로 가늘고 길게 말아 놓은 담배를 말한다. 오청본에서는 '골부랑담배대'라고 채록되었다.

41 연죽전煙竹廛 ; 옛날 담배를 팔던 가게를 말한다.

42 양칠간죽簡竹 ; 양칠간죽(竿竹)을 말한다. 간죽은 담뱃대 설대이다. 여기서는 담배의 일종으로 쓰였다. '양칠'은 알록달록하게 칠한 것이라는 견해가 있는데 분명치 않다.

43 자문죽紫紋竹 ; 자문죽(自紋竹), 자점죽(自點竹)을 말한다. 아롱진 무늬가 있는 중국산 대나무로 주로 담뱃대를 만드는 데에 쓰인다.

44 한발 아웃식式 → 한발 가웃씩. ; '한발'은 우리나라 길이 단위로 두 팔을 좌우로 폈을 때 오른손 끝에서 왼손 끝까지 길이를 기준으로, 약 5자(1.50미터)에 해당한다. '아웃'은 '가웃'의 사투리로 되, 말, 자 등을 셀 때 세고 남는 반분(半分) 정도이다. '한발아웃식式'은 한 발이 넘는, 즉 여기서는 기다란 담뱃대를 말한다.

45 육무깍지 ; 육각형 모양의 담뱃대.

46 희자죽喜字竹 ; 겉에 '희(喜)'자가 씌어 있는 담뱃대를 말한다. 옛 문양에 喜, 福, 壽자 등이 있다.

47 오동수복 연변죽竹 ; '오동수복(烏銅壽福)'은 오동(烏銅) – 검은 광택을 띠는 구리 – 으로 '壽', '福'의 글자 문양이 새겨진 담뱃대를 말한다. '연변죽竹'은 담뱃대의 일종이다. 평안북도 영변(寧邊)은 담배 재배지로 유명하다. 이러한 점으로 볼 때에 문맥상 '연변죽'은 '영변죽'이 옳다. 오청본에서는 '寧邊竹'이라고 채록되었다.

이리저리 맞추어가지고

저어 자령〈재령載寧〉 나무리[48](주註. 평야명平野名)[49]

거이[50] 낙씨[51] 걸 듯[52]

죽 걸어 놓고 잡수시요.

兩班 들＝ 머야아.[53]

말둑이＝ 아 이 어찌 듣소.

양반兩班이 나오시는데

담배와 훤화喧嘩을 금禁하라고 그리하였오.[54]

---

48 자령〈재령載寧〉 나무리 ; 재령평야를 말하며, 나무리[南勿里]벌 또는 극성(棘城)평야라고도 한다. '나무리'라는 말의 어원에 대하여는 그 의미가 무엇인지, 왜 나무리라고 부르게 되었는지는 확실하게 고증하기가 어렵다. '나무리'는 '먹고 입고 쓰고도 남는다.'고 하여 생겨난 지명이라고 한다. 나무리는 예부터 나무리, 법물, 법계(法溪), 법평(法坪), 평지(坪地) 등으로 일컬어져 오고 있다. 법물리는 문헌상으로 보면 현재의 나무리(법물) 본동과 거동(巨洞), 청산(靑山), 작산(鵲山), 지내(旨內), 서기(西基), 내당(內塘), 관이(冠耳)의 자연 마을을 말한다.
　　　[참고] 김소월의 '나무리벌 노래' – 신재령에도 나무리벌 / 물도 많고 / 땅 좋은 곳 / 만주나 봉천은 못 살 곳 // 왜 왔느냐 / 왜 왔더냐 / 자국자국이 피땀이라 / 고향산천이 어디메냐 // 황해도 / 신재령 / 나무리벌 / 두 몸이 김 매며 살았지요 / 올 벼논에 닿은 물은 / 처렁처렁 / 벼 자란다 / 신재령에도 나무리벌

49 (주註. 평야명平野名) ; 채록자주다.

50 거이 ; '게'의 방언이다.

51 거이 낙씨 → 거이 낚시 ; 지렁이를 미끼로 한 낚시를 말한다. 혹은 게 – 참게, 방게와 같은 민물게 – 를 낚는 낚시를 뜻하기도 한다. '거이 낚시'는 낚싯대를 여러 개 들인다. 오청본에서는 '가에'라고 채록되었다.

52 저어 자령〈載寧〉 나무리(註. 平野名) 거이 낙씨 걸 듯 ; 관용적 표현인 듯하다.

53 머야아 ; 양반들이 화가 난 반응이다. 오청본에서는 '(怒염이나서큰목소리로) 「이놈 뭐야.」'라고 채록되었다.

54 [보정] 양반兩班이 나오시는데 담배와 훤화喧嘩을 금禁하라고 그리하였오. ; '훤화(喧譁)'는 시끄럽게 지껄여서 떠듦을 뜻한다. '훤화금(喧譁禁)'은 대취타(大吹打)를 아뢸 때, 연주를 그치라고 집사가 외치던 구령이다. 이 대목은 양반탈들을 위하여 각종 담배를 배설하여 두었다는 말끝에 '재령평야에서 거이 낚시 걸 듯 죽 걸어 놓고 피우라'고 한다. 각종 담배와 호사스런 담뱃대와 설대까지 마련하여 놓았으니 충분히 대접을 한 셈이다. 그런데 '거이 낚시'는 지렁이를 미끼로 하는 낚시를 두고 이른다. 혹은 민물게인 참게나 방게를 낚는 것을 말하기도 한다. '외관과 현실과의 대조', 외관은 호사스런 담배와 담뱃대와 설대인데, 현실은 '거이 낚시'로 전이됨으로써 희극적 상황을 조장한다. 이러한 희극적 상황의 전개에 양반탈들은 '머어야'하고 항의한다. 그러자 말둑이 탈은 '아아 이 양반 어찌 듣소' 하고 잘못 들었다고 한다. '양반이 나오시는데 담배와 훤화喧嘩을 금禁하라고 그리하였오.'라고 바로 잡아줌으로써 말둑이탈은 자신이 실수하였음을 인정하는 듯하다. 이어서 양반탈들은 '훤화喧嘩를 금禁하였다네.' 하고 반응을 보임으로써 자신들이 잘못 들었음을 인정하게 된다. 문제는 '훤화금(喧譁禁)'에 있다. '훤화금(喧譁禁)'은 대취타(大吹打)를 아뢸 때, 연주를 그치라고 집사가 외치던 구령이다. 그리고 '대취타'는 행악(行樂) 곧 행진음악으로 옛날 고취악(鼓吹樂) 계열에 드는, 임금의 거동이나 고관(高官)의 행차 또는 군대의 개선(凱旋)이나 행진 때 연주되는 음악이다. 양반탈들이 '훤화喧嘩를 금禁하였다네.' 하고 반응을 보임으로써 자신들이 임금이나 고관의 지위에 있는 인물로 착각하고 있다는 것이다. 철저히 '외관과 현실과의 대조'를 이룬다. 오청본에서는 '兩班이나오시는데 담배피우지말고 떠들지말아고그리하얏소'라고 채

兩班 들=　　　　（합창合唱）

　　　　　　훤화喧嘩를 금禁하였다네.[55]

　　　　　　（굿거리장단長短에 맞추어 모두 같이 춤춘다）

말둑이=　　　　쉬—

　　　　　　（주악奏樂과 춤 그친다）

　　　　　　여보 아雅(악樂)工들[56]

　　　　　　오통육율五統六律[57] 다버리고

　　　　　　저 버들나무 홀뚜기[58] 뽑아다가[59] 불고

　　　　　　바가지 장단長短[60] 좀 처 주소.

　　록되었다.

55　　兩班 들=（합창合唱）훤화喧嘩를 금禁하였다네.（굿거리장단長短에 맞추어 모두 같이 춤춘다）; 이 대목에서 '훤화喧嘩를 금禁하였다네'는 불림으로 활용되었다. 오청본에서는 '兩班伯.「담배피우지말고 떠들지말고 하엿다네.」(라고하며 굿거리장단에마추어 仲弟와같이춤을춘다.)'라고 채록되었다.

56　　여보 아雅(악樂)공工들 ; 등장인물이 음악 담당자를 부르는 대사다. 이렇게 함으로써 악공은 극중인물로 전환되며, 관객이나 악공은 방관적인 제삼자가 아닌 당사자로서 극의 현실에 참여함으로써 극적 환상이 차단되고 현실적 비판이 선명해질 뿐만 아니라 좀 더 신명나고 친근한 현장으로 만든다고 한다. '아공'은 '악공'의 잘못이다.

57　　오통육율五統六律 ; '오음육율(五音六律)'이 아닌가 한다. 실제로 '오통육율五統六律'이라는 용어가 쓰이지는 않는다. 말둑이가 가면극 현장의 음악을 언어유희적으로 표현한 것이다. 참고로 '오음(五音)'은 궁(宮), 상(商), 각(角), 치(徵), 우(羽)의 다섯 음률이다. '오통(五通)'은 다섯 가지의 신통력(神通力)으로 도통(道通)·신통(神通)·의통(依通)·보통(報通)·요통(妖通) 등을 이른다. '육률(六律)'은 십이율 가운데 양성(陽聲)에 속하는 여섯 가지 소리로 황종, 태주, 고선, 유빈, 이칙, 무역을 이른다. 오청본에서는 '三絃六角'이라고 채록되었다.

58　　버들나무 홀뚜기 → 버드나무 호드기 ; 홀뚜기는 '호드기'의 사투리로 물오른 버들가지-미루나무나 산오리나무 가지를 쓰기도 한다.-를 비틀어 뽑은 통껍질이나 밀집 토막으로 등으로 만든 피리의 한 가지이다. 봄철 잎이 나기 직전에 물이 잘 오른 버드나무 가지를 15㎝ 가량 잘 끊어서 조심스럽게 비틀어 속에 든 나무막대기 부분을 빼버리고, 그 껍질로 호드기를 만든다. 호드기의 서(舌, reed)는 몸통의 한 끝 부분을 칼로 껍질을 베껴버리고 속줄기를 잘 다듬어서 만든다. 호드기는 크기에 따라서 여러 종류가 있다. 대체로 지공이 없으나, 몸통에 지공을 가진 호드기도 있다. 농촌 어른들의 소일꺼리로 제조되는 호드기는 아이들의 장난감으로 쓰인다. 우리나라의 향피리는 옛날 호드기류 관악기에서 발달된 고유의 우리 악기로 추정되기도 한다. 이러한 단순 관악기는 우리나라 뿐 아니라 몽골·터키·유럽 여러 나라에서도 발견된다. 터키에서는 호드기를 십시sipsi라고 부른다. 호밀대나 보릿대로 만들어서 피리처럼 불기도 한다. 호돌기라고도 하는데, 재료에 따라서 버들피리·나뭇잎피리·보리피리 등이 있다. 풀피리라고도 한다.

59　　뽑아다가 ; 버들가지를 비틀어 통껍질을 뽑기 때문에 '뽑아다가'라고 한 것이다.

60　　바가지 장단長短 ; 바가지를 물 위나 맨바닥에 엎어 놓고 치는 장단이다. 물박놀이라고도 한다. 물동이에 물을 반쯤 담아두고 큰 바가지를 엎어놓고 대나무채로 바가지를 두드리며 장단을 맞추며 노래를 부른다. 이 놀이는 설, 대보름, 단오 등 명절이나 동네에 경사가 있을 때 바가지 장단에 맞춰 노래 부르고 춤도 춘다. 오청본에

兩班 들＝　　야 이놈 뭐야.

말둑이＝　　아 이 양반兩班 어찌 듣소.

　　　　　　용두[61] 해금奚琴[62] 북 장구 피리 저때[63]

　　　　　　한 가락도 뽑지 말고[64]

　　　　　　건건드러지게[65] 치라고 그리하였오.

兩班 들＝　　　　（합창合唱）

　　　　　　건건드러지게 치라네.[66]

　　　　　　　（구꺼리장단長短에 맞추어 같이 어울러져[67] 춤춘다）

　　　　　　말둑 아아[68]

　　　　　　（굿과 춤 그친다）

　　서는 '바지장단'이라고 채록되었다.

61　용두 ; '용두(龍頭)'인 듯하다. 가야금에서 현이 고정되어 있는 쪽을 용두(龍頭), 다른 쪽을 양이두(羊耳頭) 또는 봉미(鳳尾)라고 하며, 줄을 얹어 매어 놓은 부들이라고 한다. 결국 여기서는 가야금의 일부를 지칭하여 가야금을 가리키는 것-대유적 표현-인데, 가면극 음악에 가야금은 이용되지 않는다. 따라서 '용두'는 언어유희적 표현을 위하여 끌어들인 것이다.

62　해금奚琴 ; 사부(絲部) 찰현악기(擦絃樂器)의 하나로 일명 깡깡이이다.

63　저때 → 젓대 ; '저'를 일상적으로 이르는 말이다. 대금(大笒)을 말한다.

64　[보정] 아 이 양반兩班 어찌 듣소. 용두 해금奚琴 북 장구 피리 저때 한 가락도 뽑지 말고 건건드러지게 치라고 그리하였오. ; 역시 오청(誤聽)을 유도한 것이다. 삼현육각은 향피리 둘, 대금 하나, 해금 하나, 장구 하나, 북 하나 등으로 편성되는데, 여기서는 '용두 해금 북 장고 피리 저때'라고 하여 '용두'가 추가되었다. '용두'는 편종 틀 위 양편에 조각한 용의 머리를 뜻하는 것으로 생각되는데, 그렇다면 '용두'는 '편종'을 지칭하는 대유적 표현이 된다. 그런데 '편종'은 삼현육각에 포함되지 않는다. 그렇다면 '오청'을 유도하였다가 '용두 해금 북 장고 피리 젓대'라고 하여 바로잡았지만 역시 잘못되기는 마찬가지다. 이렇게 하여 극적 분위기를 해학적으로 조성하게 된다.

65　건건드러지게 치라네 ; '건드러지다'의 '건'을 반복함으로써 강화하고자 하는 관습적 표현이다. 혹은 '건드러지다'와 '건건하다'를 결합한 언어유희인 듯하다. '건드러지다'는 '목소리나 맵시 따위가 멋들어지게 가늘고 아름답고 부드럽다.'는 뜻이다. '건건하다'는 '꽤 마르다.'는 뜻이다. 오청본에서는 '저놈이 건건드러지게치라고하엿다네.'라고 채록되었다.

66　건건드러지게 치라네 ; '건드러지다'의 '건'을 반복함으로써 강화하고자 하는 관습적 표현이다. 혹은 '건드러지다'와 '건건하다'를 결합한 언어유희인 듯하다. '건드러지다'는 '목소리나 맵시 따위가 멋들어지게 가늘고 아름답고 부드럽다.'는 뜻이다. '건건하다'는 '꽤 마르다.'는 뜻이다. 오청본에서는 '저놈이 건건드러지게치라고하엿다네.'라고 채록되었다. 대화반응이 불림으로 활용되었다.

67　어울러져 → 어우러져

68　말둑 아아 ; 장음으로 실현됨을 보여준다. '쉬-'와 같은 기능을 보여준다. 오청본에서는 '兩班伯.「말둑아―.」'라고 채록되었다.

말둑이=   예예[69]

兩班(生員)[70]=   이놈 너도 양반兩班을 모시지 않고 어디로 그리 다니너냐.

말둑이[71]=   예예, 양반兩班을 찾이려고

           찬밥 국말어[72] 일조식日무食하고[73]

           마죽간[74]에 들어가 노새원님[75]을 끌어내다[76]

           등에 솔질 쏼쏼[77]하여 말둑이님이 내가 타고

           서양西洋[78] 영미英美[79] 법덕法德[80] 동양삼국東洋三國[81]

           무른 메주 밟 듯[82]하고

---

69   예예 ; 오청본에서는 '예— 이'라고 채록되었다.

70   兩班(生員) ; 오청본에서는 '兩班伯'이라고 채록되었다.

71   원자료에는 '둑둑이'라 하였다.

72   찬밥 국말어 ; '찬밥'과 '국밥'이 결합된 말이다. 찬밥을 국에 말은 음식이다. 결국 보잘것없는 음식이다. '국밥'은 끓인 국에 밥을 만 음식이다. 또는 국에 미리 밥을 말아 끓인 음식이다. '찬밥'은, 지은 지 오래되어 식은 밥 혹은 지어서 먹고 남은 밥, 혹은 중요하지 아니한 하찮은 인물이나 사물을 비유적으로 이르는 말 등으로 쓰인다. 속담 '찬밥에 국 적을 줄만 안다'는 가난한 살림에는 없는 것이 당연한 것인 줄 모르고 무엇이 부족하다고 하여 마음을 씀을 이르는 말이다. 오청본에서는 '찬밥국마라'라고 채록되었다.

73   일조식日무食하고 ; '조식'은 아침밥을 일찍 먹음을 말한다. 오청본에서는 '일즉이먹고'라고 채록되었다.

74   [보정] 마죽간 ; 마굿간을 말한다. '마죽'은 말죽이다. '말죽(-粥)'은 콩, 겨, 여물 따위를 섞어 묽게 쑤어 만든 말의 먹이를 말한다. '마굿간'과 '마죽'이 결합된 민간화술적 표현이다. 오청본에서는 '馬죽間' 라고 채록되었다.

75   노새원님 ; 노새에게 존칭의 뜻인 '님'을 붙였다. 그런데 '원'을 함께 붙였다는 점에 유의할 필요가 있다. 의미상으로는 양반탈들이 탈 '노새'에게 존칭을 붙였으니 양반 대우를 한다는 것인데 '원'을 덧붙임으로써 그 뜻은 '노 생원님' 곧 '늙은 생원님'이 된다. 유사음 이의어를 활용한 언어유희를 실현하고 있다. 오청본에서는 '노새님'이라고 채록되었다.

76   노새원님을 끌어내다 ; 의미상으로는 '노새를 끌어내다'이지만 가면극 현장에서는 '늙은 생원을 끌어내다'가 된다.

77   쏼쏼 ; 물 따위가 거침없이 자꾸 번져 흐르는 소리, 또는 그 모양. 고운 가루나 모래 따위가 좁은 틈이나 구멍으로 거침없이 자꾸 흘러내리는 소리, 또는 그 모양이다. 혹은 자꾸 머리털을 빗질하거나 짐승의 털을 손질하는 소리, 또는 그 모양이다.

78   서양西洋 ; 동양에서 유럽과 아메리카 주의 여러 나라를 이르는 말이다.

79   영미英美 ; 영국과 미국을 아울러 이르는 말이다.

80   법덕法德 ; 프랑스와 독일을 아울러 이르는 말이다.

81   동양삼국東洋三國 ; 동양의 세 나라를 이른다.

82   서양西洋 영미英美 법덕法德 동양삼국東洋三國 무른 메주 밟 듯하고 ; 관용적 표현이다. 여러 곳을 빠짐없이 골고루 돌아다님을 비유적으로 이르는 말이다. '팔도를 무른 메주 밟듯 한다.'는 속담을 원용한 것이다. 메주를 틀에 재울 때에 쉴새없이 부지런히 밟듯 한다는 뜻으로, 나라의 방방곡곡을 안 가는 곳 없이 부지런히 돌아다님을 비겨 이르는 말이다. 우리 가면극에는 민간화술의 한 수법인 속담을 원용하는 장면이 많다. '서양西洋

동東은 여울이요 서西는 구월九月[83]이라

동東 여울[84] 서西 구월九月 남南 드리[85] 북北 향산香山[86][87]

방방곡곡坊坊谷谷[88]이 면면촌촌面面村村이

바위틈틈이 모래 쨈쨈이[89]

참나무 결결이[90][91] 다 찾아다녀도

샌님 비뚝한[92] 놈도 없기 보니[93],[94]

낙향사부落向士夫[95]라

영미英美 법덕法德 동양삼국東洋三國'은 열거, 과장이다. 오청본에서는 '八道江山 다도라 물은메주밟듯하얏는 대'라고 채록되었다.

83 구월九月 ; 구월산(九月山)을 말하는 듯하다. 미상하다.

84 여울 ; 강이나 바다의 바닥이 얕거나 폭이 좁아 물살이 세게 흐르는 곳이다.

85 드리 : 들판을 말한다.

86 향산香山 ; 묘향산인 듯하다. 오청본에서는 '北漢山下' 라고 채록되었다.

87 [보정] 동東 여울 서西 구월九月 남南 드리 북北 향산香山 ; 동쪽은 물살이 센 형세이고, 서쪽은 구월산이 있는 산세, 남쪽은 들판이고, 북쪽은 묘향산이 있는 산세라는 뜻이다. 여기서는 험준한 강산을 넘나들었다는 말이다. 예로부터 동금강(東金剛)·남지리(南智異)·서구월(西九月)·북묘향(北妙香)이라 하여 우리나라 4대 명산의 하나로 꼽혔다. '東金剛西九月北香山。南智異漢挐。莫非踐義之地。'라는 말이 있다. 오청본에서는 '西는 九月이라 東여울西九月넘드러 北漢山下'이라고 채록되었다.

88 방방곡곡坊坊谷谷 → 방방곡곡坊坊曲曲 ; 한 군데도 빠짐이 없는 모든 곳을 말한다. 곡곡(曲曲), 골골샅샅, 면면촌촌이라고도 한다.

89 쨈쨈이 ; 틈틈이를 말한다.

90 결결이 ; 어떤 일이 일어나는 그때마다, 혹은 때때로라는 뜻이다. '결'은 나무, 돌, 살갗 따위에서 조직의 굳고 무른 부분이 모여 일정하게 켜를 지으면서 짜인 바탕의 상태나 무늬를 이른다.

91 동東 여울 서西 구월九月 남南 드리 북北 향산香山 방방곡곡坊坊谷谷이 면면촌촌面面村村이 바위틈틈이 모래 쨈쨈이 참나무 결결이 ; 대구와 이음동의어(異音同義語)의 반복에 의한 언어유희이다.

92 비뚝한 ; 비뜩하다. '비슷하다'의 방언이다.

93 없기 보니 → 없기에 보니

94 [보정] 마죽간에 들어가 노새원님을 끌어내다 등에 솔질 촬촬하여 말둑이님이 내가 타고 ~ 샌님 비뚝한 놈도 없기 보니 ; 대구의 대사이다. 노새를 '노새원님'이라고 존칭을 붙이고, 이에 대구하여 '말둑이님'이라고 실현하고 있다. 이로써 '말둑이'는 격상되고, 양반은 '샌님 비뚝한 놈'으로 전락하고 만다. '노새원님'은, 노새에 '노생원', '원님' 등을 함께 조합한 희학적 표현을 보여주고 있다. 오청본에는 '馬죽間에들어가서 노새님을끌어내다 등에 솔질촬촬하여 말둑이님내가타고' 라고 채록되었다.

95 낙향사부落向士夫 → 낙향사부落鄕士夫 ; 관직을 떠나서 고향으로 돌아온 사대부를 말한다. '落鄕'과 '士大夫'가 결합된 말이다. '낙향落鄕'은 시골로 거처를 옮기거나 이사함을 말한다. '사대부(士大夫)'는 사(士)와 대부(大夫)를 아울러 이르는 말이다. 혹은 문무 양반(文武兩班)을 일반 평민층에 상대하여 이르는 말이다. 혹은 벼슬이나 문벌이 높은 집안의 사람을 말한다.

경성본댁京城本宅을[96] 찾아가니

샌님도 안계시고

둘재 샌님도 안게시고

종가宗家집 도령道令님도 안 게시고

마내님[97] 혼자 게시기로,

벙거지 쓴 채

이 채찍 찬 채,

감발[98]한 채,[99]

두 무릅[100]을 꿇코

하고하고 재독再讀[101]으로 넸읍니다[102. 103 104]

生員＝   이놈 머야.

말둑이＝   아아 이 양반兩班 어찌 듣소.

문안問安을 들이고 들이고 하니까

마내님이 술상床을 차리는데 벽장壁欌[105]문門 열고

목이 길다 황새병,[106]

목이 짤다 자라병甁,[107]

---

96   경성본댁京城本宅을 ; 오청본에서는 '서울本宅을'이라고 채록되었다.

97   마내님 → 마나님 ; 나이가 많은 부인(婦人)을 높여 이르는 말이다.

98   감발 ; '발감개', 혹은 발감개를 한 차림새를 이른다. 발감개는 버선이나 양말 대신 발에 감는 좁고 긴 무명천
이다. 주로 먼 길을 걷거나 막일을 할 때 쓴다.

99   [보정] 벙거지 쓴 채 이 채찍 찬 채, 감발한 채 ; 대구와 유사의미반복에 의한 언어유희다.

100   무릅 → 무릎

101   재독再讀 ; 이미 읽었던 것을 다시 읽는다는 뜻이다.

102   넸읍니다 ; 뇌다. 지난 일이나 한 번 한 말을 여러 번 거듭 말하다.

103   벙거지 쓴채 이 채찍 찬 채, 감발한채, 두 무릅을 꿇코 하고하고 재독再讀으로 넸읍니다 ; 성적 행위를 연상케
하는 대사다.

104   [보정] 말둑이＝ 예예, 양반兩班을 찾으려고 ~ 하고하고 재독再讀으로 넸읍니다.」; 마나님과 사통(私通)하였
음을 암시적으로 드러내고 있다. '바위 틈틈이 모래 짬짬이'와 같은 대구와, '이 벙거지 쓴 채로 이 채찍 찬 채로
이 감발 한 채로'와 같이 유사의미반복에 의한 언어유희를 원용함으로써 희극적 분위기를 보여주고 있다.

105   벽장壁欌 ; 벽을 뚫어 작은 문을 내고 그 안에 물건을 넣어 두게 만든 장(欌)을 말한다. 벽다락이라고도 한다.

106   황새병 ; 황새의 목처럼 목이 긴 병을 말한다. 여기서는 황새병에 담긴 술을 말한다.

강국주強麴酒¹⁰⁸ 이강주酒¹⁰⁹며

우이쉬기¹¹⁰ 부란데¹¹¹며

금천대金千代¹¹²를 내여 놓자

앵무잔鸚鵡盞¹¹³을 마내님이 친親히 들어

잔盞 가득이 술을 부어

한잔盞 두잔盞 일이삼배一二三杯 마신후後에

안주를 내여 놓는데

대大양푼¹¹⁴에 갈비찜¹¹⁵ 소小양푼¹¹⁶에 저육猪肉¹¹⁷

초고추¹¹⁸ 저린 김치¹¹⁹ 문어文魚¹²⁰ 점복¹²¹ ¹²²

다 버리고

---

107 자라병甁 ; 자라 모양을 한 병을 말한다. 납작하고 둥근 몸통에 짧은 목이 달려 있다. 여기서는 자라병에 담긴 술을 말한다.

108 강국주強麴酒 ; 홍국주(紅麴酒) 혹은 홍곡주(紅穀酒)인 듯하다. 홍국주(紅麴酒)는, 멥쌀로 밥을 지어 누룩가루를 섞고 뜬 다음에 더운 기운을 빼고 볕에 말린 누룩-홍국(紅麴)-으로 만든 술이다. 어혈을 없애는 작용이 있어, 해산 후 오로(惡露)가 다 나오지 않고 배가 아픈 데와, 음식이 잘 소화되지 아니하고 뭉치어 생기는 병이나, 비위(脾胃)의 기능 장애로 인하여 가슴이 답답하고 트림을 하는 따위의 증상이나, 이질·타박상 따위에 쓴다. 홍곡주(紅穀酒)는 중국에서 나는, 붉은빛으로 물들인 쌀[홍곡(紅穀)]로 빚은 술이다. 홍소주가 있다. 이 두 현본에서는 '홍곡주'라고 채록되었다. 오청본에서는 '江麴酒'라고 채록되었다.

109 이강주(梨薑酒) ; 소주에 배즙·생강즙·꿀 등을 넣고 중탕한 술을 말한다.

110 우이쉬기 → 위스키[whiskey] ; 오청본에는 채록되지 않았다.

111 부란데 → 브랜디[brandy] ; 오청본에는 채록되지 않았다.

112 금천대金千代 ; 당시 일본식 청주(淸酒) 이름이다. '銀千代'도 있었다. 오청본에는 채록되지 않았다.

113 앵무잔鸚鵡盞 ; 앵무배(鸚鵡杯). 자개를 가지고 앵무새의 부리 모양으로 만든 술잔을 말한다.

114 대大양푼 ; 큰 양푼이다. 음식을 담거나 데우는 데에 쓰는 놋그릇으로 운두가 낮고 아가리가 넓어 모양이 반병두리 같으나 더 크다. 양푼은 대가집에서 주로 쓰던 용기로 크기는 대·중·소로 되어 있다. 대양판(大洋板)이라고도 한다. '소의 밥통 고기'로 본 것은 잘못이다.

115 갈비찜 ; 소나 돼지 따위의 갈비를 양념과 간을 하여 푹 찐 음식이다.

116 소小양푼 ; 작은 양푼이다. '돼지의 밥통 고기'로 본 것은 잘못이다.

117 저육猪肉 ; '제육'의 원말이다. 식용으로 하는 돼지고기를 말한다.

118 초고추 ; '볶은[炒] 고추'를 말한다.

119 저린 김치 → 절인 김치 ; 푸성귀와 같은 야채를 소금기나 식초, 설탕 따위가 배어들게 한 김치를 말한다.

120 문어文魚 ; 낙지과의 연체동물이다. 우리 전통 상차림에 대표적인 음식의 하나이다.

121 점복 → 전복(全鰒)

122 大양푼에 갈비찜 小양푼에 猪肉 초고추 저린 김치 文魚 점복 ; 유사의미어의 열거와 반복에 의한 표현이다.

작년昨年 팔월八月에 샌님댁宅에서

등산登山갔다 남아온[123]

좆대갱이[124] 하나 줍디다[125]. [126]

生員 = 이놈 머야.

말둑이 = 아아 이 양반兩班 어찌 듣소.

등산登山 갔다 남아온 어두일미魚頭 一味[127]라고 하면서

자기[128] 대갱이 하나 줍디다.

그리하였오.

兩班 들 = (합창合唱)

조기 대갱이라네에.[129]

(하며 구꺼리에 맞추어 같이 어울려 춤춘다)

生員 = 이놈 말둑아.

(음악音樂과 춤 그친다)

말둑이 = 예예.

아이 제미를 붙을[130]

---

123 남아온 → 남겨온

124 좆대갱이 ; 좆 대가리를 이른다.

125 [보정] 좆대갱이 하나 줍디다 ; '조기 대가리'를 의도적으로 유사음 이의어인 '좆대갱이'라고 실현하고 있다. 이 러한 언어유희로 인하여 희학적인 분위기가 연출된다.

126 [보정] 말둑이= 아아 이 양반兩班 어찌 듣소. ~ 좆대갱이 하나 줍디다.」 ; 오청(誤聽)을 유도하고 있다. 소위 술사설 또는 안주 사설을 원용한 대목이다. 열거와 반복이 지배적이다. '엮음수심가(愁心歌)'의 한 대목을 보면 다음과 같다. '술이익자 달이뜨고 달이뜨자 임이온다 목이길다고 황새병이며 목이말라 자라병이며 [중략] 풋고 추 저리김치 문어전복 곁질러너라 [중략] 앵무배에 뚜르르 한 잔 술을 가득부어 잡수시오 잡수시오'. '춘향전 완판-열녀춘향수절가'의 술안주와 술병 치레를 보면 더욱 다양한 모습을 보여준다. 이는 장르간 교섭현상의 대 표적 양상이다.

127 어두일미魚頭 一味 ; 물고기는 대가리 쪽이 그 중 맛이 있다는 말이다.

128 자기 ; '조기'의 잘못이다.

129 조기 대갱이라네에. ; 말둑이의 대사에서 실현된 '조기 대갱이'를 그대로 불림으로 활용하고 있다. 대화반응이 불림으로 활용되었다. 오청본에서는 '魚頭가一味라네.'라고 채록되었다.

130 제미를 붙을 ; 욕설이다. 이 욕설은 탈춤마다 전반에 걸쳐 두루 또 빈번히 나온다. 이는 간음을 금기시하는 사회 풍토에 있어서는 지나친 욕설이다. 노신의 말을 빌면 '나는 네 에미의 先親十八代도 하노라.'에서 왔다고 한다. 한편 너무 심하다는 이유로 심지어는 속담이 탄생하기까지 하였다고 한다. "에미 붙구 대명 간다."(박계

양반兩班인지 좃반[131]인지 허리 꺾어 절반折半[132]인지

개다리 소반인지 꾸렘이전[133]에 백반[134]인지,[135]

말둑아, 꼴둑아[136]

밭 가운데 최뚝아,[137] 오뉴월五六日 밀뚝아,[138]

잔대둑[139]에 메뚝아,[140] 부러진 다리 절둑아[141],[142]

홍;『한국구비문학대계』, 충남 대덕군편)와 "에미 붙어 담양갈 놈"(최래옥·김균태;『한국구비문학대계』, 전남 장성군편)과 같은 것이 대표적이다. 이 욕설은 상상도 못할 심한 말이기 때문에 어떤 특정인을 향한 욕설이기 보다는 독백조로 흔히 쓰인다. 독백조로만 쓰이던 욕설을 공개적인 자리에서 방백의 형식을 빌어 공공연히 내 뱉음으로써 숨겨진 의식이 노정된다. 노신도 '他媽的!'을 '국매(國罵)-국민적 욕설'이라 하였다. 일본어에도 '母開'라는 말은 '너는 네 어머니를 姦한다.'라는 뜻이다.

131 좃반 ; '조반(朝飯)'을 강세를 더하여 실현한 것이다. '좃반'은 '좃반'을 연상케 한다. 즉 '조반(朝飯)'을 비속하 게 표현한 민간화술적인 언어유희다.

132 절반折半 ; 하나를 반으로 가름, 또는 그렇게 가른 반을 말한다.

133 꾸렘이전 → 꾸러미전 ; 꾸리어 싼 물건을 파는 곳이다. '꾸러미'는 꾸리어 싼 물건을 말한다. 또는 꾸리어 싼 물건을 세는 단위로 쓰인다. 또 달걀 열 개를 묶어 세는 단위를 말한다. '전(廛)'은 물건을 벌여 놓고 파는 가게다.

134 백반 ; 백반(白飯). 즉 흰쌀밥을 말한다. 혹은 음식점에서 흰밥에 국과 몇 가지 반찬을 끼워 파는 한 상의 음 식을 말하기도 한다. 오청본에서 '白礬'이라고 채록되었다. 백반(白礬)은 칼륨, 암모늄, 나트륨 따위의 1가(價) 금속의 황산염과 알루미늄, 크롬, 철 따위의 3가 금속의 황산염으로 이루어진 복염(複鹽)을 통틀어 이르는 말 이다. 보통은 황산알루미늄과 황산칼륨의 복염인 칼륨명반을 이른다. 떫은맛이 나는 무색투명한 정팔면체의 결정으로, 물에 녹으며 수용액은 산성을 나타낸다. 매염제, 수렴제 따위로 쓴다.

135 [보정] 꾸렘이전에 백반인지 ; '꾸러미전에 쌀밥' 즉 맛있는 반찬에 흰쌀밥이라는 뜻이다.

136 꼴둑아 → 꼴뚜기야 ; '꼴뚜기'는 꼴뚜깃과의 귀꼴뚜기, 좀귀꼴뚜기, 잘룩귀꼴뚜기, 투구귀꼴뚜기를 통틀어 이 르는 말이다. '꼴뚜기'는 속담 '어물전 망신은 꼴뚜기가 시키다'나 '장마다 꼴뚜기'와 같이 상대방을 격하하는 뜻으로 말할 때에 등장한다.

137 최뚝아 ; '최뚝길'이다. '최뚝길'은 밭두둑에 난 길의 방언이다.

138 밀뚝아 ; '밀따기'다. '밀따기' 벌통에서 밀을 떼어 내는 일이다.

139 잔대둑 ; 잔대가 난 둑을 말한다. '잔대'는 초롱꽃과의 여러해살이풀이다. 산에 나는데, 뿌리는 희고 굵으며 줄기 높이 1m 정도다. 어린잎과 뿌리는 식용한다.

140 메뚝아 → 메뚜기야

141 절둑아 ; 보통은 다리가 부러져서 다리를 절뚝절뚝 하는 이를 가리킨다.

142 [보정] 아이 제미를 붙을 양반兩班인지 좃반인지 허리 꺾어 절반折半인지 개다리 소반인지 꾸렘이전에 백반 인지, 말둑아, 꼴둑아밭 가운데 최뚝아, 오뉴월五六日 밀뚝아, 잔대둑에 메뚝아, 부러진 다리 절둑아 ; 유사음과 동의어반복을 원용한 민간화술적 언어유희다. 양반이라는 글자를 이용해 해학적 분위기를 돋우고 있다. 처 음에는 '班'자를 매개로 삼아 좃반이라 하고 이를 다시 허리 꺾을 양반이라 하여 꺾일 '折'자를 써서 '折半'이라 하고 있다. 그리고 '-인지'를 써서 대수롭지 않음과 표현상으로 대구로 인한 리듬감이 나타난다. 자기를 자꾸 부르는 것에 대하여 답하는 뒷부분은 비슷한 이름을 나열로 재치와 해학을 느끼게 된다. 우선 꾸레미전에 백반 이라 하여 시장바닥에 흔히 있는 것들, 쉽게 자주 부를 수 있는 것이라는 의미를 담고 있다. 이런 흔하디흔한 것이 '-둑'을 매개로 이것저것 부르다가 밭 가운데 있는 최뚝이, 잔디에 있는 메뚜기, 부러질 '折'자로 절뚝이

　　　　　호도胡挑엿 장사 오는데 하내비[143] 찾듯

　　　　　왜 이리 찾소.[144]

生員＝　　네 이놈 양반兩班을 모시고 다니면

　　　　　새처[145]를 정定하는 것이 아니고 어디로 다니느냐.

말둑이＝　　　　(채찍으로 동그랗게 공중에 금을 그면서)[146]

　　　　　이마만큼 터를 잡아

　　　　　참나무 울장[147]을 두문두문[148] 꽂고

　　　　　깃[149]을 푸군푸군이[150] 두고

　　　　　문門을 하늘로 낸 집[151]으로 잡어 놓았읍니다.

生員＝　　이놈 머야[152].

말둑이＝　　아 이 양반 어찌 듣소.

　　　　　자좌오향子坐午向에 터를 잡고[153]

　　라고 한다. 이는 자기를 자주 찾는 것에 대한 답이며, 말장난인 동시에 부드러운 리듬감으로 부담 없이 웃을
　　수 있는 분위기를 자아낸다.

143　하내비 ; '할아비'의 방언이다. '할아비'는 '할아범'의 낮춤말로 늙은 남자가 손자, 손녀에게 자기 자신을 이르
　　는 말이다.

144　호도胡挑엿 장사 오는데 하내비 찾듯 왜 이리 찾소. ; 관용적 표현이다. '엿장사가 놋쇠 사러 다니듯' 이리저
　　리 쏘다니는 모양을 비유적으로 이르는 말이다.

145　새처 → 사처 ; 점잖은 손님이 길을 가다가 묵음을 뜻한다. 또는 그 유숙하는 집을 말한다.

146　[보정] (채찍으로 동그랗게 공중에 금을 그면서) ; 가면극 현장에서 가축 축사를 연상하게 하는 공간을 설정하
　　는 행위이다. 이 지문은 연희자의 언급을 그대로 채록한 것이다. 실제로 현장에 '돼지우리'가 있는 것이 아니라
　　연기를 그렇게 하라는 뜻이다. 가면극에서 연극적 공간을 실현해 내는 기법적 특징을 말해주는 기사다. 오청본
　　에서는 '(채직으로 도야지울을가르키며)'라고 채록되었다.

147　울장 ; 울타리에 박은 긴 말뚝을 말한다.

148　두문두문 → 드문드문

149　깃 ; 외양간, 마구간 등에 깔아주는 짚이나 풀을 말한다.

150　푸군푸군이 → 푸근푸근히 ; 두툼한 물건이나 자리 따위가 매우 부드럽고 따뜻한 느낌이다.

151　이마만큼 터를 잡아 참나무 울장을 두문두문 꽂고 깃을 푸군푸군이 두고 문門을 하늘로 낸 집 ; 가축 축사를
　　연상하게 하는 대사. '돼지우리'를 묘사한 듯하다. '문을 하늘로 내인 집'은 지붕이 없는 집이라는 말로, 돼지
　　우리를 지칭하는 것이다.

152　머야 → 뭐야

153　자좌오향子坐午向에 터를 잡고 ; '자좌오향(子坐午向)'은 북쪽[자방(子方)]을 등지고 남쪽[오방(午方)]을 향
　　함을 말한다. 즉 정남방을 향해 터를 잡았음을 말한다.

낭간 팔자八字[154]로 오련각五聯閣[155]과

입구자口字로 집[156]을 짓되

호박주초琥珀柱礎[157]에 산호珊瑚기둥[158]에

비취연목翡翠椽木[159]에

금파金波도리[160]를 걸어

입구자口字로 풀어 짓고,

체다보니[161] 천반자天板子[162] [163]요

내려다보니 장판방張板房[164]이라[165]

---

154 낭간 팔자八字 → 난간 팔자 ; 난간을 두르고, 팔작(八作)지붕을 얹었다는 말이다. 난간과 처마 끝의 무게를 받치기 위하여 기둥머리에 짜 맞추어 댄 팔자 모양의 나무쪽으로 즉 화려하게 지은 집을 말한다. '欄干八作'이 옳다. '난간(欄干/欄杆)'은 층계, 다리, 마루 따위의 가장자리에 일정한 높이로 막아 세우는 구조물이다. '난간포(欄干包)'는 난간에 꾸민 처마 끝의 무게를 받치기 위하여 기둥머리에 짜 맞추어 댄 나무쪽인 공포(栱包)를 말한다. '팔자(八字)'는 한자(漢字)의 '팔(八)'이라는 글자의 모양이다. 효사정(孝思亭)은 조선 세종대에 공숙공(恭肅公) 노한(盧閈)이 지금의 노량진 한강변에 지은 정자였다. 현재의 효사정은 넓이 46.98㎡의 정면 3칸·측면 2칸 규모로, 온돌방 1칸을 들인 건물이다. 민도리집 구조의 5량집이며 난간을 두르고, 팔작지붕을 얹었다.

155 오련각五聯閣 ; '五樑閣(오량각)'의 잘못이다. 대들보를 다섯 줄로 놓아 넓이가 두 간통 되게 지은 집을 말한다. 오량집이라고도 한다. 여기서는 '오양간'을 염두에 둔 듯하다.

156 입口字로 집 ; '입구자집(-口字-)', 즉 ㅁ자 집을 말한다.

157 [보정] 호박주초琥珀柱礎 ; 전각의 두리기둥 밑에 받치는 둥글게 다듬어 만든 호박(琥珀)으로 깎은 주춧돌을 말한다. '주초'는 '주추'가 원말이다.

158 [보정] 산호珊瑚기둥 ; 산호(珊瑚)를 다듬어 세운 기둥을 말한다. 보통은 '산호기둥에 호박 주추다.'라 하는데, 호사스럽게 산다는 말이다.

159 비취연목翡翠椽木 ; 비취로 된 서까래를 말한다.

160 금파金波도리 ; 금파(金波)도리는 금빛이 돋는 도리를 말한다. '도리'는 기둥과 기둥 위에 건너 얹어 그 위에 서까래를 놓는 나무를 말한다.

161 체다보니 → 쳐다보니

162 천반자天板子 ; '반자'를 말한다. 방이나 마루의 천장을 평평하게 하는 시설물이다.

163 체다보니 천반자天板子 ; 김유경본에서는 '올려다보니 소라반자요'라고 채록되었다. 소라반자는 '소란반자'로, 반자를 여러 개의 井자 모양이 모인 것처럼 소란(小欄)을 맞추어 짜고, 그 구멍마다 네모진 널조각의 개판(蓋板)을 얹어 만든 반자로, 천장을 꾸미는 방법 중에서 보다 격조가 높은 방법이다.

164 장판방張板房 → 장판방(壯版房) ; 누런 빛깔의 차진 흙에 고운 모래나 말똥 따위를 섞어 초벽에 덧바르고 그 위에 기름 먹인 장판지로 바닥을 바른 방이다. 장판지(壯版紙)는 방바닥을 바르는 데 쓰는 기름을 먹여 만든 마감용 종이다. 김유경본에서는 '갑장 장판'이라고 하였다. 호화롭게 장식한 장판방을 말한다. 동방삭이 무제(武帝)에게 '갑장(甲帳)'을 만들어 주어서 기쁘게 했다고 한다. '갑장(甲帳)'이란 본래 '갑을장(甲乙帳)'을 줄여서 한 말이다. 이것은 동방삭이 천하의 온갖 진귀한 진주로 장식하여 무제(武帝)에게 만들어 준 최고급 침실용 장막 커튼이다. 동방삭은 두 개의 장막을 만들어, 그 중 좋은 '갑장(甲帳)'은 신을 모시는 신전(神殿)에 치

화문석花紋席[166] 칫다펴고[167]

부벽서付壁書[168]를 바라다보니

동편東便에 붙은 것이 담박정녕澹泊靜寧[169]

네 글자字가 분명分明하고

서西便을 바라보니 백인당중유태화百忍堂中有泰和[170]가

완연宛然이 붙어 있고

남편南便을 바라보니 인의예지仁義禮知[171]가 분명分明하고

북편北便을 바라보니 효자충신孝子忠臣[172]이 분명分明하니,

이는 가위可謂 양반兩班에 새처방房이 될만하고

고, 나머지 '을장(乙帳)'은 무제(武帝)의 침실에 드리웠다 한다.

165 체다보니 천반자天板子요 내려다보니 장판방張板房이라 ; 매우 화려하게 지은 집을 말한다.

166 화문석花紋席 : 기직자리[草席]의 하나로, 온돌바닥을 장판을 하지 않고 흙바닥인 채로 쓸 경우 그 위에 까는 자리이다. 왕골로 겉을 하고 짚을 곁들여서 틀에 올려 한 눈 한 눈 엮어간다. 무늬를 놓아서 엮은 것이 '화문석'이요 강화 지방의 명산물이다. 이때 자리 눈은 깨끗해야 하므로 '청올치'--칡 껍질로 만든 끈--로 매야 했다.

167 칫다펴고 → 치어 펴고 ; '짜서 펴고'다. 여기서 '치다'는 돗자리, 멍석, 가마니 따위를 틀로 짜거나 손으로 엮거나 틀어서 만드는 행위를 이른다.

168 부벽서付壁書 ; 종이 따위에 써서 벽에 붙이는 글이나 글씨를 말한다.

169 담박정녕澹泊靜寧 ; 마음에 욕심이 없어 담백하고 마음이 안정됨을 뜻한다. 제갈량이 '계자서(誡子書)'에서 '군자의 행실이란 고요한 마음으로 몸을 닦고, 검소함으로써 덕을 기르는 것이다. 마음에 욕심이 없어 담박하지 않으면 뜻을 밝힐 수 없고, 마음이 안정되어 있지 않으면 원대한 이상을 이룰 수 없다. 夫君子之行 靜以修身 儉以養德 非澹泊無以明志 非寧靜無以致遠'라고 하였다. 이러한 뜻을 압축하여 사자성어(四字成語)를 만든 것이다. 전통적으로 이 사자성어를 현판으로 만들어 붙였다. 제2장에서 澹泊寧靜 '諸葛武侯書 非詹伯無以明志 非寧靜無以致遠'라고 주를 달았다. 오청본에서는 '淸白明正' 라고 채록되었다.

170 백인당중유태화百忍堂中有泰和 ; 당나라 고종 때에 장공예(張公藝)가 인(忍)자 백개를 써서 올렸다는 고사를 원용한 것이다. 백인(百忍)은 온갖 고난이 참고 이겨낸다는 뜻이다. 즉 많이 참는 집에 태평과 평화로움이 있다는 말이다. '구세동거 장공예(九歲同居 張公藝) 일화'로 다음과 같은 이야기가 있다. 옛날 성은 장가요 이름은 공예이다. 구대(九代)가 한 집에서 살았는데 혹자가 와서 말하기를 "3대도 한 집에서 살기가 어려운데 어떻게 9대를 한 집에서 살수가 있느냐?" 하고 묻자 공예는 필묵을 꺼내놓고 "참을 인(忍)자와 일백 백(百)자를 쓴다. 참아라. 넘어오는 간도 삭여서 넘겨라." 하는 말이다. 그래서 후에 사람들이 "백인당중 유태화(百忍堂中 有泰和)라. 백번 참는 집안에는 큰 화평이 있다." 고 한 것이다. 백인(百忍)이란 말이 여기서 비롯된 것이라 한다. 또 '서인자일백(書忍字一百)'은, 역시 장공예라는 사람이, 참을 인(忍)자를 백 번이나 썼다는 고사에서 온 말로, 가정의 화목은 서로 인내하는 데 있다는 말이다.

171 인의예지仁義禮智 ; 유학에서, 사람이 마땅히 갖추어야 할 네 가지 성품. 곧 어질고, 의롭고, 예의 바르고, 지혜로움을 이른다.

172 효자충신孝子忠臣 ; 보통은 孝悌忠義[효제충의] 혹은 효제충신(孝悌忠信)이라 한다. 어버이에 대한 효도, 형제끼리의 우애, 임금에 대한 충성과 벗 사이의 믿음을 통틀어 이르는 말이다.

문방제구文房諸具[173] 볼작시면

옹장봉장[174] 궤櫃두지[175] 자기함롱函籠[176] 반다지[177]

샛별같은 놋요강[178]을 놋대야[179] 바쳐[180] 요기 놓고,[181]

양칠 간죽簡竹[182] 자문죽紫紋竹[183]을 이리저리 마좌[184] 놓고

씹털[185]같은 기사미[186]를

저 평양平壤 동푸루[187] 선창[188]에

---

173 문방제구文房諸具 ; 학용품과 사무용품 따위를 통틀어 이르는 말이다. 전통적으로는 보통 문방사우(文房四友)인 종이·붓·먹·벼루의 네 문방구이며, 문방사보(文房四寶)라고도 한다. 이후의 대사를 보면 여기서는 의미가 가재도구라는 뜻으로 전용되었다.

174 옹장봉장 → 용장봉장 ; '용장봉장(龍欌鳳欌)'은 용의 모양을 새긴 옷장과 봉황의 모양을 새겨 꾸민 옷장이다.

175 궤櫃두지 ; '궤'는 궤짝으로 궤짝은 나무로 만든 네모진 상자를 말한다. 두지는 '뒤주'의 방언으로 곡식을 담아 두는 세간살이이다.

176 자기함롱函籠 → 자개函籠[함롱] ; 겉에 자개를 박아서 꾸며 놓은 자개함을 말한다. 함(函)은 옷이나 물건 따위를 넣을 수 있도록 네모지게 만든 통이다. 또는 혼인 때 신랑 쪽에서 채단(采緞)과 혼서지(婚書紙)를 넣어서 신부 쪽에 보내는 나무 상자를 말한다. 농(籠)은 버들채나 싸리채 따위로 함같이 만들어 종이로 바른 상자. 옷이나 물건을 넣어 두는 데 쓰인다. 또는 같은 크기의 궤를 이 층 또는 삼 층으로 포개어 놓도록 된 가구를 말한다. 장(欌)처럼 생겼으나, 네 기둥과 개판(蓋板)이 없다. '자개'는 금조개 껍데기를 썰어 낸 조각으로 빛깔이 아름다워 여러 가지 모양으로 잘게 썰어 가구를 장식하는 데 쓴다.

177 반다지 → 반닫이 ; 앞의 위쪽 절반이 문짝으로 되어 아래로 잦혀 여닫게 된 궤 모양의 가구다.

178 놋요강 ; 놋쇠로 만든 요강이다. '요강'은 방에 두고 오줌을 누는 그릇. 놋쇠나 양은, 사기 따위로 작은 단지처럼 만든다. 한자를 빌려 '溺강, 溺釭, 溺江'으로 적기도 한다. '샛별같은 놋요강'은 반짝반짝 빛나게 닦아 놓은 놋요강을 두고 이른다. 누렇게 변한 놋그릇은 짚수세미나 짚 가마니로 닦으면 반짝반짝 빛난다. 근자에는 연탄재를 수세미에 묻혀 닦기도 하였다.

179 놋대야 ; 놋쇠로 만든 물을 담아서 얼굴이나 손발 따위를 씻을 때 쓰는 둥글넓적한 그릇이다.

180 바쳐 → 받쳐 ; '물건의 밑이나 옆 따위에 다른 물체를 대다'는 말이다.

181 요기 놓고 ; 여기서는 세간살이를 가지런히 정리해 두었다는 말이다. '요기'는 말하는 이에게 가까운 곳을 가리키는 말이다.

182 양칠 간죽簡竹 → 양칠간죽(洋漆竿竹) ; 빨강·파랑·노랑의 빛깔로 알록지게 칠한 담배설대다.

183 [보정] 자문죽紫紋竹 → 자문죽(自紋竹) ; 아롱진 무늬가 있는 중국산 대나무다. 흔히 담뱃대로 쓴다. 자점죽이라고도 한다. 자문죽紫紋竹은 거문고를 만드는 데에 쓰인다.

184 마좌 → 맞춰

185 씹털 ; 여성 성기에 난 털을 말한다.

186 씹털같은 기사미 ; 칼로 가늘게 썬 담배를 비유적으로 표현한 것이다. '기사미'는 살담배 즉 칼로 썬 담배를 말한다. 각(刻)연초 혹은 절초(切草)라고도 한다. 이에 대하여 썰지 아니하고 그냥 부숴서 종이에 말아 피는 잎담배가 있다.

187 [보정] 평양平壤 동(東)푸루 ; '평양 동포루(東鋪樓)'가 옳다. 포루(鋪樓)는 화포를 장착하기 위한 건물이 아니고, 적이 볼 수 없게 치성 위에 군사들이 몸을 숨길 수 있도록 지은 집이다. 치성은 성벽을 돌출시켜 성벽에

돼지 똥물에다 추기어[189] 났습니다.[190][191]

生員= 이놈 뭐야.

말둑이= 아 이 양반兩班 어찌 듣소.

소털같은 담배를 꿀물에다 추겨났다[192] 그리하였오.[193]

兩班들= (합창合唱)

꿀물에다 추겨났다네.[194]

(음악音樂에 맞추어 어울려서 춤춘다)

(한참 춤추다가 춤과 음악이 끝나서 사처방房[195]으로 들어간 양을 한다)[196]

[197]

접근하는 적을 공격할 수 있게 만든 시설이며, 치성 가운데 중요한 위치에는 포루를 세웠다. 화성에는 서포루(西鋪樓), 북포루(北鋪樓), 동북포루(東北鋪樓, 각건대), 동1포루(東1鋪樓), 동2포루(東2鋪樓) 등 5개의 포루가 있다. 『양파유고(陽坡遺稿)』에 '총수산에 이르러 유숙하면서[到翠秀山留宿]'에 '7월 15일 일찍 출발하여 늦은 아침에 대동강변에 도착하였다. 큰비로 불어난 강물 때문에 건너기가 대단히 어려웠다. 중국 사신은 배가 준비되어 있지 않고 장막이 설치되어 있지 않았기 때문에 분노하여 차사원(差使員)인 광량첨사(廣梁僉使) 김희민(金希敏)을 붙잡아 들이게 하고 곤장 15대를 쳤다. 각 방면의 배를 부벽루 근방에 끌어올려 비로소 배를 띄워 동포루 아래에 정박시켰다. 평양성에 들어가서 묵었다.' 라고 하였다.

188 선창船倉 ; 배 안 갑판 밑에 있는 짐칸이다.

189 추기어 → 축이어

190 [보정] 저 평양平壤 동푸루 선창에 돼지 똥물에다 추기어 났읍니다 ; 평양 동포루 아래에 있는 선창은 주로 평양에 가축 특히 돼지를 반입하는 일이 많았다고 한다. 이에 연유한 듯하다.

191 이 대목은 소위 '기물사설'을 원용한 것이다.

192 추겨났다 → 축여놓았다

193 [보정] 소털같은 담배를 꿀물에다 추겨났다 그리하였오. ; 앞의 대사인 '쎕털같은 기사미를 저 평양平壤 동푸루 선창에 돼지 똥물에다 추기어 났읍니다.'에 대하여 대구 형태로 받은 대사다. 오청(誤聽)을 유도하고 있다. '똥물'을 '꿀물'이라고 바로 잡았지마는 담배를 꿀물에다 축이지는 않기 때문에 역시 양반이 격하된다.

194 [보정] 兩班들= (합창合唱) 꿀물에다 추겨났다네. ; 대화반응이 불림으로 활용되었다.

195 사처방房 ; 앞에서는 새처방이라 하였다.

196 [보정] (한참 춤추다가 춤과 음악이 끝나서 사처방房으로 들어간 양을 한다) ; 일정한 무대 장치가 없음을 보여주는 단적인 사례다.

197 이두현본에는 '※ (이본) 이 대목에서 말뚝이와 兩班의 "福잡이"가 있음' 라고 채록되었다.
 (※ 새처 안에 들어간 뒤 아래와 같은 <복(福)잡이 놀이>로 끝맺기도 한다.)
     말뚝이 : 쉬이. (음악과 춤이 멈춘다.) 샌님 새처방이 어떻습니까?
     생원 : 참 좋다.
     말뚝이 : 만복이 들어오라고 사방문을 활짝 열었읍니다.

生員 =　　　여보게 동생同生. 우리가 본시本是 양반兩班이라.¹⁹⁸

　　　　　　이런데 가만히 있잔니¹⁹⁹ 갑갑도 하네.

　　　　　　우리 글이나 한 수首씩 찌여서²⁰⁰ 심심풀이나 하세.

書房님 =　　형兄님 좋은 말심²⁰¹이요. 형兄님 먼저 지으시요.

生員 =　　　그러면 동생이 운자韻字²⁰²를 하나 부르게.

書房 =　　　산자字 영자字외다.²⁰³

生員 =　　　아 그것 어렵다.

　　　　　　여보게 동생同生 되고 안되고 내가 부를 것이니 들어보게.

　　　　　　　(영시조咏詩調로)²⁰⁴

　　　　　　울룩 줄룩²⁰⁵작대산作大山하니

　　　　　　황천풍산黃川豊山²⁰⁶에 동선령洞仙嶺²⁰⁷이라.²⁰⁸

　　　생원 : 야 이놈, 문을 열어야 복이 들어오느냐?
　　　말뚝이 : 예, 그렇습니다. 「개문이 만복래」라 문을 열어야 복이 들어옵니다. 복이 들어오면 소인이 잡을랴
　　　　　　고 하니 샌님도 잡으시오.
　　　양반들 : (일어서려고 한다.)
　　　말뚝이 : 가만히 계시오. 소인이 복 들어왔다고 할 때 일어나 잡으시오.
　　　말뚝이 : 복들어 왔소 !
　　　양반들 : (일어나서 복을 잡으려고 두 손을 벌려들고 사방으로 돌아다닌다.)
　　　말뚝이 : (이때 「복이야 복이야」소리치며 채찍으로 양반들을 때린다.)
　　　양반들 : (쫓기며 퇴장한다.)

198　우리가 본시本是 양반兩班이라 ; 양반 역할을 하겠다는 지문성 대사다.

199　있잔니 → 있자니

200　찌여서 → 지어서

201　말심 → 말씀

202　운자韻字 ; 한시의 운으로 다는 글자를 말한다.

203　산字 영字외다. ; 산字와 영字를 운자로 하여 시를 지으라는 뜻이다.

204　(영시조咏詩調로) ; 영가(詠歌)인 듯하다. '영가(詠歌)'는 보통 창가(唱歌)를 말하며, 국악에서는 종교적인 노
　　　래의 하나로 오음(五音)을 처음에는 길게 나중에는 빠르게 가락을 붙여 반복하여 부르는 것으로, 조선 후기부
　　　터 불리기 시작했다. 오청본에서는 '詠'이라고 채록되었다.

205　울룩 줄룩 ; 울룩불룩인 듯하다. 물체의 거죽이나 면이 고르지 않게 매우 높고 낮은 모양이다.

206　황천풍산黃川豊山 ; 함경남도에 있는 지명이다. 1914년 군폐합(郡廢合) 때 갑산군(甲山郡) 웅이면(熊耳
　　　面)·이인면(里仁面)·천남면(天南面)과 북청군(北靑郡) 안산면(安山面)으로 풍산군을 신설했다.

207　동선령洞仙嶺 ;『신증동국여지승람』'황해도 봉산군'에 '동선(洞仙)'은 북쪽으로 15리에 있다 라고 하였고, '동
　　　선관행성(洞仙關行城)' 쪽으로 15리 황주(黃州) 경계에 있으며 속칭 사인암성(舍仁巖城)이라 하며 돌이 공중
　　　에 우뚝 솟아 있어 적암(積巖)이라 이름하고, 사인암(舍人巖)이라고 부른다. 고갯길이 좁고 매우 비탈져 말과

書房＝   거 형兄님 잘 지였오.

　　　　　　(하며 형제 같이 환소歡笑 한다[209])

生員＝   동생同生 한귀 지여보게.

書房＝   형兄님이 운자韻字를 부르시오.

生員＝   총자字 못자字 네.

書房＝   아 그 운자韻字 벽자僻字[210]로군.

　　　　　　(한참을 끙끙 하다가)[211]

　　　　　　형兄님 들어보시요[212].

　　　　　　(영시조咏詩調로)

　　　　　　집세기[213] 앞총[214]은 헌겁총[215]이요.

　　　　　　나막신[216] 뒷축[217]은 거말못[218]이라.[219] [220]

말둑이＝   샌님[221] 저도 한수 지을테이니 운자韻字를 하나 불러 주시오.

　　　같이 걸어갈 수가 없다. 영종(英宗) 22년에 성을 쌓아서 동쪽과 서쪽에 문(門)을 설치하였다. 성의 길이는 모두 1천 9백70보다 라고 하였다.

208 울룩 줄룩작대산作大山하니 황천풍산黃川豊山에 동선령洞仙嶺이라. ; 운자놀이의 하나다. 시짓기를 하나의 놀이 형태로 변형시킨 것이다. 대체로 한시를 언어유희화한 것이 보통이다. 황천풍산에 있는 동선령의 성이 1천 9백 70보에 걸쳐 있는 형세를 두고 이른 것이다.

209 환소歡笑 한다 ; 기뻐하여 웃는다는 뜻이다. 오청본에서는 '(兄弟가같이웃는다)'라고 채록되었다.

210 벽자僻字 ; 흔히 쓰지 아니하는 야릇하고 까다로운 글자를 말한다.

211 (한참을 끙끙 하다가) ; 오청본에서는 '(조곰생각다가)'라고 채록되었다.

212 들어보시요 → 들어보시오

213 집세기 ; 짚신을 말한다.

214 앞총 ; '압총'으로 짚신이나 미투리 따위의 앞쪽의 양편쪽으로 운두를 이루는 낱낱의 신울을 말한다.

215 헝겊총 ; '헝겊신' 즉 헝겊으로 신울을 돌려 만든 신을 말한다. 포화(布靴)라고도 한다.

216 나막신 ; 신의 하나로 나무를 파서 만든 것으로 앞뒤에 높은 굽이 있어 비가 오는 날이나 땅이 진 곳에서 신었다. 목극, 목리(木履), 목혜라고도 한다.

217 뒷축 ; 발뒤축 즉 발 뒤쪽의 둥그런 부분 가운데 맨 뒤쪽의 두둑하게 나온 부분이다.

218 거말못 → 거멀못 ; 나무 그릇 따위의 터지거나 벌어진 곳. 또는 벌어질 염려가 있는 곳에 거멀장처럼 겹쳐서 박는 못이다. '거멀장'은 가구나 나무 그릇의 사개를 맞춘 모서리에 걸쳐 대는 쇳조각을 말하며, 줄여서 거멀이라고도 하며, 양각정이라고도 한다.

219 [보정] 집세기 앞총은 헌겁총이요. 나막신 뒷축은 거말못이라 ; 운자놀이에 의하여 탄생한 구절이다. 여기서 '총'자와 '못'자는 한자어가 아니라 운자로 쓰일 수 없다. 놀이적 성향을 보여준다.

220 [보정] 이 대목도 '운자놀이'가 전개된다.

生員＝　　　　재구삼년齋狗三年이에[222] 능풍월能風月이라드니[223]

　　　　　　네가 양반兩班의 집에서 몇해를 있드니 기특奇特한 말을 다 하는구나.

　　　　　　우리는 두자字식 불러 지였지마는

　　　　　　너는 단자單字[224]로 불러 줄게

　　　　　　한자字씩이나 달고 지여 보아라.

　　　　　　운자韻字는 강자字다.

말둑이＝　　　　　(곧, 영시조咏詩調로)[225]

　　　　　　썩정 바자[226] 구녕[227]에 개대강이[228]요.

　　　　　　헌 바지 구녕에 좃대강이[229]라.[230] [231]

生員＝　　　　아 그놈 문장文章[232]이로구나.[233] 운자韻字를 내자마자 지어내는구나.

221　샌님 ; 생원님의 준말이다. 얌전하고 고루한 사람을 놀림조로 이르는 말기도 하다.

222　이에 ; 여기서는 '이러하여서 곧'이라는 뜻이다.

223　재구삼년齋狗三年이에 능풍월能風月이라드니 ; 속담 '서당 개 삼 년에 풍월한다.'를 원용한 대사로, 무식한 사람이라도 유식한 사람과 오래 섞이면 다소 견문이 트인다는 뜻이다. 보통은 '당구삼년폐풍월(堂狗三年吠風月)'이라 한다. 민간화술이다.

224　단자單字 ; 여기서는 한 글자의 운(韻)이다. 운자는 보통 두 자를 냄이 원칙이나 말둑이에게는 한 자만 내고 있다.

225　(곧, 영시조咏詩調로) ; '書房'이 '(한참을 끙끙 하다가)' 지은 데 비하여 '말둑이'는 '곧'바로 지었다는 뜻이다.

226　썩정 바자 → 삭정이 바자 ; '삭정이'는 산 나무에 붙은 채 말라 죽은 가지를 말한다. '바자'는 싸리나무·대·갈대·수수깡 등으로 발처럼 엮거나 결은 물건이다. 보통은 가축이 밖으로 나가지 못하도록 울타리를 엮는 데 쓰인다.

227　구녕 ; '구멍'의 방언이다.

228　개대강이 → 개 대가리

229　좃대강이 → 좃대가리

230　썩정 바자 구녕에 개대강이요. 헌 바지 구녕에 좃대강이라 ; 삭정이로 두른 담장 틈으로 개가 머리를 내밀고, 헌 바지 구멍으로 성기가 드러난 형상을 '강' 자를 넣어 지은 것이다. 양반이 운자를 내고 양반이 모욕을 당하는 형세가 되었다.

231　[보정] 말둑이＝ (곧, 영시조咏詩調로) 썩정 바자 구녕에 개대강이요. 헌 바지 구녕에 좃대강이라. ; 오청본에서는 '말둑이. 「아그韻字 어렵습니다.」 (조곰생각하다가웅등이춤을추면서)(唱)「썩정바자구녕에 개대강이요 헌바지구녕에 좃대강이라.」'라고 채록되었다. 임석재본에 따르면 '書房'이 '(한참을 끙끙 하다가)' 지은 데 비하여 '말둑이'는 '곧'바로 지었다는 뜻이다. 오청본에 따르면 '아 그 운자 어렵습니다.' 하면서 짐짓 조금 생각하는 척까지 하면서 양반 흉내를 내는 방식으로 실현된 것이다.

232　[보정] 문장文章 ; 여기서는 문장가(文章家)라는 뜻이다.

233　生員＝ 아 그놈 문장文章이로구나 ; 말둑이를 보고 훌륭한 문장가라고 한 것이다. 상황적인 역설이다. 한시가 아닌 단순한 말장난을 두고는 잘 지었다고 함으로써 결국은 양반탈들이 어리석인 인물로 비쳐지게 된다.

　　　　　　자알 지였다.[234]

　　　　　　그러면 이번에는 파자破字[235]나 하여보자.

　　　　　　주둥이는 하야코[236] 몸댕이[237]는 알락달락한 자字가 무슨 자字냐.[238]」

書房＝　　　　　（한참 생각하다가）

　　　　　　네에 거 운고옥편韻考玉編[239]에도 없는 자字인데 그것 참 벽자僻字요.[240]

　　　　　　그거 그거 피마자蓖麻子[241]자字가 아니요.[242]

生員＝　　　아아 거 동생同生이 용세.

書房＝　　　형兄님 내가 한자字 부르라우.[243]

234　生員＝ 아 그놈 문장文章이로구나. 운자韻字를 내자마자 지어내는구나. 자알 지였다 ; 오청본에서는 '兩班伯.
「아— 그놈 文章이로구나 잘— 지엇다랏—지엇서.」(담배대를입에물고 고개를끄덕끄덕하며 仲弟를바라본다.)
양반 중. 「아 과연 그놈이 큰 문장이올시다.」 라고 채록되었다.

235　파자破字 ; 파자(破字)란, 한자의 자획을 나누거나 합하여 짜 맞추는 수수께끼, 혹은 술가의 점치는 법의 한
가지로 한자를 풀어 보아서 좋고 언짢음을 알아내는 행위이며, 소위 성명철학에서 다반사로 쓰인다. 파자는 탁
자(坼字)・해자(解字)라고도 한다. 또한 파자는 글자로써 표현할 수 있는 모든 표현 방법을 동원하여 즐기는
글자 놀이, 즉 일종의 수수께끼이며, 이미 춘추 전국 시대 이전부터 인기 있는 민속 놀이였다고 한다.

236　하야코 → 하얗고

237　몸댕이 → 몸뚱이

238　[보정] 주둥이는 하야코 몸댕이는 알락달락한 자字가 무슨 자字냐 ; '주둥이는 하얗고 몸뚱이는 알락달락한'은
피마자의 모양새를 말하면서, 파자로 보면 훈(訓)에 해당한다. '字'는 글자를 뜻하면서 '子'의 뜻 즉 씨앗이나
사물의 이름에 붙는 접사로 쓰였다. 여기서는 파자가 아니라 수수께끼이다.

239　운고옥편韻考玉篇 ; 운회옥편(韻會玉篇)인 듯하다. 고의적인 잘못인지 불분명하다. 운회옥편은 한문 글자의
운자(韻字)를 분류하여 놓은 사전을 말한다. 중국 송(宋) 황공소(黃公紹)가 지은 『고금운회(古今韻會)』를 수
정, 편찬한 책이다. 조선 중종 때의 학자 최세진(崔世珍)이 편찬하여 1536년(중종 31) 왕명에 의하여 국비로
인간(印刊) 반포하였다. 『고금운회(古今韻會)』가 그 내용은 자세하나 해석이 너무 번잡하여 읽기에 번거로우
므로 그 글자를 자형별(字形別)로 분류하여 음과 뜻을 붙이지 않고 운모(韻母)만을 붙인 체제로 수정・편찬하
였다. 『사성통해(四聲通解)』의 보편(補篇)이다.

240　[보정] 네에 거 운고옥편韻考玉編에도 없는 자字인데 그것 참 벽자僻字요 ; 이 대사를 보면 유식한 체하는
모습이지만, '운회옥편'을 운고 옥편이라 하여 무식이 드러난다. 다만 '韻考玉編'의 '考'자는 채록 과정에서 '會'
와 혼동한 데에 기인한 것인 수도 있다.

241　피마자蓖麻子 ; 아주까리라고 하며, 대극과의 한해살이풀로 잎은 손바닥 모양으로 크고, 초가을에 엷은 홍자
색 꽃이 핀다. 어린잎은 식용한다. 피마자 열매는 겉 무늬가 알록달록하다.

242　[보정] 네에 거 운고옥편韻考玉編에도 없는 자字인데 그것 참 벽자僻字요. 그거 그거 피미자蓖麻子자字가 아
니요 ; 생원이 부른 글자가 옥편에도 없을 정도로 자주 쓰는 글자가 아니라서 아주 어렵다고 하면서 피마자란
답을 찾아낸다. '피마자'라고 답한 것은 열매의 모양과 색깔에서 유추한 것이다. 파자놀이와 수수께끼식 문답이
결합되었다.

243　[보정] 書房＝ 형兄님 내가 한자字 부르라우 ; 파자를 내겠다는 말이다. 여기서는 수수께끼 문제를 내겠다는

生員＝ 　　　그리하게.

書房＝ 　　　논두럭²⁴⁴에 살피²⁴⁵ 짚고 섰는 자가 무슨 자요.

生員＝ 　　　　　（한참 생각한다）

　　　　　　　아 그것은 논임자²⁴⁶가 아닌가.²⁴⁷

　　　　　　　　　（이러는 동안에 취발醉發이 살짝 들어와 한편 구석에 서 있다）

生員＝ 　　　이놈 말둑아아.

말둑이＝ 　　예에.

生員＝ 　　　나라 돈²⁴⁸ 노랑돈²⁴⁹ 칠분²⁵⁰ 잘라 먹은 놈.

　　　　　　　상통²⁵¹이 무루익은²⁵² 대조大棗빛²⁵³ 같고

　　　　　　　울룩 줄룩 배미 잔등²⁵⁴ 같은 놈²⁵⁵을 잡아드려라.²⁵⁶

　　말이다.

244 논두럭 → 논두렁 ; 논둑. 곧 물이 괴도록 논가에 흙으로 둘러서 막은 두둑을 말한다.

245 살피 ; 살포의 방언이다. 살포는 논의 물꼬를 조절하는 데 쓰는 연장이다. 지역에 따라 살포갱이(경상남도 영
　　　산)·살피(경상북도)·논물광이(강원도 도계)·살보(전라남도)·삽가래(전라남도 보성)·손가래(경상북도)·살
　　　보가래(전라남도 강진)로 불린다. 손바닥만 한 날에 비하여 자루는 길어서 2m에 이르는 것도 있다. 남부지방에
　　　서는 대나무를 자루로 박아 쓰는 일이 많다. 날의 형태는 네모난 날 끝을 위로 두 번 구부리고 괴통을 단 것,
　　　깻잎 모양으로 앞이 뾰족하고 끝이 위로 두 번 구부려져서 괴통이 달린 것(이를 '오리살포'라고도 한다.), 말굽
　　　쇠형 따비처럼 직사각형의 몸채에 말굽쇠형의 날을 끼운 것, 괭이의 날처럼 위로 한번 구부리고 괴통을 단 것
　　　(날의 너비는 4.8㎝, 길이는 12㎝) 등 매우 다양하다. 이것은 논의 물꼬를 트거나 막을 때 쓰며, 논에 나갈 때
　　　지팡이 대신 짚고 다니기도 한다. 무게는 700g 내외이다. 폭 12㎝ 길이 14㎝ 정도의 두툼한 쇳조각을 2m 정도
　　　의 자루에 붙인다. 노인들이 지팡이 대신 논에 나갈 때 짚고 간다.
　　　　'두 땅의 경계선을 간단히 나타낸 표'로 보거나, '살피고'로 본 견해가 있는데, 잘못이다.

246 논임자 ; 논을 소유한 사람이다.

247 書房 = 논두럭에 살피 짚고 섰는 자가 무슨 자요. / 生員 = (한참 생각한다) 아 그것은 논임자가 아닌가. ;
　　　'수수께끼식 문답'을 원용하고 있는 대목이다.

248 나라 돈 → 나랏돈 ; 국고금(國庫金)을 말한다.

249 노랑돈 ; 노란 빛깔의 엽전, 혹은 몹시 아끼는 돈을 말한다.

250 칠분 ; 칠푼(七-)으로 매우 작고 보잘것없는 것을 비유적으로 이르는 말이다. 오청본에서는 '七分'이라고 채
　　　록되었다.

251 상통 ; '얼굴'을 속되게 이르는 말이다.

252 무루익은 → 무르익은

253 무루익은 대조大棗빛 ; 붉은 빛이 돋는 모양을 말한다.

254 배미 잔등 → 매미 잔등 ; 얼굴이 몹시 얽은 모습을 매미잔등에 비유한다. 자료에 따라 '매미'와 '배미'로 채록
　　　되었다. '잔등'은 '등'의 방언이다.

255 상통이 무루익은 대조大棗빛 같고 울룩 줄룩 배미 잔등 같은 놈 ; 붉은 빛이 돋으면서 매미의 등과 같이 울퉁

말둑이=	그 놈이 심[257]이
	무량대각無量大角[258]이요
	날램이 비호飛虎같은데[259],
	샌님에 전령傳令[260]이나 있으면 잡아올는지
	거저는 잡아올 수가 없입니다[261].
生員=	오오 그리하여라.
	(지편紙片에다 무엇을 써서 준다)[262]
말둑이=	(지편紙片을 받아들고 취발醉發이 한테로 가서)
	당신當身 잡히였오[263].[264]
醉發=	어데 전령傳令 보자.
말둑이=	(지편紙片을 취발이에게 보인다.)[265]
醉發=	(지편紙片을 보더니 말둑이에게 끌려 양반兩班 앞에 온다)

불퉁하게 생긴 취발이탈의 형상을 두고 이른 말이다.

256 生員= 나라 돈 노랑돈 칠분 잘라 먹은 놈. 상통이 무루익은 대조大棗빛 같고 울룩 줄룩 배미 잔등 같은 놈을 잡아드려라. ; 이 대목은 앞의 전개와는 매우 이질적이다. 왜 갑자기 취발이를 잡아들이라는 것인지 미상하다. 다만 이 대목은 소위 '포도부장 놀이'의 변형이 아닌가 한다.

257 심 → 힘 ; '힘'의 방언이다.

258 무량대각無量大角 ; '무량(無量)'은 정도를 헤아릴 수 없을 만큼 많음을 이른다. '大角'은 옛 관악기의 하나다. '大角'은 '大覺'의 잘못인 듯하다. '無量大角[무량대각]'은 '無量大覺[무량대각]'의 잘못이다. 결국 '無量[무량]'이라고만 해도 될 자리에 불교적 성격을 띤 두 용어 '無量[무량]'과 '大覺[대각]'을 결합하여 언어유희를 보이고 있다. 오청본에서는 '無量'이라고만 채록되었다.

259 비호飛虎같은데 ; '비호'는 나는 듯이 빠르게 달리는 범을 말한다. 매우 용맹스럽고 날쌔다는 뜻이다.

260 전령傳令 ; 명령이나 훈령, 고시 따위를 전하여 보냄을 말한다. 또는 그 명령이나 훈령, 고시를 말한다.

261 없입니다 → 없습니다

262 (지편紙片에다 무엇을 써서 준다) ; 오청본에서는 '(紙片에逮捕狀을써서말둑이에게준다.)' 라고 채록되었다.

263 잡히였오 → 잡히었오

264 [보정] 당신當身 잡히였오 ; 직설적 언술이다. 소위 지문적 성향을 띤 대사다. 이와 같이 지문을 대사로 전향시키는 '돌발'이 가면극 공연공간을 더욱 신명나게 한다. 이 '돌발의 미학'은 '불합리의 합리'를 조장하는 서민적 정서에 기인한다.

265 [보정] 醉發= 어데 전령傳令 보자. 말둑이= (지편紙片을 취발이에게 보인다.) 醉發= (지편紙片을 보더니 말둑이에게 끌려 양반兩班 앞에 온다) ; '傳令'은 체포장으로서 소도구이다. 이 소도구는 실제로 등장하지 아니한다. '보이지는 않되 있는 것'이다. 현재는 실제 소도구를 활용하는 경우도 있다. 오청본에서는 '말둑이. 「傳令업시올理잇소 자이것보아.」 (하며 逮捕狀을내여醉發에게준다. 醉發은逮捕狀을바다본다음 말둑이에게잡혀온다. 말둑이는醉發이를逮捕하여가지고와서 醉發의응등이를 兩班의面前에내민다.)' 라고 채록되었다.

말둑이＝   (취발醉發이의 응덩이[266]를 양반兩班 코앞에 내밀게 하며)

그놈 잡어드렸오.[267]

生員＝   아 이놈 말둑아. 이게 무슨 냄새냐.

말둑이＝   이놈이 피신避身을 하여 다니기 때문에 양취[268]를 못하여서 그렇게 냄새

가 나는 모양이외다.

生員＝   그러면 이놈의 모가지[269]를 뽑아서 밑구녕[270]에다 갖다 박아라.

말둑이＝   이놈의 목쟁이[271]를 뽑아다 밑구녕에다 꽂는 수가 있이면

내 좃으로 샌님의 입술을 떼여 드리겠읍니다.[272]

生員＝   (노怒하여 큰 목소리로)

이놈 뭐이 어째?

말둑이＝   샌님, 말슴 들으시오. 시대時代가 금전金錢이면 그만인데[273] 하필何必 이

놈을 잡어다 죽이면 뭣하오. 돈이나 몇백량百兩 내라고 하여 우리끼리

노나 쓰도록 합시다. 그러면 샌님도 좋고 나도 돈양兩[274]이나 벌어 쓰지

않겠오. 그러니 샌님은 못 본 체하고, 가만히 계시면 내가 다 잘 처리하

고 갈 것이니 그리 알고 계시오.[275]

---

266 응덩이 → 엉덩이

267 그놈 잡어드렸오 ; 오청본에는 이 대사가 없다.

268 양취 → 양치 ; 소금이나 치약으로 이를 닦고, 물로 입 안을 가셔 내는 일이다. 한자를 빌려 '養齒'로 적기도
한다.

269 모가지 → 목아지 ; '목'을 속되게 이르는 말이다.

270 밑구녕 → 밑구멍

271 목쟁이 → 목정강이 ; 목덜미를 이루고 있는 뼈다.

272 말둑이＝ 이놈의 목쟁이를 뽑아다 밑구녕에다 꽂는 수가 있이면 내 좃으로 샌님의 입술을 떼여 드리겠읍니다
; 불가능하다는 뜻이다. 실행 불가능함을 비속어를 원용하여 표현하고 있다.

273 시대時代가 금전金錢이면 그만 ; 어느 때고 사람 사는 세상에서 금전이 제일이라는 말이다.

274 돈양兩 ; 쉽사리 헤아릴 만큼 그다지 많지 아니한 돈을 말한다.

275 [보정] 말둑이＝ 샌님, 말슴 들으시오. 시대時代가 금전金錢이면 그만인데 ~ 그러니 샌님은 못본 체하고, 가만
히 계시면 내가 다 잘 처리하고 갈 것이니 그리 알고 계시오. ; 생원탈과 취발이와 말둑이의 돈거래는 무엇인
가. 앞 장면에서 소무와 취발이 사이에 등장하는 돈과 같은 맥락에서 이해할 필요가 있다. 이에 대하여는 일반
적으로 상업주의적 발상으로 보는 견해가 있는데, 보다 면밀한 검토가 필요하다. '지전(紙錢)' 풍속이 상업주의
적 발상의 영향으로 패로디화한 것으로 추정된다.

(음악音樂에 맞추어 다 같이 어울러져서[276] 춤추다가 전원全員 퇴장
退場)[277]

[278]

---

276   어울러져서 → 어우러져서

277   (음악音樂에 맞추어 다 같이 어울러져서 춤추다가 전원全員 퇴장退場) ; 오청본에서는 '(兩班三兄弟와말둑
이와醉發이가―齊히退場한다.)'라고 채록되었다. 오청본에 비하여 다 같이 어우러져 춤을 추는 행위가 더 채
록되었다.

278   이두현본에는 다음과 같은 '부기'가 있다.
    <부기>
    구술자 김진옥 옹이 어린 시절(십대 소년 시절)에 본 바로는 양반춤과장 끝장면에서 포도부장이 갓 쓰고
두루마기 입고 부채 들고 굿거리 장단에 맞춰 춤을 추다 퇴장하였다고 하니, 본시 봉산탈춤에도 포도부장
놀이가 있었음이 확실하다.

7. '제칠장'의 복원

第七場[12]

미얄, 영감令監, 용산龍山 삼개 덜머리집, 삼인三人. (구꺼리 장단長短에 맞추어 춤추며 등장
登場)

> (미얄은 검은면面에 하얀 점점點點이 박힌 면상面相을 하고, 한 손
> 에 부채를 들고 한 손에는 방울 하나를 들었다)[3]
> (영감은 좀 험상險相스런 노인老人 면상面相에 이상異常한 관冠을
> 썼다. 회색灰色빛 나는 웃옷을 입고 지팡이를 짚었다)[4]

---

1   第七場 ; 오청본에서는 '第七場 미얄舞'이라고 채록되었다. 오청본에서는 '미얄은巫女·그의男便은절구匠이
로 오래간만에夫婦가반갑게만나 그동안서로그리워하든情懷를주고밧다가 嫉妬싸홈으로因하여 마츰내 永永離
別을하고마는것인대 이場面은 前記各場面과는아모連絡이업는別個의것으로서 一種의餘興이다. 或은미얄의
夫婦는酒幕主人으로서 醉發·老僧·墨僧等에게酒食을提供하야써 그들을放蕩의길로빠지게하엿기때문에 마
츰내神罰을받게된것이라는說도잇으나 이는以上各場面과連絡식히랴는臆說인듯하다.' 라고 부기하였다. 이 기
사를 따라 미얄을 무당으로 결정하고만 것이 기존 입장이지만, 보다 심도 있는 연구가 필요하다.

2   [보정] 정병호는, 이 장면에서, 미얄은 잦은굿거리장단에 맞추어 '엉덩이춤'을 추며, '발림춤'을 추기도 한다. 영
감은 굿거리, 세마치, 중중몰이에 맞추어 '허튼춤', '발림춤'을 춘다. 삼개덜머리집과 남강노인은 '손춤'을 춘다고
한다. 그리고 잦은굿거리, 굿거리, 세마치, 중중몰이 등의 장단에 맞추어 엉덩이춤, 발림춤, 허튼춤 등을 춘다고
한다. 장단 가운데에 '세마치'는 활기찬 느낌, 꿋꿋한 느낌, 매우 흥겹고 씩씩한 느낌을 준다고 한다. 그리고 '허
튼춤'은 일정한 틀과 순서가 없이 마음먹은 대로 자유롭게 표현하는 춤으로, 흥을 일으켜 춤에 몰입함으로써
황홀경에 도달하게 하고 신명을 얻게 하여 생명체에 새로운 활력을 주는 춤이라 할 수 있다고 한다. 이러한
점을 보면 이 장면은 흥겹고, 씩씩하며, 꿋꿋한 장단으로 활기찬 느낌을 조장하는 가운데에 황홀경에 도달하고
신명을 얻게 하여 활력을 주는 장면이라고 할 수 있다.

3   [보정] (미얄은 검은면面에 하얀 점점點點이 박힌 면상面相을 하고, 한 손에 부채를 들고 한 손에는 방울 하나
를 들었다) ; 등장인물 기호와 더불어 탈의 형상과 소도구가 제시되어 있다. 소도구 부채와 방울은 무당이라는
징표라고 여기고 있다.

4   (영감은 좀 험상險相스런 노인老人 면상面相에 이상異常한 관冠을 썼다. 회색灰色빛 나는 웃옷을 입고 지
팡이를 짚었다) ; 등장인물 기호와 더불어 탈의 형상과 의상 및 소도구가 제시되어 있다.

(용산龍山 삼개 덜머리집은 소무면小巫面과 비슷한 면상面相이다)[5]

(영감令監과 용산龍山 삼개 덜머리집은 한 편에 가서 있다.)[6]

미얄=　　　　(악공樂工 앞에 가서 운다)

에에 에에 에에 에에 에에 에에.[7]

樂工 Ⅰ[8]=　　웬 할맘입나[9].

미얄=　　　　나도 웬 할맘이드니[10]

덩덩하기에[11] 굿만 여기고,

한거리[12] 놀고 갈랴고[13] 들어온 할맘이올세.

樂工 Ⅰ=　　　그럼 한 거리 놀고 갑쇄[14].

미얄=　　　　노든지 마든지

허름한[15] 영감令監[16]을 잃고 영감令監을 찾아다니는 할미가 영감令監 찾

고야 아니 놀겠읍나[17].

5　(용산龍山 삼개 덜머리집은 소무면小巫面과 비슷한 면상面相이다) ; 등장인물 기호와 더불어 탈의 형상이
제시되어 있다.

6　(영감令監과 용산龍山 삼개 덜머리집은 한 편에 가서 있다.) ; 행위자가 가면극 현장에 등장되어 있는 상황에
서 전개됨을 알 수 있다.

7　에에 에에 에에 에에 에에 에에. ; 오청본에서는 '에ー에ー에ー에ーー에ーー에ーー에ーー에ーー'라고 장음 표시로
채록되었다.

8　樂工 Ⅰ ; 뒤에서 영감이 등장하는 장면에서는 '樂工 Ⅱ'가 담당한다. 오청본에서는 '樂工'이라고만 채록되었다.

9　할맘입나 → 할맘인가 ; '할맘'은 '할머니'의 방언이다. '할맘입나'는 높임이 섞인 반말 정도로 수수하게 물어보
는 어투다.

10　할맘이드니 → 할맘이더니 ; 지난 일을 회상하는 혼자말투이다.

11　덩덩하기에 ; 오청본에서는 '덩덕궁'이라고 채록되었다. 보통은 '덩더꿍'이라 하는데 북이나 장구를 두드릴 때
나는 흥겨운 소리나 덩달아 덤비는 모양이다.

12　한거리 ; 여기서는 한바탕이다. '거리'는 가면극, 꼭두각시놀이, 굿 따위에서, 장(場)을 세는 단위다. 음악, 연극
따위에서 단락, 과장, 마당을 이르는 말로 쓰이기도 한다.

13　갈랴고 → 가려고

14　갑쇄 ; '가세'의 방언투이다.

15　허름한 ; '좀 모자라거나 낡은 데가 있거나 값이 좀 싼 듯한'이라는 뜻이다. '귀중하지 아니하다' 혹은 '표준
정도에 좀 미치지 못한 듯한'라는 뜻이다.

16　영감令監 ; 나이 든 부부 사이에서 아내가 그 남편을 이르거나 부르는 말이다. 또는 나이가 많아 중년이 지난
남자를 대접하여 이르는 말이다. 또는 정삼품과 종이품의 벼슬아치를 이르던 말이다. 요즈음에는 급수가 높은
공무원이나 지체가 높은 사람을 높여 이르는 말이다.

樂工 I=	할맘 난지본향本鄕¹⁸은 어데메와¹⁹.
미얄=	난지 본향本鄕은 전라도全羅道 제주濟州 망막골²⁰이올세²¹.²²
樂工 I=	그러면 영감슈監은 어째 잃었읍나.
미얄=	우리 고향故鄕에서 난리가 나서 목슴을 구救하랴고 서로²³ 도망逃亡했기 때문에 잃었읍네.
樂工 I=	그러면 영감슈監에 모색貌色²⁴이나 한번 댑쇼.
미얄=	우리 영감슈監에 모색貌色은 마모색馬毛色²⁵일세.
樂工 I=	그러면 말새끼²⁶란 말인가.
미얄=	아니 소모색毛色²⁷일세.
樂工 I=	그러면 소새끼²⁸란 말인가.²⁹

---

17 놀겠읍나 → 놀겠습나

18 난지본향本鄕 ; '태어난 고향'의 뜻이다.

19 어데메와 → 어디요 ; '-메'는 '-이며'의 방언이다. '-와'는 '-어요'의 방언이다.

20 [보정] 망막골 ; '망막골'의 구체적인 소재지는 알 수 없다. '막막궁산(寞寞窮山)'을 차용하여 고요하고 쓸쓸한 깊은 산속이라는 뜻을 담으려는 민간화술적 표현으로 추정된다.

21 이올세 ; '-ㄹ세'는 '이다'의 어간과, 받침 없는 용언의 어간과, 'ㄹ' 받침인 용언의 어간 또는 어미 '-으시-' 뒤에 붙어, 하게할 자리에 쓰여, 자기의 생각을 설명하는 데 쓰이는 말이다. 뒤에는 '그려'가 붙을 수 있다. 또는 하게할 자리에 쓰여, 무엇을 새롭게 깨달았다는 감탄의 뜻을 나타내는 말이다. '오'는 겸양의 뜻이다.

22 난지 본향本鄕은 전라도全羅道 제주濟州 망막골이올세. : 현재의 제주도는 조선시대에는 전라도 제주목(濟州牧)이었다. 『신증동국여지승람』

23 서로 ; 여기서는 '서로 각각'이라는 뜻이다.

24 모색貌色 ; 얼굴의 생김새나 차린 모습을 말한다. '본색'을 뜻하기도 한다. 뒤에 '마모색'과 '소모색'과 댓구를 조성하기 위한 언어유희성이 담겨있다.

25 마모색馬毛色 ; 말의 털빛이라는 말이다. 여기서는 '馬貌色'으로 말의 모양이라는 뜻으로 쓰였다. 즉 얼굴의 생김새나 차린 모습이 말을 닮았다는 말이다.

26 말새끼 ; 망아지를 비속하게 표현한 말이다.

27 소모색毛色 ; 소의 털빛이라는 말이다. 여기서는 '소貌色'으로 소의 모양이라는 뜻으로 쓰였다. 즉 얼굴의 생김새나 차린 모습이 소를 닮았다는 말이다.

28 소새끼 → 쇠새끼 ; 말을 잘 안 듣는 소를 속되게 이르는 말이다. 소와 같이 미련한 사람을 속되게 이르는 말이다.

29 [보정] 이 대목에서는, 마모색과 말새끼, 소모색과 소새끼를 연결한 유사음을 이용한 언어유회를 보여주고 있다. 앞에서 '馬貌色'이라 했으니, '소貌色' 또한 '牛貌色'으로 해야 할 것인데, 여기에서 '牛貌色'을 '소貌色'이라 한 것은, '소리'를 통해서 해학을 유발한 것이라고 생각된다. 그리고 망아지를 말새끼라 하고, 송아지를 소새끼라 하여 비속한 표현을 보이고 있다. 여기서 '모색'은 쌍관어(雙關語)로 '모습'이라는 뜻과 '털의 색'이라는 두 가지 뜻을 담고 있다.

미얄=   아니 마모색馬毛色도 아니고 소모색貌色도 아니올세. 우리 영감슦監에

          모색貌色을 알아서 무엇해. 영감슦監에 모색貌色을 대기만하면 여기서

          생길가.[30]

樂工 I=   모색貌色을 자세仔細히 대면 찾일 수 있지.

미얄=   (노래조調로)[31]

          우리 영감슦監에 모색貌色을 대.

          우리 영감슦監에 모색貌色을 대.

          모색貌色을 대면 좀 흉凶한데.

          난간 이마[32]에 주게턱[33][34]

          웅커 눈[35]에 개발코[36][37],

          상통은 갓 밭은[38] 관역[39]같고[40]

          수염은 다 모즈라진[41] 귀열[42] 같고[43]

---

30 영감슦監에 모색貌色을 대기만하면 여기서 생길가 ; '생길가'는 '없던 것이 새로 있게 될까' 라는 말로, '영감
    모색을 대면 영감이 곧 나타날까' 라는 말이다.

31 [보정] (노래조調로) ; 이 대목은 '노래조로' 실현하였다. 그래서 원자료와는 달리 행간 배치를 달리 한다. 오청
    본에서는 '(웅둥이춤을추면서)'라고 채록되었다.
       이 대목이 노래조로 실현한 것으로 본다면, 춤과 불림이 결합된 경우이다. 불림은 '역설적 하례'의 의미가 담
    겨 있는 것으로, 여기에서는 영감의 형상을 비속하게 표현하고 있다. 그리고 '우리 ~ 凶한데.'는 노래조로 실현
    하고, '난간 이마 ~ 세치되는'은 노래로 실현하고, '슦監이올세.'는 노래조로 실현한다. 임석재본에서는 이 대목
    이 '노래調로'라고 채록되었다. 이렇게, 노래와 노래조의 결합, 춤과 불림의 결합과 같은 양상은 미얄춤에서 지
    배적으로 나타난다. 여기에 언어유희와 비속한 표현이 질탕한 분위기를 조성하게 되는 것이다. 이는 미얄춤의
    특징이기도 하며 우리 가면극 전개상의 주요한 원리이다.

32 난간 이마 ; 정수리가 넓고 툭 불거져 나온 이마를 말한다.

33 주게턱 → 주걱턱 ; 주걱 모양으로 길고 끝이 밖으로 굽은 턱이다. 또는 그런 턱을 가진 사람을 놀림조로 이르
    는 말이다.

34 난간 이마에 주게턱 ; 난간처럼 불거져 나온 이마에 주걱 모양 길고 끝이 밖으로 굽은 턱을 말한다.

35 웅커 눈 → 움펑눈 ; 움푹 들어간 눈을 말한다. '움펑눈이'라고도 한다.

36 개발코 ; 너부죽하고 뭉툭하게 생긴 코를 비유적으로 이르는 말이다.

37 웅커 눈에 개발코 ; 움푹 들어간 눈에 너부죽하고 뭉툭하게 생긴 코를 말한다.

38 갓 밭은 → 가파른

39 관역 → 과녁 ; 활이나 총 따위를 쏠 때 표적으로 만들어 놓은 물건을 말한다.

40 상통은 갓 밭은 관역같고 ; '얼굴은 가파른 과녁 같고' 라는 말이다.

41 모즈라진 → 모지라진 ; 물건의 끝이 닳아서 없어진 모양을 말한다.

상투[44]는 다 갈아먹은 망좃[45]같고[46]

키는 석자 세치되는[47]

영감令監이올수에[48] [49] [50].

樂工 I＝　옳지. 고 영감令監 마루 너머 등 너머로

　　　　망[51] 쪼러[52] 갑데.

미얄＝　에에 고놈에 영감令監,

　　　　고리쟁이[53]가 죽어도 버들가지를 물고 죽는다[54]드니

　　　　상개[55] 망을 쪼러다녀.[56]

樂工 I＝　영감을 불러 봅소.

미얄＝　영감令監!

樂工 I＝　너무 짧아 못쓰겠읍네.

42　귀열 → 귀얄 ; 풀이나 옻을 칠할 때에 쓰는 솔의 하나다. 주로 돼지털이나 말총을 넓적하게 묶어 만든다.

43　수염은 다 모즈라진 귀얄 같고 ; '수염은 다 닳아 없어진 솔 같고' 라는 말이다.

44　상투 ; 예전에, 장가든 남자가 머리털을 끌어 올려 정수리 위에 틀어 감아 맨 것이다.

45　망좃 ; 맷돌의 위아래를 연결하는 볼록한 부분을 말한다. 보통 '중쇠'라고 한다.

46　상투는 다 갈아먹은 망좃같고 ; '상투는 다 갈려 없어진 맷돌 중쇠 같고' 라는 말이다.

47　키는 석자 세치되는 ; '키는 석 자 세 치 되는' 라는 말로 매우 작은 키다.

48　영감令監이올수에 ; '영감이올소'의 방언투다. 오청본에는 '令監이올세'라고 채록되었다.

49　키는 석자 세치되는 영감令監이올수에 ; 키가 매우 작아 석자 세 치밖에 안 된다는 말로 관용적 표현이다.

50　[보정] 우리 영감令監에 모색貌色을 대 ~ 키는 석자 세치되는 영감令監이올수에 ; 이 대목은 미얄이 절구장이인 '허름한 영감'의 모습을 대는 대사이다. 언어유희와 비속한 표현으로 공연 현장의 축제적 분위기를 조장하고 있다.

51　망 ; '맷돌'의 방언이다. 곡식을 가는 데 쓰는 기구로 둥글넓적한 돌 두 짝을 포개고 윗돌 아가리에 갈 곡식을 넣으면서 손잡이를 돌려서 간다.

52　쪼러 ; '뾰족한 끝으로 쳐서 찍으러'라는 말이다.

53　고리쟁이 → 고리장이 ; 고리버들로 고리짝이나 키 따위를 만들어 파는 일을 직업으로 하는 사람이다.

54　고리쟁이가 죽어도 버들가지를 물고 죽는다 ; 속담 '백정이 버들잎을 물고 죽는다.'라고, 고리버들의 가지를 가지고 버들고리를 겯는 것을 업으로 하는 고리백정이 껍질 벗길 때 하던 버릇대로 입에 문 버들잎을 놓지 못하고 죽는다는 뜻으로, 죽는 경우를 당하여도 자기의 근본을 잊지 않는 경우에 비겨 이르는 말이다. 속담에서 '행담 짜는 이 죽을 때도 버들잎을 자갈 물고 죽는다.'라고, 버들고리로 행담고리짝 짜는 사람은 죽을 때까지 버들껍질을 입으로 물어 벗기다가 죽는다는 데서 '사람은 어떤 조건에서도 자기의 본색을 감추지 못함'을 비겨 이르는 말이다.

55　상개 ; '아직'의 방언이다.

56　오청본에서는 '(하고한숨을쉰다)' 라는 지문이 채록되었다.

미얄=	여어엉 가아암, 여어엉 가아암.[57]
樂工 I=	너무 느려서 못쓰겠읍네.[58]
미얄=	그러면 어떻게 불르란 말인가.
樂工 I=	전라도全羅道 제주도濟州島 망막골 산다니 신아위청[59]으로 불러 봅소.
미얄=	(신아위청으로)[60]

═══ 절절 절시구, 절절 절시구. 지화자자 절시구.[61]

어디를 갔나. 어디를 갔나. 우리 영감令監 어디를 갔나.

기산영수箕山潁水 별건곤別乾坤[62] 소부허유巢父許由 따러갔나.

채석강采石江 명월야明月夜[63]에 이적선李謫仙[64] 따러갔나.

적벽강赤壁江 추야월秋夜月[65]에 소동파蘇東坡[66] 따러갔나.

---

57 여어엉 가아암, 여어엉 가아암 ; 오청본에서는 '슈── 監── 슈── 監── 슈── 監──.'이라고 장음 표시를 넣어 채록하였다.

58 너무 느려서 못쓰겠읍네. ; 송석하본에서는 「너무 길어서 못 쓰겠읍네.」 라고 채록되었다.

59 신아위청 → 시나위청 ; 시나위 대금의 중심 음인, 대금 여섯 구멍을 다 막고 내는 음이다.

60 미얄= (신아위청으로) ; 오청본에서는 '미얄. (응둥이춤을추며 바른便 손에든붓채를피엿다접엇다하면서 신아위청으로)' 라고 채록되었다. 오청본이 임석재본보다 행위가 구체적으로 제시되어 있다.

61 절절 절시구, 절절 절시구. 지화자자 절시구 ; 절씨구를 시나위청에 맞추어 부르는 소리다. '얼씨구 절씨구'는 흥겨울 때에 장단을 맞추며 변화 있게 내는 소리다. '얼씨구'는 흥에 겨워서 떠들 때 가볍게 장단을 맞추며 내는 소리다. '얼씨구나 절씨구나'는 '얼씨구절씨구'를 강조하여 내는 소리다. '지화자'는 나라가 태평하고 국민이 평안한 시대에 부르는 노래, 또는 그 노랫소리다. 흥을 돋우기 위하여 노래나 춤의 곡조에 맞추어 내는 소리다. 윷놀이에서 모를 치거나 활쏘기에서 과녁을 맞혔을 때, 잘한다는 뜻으로 외치는 소리로, '얼씨구절씨구 지화자 좋네. 얼씨구절씨구 지화자 좋다.'라는 식으로 실현된다. 여기에서는 '지화자자'가 특이하다. 이와 같은 조흥구가 실현되는 양상은 공연현장의 상황과 공연자에 따라 다양하게 나타난다.

62 기산영수箕山潁水 별건곤別乾坤 : 기산은 중국 하남성(河南省) 등봉현(登封縣) 동남쪽에 있는 산으로 요(堯)임금 때 소부(巢父)와 허유(許由)가 숨어살던 곳이다. 일명 악령(嶽嶺)이라고도 한다. 영수는 역시 하남성 등봉현에 있는 강 이름이다. '別乾坤(별건곤)'은 별다른 세계 곧 별천지(別天地)를 말한다.

63 채석강명월야采石江明月夜 ; 채석강의 달 밝은 밤을 뜻한다. 중국 안휘성(安徽省)에 위치한 강으로, 당(唐)나라의 시인 이태백(李太白)이 놀다가 빠져 죽은 곳으로 유명하다. 동정호(洞庭湖)의 한 지류다. 이백(李白)이 채석강(采石江)에서 놀 때 술에 취하여 물에 비친 달을 잡으려고 강에 뛰어들어 빠져 죽었다고 한다.

64 이적선李謫仙 ; 중국 당 나라 때 시인 이백(李白)을 말한다. 자 태백(太白)이며, 호 청련거사(靑蓮居士), 주선옹(酒仙翁)이다. 시선(詩仙)으로 일컬어지는데 장안(長安)에 들어가 하지장(賀智章)을 만나자 하지장은 그의 글을 보고 탄(歎)하여 적선(謫仙)이라 하였다.

65 적벽강추야월赤壁江秋夜月 ; 적벽강의 가을 밤. 적벽강은 중국 호북성 황강현에 있는 강으로 삼국시대 오나라의 장군인 주유가 제갈량의 도움을 받아 조조의 군대를 대파한 곳이다. 또한 송나라의 문인인 소식(蘇軾)이 뱃놀이를 하면서 「적벽부(赤壁賦)」를 지었던 곳이다.

우리 영감令監 찾으려고

일원산一元山⁶⁷서 하루 자고,

이강경二江景⁶⁸이에서 이틀 자고,

삼三부조⁶⁹서 사흘자고

사법성四法聖서 나흘 자고,⁷⁰

삼국三國적⁷¹ 유현덕劉玄德⁷²이 제갈공명諸葛孔明⁷³ 찾으려고

삼고초려三顧草廬하든 정성精誠,

만고萬古 성군聖君⁷⁴ 주문왕周文王⁷⁵이 태공망太公望⁷⁶ 찾으려고

---

66   소동파蘇東坡 ; 중국 북송(北宋) 때의 문인이자 정치가인 소식(蘇軾)을 말한다. 자(字)는 자첨(子瞻)이며, 호(號)는 동파(東坡)다. 소선(蘇仙)이라고도 한다. 아버지 순(洵)과 아우 철(轍)과 더불어 '삼소(三蘇)'라고 불리며, 당송팔대가(唐宋八大家)의 한 사람이자 송나라를 대표하는 제일의 문인으로 문명을 날렸다. 대표적인 작품으로는 특히 『적벽부(赤壁賦)』가 유명하며, 서화(書畵)에도 능했다.

67   원산元山 ; 현재 동해의 영흥만 안에 있는 항구 도시이다.

68   강경江景 ; 부여는 현재 충청남도 논산시의 읍이다.

69   삼三부조서 ; 이두현본에서는 '삼부여(三夫餘)서'라고 채록되었다.

70   [보정] 일원산一元山서 하루 자고, 이강경二江景이에서 이틀 자고, 삼三부조서 사흘자고 사법성四法聖서 나흘 자고 ; 여기에서는 '一元山'에서 '하루', '二江景'에서 '이틀', '三'부조서 '사흘', '四'法聖에서 '나흘' 등으로 표현함은, 숫자놀이와 유사의미반복을 통한 언어유희를 보이고 있다. 『조선의 민간오락』에는 다음과 같이 채록되었다.

　　　우리집 령감을 찾으려고 一에 명월산에 一박하고 이에 강경(江景)에 二박하고 三에 부소(扶蘇)에 三박하고 四에 법성에 四박하고 三국시대 류현덕이 제갈공명(諸葛孔明)을 찾으려고 三고초려(三顧草廬)한 정성

71   삼국三國적 ; 삼국 시대(三國時代)는 후한이 몰락하기 시작했던 2세기 말부터 위, 촉, 오가 세워져 서로 다투다가 서진이 중국을 통일하는 3세기 후반까지를 가리키는 말이다. 오청본에서는 '戰國(전국)적'이라고 채록되었다. 전국시대는 중국 역사에서, 춘추 시대 다음의 기원전 403년부터 진나라가 중국을 통일한 기원전 221년까지 약 200년간의 과도기를 말한다. 여러 제후국이 패권을 다투었던 동란기로 '전국 칠웅'이라는 일곱 개의 제후국이 세력을 다투었으며, 제자백가와 같이 학문의 중흥기를 이루었고, 토지의 사유제와 함께 농사 기술의 발달 따위로 화폐가 유통되기도 하였다.

72   유현덕劉玄德 ; 중국 삼국시대 촉한의 초대 황제다. 자는 현덕(玄德), 시호는 소열제(昭烈帝)이다. 삼국지(三國志)에서는 조위(曹魏)가 한(漢)을 계승한 정통 황조라고 보았으므로 유비를 황제로서 칭하지 않고 촉한(蜀漢) 선주(先主)라고 부른다. 진서(晉書) 열전에서 유비의 묘호를 열조(烈祖)라고 칭한 바가 있으나, 이것은 그의 정식 묘호가 아닌, 후세사가들이 추봉한 묘호이다.

73   제갈공명諸葛孔明 ; 중국 삼국시대 촉한의 모신(謀臣)이다. 자는 공명(孔明)이며, 별호는 와룡(臥龍)·복룡(伏龍). 전란의 시대, 형주의 초야에서 지내던 중 제갈량의 나이 27세 때 유비(劉備)의 삼고초려로 세상에 나온 제갈량은 재략과 웅재로써 유비를 도와 촉한(蜀漢)을 건국하는 제업을 이루었다. 적벽에서 손권(孫權)과의 연합을 이끌어내 당대 최강의 제후인 조조(曹操)의 남하를 저지하였고 형양을 차지한 후 익천를 도모해 유비를 제위에 오르게 하였고 제갈량은 승상의 직에 올랐다. 그의 출사표는 후세 사람들이 이 글을 보고 울지 않으면 충신이 아니라고 평하는 명문으로 꼽히고 있다.

위수양渭水陽[77]에 가든 정성精誠,

초한楚漢적 항적項籍이가 범아부范亞夫 찾으랴고

기고산祁高山 가든 정성精誠,

이런 정성精誠 저런 정성精誠, 다 부려서,

강산천리江山千里를 다 다녀도

우리 영감令監을 못찾겠네.

우리 영감令監을 만나면 귀를 잡고

코도 대고 눈도 대고 입도 대고,

춘향春香이와 이도령李道令 만나노듯이

업어도 주고 안어도 보며

건건드러지게 놀겠구만.

어디를 가고 날 찾을 줄 왜 모르나,

어엉 어엉.

〈구꺼리 장단長短에 춤 춘다〉[78]

---

74 만고성군萬古聖君 ; 길이 역사에 남을 어질고 덕이 뛰어난 임금을 말한다.

75 주문왕周文王 ; 주(周)나라를 창건한 왕이다. 이름 창(昌)이고, 계왕(季王)의 아들, 무왕의 아버지다. 어머니는 은(殷)나라에서 온 태임(太任)이고, 서백(西伯)이라고도 한다. 은나라에서 크게 덕을 베풀고 강국으로서 이름을 떨친 계(季)의 업을 계승하여, 점차 인근 적국들을 격파하였다. 만년에는 현상(賢相) 여상(呂尙, 太公望)의 도움을 받아 덕치(德治)에 힘썼다. 뒤에 은나라로부터 서방 제후의 패자(覇者)로서 서백의 칭호를 사용하도록 허락받았다. 죽은 뒤 무왕이 은나라를 쓰러뜨리고 주나라를 창건하였으며, 그에게 문왕이라는 시호를 추존하였다. 뒤에 유가(儒家)로부터 이상적인 성천자(聖天子)로서 숭앙을 받았으며, 문왕과 무왕의 덕을 기리는 다수의 시가 『시경(詩經)』에 수록되어 있다.

76 태공망太公望 ; 주나라 초기의 현신(賢臣) 여상(呂尙)이다. 여상은 주나라 동해(東海) 사람이다. 본성(本姓)은 강씨(姜氏)다. 그의 선조가 여(呂)에 봉해졌으므로 여상(呂尙)으로 칭해졌다. 자는 자아(子牙)다. 나이 칠순에 위수(渭水)에 낚시를 드리우며 때를 기다린 지 10여 년 만에 주나라 문왕(文王)을 만나 초빙된 다음, 문왕(文王)의 스승이 되었으며, 문왕은 그가 조부인 태공(太公)이 항시 바라던 사람이라는 뜻에서 '태공망(太公望)'이라고 했다. 병법의 이론에도 밝아서 문왕(文王)이 죽은 뒤에 무왕(武王)을 도와 목야(牧野)의 전투에서 은(殷)나라 주(紂)왕의 군대를 물리치고 주(周)나라를 세우는데 큰 공을 세웠고, 후에는 제(齊) 땅을 영지로 받아 제(齊)나라의 시조(始祖)가 되었다.

77 위수양渭水陽 ; 강 이름이다. 중국 감숙성(甘肅省) 위원현(渭源縣)의 서북 조서산(鳥鼠山)에서 발원하여 섬서성(陝西省)을 거쳐 낙수(洛水)와 합쳐 황하(黃河)로 흐른다. 이곳의 반계석(磻溪石)에서 강태공이 낚시하였다고 한다.

78 [보정] 어엉 어엉. 〈구꺼리 長短에 춤 춘다〉 ; 이 대목이 오청본에서는 「엉―엉― 엉―엉―」(울다가 장내의

(한참 춤추다가 주악奏樂이 끝나면 춤을 그치고 저편으로 물러앉는다.)[79]

令監=   (등장登場. 악공樂工 앞에 가서 운다)

에에 에에 에에 에에 에에.[80]

樂工 Ⅱ=   윈[81] 영감令監이와.

令監=   나도 윈 영감令監이더니

덩덩궁하기에[82] 굿만 여기고

한 거리 놀라고 두러온[83] 영감令監이올세.

樂工 Ⅱ=   놀라면 놀고 갑세.

令監=   노든지 마든지 허름한 할맘을 잃고는 할맘을 찾고서야 아니 놀겠읍나.

樂工 Ⅰ=   난지 본향本鄕은 어데메와.[84]

令監=   전라도全羅道 제주濟州 망막골이올세.

樂工 Ⅰ=   그러면 할맘은 어째서 잃었읍나.

令監=   우리 고향故鄕에 난리가 나서 각분各分[85] 동서東西로 도망逃亡하다가

잃고 말았읍네.

樂工=   할맘에 모색貌色을 말해 봅수에.[86]

令監=   우리 할맘의 모색貌色은 하도 흉凶해서 말할 수 없네.

樂工 Ⅱ=   그래도 한번 말해 봅소.

중앙으로 가서 굿거리장단에 맞추어 춤을 춘다.)'라고 채록되었다. 오청본에서는 춤을 추는 위치가 나타나 있다.

79 [보정] (한참 춤추다가 주악奏樂이 끝나면 춤을 그치고 저편으로 물러앉는다.) ; 이 기사를 보면 미얄은 퇴장하지 아니하고 가면극 무대 공간의 한 자리를 차지하고 있어서 관객에 노출되게 된다. 오청본에서는 이를 확인할 수 없다. 임석재본에서 미얄, 영감, 용산삼개덜머리집이 함께 등장한다고 앞에서 서술한 바, 이를 따른다면 미얄은 퇴장하지 아니하고 관객에 노출된다. 가면극의 개방성을 방증해주는 대목이다.

80 에에 에에 에에 에에 에에 ; 오청본에서는 '에—에에 에—에에'라고 장음 표시를 하여 채록하였다.

81 윈 → 웬

82 덩덩궁하기에 ; 오청본에서는 '덩덩덩하기에'라고 채록되었다.

83 두러온 → 들어온

84 어데메와 → 어디에요 ; '-메'는 '-이며'의 방언이다. '-와'는 '-어요'의 방언이다.

85 각분各分 ; 물건 따위를 따로따로 나눔을 뜻한다.

86 봅수에 ; '봅소'의 방언투다.

令監=	여기서 모색貌色을 말한들 찾을 수가 일나.[87]
樂工 II=	모색貌色을 말하면 찾을 수가 있겠지.
令監=	우리 할맘에 모색貌色은 마모색馬貌色일세.
樂工=	그러면 말새끼란 말인가.
令監=	아니 소모색貌色일세.
樂工=	그러면 소새끼란 말인가.
令監=	아니 마모색馬貌色도 아니고 소모색貌色도 아니올세.

(노래조調로)

　　 ══ 우리 할맘에 모색貌色을 대.

우리 할맘에 모색貌色을 대.

할맘에 모색貌色을 대면 좀 흉凶한데.

난간 이마에 우멍눈[88] 개발코에 주게턱

쌍통[89]은 먹 푸는 바가지[90] 같고,

머리칼은 모즈러진 비짜루[91] 같고,

한켄[92] 손엔 부채 들고

한켄 손엔 방울 들고,

키는 석자세치 되는

할맘이올세.

樂工 II=	옳지, 고 할맘 마루 너머 등 너머로 굿하러 갑데.
令監=	에에 고놈에 할맘 항상 굿만 하러 다녀.
樂工=	할멈을 한번 불러 봅소.

87　일나 → 있나

88　우멍눈 → 움펑눈

89　쌍통 ; '상통'을 더욱 비속화한 표현이다.

90　먹 푸는 바가지 같고 ; 울퉁불퉁하게 생겼다는 뜻의 관용적 표현이다. 이두현본에서는 '깨진 바가지'라고 채록
　　되었다.

91　비짜루 → 빗자루

92　한켄 → 한컨

令監=	여기 없는 할맘을 불러 무엇하나.
樂工 II=	그래도 한번 불러 봅소.
令監=	할맘!
樂工 II=	너무 짧아 못쓰겠읍네.
令監=	하아알 마아암.[93]
樂工 II=	그것은 너무 느려서 못쓰겠읍네.[94]
令監=	그러면 어떻게 부르란 말인가.
樂工 II=	전라도全羅道 제주濟州 망막골 산다니 신아위청으로 불러 봅소.
令監=	(신아위청으로)

=== 절절절 절시구 절절절 절시구 얼시구 절시구 지화자자 절시구

어디를 갔나. 어디를 갔나.

우리 할맘 어디를 갔나.

기산영수箕山穎水 별건곤別乾坤에 소부허유巢父許由 따러 갔나.

채석강采石江 명월야明月夜에 이적선李謫仙 따러 갔나.

적벽강赤壁江 추야월秋夜月에 소동파蘇東坡 따러갔나.

우리 함멈 찾으랴고,

일원산一元山 이강경二江景 삼三부조 사법성四法聖

강산천리江山千里를 다 다녀도

우리 할맘은 못찾겠네.[95]

(구꺼리장단長短에 맞추어 춤춘다.)

미얄[96]=	(춤을 추며 영감令監 쪽으로 슬금슬금 온다.)

---

93 하아알 마아암 ; 오청본에서는 '할——맘——.'라고 장음 표시로 채록되었다.

94 그것은 너무 느려서 못쓰겠읍네. ; 송석하본에서는 「그것은 너무 길어서 못 쓰겠읍네.」 라고 채록되었다.

95 [보정] 영감이 시나위청으로 영감을 부르는 대목이다. 춤과 불림으로 실현된다. 이 대목은 '시나우;청'으로 부른다고 되어 있지만 '우리 할맘 못 찾겠네' 이후부터는 '노래조'와 '말'이 섞여서 실현된다. 판소리에서도 활용되는 소위 '사벽도四壁圖 사설', '쑥대머리' 등을 원용하면서 미얄을 그리워하여 찾아다녔다는 대사인데, 이 대사 이후에 '굿거리장단'에 맞추어 춤을 춘다는 점으로 볼 때에 역시 '불림'적 성격이 강하다.

96 [보정] 이 대목은 소위 '보고지고 타령'이 원용되었다.

(노래조調로)

≡≡ 절절 절시고, 지화자자 절시고.

보고지고 보고지고,

우리 영감슈監 보고지고.

대한칠년大旱七年 왕王가물[97]에

빗발같이 보고지고.

구년치수九年治水 대大탕수[98]에

햇발같이 보고지고.

우리 영감슈監 보잘시면[99]

눈도 대고 코도 대고

입도 대고 귀도 대고,

연적硯滴같은 젖[100]을 쥐고

신짝 같은 혀를 물고[101]

거드러지게[102] 놀겠구만.

---

97 대한칠년大旱七年 왕王가물 ; ‘대한칠년大旱七年’은 7년간의 큰 가뭄이라는 뜻이고, ‘王가물’은 큰 가물을 뜻
한다. 즉 ‘大旱七年’과 ‘王가물’은 같은 의미다. 관용구화 되었다.
　‘대한칠년(大旱七年)’은, 『회남자(淮南子)』에 의하면 탕(湯) 임금 시대에 7년 동안 가뭄이 들자 탕이 몸소 상
림(桑林)에서 기도를 드리자 그 기도에 반응하여 사해의 구름이 모여들어 천리에 걸쳐 비가 내렸다고 하는 고
사에 연유한다. 여기서 ‘상림지도(桑林之禱)’라는 말이 생겼다. 은(殷) 나라 탕왕(湯王)이 7년의 큰 가뭄에 상
림(桑林)에서 비 내리길 빌었다 해서 성인(聖人)이 백성을 근심함을 이르는 말이다. 자료에 따라서는 탕왕이
자신의 ‘머리털과 손톱’을 바쳤다고 한다.
　　[참고] 시조(時調) – 어화 보완지고 그리던 님 보완지고 / 七年 大旱에 열 구름 빗발 본 듯 / 이 後에 다시
　　만나면 九年之水에 볏 뉘 본 ᄒᆞ듯여라. –『東國歌辭』

98 구년치수九年治水 대大탕수 ; 9년 동안의 큰 홍수를 말한다. 우(禹)의 아버지 곤(鯀)은 제요(帝堯) 때에 황하
(黃河)의 대홍수를 9년간이나 다스렸으나 치수의 업적을 올리지 못하고 마침내 죽음을 당하고 말았다. 이에
그의 아들 우가 치수에 전력하여 제순(帝舜) 때에 완전히 성공을 보았으므로 마침내 천자가 될 수 있었다는
고사에서 연원을 두고 있다. 여기에서 ‘구년치수(九年治水)’라는 성어가 생겼다. 관용구다. 오청본에서는 ‘九年
洪水大洪水’라고 채록되었다. ‘탕수’는 ‘큰 홍수’의 방언이다.

99 보잘시면 → 볼작시면 ; 볼 것 같으면. ‘-ㄹ작시면’은, 예스러운 표현으로, ‘그 동작을 한번 행하여 보면’의 뜻
을 나타내며, 우습거나 언짢은 경우에 잘 쓴다.

100 연적硯滴같은 젖 ; 관용적 표현이다. 벼루에 먹을 갈 때 쓰는, 물을 담아 두는 그릇인 연적과 같이 생긴 젖을
말한다. 연적이나 사발처럼 납작하게 올라붙은 젖을 연적젖(硯滴–) 혹은 사발젖이라고 한다.

101 신짝 같은 혀를 물고 ; 관용구다. ‘신짝’은 신발의 한 짝, 혹은 ‘신’을 속되게 이르는 말이다.

어델 가고 날 찾일 줄 왜 모르나.

令監＝   (춤을 추며 할맘 쪽으로 슬금슬금 간다.)

      (미얄이 하는 노래와 같은 노래를 한다. 단但 「영감令監」을 「할멈」

      으로 함.)[103]

미얄[104]＝   (노래조調로)

    === 절절 절시구 절절 절시구.

    거 누구라 날 찾나.

    거 누구라 날 찾나.

    날 찾는 사람 없건마는

    거 누구라 날 찾나.

    술 잘 먹는 이태백李太白이

    술 먹자고 날 찾나.

    상산사호商山四皓 네 노인老人[105]이

---

102 거드러지게 : '건드러지게'의 잘못인 듯하다. 목소리나 맵시 따위가 아름다우며 멋들어지게 부드럽고 가늘다
   는 뜻이다.

103 [보정] (미얄이 하는 노래와 같은 노래를 한다. 단但 「영감令監」을 「할멈」으로 함.) ; 채록자 주다. 미얄과 영감
   의 대사가 동일하게 실현된다는 기사다. 이 내용이 오청본에는 이 기사가 없다.

104 이 대목에서 미얄이 부르는 노래는 소위 '거 누가 날 찾나' 사설을 원용하고 있다.

105 상산사호商山四皓 네 노인老人 ; 상산사호(商山四皓)는 중국 진시황 대에 나라가 어지러움을 피해 섬서성
   (陝西省) 상산(商山) 산에 숨어 들어간 네 은사(隱士)를 말한다. 동원공(東園公), 기리계(綺里季), 하황공(夏
   黃公), 녹리선생(甪里先生)을 말하는 데 이들은 모두 눈썹과 수염이 희었기에 '皓'가 붙었다. 이들은 자주 그림
   의 주제로 떠올렸다. 또한 우리 연행문화에 흔히 원용되었다.

    [참고] 늘고 병 든 몸이 草堂에 흔거로다 / 鶴膝枕 노피 베고 일 업시 누어스니 / 商山 四皓 네 老人은
   바둑 두려 날 ᄎᆞ즈라. -『樂府』

    [참고]『사기』유후세가(留侯世家) ; 한(漢) 12년, 황제가 경포의 군사를 격파하고 돌아와서 병이 더욱 심해
   지자 더더욱 태자를 바꾸고자 했다. 이에 유후가 그만두기를 간했으나 황제가 듣지 않자, 병을 핑계 삼아 공
   무를 돌보지 않았다. 태자태부 숙손통이 고금의 일을 인용해 설득하며 죽을 각오로 태자를 보위하기 위해서
   애썼다. 황제는 거짓으로 그의 말을 들어주는 것처럼 했으나, 실제로는 여전히 바꾸려고 했다. 그러다가 연회
   에 술자리가 마련되었을 때 태자가 황제를 모시게 되었는데, 네 사람의 은자가 태자를 따르고 있었다. 그들
   은 모두 나이가 80이 넘었고 수염과 눈썹이 희었으며 의관은 매우 위엄 있었다. 황제가 괴이하게 여겨 묻기
   를 '저들은 무엇을 하는 사람들인가.'라고 하자, 네 사람이 앞으로 나아가 대답하며 각각 이름을 말하기를 동
   원공(東園公), 녹리선생(甪里先生), 기리계(綺里季), 하황공(夏黃公)이라 했다. 그러자 황제는 크게 놀라며
   '짐이 공(公)들을 가까이 하고자 한 것이 몇 년이나 되었는데, 공들은 기어이 짐을 피해 도망가더니, 이제 공
   들이 어찌해 스스로 태자를 따라 노니는가.'라 했다. 네 사람이 모두 아뢰기를 '폐하께서는 선비를 업신여기

바둑 두자 날 찾나.

춤 잘 추는 학鶴두루미[106] 춤을 추자 날 찾나.

수양산首陽山 백이숙제伯夷叔齊 채미採薇하자 날 찾나.

　　〈주註. 상기上記 노래 대신代身 다음과 같은 것을 하기도 함.〉[107]

절절 절시고 지화자자 절시고.

거 누구가 날 찾나. 거 누구가 날 찾나.

날 찾일 이 없건마는 거 누구라 날 찾나.

임당수臨塘水[108] 풍랑중風浪中에

심낭자沈娘子[109]가 날 찾나.

시고 잘 꾸짖으시므로 신들이 의(義)에 욕되지나 않을까 해 두려운 나머지 도망해 숨었습니다. 그런데 삼가 듣건대, 태자께서는 사람됨이 어질고 효성스러우시며 사람을 공경하고 선비를 사랑하시어 천하에 목을 빼고 태자를 위해서 죽고자 하지 않는 이가 없다고 하므로 신들이 온 것입니다.'라 했다. 황제는 이에 이르기를 '번거로우시겠지만 공들께서 끝까지 태자를 잘 돌보아주기를 바라오.'라 했다. 네 사람이 축수(祝壽)를 마치고 급히 떠나가자, 황제는 눈길로 그들을 전송해 보내면서 척부인을 불러 그 네 사람을 가리켜 보이며 이르기를 '짐이 태자를 바꾸고자 했으나, 저 네 사람이 보좌해 태자의 우익(羽翼)이 이미 이루어졌으니 그 지위를 어떻게 할 수가 없소. 여후(呂后)는 진정으로 그대의 주인이오.'라 했다. 척부인이 흐느끼자 황제는 '짐을 위해서 초나라 춤을 춰 보여주오. 짐도 부인을 위해서 초나라 노래를 부르리다.'라고 하고, 이렇게 노래했다. '큰 고니 높디 높이 날아 / 한 번에 천리를 날거니 / 날개가 어느덧 다 자라나매 / 온 천하를 마음껏 날아다니도다. / 온 천하를 마음껏 날아다니니 / 마땅히 또 어떻게 하겠는가. / 설령 주살이 있다고 한들 / 오히려 그 무슨 소용 있으리요.' 몇 번 연달아 노래를 부르매 척부인은 한숨을 내쉬며 눈물을 흘렸다. 황제가 일어나 자리를 뜨자, 술자리는 끝이 났다. 결국 태자를 바꾸지 못한 것은 근본적으로 유후가 이 네 사람을 불러오게 했기 때문이었다.-

　[참고] 동원공(東園公) ; 전한 초기 상산사호의 한 사람으로 성은 유(庾), 자는 선명(宣明)이다.

　[참고] 녹리선생(甪里先生) ; 전한 하내(河內) 지현(軹縣) 사람이다. 한고조(漢高祖) 때의 은사(隱士)로, 진(秦)나라의 학정을 피해서 상산(商山)에 숨어살던 사호(四皓) 가운데 한 사람이다. 성은 주씨(周氏)고, 이름은 술(術)이며, 자는 원도(元道)고, 패상선생(覇上先生)으로도 불린다. 또는 녹(甪)을 각(角)의 와자(譌字)로 보아 '각리선생'이라고도 부른다.

　[참고] 기리계(綺里季) ; 전한 초기 때 은사(隱士)로, 상산사호(商山四皓)의 한 사람이다. 기계(綺季)로도 불린다. 진(秦)나라 말기에 동원공(東園公), 녹리선생(甪里先生), 하황공(夏黃公)과 함께 상산(商山)에 은거해 살았는데, 나이가 모두 여든을 넘겼다. 고조(高祖)가 초빙했지만 나오지 않았다. 여후(呂后)가 장량(張良)의 계책을 빌려 네 사람을 초빙해 태자를 보필하게 했다. 고조가 이를 보고 태자의 우익(羽翼)이 이미 갖추어진 것으로 보고, 태자를 폐하겠다는 논의를 중지시켰다.

　[참고] 하황공(夏黃公) ; 전한 초기 때 은사(隱士)로, 상산사호(商山四皓)의 한 사람이다. 이름은 최광(崔廣)이고, 자는 소통(小通)인데, 하리(夏里)에 은거했기 때문에 붙여진 이름이다.

106　학鶴두루미 ; '학'과 '두루미'가 결합된 말이다. 동의어 한자어와 우리말이 결합된 것이다.

107　〈주註. 상기上記 노래 대신代身 다음과 같은 것을 하기도 함.〉; 채록자 주다.

108　임당수臨塘水 → 인당수(印塘水) ; 고전소설 '심청전'에 나오는 깊은 물을 말한다. 사람을 제물로 바쳐야 배가 무사히 지나갈 수 있다는 곳으로, 심청이 공양미 삼백 석을 구하기 위하여 자기를 제물로 팔아 이곳에 빠졌다.

소상반죽瀟湘斑竹[110] 물들이던

아황여영娥媓女英[111]이 날찾나.

반도회요지연蟠桃會瑤池宴[112]에

서왕모西王母[113]가 날 찾나.

---

109 심낭자沈娘子 ; 고전소설 '심청전'의 심청이를 말한다.

110 소상반죽瀟湘斑竹 ; 중국 소상지방에서 나는 아롱진 무늬가 있는 대를 말한다. 순임금이 창오산에서 죽은 후, 순임금의 두 비인 아황, 여영이 소상강 가에서 피눈물을 흘린 것이 대나무에 맺혀 소상반죽이 되었다는 전설이 있다.

111 아황여영娥媓女英 ; 아황(娥媓)은 중국 고대 전설 속에 나오는 인물이다. 요(堯)임금의 큰 딸이다. 동생 여영(女英)과 함께 순(舜)임금의 아내가 되었다. 순임금이 재위 39년 만에 남쪽을 순시(巡視)하던 중 창오(蒼梧)에서 죽자 소상강(瀟湘江)에서 눈물을 흘렸는데, 떨어진 눈물로 반죽(斑竹)이 생겼다고 하며, 끝내 슬픔을 못 이겨 강물에 투신해 죽었다고 한다. 그리하여 소상강의 여신이 되었다. 전하는 말로 굴원(屈原)의 『구가(九歌)』에 나오는 상군(湘君), 상부인(湘夫人)은 이 두 여성을 가리킨다고 한다. 여영은 여형(女瑩) 또는 여언(女匽), 여앵(女罃)으로도 쓴다. 요(堯)임금의 둘째 딸이자 순(舜)임금의 아내라 전한다. 언니는 아황(娥皇)이다. 둘 다 순임금의 부인이 되었다. 순의 동생 상(象)이 형을 죽이려고 하자 둘이 순을 도와 위험에서 구조했다. 순이 천자(天子)가 되자, 아황이 후(后)가 되고, 여영은 비(妃)가 되었다. 순임금이 재위 39년 만에 남쪽을 순시(巡視)하던 중 창오(蒼梧)에서 죽자 소상강(瀟湘江)에서 눈물을 흘려 반죽(斑竹)이 생겼다고 하며, 슬픔을 못 이겨 소상강 강물에 투신해 죽었다고 한다. 그리하여 소상강의 여신이 되었다.

112 반도회요지연蟠桃會瑤池宴 ; 무제와 서왕모의 회합과, 목왕과 사왕모의 회합 두 전설적 사건을 말한다. [참고] 서왕모는 천계에 반도원(蟠桃園)이라는 '신비한 복숭아[蟠桃]'가 열리는 과수원을 가지고 있다고 한다. 반도가 열리는 시기가 되면 서왕모는 모든 신선들을 초대해서 '반도회(蟠桃會)'라는 연회를 베푸는 관례가 있었다. 『서유기』에는 이 불가사의한 복숭아에 대한 설명이 나온다. 반도원의 복숭아는 3천 6백 그루다. 입구 쪽에 있는 1천 2백 그루는 3천 년에 한 번 열매가 열리는데, 크기는 작지만 먹으면 몸이 가벼워져 신선이 될 수 있다. 가운데 있는 1천 2백 그루는 여덟 겹으로 된 꽃이 피는데, 열매가 아주 달콤하고 6천 년에 한 번 열린다. 이것을 먹으면 이내-산속에 생기는 아지랑이 같은 기운-를 타고 날아다닐 수 있으며, 불로장생할 수 있다. 가장 안쪽에 있는 1천 2백 그루는 자줏빛 반점이 있는 것으로, 비록 씨는 작지만 9천 년에 한 번 열매를 맺는다. 인간이 이 복숭아를 먹으면 하늘과 땅, 태양, 달만큼이나 오래오래 살 수 있다. 서왕모는 무제를 처음 찾아갔을 때 일곱 개의 반도를 가지고 가서 네 개를 주었다고 한다. 무제가 먹고 남은 복숭아씨를 나중에 심으려고 몰래 뒤로 감추는 것을 보고 서왕모는 크게 웃었다. 왜냐하면 이 복숭아는 3천 년에 한 번 열매를 맺기 때문에 보통 사람은 그 열매를 얻을 때까지 살아 있을 수가 없기 때문이었다. 하지만 반도를 네 개나 먹은 무제도 일흔 살 정도밖에 살지 못했다. 그는 왜 신선이 되지 못했을까? 그 이유는 '앞으로 행동을 조심하고 수행을 쌓으라.'는 서왕모의 권고를 따르지 않았기 때문이다. 무제는 이전과 변함없이 무절제하게 음주를 즐겼을 뿐만 아니라 많은 후궁들과 음란한 생활을 지속하고, 전쟁을 일삼았다. 게다가 서왕모가 준 구전서마저 불태워버렸기 때문에 결과적으로 장생을 가져다준다는 반도도 무제에게는 아무 효험이 없었던 것이다. [참고] 요지(瑤池)는 신선이 사는 곳 또는 그 곳의 못이다. 곤륜산(崑崙山)에 있으며 주나라 목왕(穆王)이 팔준마(八駿馬)를 타고 가서 서왕모(西王母)를 만나 노래로 서로 화답했다 한다. 이 사건을 '요지연'이라고 한다.

113 서왕모西王母 ; 서왕모(西王母)는 중국 대륙 서쪽에 자리 잡고 있는 곤륜산에 살고 있는 여신이다. 도교에서는 최고의 여신으로서 모든 신선들을 지배하는 신으로 설정되어 있다. [참고] 서왕모는 30세 정도의 절세 미녀로 결코 나이를 먹지 않는다고 한다. 신선들의 여제(女帝)에 걸맞게 크게 틀어 올린 머리에 화승(華勝)이라는 관을 쓰고, 호화로운 비단옷을 입고 있다. 곤륜산에 있는 서왕모의 궁전은 사방이 1천 리에 달할 만큼 넓으며,

섬돌[114] 위에 옥玉비녀[115]가 꽂히였든

숙영낭자淑英娘子[116]가 날 찾나.

황금을 비롯한 각종 보석으로 치장된 건물이 늘어서 있다. 또 그가 관리하는 과수원에는 먹으면 불로장생한다는 신비의 복숭아가 열려 있다고 한다. 궁전 왼쪽에는 요지(瑤池)라는 호수가, 오른쪽에는 취천(翠川)이라는 강이 있으며, 곤륜산 밑에는 약수(弱水)라는 강이 흐르고 있다. 특히 약수는 용 이외에 다른 자들이 건너려고 하면 빠져 죽는다고 한다. 이는 서왕모의 궁전에 가기가 그만큼 힘들다는 것을 의미한다. 서왕모라는 말이 문헌에 등장하는 것은 전국(戰國) 시대부터다. 책에서는 세상의 서쪽을 서왕모라고 했는데, 원래는 중국의 서쪽을 의미하는 단어였던 것 같다. 그후 서쪽에 사는 신을 가리키게 되었다. 『산해경』에 따르면 서왕모는 표범의 꼬리와 호랑이의 이빨을 가지고 있으며, 동굴에 사는 맹수 같은 존재라고 한다. 하지만 점차 선녀의 이상으로 여겨졌으며, 절세의 미녀로 묘사되기에 이르렀다. 서왕모는 인간들에게 불로불사를 주는 여신으로서 절대적인 인기를 누렸다. 실제로 그녀는 도교의 수많은 신들 가운데 가장 인기가 많은 신에 속한다. 이 인기를 배경으로 동왕부(東王父)라는 남자 신선도 생겨났는데 서왕모만큼 열렬한 지지를 받지는 못했다. 전설에 따르면 주나라의 목왕(穆王)은 곤륜산 부근을 순시하던 중 서왕모에게 면회를 허락받았다고 한다. 목왕은 여덟 필의 명마가 끄는 마차를 타고 간신히 서왕모가 사는 곳을 찾아갔다. 서왕모는 어렵게 찾아온 목왕을 위해 요지 옆에서 연회를 베풀었다. 목왕은 너무나 즐거워 그만 인간 세계로 돌아가는 것을 잊어버려 자신의 나라가 혼란에 빠진 줄도 몰랐다(천계의 하루는 인간계의 1년에 해당한다). 서왕모는 목왕이 돌아갈 때 '불로장생의 비법을 알고 싶으면 다시 한 번 이곳을 방문하라'는 의미가 담긴 시를 전해주었지만, 목왕은 두 번 다시 천계를 방문하지 못했다고 한다. 한(漢) 무제(武帝)는 신선술을 매우 좋아한 것으로 알려져 있다. 그는 장생의 비법을 배우고 싶어서 신선에게 제사를 드렸다. 이 이야기를 들은 서왕모는 무제에게 자신의 시녀를 보내 7월 7일에 만나자고 알렸다. 깜짝 놀란 무제는 곧바로 서왕모를 맞이하기 위해 준비를 서둘렀다. 그리고 부하인 동방삭(東方朔)을 불러 서왕모를 맞으라고 일렀다. 7월 7일 밤, 많은 신선들을 거느린 서왕모가 서쪽 하늘에서 구름과 함께 나타났다. 이때 그녀는 용이 끄는 마차를 타고 왔다고 한다. 무제의 환대에 서왕모는 기분이 좋아서 큰 복숭아 일곱 개를 내놓았다. 그중 세 개는 자신이 먹고, 네 개를 무제에게 주었다. 복숭아를 무척 맛있게 먹은 무제는 서왕모 몰래 그 씨를 숨겼다. 하지만 서왕모는 웃으면서 '그것은 3천 년에 한 번 열리는 반도(蟠桃)의 씨다. 그러니 너 같은 인간에게는 아무런 소용이 없다.'고 말했다. 서왕모는 무리 중에서 동방삭을 발견하고, 무제에게 '저 자는 내 반도를 세 번이나 훔쳐 먹은 자'라고 이야기했다. 사실 동방삭은 신선으로, 목성의 화신이었다가 무제의 부하가 되었던 것이다. 무제는 서왕모에게 불로장생의 비법을 물었다. 그러자 서왕모는 '너는 잔인한 전쟁을 좋아하기 때문에 도저히 신선이 될 수가 없다. 하지만 사람을 죽이지 않고, 선도(仙道)를 열심히 수행하면 지선(地仙: 하급 신선)에 이를 수는 있을 것이다.'라고 대답했다. 서왕모는 무제에게 선도 수행에 관한 구전서와 호부(護符: 부적)를 주었다. 무제는 자신의 행동에 부끄러움을 느끼고 전쟁을 그만두었다고 한다. 하지만 구전서는 전쟁 중에 불타버려서 무제는 신선이 될 방법을 잃어버리고 말았다. 결국 70세 정도까지 살다가 죽었다고 한다. 견우성과 직녀성이 1년에 한 번 만나는 칠석에 관한 이야기는 널리 알려져 있다. 이 이야기는 원래 중국에서 온 것이다. 이 설화에 따르면 둘 사이를 갈라놓은 것은 천제(天帝)이지만, 후에 서왕모가 천제를 대신하여 견우와 직녀가 1년에 한 번만큼은 만날 수 있게 했다고 한다. 이는 서왕모와 무제가 만난 7월 7일과도 관계가 있는 것으로 추정되는데, 시각을 달리하면 서왕모의 인기가 천제를 능가했다는 것을 의미한다.

114 섬돌 ; 집채의 앞뒤에 오르내릴 수 있게 놓은 돌층계를 말한다. 댓돌이라고도 한다.

115 옥玉비녀 ; 옥으로 만든 비녀다. 옥잠이라고도 한다. '비녀'는 여자의 쪽 찐 머리가 풀어지지 않도록 꽂는 장신구다.

116 섬돌 위에 옥玉비녀가 꽂히였든 숙영낭자淑英娘子 ; '숙영낭자전'에서, 숙영낭자가 자신의 억울함을 옥비녀로 푸는 장면을 연상케 하는 대사다. '숙영낭자전'의 해당 대목을 소개하면 다음과 같다.

    [참고] -전략- 정씨가 온갖 말로 달래었으나 낭자가 끝내 듣지 않고 문득 옥비녀를 빼어들고 하늘에 절하고

이도령李道令 일거후一去後에 수절守節하든

춘향春香이가 날 찾나.

거 누구라 날 찾나.)

令監=　　　　　（미얄이 부르는 노래를 되풀이한다. 그리고 다음 것을 덧붙인다.）

낙양동천유하정洛陽東天柳下亭[117]

（구꺼리장단長短에 맞추어 춤추며 미얄 쪽으로 간다.)[118]

令監·미얄=　　（서로 맞대 보고서 놀래고 반가운 목소리로 합창合聲）

거 누구가, 거 누구가.

아무리 보아도 우리 영감令監(할맘)일시 분명分明쿠나.

지성至誠이면 감천感天이라드니

이제야 우리 영감令監(할맘)을 찾었구나.[119]

（합창合唱)[120]

빌기를, "공평무사하신 하느님은 굽어살피소서. 제가 만일 외인과 간통(姦通)한 일이 있거든 이 비녀가 저의 가슴에 박히고, 만일 애매하거든 섬돌에 박히게 하소서." 하며 옥비녀를 공중에 던지고 엎드렸더니 이윽고 그 비녀가 내려지며 섬돌에 박혔다. 그제야 사람들이 크게 놀라 얼굴빛이 변하고 신기히 여기며 낭자의 억울함을 알았다. 이에 백공이 내리달아 낭자의 손을 잡고 빌기를, "늙은이가 지식이 없어 착한 며느리의 높은 절개를 모르고 망녕된 행동을 하였으니 그 허물은 만 번 죽어도 다 기록하지 못하겠구나. 바라건대 낭자는 나의 용렬함을 용서하고 마음을 가라앉히라." 낭자가 슬피 통곡하여 말하기를, "제가 가없는 누명을 씻고 세상에 머물어 쓸데없사오니, 빨리 죽어서 아황여영(娥皇女英)을 좇아 놀고자 하나이다." 백공이 위로하여 말하기를, "예부터 현인(賢人) 군자(君子)도 모함을 당하며 숙녀(淑女) 현부(賢婦)도 누명을 쓰는 법이니, 낭자도 일시 액운(厄運)이라 생각하고, 너무 고집하지 말고 늙은 시아버지의 잘못을 헤아려 다오." 하였다. -후략-

117　낙양동천유하정洛陽東天柳下亭 ; 대표적인 불림이다. '낙양洛陽'은 중국 하남성(河南省)의 도시로, 주(周)의 낙읍(洛邑)으로 후한(後漢) 진(晋)·수(隋)·후당(後唐)의 도읍지였다. 하남은 주대(周代)의 고도인 낙양의 별칭이다. 하남성(河南省)이 예부터 한(漢) 민족의 활동 중심지였기에 중원(中原)이라고도 한다. '동천東天'은 '洞天(동천)'의 잘못이다. 신선이 사는 세계, 혹은 산에 싸이고 내에 둘린 경치 좋은 곳을 뜻한다. 참고로 '扶桑東天(부상동천)'은 동쪽 바다의 해 돋는 곳에 있다는 신목(神木), 또는 그 신목이 있는 곳을 말한다. '유하정柳下亭'은 '梨花亭(이화정)'이 일반적이다. 낙양의 동쪽 산기슭에 있는 정자로, 조선 후기의 고소설인 '숙향전(淑香傳)'에 나오는 지명이기도 하다.

118　令監= (미얄이 부르는 노래를 되풀이한다. 그리고 다음 것을 덧붙인다.) 洛陽東天柳下亭 (구꺼리長短에 맞추어 춤추며 미얄 쪽으로 간다.) ; 이 기사는 오청본에는 없다.

119　令監.미얄= (서로 맞대 보고서 놀래고 반가운 목소리로 합창合聲) 거 누구가, 거 누구가. 아무리 보아도 우리 영감令監(할맘)일시 분명分明쿠나. 지성至誠이면 감천感天이라드니 이제야 우리 영감令監(할맘)을 찾었구나. ; 오청본에서는 '미얄. (令監 을바라보더니 깜작놀나며)「이게 누구야 令監 이안인가 아모리보아도令監 일시 分明쿠나. 至誠이면感天이라더니 이제야우리令監 을찾엇구나.' 라고 채록되었다. 임석재본이 영감과 미얄이 동시에 실현하는 것으로 채록된데 비해 오청본은 미얄이 실현한다.

≡≡≡ 반갑도다 반갑도다

우리 영감令監(할맘) 반갑도다.

좋을시고 좋을시고 지화자자 좋을시고.

얼러보세 얼러보세[121.122]

　　　(양인兩人은 서로 얼른다[123]. 미얄은 영감令監의 전하부前下部에 매

　　　여달려[124] 매우 노골적露骨的인 음행동淫行動을 한다.

　　　(영감令監이 땅에 누우면 미얄은 영감令監의 머리 위로 기여 나간다.)[125]

미얄＝　　　(고통苦痛스러운 소리로)

아이고 허리야 연만年晚 팔십八十에 생남자生男子 보았드니[126]

무리 공알[127]이 시원하다.

令監＝　　　(발딱 누운 채로)

알날날날.

세상世上이 험險하기도 험險하다.

그놈에 곳이 좌우左右에 솔밭이 우거지고,

산고곡심山高谷深[128] 물 많은 호수중湖水中에

구비구비 동굴섬[129] 피섬[130]이요.[131]

120　(합창合唱) ; 오청본에서는 '唱'이라고만 채록되어 미얄이 실현하는 것으로 되어있다.

121　얼러보세 → 어우러보세 ; '어우르다'는 여럿을 모아 한 덩어리나 한판이 크게 되게 하다는 뜻이다. 또는 '성교하다'를 비유적으로 이르는 말이다.

122　[보정] (합창合唱) ≡≡≡ 반갑도다 반갑도다 우리 영감令監(할맘) 반갑도다. 좋을시고 좋을시고 지화자자 좋을시고. 얼러보세 얼러보세. ; 2중창으로 실현하며 대화반응이 불림으로 활용되었다.

123　얼른다 → 어우른다

124　매여달려 → 매달려

125　(양인兩人은 서로 얼른다. 미얄은 영감令監의 전하부前下部에 매여달려 매우 노골적露骨的인 음행동淫行動을 한다. 영감令監이 땅에 누우면 미얄은 영감令監의 머리 위로 기여 나간다.) ; 성적 행위이다. 가면극의 성적 행위는 모의주술적 의미를 가지며, 풍요다산을 기원하는 뜻을 담고 있다고 한다.

126　연만年晚 팔십八十에 생남자生男子 보았드니 ; 늙은 나이 팔십에 득남하였더니. '생남자'는 '득남(得男)' 즉 아들을 낳았음을 말한다. 여기서는 늙은 나이에 남자를 상대하였다는 뜻이 담겨 있다.

127　무리 공알 ; '공알'은 음핵(陰核)을 말한다. '무리'는 미상하다.

128　산고곡심山高谷深 ; 산이 높고 골짜기가 깊다는 뜻이다.

129　동굴섬 ; 구체적인 지명인 듯하다.

갈피갈피 유자[132]로다.[133]

자아 여기서 봉산鳳山[134]을 갈라면 몇 리里나 가나.

육로陸路로 가면 삼십리三十里요,

수로水路로 가면 이천리二千里외다.

에라 수로水路에서 배를 타라.

배를 타고 오다가 바람을 맞아서

표풍漂風[135]이 되야

이에다 딱 붙어났으니,

어떻게 떼여야 일어난단 말이요.

아아 내가 이제야 알았다.

나 한창 소시少時적[136]에

내 점占[137]치는 법法을 배왔드니만

점占이나 쳐서 어디 일어나 볼가.

　　　(점통占筒[138]을 꺼내어 절렁절렁 흔들며)

축왈祝曰[139]

천하언재天何言哉시며 지하언재地何言哉시리요,

고지즉응告之卽應하시나니 감이순통感而順通하소서.[140]

130　피섬 ; 구체적인 지명인 듯하다.

131　구비구비 동굴섬 피섬이요 ; 송석하본과 오청본에서는 '구비구비섬뚝이요' 라고 채록되었다. 이두현본에서는 '굽이굽이 섬 뚝이요' 라고 채록되었다. 섬뚝은 항만의 수역 앞에 쌓은 섬 모양의 방파제를 말한다.

132　유자(柚子) ; 유자나무의 열매로, 노란색의 공 모양이다. 껍질이 울퉁불퉁하고 신 맛이 특징이다.

133　[보정] 세상世上이 험險하기도 험險하다. 그놈에 곳이 좌우左右에 솔밭이 우거지고, 산고곡심山高谷深 물 많은 호수중湖水中에 구비구비 동굴섬 피섬이요. 갈피갈피 유자로다. ; 여성 성기를 비유적으로 묘사한 것이다.

134　봉산鳳山 ; 오청본에서는 '故鄕'이라고 채록되었다.

135　표풍漂風 ; '폭풍'을 의미하는 것으로 생각된다.

136　소시少時 ; 젊었을 때를 말한다.

137　점占 ; 팔괘·육효·오행 따위를 살펴 과거를 알아맞히거나, 앞날의 운수·길흉 따위를 미리 판단하는 일이다.

138　점통占筒 ; 점구(占具)의 하나로 점쟁이가 점을 칠 때에 사용하는 제구다.

139　축왈祝曰 ; '축[祝文] – 제사 때에 읽어 신명(神明)께 고하는 글 – 을 하여 말하기를'이라는 뜻이다. 가면극 현장에서는 '축'을 '추'로 하되 '추― 왈' 곧 '추'음을 길게 실현하는 것이 보통이다.

미련한 백성百姓이 배를 타고 오다가

이곳에 딱 붙어 놓았이니,

복걸伏乞[141]

이순풍李淳風[142] 곽곽선생簞郭先生[143]

제갈공명선생諸葛孔明先生[144]

정명도程明道[145] 정이천선생程伊川先生[146]

---

140 천하언재天何言哉시며 지하언재地何言哉시리요, 고지즉응告之卽應하시나니 감이순통感而順通하소서.; 신명(神明)께 고하노니, 하늘이 무엇을 말씀하시며 땅이 무엇을 말씀하시리요, 고하면 즉시 응답하시나니 감응하시어 모든 일이 순리대로 통하소서.
　　　[참고] 성주본풀이 – 대모산통 혼들면서 고축사하되 천하 언재하며 지하 언제하나니 / 춘추매일 통사언 여천지로 획기덕하고 여일월로 획기명하고 뇌사시로 획기길흉하나니 / 대성인 복희신농 황제 구천천왕 문왕 귀곡선생 손빈선생 곽각선생 / 리순풍 소강절 팔팔 류십사괘 소불난동하야 길즉길신이 융성하고 / 흉즉흉신이 복창하야 일결에 명판하소서. –『가사선집』

141 복걸伏乞 ; 엎드려 빎을 뜻한다.

142 이순풍李淳風 ; 중국 당나라의 방술가(方術家)다. '방술'은 신선의 술법을 닦는 사람, 즉 방사(方士)가 행하는 신선의 술법을 말한다.

143 곽곽선생簞郭先生 ; 곽박(郭璞)선생을 말한다. 곽곽은 점복의 신령이자 눈병을 치료해주는 의료신을 말한다. 곽박 선생은 자가 경순(景純)이며 하동 문희(聞喜 = 현 산서 문희현)사람이다. 그는 박학 다식하고, 『이아(爾雅)』, 『산해경(山海經)』, 『초사(楚辭)』 등을 주석하였고, 점성술에도 뛰어났다. 경학(經學)과 역수(易數)에 능했다고 하는 중국 동진(東晋)의 학자 곽박이 점복을 하는 사람들에 의해 신처럼 모셔지다가 곽곽으로 와음이 된 듯하다. 곽곽 선생은 맹인(盲人)풀이의 대상신으로 안질(眼疾)환자들이 특히 신봉한다고 한다.

144 제갈공명선생諸葛孔明先生 ; 제갈 량(諸葛亮)을 말한다. 제갈량의 자(字)는 공명(孔明)이다. 시호 충무(忠武)이며 산동성 기수현 출생으로 호족(豪族) 출신이었으나 어릴 때 아버지와 사별하여 형주(荊州)에서 숙부 제갈현(諸葛玄)의 손에서 자랐다. 후한 말의 전란을 피하여 사관(仕官)하지 않았으나 명성이 높아 와룡선생(臥龍先生)이라 일컬어졌다. 위(魏)나라의 조조(曹操)에게 쫓겨 형주에 와 있던 유비(劉備:玄德)로부터 '삼고초려(三顧草廬)'의 예로써 초빙되어 '천하삼분지계(天下三分之計)'를 진언(進言)하고 '군신수어지교(君臣水魚之交)'를 맺었다. 이듬해, 오(吳)나라의 손권(孫權)과 연합하여 남하하는 조조의 대군을 적벽(赤壁)의 싸움에서 대파하고, 형주·익주(益州)를 유비의 영유(領有)로 하였다. 그 후도 수많은 전공(戰功)을 세웠고, 한(漢)나라의 멸망을 계기로 유비가 제위에 오르자 재상이 되었다. 유비가 죽은 후는 어린 후주(後主) 유선(劉禪)을 보필하여 재차 오나라와 연합, 위나라와 항쟁하였으며, 생산을 장려하여 민치(民治)를 꾀하고, 운남(雲南)으로 진출하여 개발을 도모하는 등 촉(蜀)나라의 경영에 힘썼으나 위나라와의 국력의 차이는 어쩔 수 없어, 국세가 기울어 가는 가운데, 위의 장군 사마의(司馬懿)와 오장원(五丈原)에서 대진 중 병몰하였다. 위나라와 싸우기 위하여 출진할 때 올린 '전출사표(前出師表)'와 '후출사표(後出師表)'는 천고(千古)의 명문으로 이것을 읽고 울지 않는 자는 사람이 아니라고까지 일컬어졌다.

145 정명도程明道 ; 북송 유학자인 정호(鄭顥)를 말한다. 명도선생이라 불리었으며, 아우인 이(頤)와 함께 주렴계(周濂溪)의 문인이다.

146 정이천선생程伊川先生 ; 북송 유학자인 정이(程頤)를 말한다. 이천백(伊川伯)을 봉한 까닭에 이천선생이라 부른다. 처음으로 이기 철학을 제창하였고, 유교 도덕에 철학적 기초를 세웠다.

소강절선생邵康節先生[147]

여러 신명神明[148]은 일시一時 동참同參하시사

상괘上卦[149]로 물비소서[150]······

　　(점괘占卦를 빼 보고)

하아 이 괘상卦象[151] 고약하다.

애 독성지괘犢聲之卦라.

송아지가 소리하고 일어나는 괘卦가 났고나.

음매애[152]

　　(하며 일어난다.)

어허어 이년 나를 첫아들로 망신 주었지.[153]

이년을 만나면 씹 중방[154]을 꺼어 놓겠다.

웃 중방[155]은 우툴우툴[156]하니

147　소강절선생邵康節先生 ; 소옹(邵雍)이라 한다. 중국 송(宋)나라 때의 유학자다. 이지재(李之才)에게서 도서선천
상수(圖書先天象數)의 학을 배워 역리(易理)에 정통하였으며, 선천괘위도(先天卦位圖)를 만들었다. 그의 학파를
백원학파(百源學派)라 이른다. 공묘(孔廟)에 종사(從祀)되고 신안백(新安伯)에 추봉되었다. 왕안석(王安石)이
신법을 실시하기 전에 천진의 다리 위에서 두견새 우는 소리를 듣고, 천하가 분주할 것을 예견하였다 한다.

148　신명神明 ; 하늘과 땅의 신령을 말한다.

149　상괘上卦 ; 두 괘로 된 육효(六爻)에서 위의 괘다. 가장 좋은 점괘(占卦)다.

150　물비소서······ ; ‘물비소시(勿秘昭示)’인 듯하다. ‘물비소시(勿秘昭示)’는 ‘숨김없이 밝히어 보라’는 뜻으로, 점쟁
이가 외는 주문의 맨 끝에 부르는 말이다. ‘물비소서’는 ‘물비소시’와 ‘-하소서’가 결합된 민간화술적 표현이다.

151　괘상卦象 ; 역괘(易卦)에서, 길흉을 나타내는 상(象)이다.

152　하아 이 괘상卦象 고약하다. 애독성지괘犢聲之卦라. 송아지가 소리하고 일어나는 卦가 났고나. 음매애 ; 여
기서 문맥상으로 보면 ‘독성지괘犢聲之卦’는 ‘송아지가 소리를 치며 일어나는 괘’라는 것이다. 설날에 짐승의
동작을 보아 점치는 방법도 있는데, 소가 일찍부터 기동(起動)하면 풍년이 들고, 송아지가 울어도 연사(年事)
가 풍조(豊兆)이며, 까치가 울면 길조(吉兆)이고, 도깨비불이 일어도 길조(吉兆)이며, 까마귀가 울면 풍재(風
災)와 병마(病魔)가 있고, 개가 짖으면 도둑이 많으며, 개보다 사람이 먼저 일어나면 한 해를 무료(無聊)하게
보내게 된다고 전한다고 한다. 그리고『주역』대축(大畜)조에, ‘송아지가 외양간에 있다. 크게 길할 것이다. 상
(象)에 말하기를, 크게 길하다는 것은 기쁨이 있다는 말이다.’ 라고 하였다.

153　어허어 이년 나를 첫아들로 망신 주었지 ; 미얄의 대사 ‘연만年晩 팔십八十에 생남자生男子 보았드니’를 영
감은 늦은 나이 80에 남자 아이를 낳았다로 받은 것이다.

154　씹 중방 ; ‘중방(中枋)’은 ‘중인방(中引枋)’의 준말로, 기둥과 기둥 사이, 또는 문이나 창의 아래나 위로 가로지
르는 나무다. 문짝의 아래위 틀과 나란하게 놓는다. 또는 톱틀의 톱양과 탕개줄의 사이에 양쪽 마구리를 버티
어 지른 막대기를 말한다. 여기 ‘씹 중방’은 여성성기를 말한다.

155　웃 중방 → 윗중방(一中枋) ; 상인방(上引枋)이다. 창이나 문틀 윗부분 벽의 하중을 받쳐 주는 부재로 창문

본대머리[157]에 풍잠風簪[158] 파 주고,[159]

아랫 중방[160]은 미끈미끈하니

골패짝[161] 만들 밖에 없구나.[162]

  (미얄을 때린다.)

미얄＝   오래간만 만나서 사람을 왜 이리 치는가. 사람을 치는 것이 인사란 말인

    가.[163]

令監＝   이년이 무얼 잘했다고 이 지랄이야. 잔말 말고 가만 있거라.

    (하며 또 때린다.)

미얄＝   이놈에 두상[164]아, 어서 때려라.

    (하며 달라들어 영감令監을 마구 친다.)[165]

   위 또는 벽의 상부에 가로질러 댄다. 상대어는 아랫중방이다.

156 우툴우툴 → 우툴두툴 ; 물건의 거죽이나 바닥이 여기저기 굵게 부풀어 올라 고르지 못한 모양이다.

157 본대머리 → 번대머리 ; '대머리'를 낮잡아 이르는 말이다.

158 풍잠風簪 ; 망건의 당 앞쪽에 대는 갓을 고정시키기 위하여 망건(網巾) 앞쪽에 다는 장식품이다. 반달·원산
    (遠山) 모양으로 만들어 망건당 가운데 달아 갓모자가 풍잠에 걸려 바람이 불어도 갓이 뒤로 넘어가지 않게
    하였다. 처음에는 실용적인 측면에서 이용하였으나 장식을 겸하게 되면서부터는 양반은 대모나 호박, 마노, 금
    패(錦貝)를 쓰고 일반 백성들은 주로 나무나 뼈, 쇠뿔로 만들어 사용하였다.

159 본대머리에 풍잠風簪 파 주고 ; '대머리에 갓모자가 걸려서 바람이 불어도 뒤쪽으로 넘어가지 않도록 풍잠을
    하고'의 의미로 생각된다.

160 아랫 중방 ; 하인방(下引枋)이다. 벽의 아래쪽 기둥 사이에 가로지른 인방이다.

161 골패짝 ; 납작하고 네모진 작은 나뭇조각 32개에 각각 흰뼈를 붙이고, 여러 가지 수효의 구멍을 판 노름기구
    를 말한다. 오청본에서는 '골패장판'이라고 채록되었다.

162 [보정] 이년을 만나면 섭 중방을 꺽어 놓겠다. 웃 중방은 우툴우툴하니 본대머리에 풍잠風簪 파 주고, 아랫 중
    방은 미끈미끈하니 골패짝 만들 밖에 없구나. (미얄을 때린다.) ; '이 년의 섭 가운데를 꺾어 놓겠다. 웃중방은
    우툴두툴하니 번대머리에 풍잠을 해주고 아랫중방은 미끌미끌하니 골패장 판을 만들 수밖에 없구나.'의 뜻이
    다. 성적 행위의 비속한 표현이다. 이러한 점을 염두에 두면 이어서 미얄을 때린다는 행위 즉 '때린다'는 원래는
    성적 행위였던 것이 그 의미가 변전된 것이 아닌가 추측된다.

163 미얄＝ 오래간만 만나서 사람을 왜 이리 치는가. 사람을 치는 것이 인사란 말인가. 令監＝ 이년이 무얼 잘했
    다고 이 지랄이야. 잔말 말고 가만 있거라. (하며 또 때린다.) ; 오청본에서는 '미얄. 「여보令監! 설혹내가조곰잘
    못하엿기로 오래간만에만나서 이러케도사람을한부로 친단말이요.」令監. 「야이년 듯기시러 무슨잔말이야.」(미
    얄을때린다)' 라고 채록되었다.

164 두상 ; '늙은이'의 방언이다.

165 미얄＝ 이놈에 두상아, 어서 때려라. (하며 달라들어 영감令監을 마구 친다.) ; 오청본에서는 '미얄. 「자아 자
    아 때려죽여라 때려 죽여라.」 (울면서영감에게매달녀 악을스며 쥐여뜻는다)' 라고 채록되었다.

슈監＝   (빈다.)

             할마이! 오마이! 아바이!¹⁶⁶

미알＝   내 매솜씨¹⁶⁷가 어떠냐.

슈監＝   그러나 저러나 할맘에게 내가 매를 맞은 모양이군. 내 잔등에서 개가죽

             베끼는 내가 나는구나.¹⁶⁸

미알＝   이봅소 영감슈監.

             영감슈監하고 나하고 이렇게 만날 쌈만 한다고 이 동내洞內서 내여 쫓

             겠답데.¹⁶⁹

슈監＝   우리를 내여 쫓겠대. 우리를 내여 쫓겠대.

             나가라면 나가지.

             욕거선이순풍欲去船而順風¹⁷⁰일다.

             하늘이 들장지¹⁷¹ 같고

             길이 낙지발¹⁷² 같고¹⁷³

             막비왕토莫非王土에 막비왕신莫非王臣이지.¹⁷⁴ ¹⁷⁵

---

166 슈監＝(빈다.) 할마이! 오마이! 아바이! ; 오청본에서는 '슈監. 「야 이것바라 이년이 도리혀나를물어뜻는구나.」' 라고 채록되었다.

167 매솜씨 ; 때리는 솜씨인 듯하다.

168 내 잔등에서 개가죽 베끼는 내가 나는구나. ; 몹시 심하게 매를 맞아 등에서 냄새가 날 정도라는 뜻인 듯하다.

169 내여 쫓겠답데 → 내쫓겠다네

170 [보정] 욕거선이순풍欲去船而順風 ; 배를 띄워 가고자 하니 바람이 순조롭다는 뜻이다. 여기서는 아무 걱정하 지 않는다는 뜻이다.

171 들장지 ; 들어 올려서 매달아 놓게 된 방과 방 사이, 또는 방과 마루 사이에 칸을 막아 끼우는 문이다. 미닫이 와 비슷하나 폭이 넓거나 높이가 높고 문지방이 낮다.

172 낙지발 ; 문어과의 하나. 몸의 길이는 70cm 정도이고 길둥글며 회색인데 주위의 빛에 따라 색이 바뀐다. 여덟 개의 발이 있고 거기에 수많은 빨판이 있다. 위험이 있으면 먹물을 뿜고 도망친다. 식용하며 전 세계에 분포한 다. 여기서는 길이 여러 갈래라는 뜻이다.

173 하늘이 들장지 같고 길이 낙지발 같고 ; 하늘은 들장지처럼 막혀 있고 갈 길은 낙지발 같이 여러 길이라는 말이다. 처지가 막막하고 살 길도 막막하다는 뜻이다. 시조에서 '窓(창) 내고쟈 창을 내고쟈 이 내 가슴에 창 내고쟈 고모장지 셰살장지 들장지 열장지 암돌져귀 수돌져귀 배목걸새 크나큰 쟝도리로 둑닥 바가 이 내 가슴 에 창 내고쟈 잇다감 하 답답할제면 여다져 볼가 하노라 『청구영언』'라고 노래하였다.

174 막비왕토莫非王土에 막비왕신莫非王臣이지 ; 이 대목에서는 『시경』의 '북산(北山)'의 한 대목을 원용하고 있다. 그를 살펴보면 다음과 같다.

    저 北山에 올라 그 구기자를 딴다. 해해(偕偕)한 사자(士子) 조석으로 일에 좇으니, 왕사(王事) 느슨히 할

　　　　　　어데 가서 못살겠나.

　　　　　　그러나 저러나 너하고 나하고 이 동내洞內 떠나면,

　　　　　　이 동내洞內 인물人物 동티[176]난다.

　　　　　　너는 저 웃목기[177] 서고 나는 아랫목기[178] 서면

　　　　　　잡귀雜鬼[179]가 범犯犯[180]치 못하는 줄 모르드냐.[181]

미얄＝　　그건 그렇지들.

　　　　　　영감슈監 나하구 이별離別한 후後에 어쩌나[182] 지냈으며 다녔읍나.

슈監＝　　할맘하고 나하고 험險한 난亂에 이별離別하여 여기저기 다니면서 고생

　　　　　　苦生도 많이 하였네.

미얄＝　　영감슈監 머리에 쓴 것은 무엇입나.

슈監＝　　내 머리에 쓴 것, 근본根本을 좀 들어 보아라.[183]

　　　　수가 없어 내 부모를 근심케 한다. 부천(溥天)의 아래 왕토(王土) 아님은 없고, 솔토(率土)의 빈(濱) 왕신(王臣) 아님은 없다. 대부 고르지 않아 나 일에 좇아 홀로 수고한다. 陟彼北山 言采其杞 偕偕士子 朝夕從事 王事靡盬 王事 憂我父母 溥天之下 莫非王土 率土之濱 莫非王臣 大夫不均 我從事獨賢

　　대부가 유왕(幽王)을 비난하는 시라고 한다. 행역에서 사람을 부리는 것이 공평하지가 못하다. 나 혼자 고생하고, 그 때문에 부모를 봉양할 수도 없다는 내용이다. 보통은 '하늘 아래에 왕의 땅 아닌 곳이 없고, 세상 끝의 사람에 이르기까지 왕의 백성이 아닌 사람이 없다.'는 뜻으로 쓰인다. 여기서는 '왕의 신하라면 어디든 살 수 있다.'는 뜻을 담고 있다. 즉 저간의 사정은 내 잘못이 아니라는 뜻과, 이 땅의 주인이라는 뜻도 함께 담고 있는 쌍관어의 하나라고 볼 수 있다.

175　하늘이 들장지 같고 길이 낙지발 같고 막비왕토莫非王土에 막비왕신莫非王臣이지. ; 여기서는 처지가 어려워도 어디든 살 곳이 있다는 말이다.

176　동티 ; 땅, 돌, 나무 따위를 잘못 건드려 지신(地神)을 화나게 하여 재앙을 받는 일, 또는 그 재앙을 말한다. 건드려서는 안 될 것을 공연히 건드려서 스스로 걱정이나 해를 입거나 또는 그 걱정이나 피해를 비유적으로 이르는 말이다.

177　웃목기 → 윗목 ; 온돌방에서, 아궁이로부터 먼 쪽이다. 불길이 잘 닿지 않아 아랫목보다 상대적으로 차가운 쪽이다. 또 위쪽의 길목이나 물목을 말한다.

178　아랫목기 → 아랫목 ; 온돌방에서 아궁이 가까운 쪽의 방바닥을 말한다. 또 아래쪽의 길목이나 물목을 말한다.

179　잡귀雜鬼 ; 잡스러운 모든 귀신을 말한다. 객신(客神), 잡귀신이라고도 한다.

180　범犯 ; 들어가서는 안 되는 경계나 지역 따위를 넘어 들어감을 말한다.

181　[보정] 그러나 저러나 너하고 나하고 이 동내洞內 떠나면, 이 동내洞內 인물人物 동티난다. 너는 저 웃목기 서고 나는 아랫목기 서면 잡귀雜鬼가 범犯치 못하는 줄·모르드냐. ; 이 대목은 우리 가면극을 제의적인 성격을 갖는 것으로 규정하는 데에 가장 많이 언급된다. 소위 상당(上堂)신과 하당(下堂)신을 모신 동신(洞神)에서 그 사례가 흔히 발견된다. 여기서는 미얄이 상당신이고 영감이 하당신이 된다.

182　어쩌나 → 어찌

183　내 머리에 쓴 것, 근본根本을 좀 들어 보아라 ; 내 머리에 쓴 것이 어떻게 해서 내 머리에 쓰게 되었는지 들어

아랫녘¹⁸⁴을 당도當到하야 이곳저곳 다니면서 해 먹을 것이 있드냐.

때음쟁이¹⁸⁵ 통을 사서 걸머지고¹⁸⁶ 다녔드니,

하루는 산대도감山臺都監¹⁸⁷을 만나서 산대도감山臺都監에 말이

보아라.

184 아랫녁 → 아랫녘 ; 서울을 기준으로 남쪽에 있는 전라도와 경상도를 이르는 말이다.

185 때음쟁이 → 땜장이 ; '장이'는 어떤 사물을 만드는 장인(匠人)과 특정한 기예(技藝), 곧 기술과 재주를 지닌 기능공을 말한다.

186 때음쟁이 통을 사서 걸머지고 ; '땜장이'를 업으로 하였다는 말이다.

187 산대도감山臺都監 ; 나례도감(儺禮都監)과 같은 기능을 담당했던 관청의 하나다. 나례도감은 궁궐 안에서 악귀를 쫓아내기 위한 행사인 나례를 시행하기 위하여 임시로 설치하는 관청이다. 인조 때에 폐지되어 그 일을 관상감(觀象監)에서 맡았다. 소위 '산대' 행사를 주관하는 관청 명칭이 여기서는 관청의 주관자로 사용되고 있다. 조선시대 나례도감의 주관자가 종이품 벼슬로서 '동지'가 붙는 벼슬아치가 맡았다. 여기서는 벼슬의 명칭으로 쓰였다.

'산대도감'이라는 용어는『조선왕조실록』을 비롯하여『滄洲先生遺稿』'雜著',『少陵先生文集』'雜著' 등 몇 군데에서만 보인다. 그리고 산대도감과 나례도감의 개념과 기능에 대하여는 견해상의 편차를 보인다. 다음 기사를 살펴보면 산대도감은 나례도감과 같은 기능을 담당하였던 임시기구의 하나였다.

[참고] 호조가 아뢰기를, 나례청(儺禮廳)의 잡상(雜像)인 주지광대(注之廣大) 등의 물품을, 우변 나례청은 이미 이전에 쓰던 것으로 수리해 만들었는데 좌변 나례청은 본조로 하여금 판출하도록 하였습니다. 본청이 바야흐로 헌가(軒架)와 잡상을 수리하는 일로 공장(工匠)들을 불러 모았는데, 이른바 주지광대 등의 물품은 모두 지난해에 새로 만든 것들로서 지금 수리해 고치더라도 공역(工役)이 많이 들지는 않을 것입니다.『조선왕조실록』광해군 8년 병진

의금부가 아뢰기를, 예조가 등극 조사(登極詔使) 때 채붕(綵棚) 건조 문제에 대하여 비망기에 따라 본부로 공문을 보내왔습니다. 신들이 반복하여 의논한 결과 군기시와 함께 제반 사항을 상의하여 범위를 정한 후 재가를 받아 처리하려고 했는데, 군기시에서는 본부가 하는 대로 한다는 것입니다. 신들이, 호조가 간직하고 있는 채붕 의식을 상고해 보고 임오년 중국 사신이 왔을 때 산대도감(山臺都監) 하인(下人)을 찾아 물어보았더니, 채붕에 소요되는 하고많은 물품들은 그만두고라도 그 당시 도감의 하인으로 아직 남아 있는 사람이라곤 서리(書吏), 서원(書員), 사령(使令) 각 한 명씩뿐이었습니다.『조선왕조실록』광해군 12년 경신

이밖에 찬집청(撰集廳) · 수정청(修正廳) · 서적 별청(書籍別廳) · 주사청(舟師廳) · 수어청(守禦廳) · 대장청(大將廳) · 진휼청(賑恤廳) · 나례청(儺禮廳) · 장악도감(掌樂都監) 등 임시로 설치한 아홉 아문은 조사가 왔다가 돌아갈 때까지를 기한으로 하여, 모두 정지하고 파하여 비용을 줄이는 일을 승전을 받들어 시행하는 것이 어떻겠습니까?"『조선왕조실록』광해군 12년 경신

침향산(沈香山)을 네거리에서 태워 없앨 것을 명하였으니, 이는 예조의 청을 따른 것이다. 광해 때 종묘에 고유하고 친히 제사하는 일이 있으면 미리 나례도감(儺禮都監)을 설치하고 헌가(獻架)와 잡상(雜像) 및 침향산을 만들어 한량없이 민력을 허비하는가 하면, 온 나라의 희자(戲子)가 미리 모여 있다가 환궁할 때가 되면 묘문 밖에서부터 서서히 전도하며 희자와 기생이 섞여 서서 요란하게 음악을 연주하고 온갖 묘기를 보였다. 이에 곳곳마다 어가를 멈추고 그것을 구경하기에 여념이 없었으므로 식자들이 한심하게 여기었다. 지금 반정하는 초기에 네거리에서 이를 태워 없앨 것을 명하였으므로 원근에서 듣고 보는 사람들이 모두 열복하였다.『조선왕조실록』인조 1년 계해

현재 각종 자료를 살펴보면 산대도감놀이, 산디도감, 산지도감, 산두놀이, 산디놀이, 산지놀이, 산대놀이, 산두나례도감, 나례도감, 딱딱이패, 산대극(山臺劇), 산대잡극(山臺雜劇), 산대도감극(山臺都監劇) 등으로 그 명칭이 혼재되어 있으며, 개념과 기능면에서도 서로 다르게 인지되고 있다.

인왕산仁旺山[188] 모르는[189] 호랑이 어디 있이며,[190]

산대도감山臺都監 모르는 땜쟁이가 어디 있드냐.[191]

너도 세금稅金 내여라 하길래 세금稅金이 얼마냐 물었드니,

세금稅金이 하레[192]에 한 돈[193] 팔푼八分[194]이라 하기에,

하아 세금稅金 뻐건하군.

벌기는 팔푼八分 버는데 세금稅金은 한돈팔푼八分이구나.

한 돈을 보태야갔구나.

그런 세금稅金 난 못내겠다 하니까

산대도감山臺都監이 달러들어[195] 싸움을 해서

의관탈파衣冠脫破[196]당當하여

어디 머리에 쓸 것이 있드냐.

마츰 때음쟁이 통속을 보니 개털가죽[197]이 있드구나.

‘산디’, ‘산지’, ‘산두’ 등의 명칭을 통하여 두 가지 추론이 가능하다. 하나는 우리말을 한자 ‘山臺’로 표기한 것이다. 그리고 다른 하나는 그 반대의 경우다. 다만 여기서는 전자일 가능성을 제기한다. 아울러 ‘別山臺’도 우리말을 한자로 표기한 것으로 추정할 뿐이다.

188 인왕산仁旺山 ; 서울 서쪽, 종로구와 서대문구 사이에 있는 산이다.

189 원자료는 ‘모로는’이다.

190 산대도감山臺都監에 말이 인왕산仁旺山 모르는 호랑이 어디 있이며 ; 속담 ‘인왕산 모르는 호랑이가 있나’를 원용하였다. 자기를 모르는 사람이 있을 수 없음을 이르는 말이다. 또는 그 방면에 속하는 사람들이라면 누구나 잘 알고 있는 사실이라는 말이다.

191 산대도감山臺都監 모르는 땜쟁이가 어디 있드냐 ; 땜장이와 산대도감이 어떤 관계인지 미상하다.

192 하레 ; ‘하루’의 방언이다.

193 돈 ; 예전에, 엽전을 세던 단위다. 한 돈은 한 냥의 10분의 1이고 한 푼의 열 배이다. 또한 무게의 단위. 귀금속이나 한약재 따위의 무게를 잴 때 쓴다. 한 돈은 한 냥의 10분의 1, 한 푼의 열 배로 3.75그램에 해당한다.

194 팔푼八分 ; ‘푼’은 예전에, 엽전을 세던 단위다. 한자는 ‘分’으로 표기한다. 한 푼은 돈 한 닢을 이른다. 참고로 ‘팔푼이(八--)’이는 생각이 어리석고 하는 짓이 야무지지 못한 사람을 낮잡아 이르는 말이다.

195 달러들어 → 달려들어

196 의관탈파衣冠脫破 → 의관파탈(衣冠擺脫) ; ‘의관(衣冠)’는 남자의 웃옷과 갓이라는 뜻으로, 남자가 정식으로 갖추어 입는 옷차림을 이르는 말이다. ‘파탈(擺脫)’은 어떤 구속이나 예절로부터 벗어남, 또는 의관을 제대로 갖추지 못하였음을 이르는 말이다. 여기서는 의관을 모두 뻬앗겼다는 뜻이다. ‘의관파탈(衣冠擺脫)’은 관직에서 벗어남을 뜻하기도 한다.

197 개털가죽 ; 개잘량으로, 털이 붙어 있는 채로 무두질 – 생가죽, 실 따위를 매만져서 부드럽게 만드는 일 – 하여 다룬 개의 가죽을 말한다. 흔히 방석처럼 깔고 앉는 데에 쓴다.

이놈으로 떡 관冠을 지여 썼이니,

내가 동지同知[198]벼슬일다[199,200].

미얄＝　동지동지同知同知 곰동지同知[201] 님자가 무슨 벼슬했나, 에에

　　　　(운다)

　　　　(노래조調로)

　　　　＝＝＝ 절절 절시구

저놈에 영감슈監에 꼴을 보게.

일백一百 열두도리 통영統營갓[202]

대모풍잠玳瑁風簪[203]은 어데 두고,

---

198 동지同知 ; 동지중추부사(同知中樞府事)를 말한다. 조선 시대에, 중추부에 속한 종이품 벼슬이다. 동추(同樞)라고도 한다. '종이품(從二品)'은 조선 시대의 18 품계 가운데 넷째 등급이다. 종친(宗親)의 중의대부·정의대부·소의대부, 의빈(儀賓)의 자의대부·순의대부, 문무(文武)의 가정대부·가의대부·가선대부 등이 해당한다. 삼군부·돈녕부·의금부·경연·성균관·춘추관·중추부 등에 각각 약간 명을 두었다. 직함의 표시는 소속된 관청 이름 위에 동지를, 밑에 사를 붙여서 동지중추부사·동지삼군부사 등과 같이 썼다.

199 일다 ; '되다, 이루어지다'의 옛말이다.

200 [보정] 마츰 때음쟁이 통속을 보니 개털가죽이 있드구나. 이놈으로 떡 관冠을 지여 썼이니, 내가 동지同知벼슬일다. ; 개털 가죽으로 관을 지어서 쓰고는 동지 벼슬에 올랐다는 말이다. 동래 야유에서는 양반이 옥색 바지저고리에 자주색 도포를 입고 개털 관을 쓰고 부채를 들고 나온다. 이를 개잘량이라고도 하는데, 이는 털이 붙어 있는 채로 무두질하여 다룬 개의 가죽을 말한다. 흔히 방석처럼 깔고 앉는 데에 쓴다고 한다. 한편 세금관계로 산대도감과 옥신각신 끝에 싸움이 나서 의관파탈을 당하여 개잘량으로 관을 지어서 쓰고는 동지 벼슬에 올랐다는 이 대목은 다분히 풍자적이다. '절구장이' 혹은 '땜장이'와 '동지(同知)벼슬'과의 큰 격차로 인하여 대립이 극단으로 치닫지 아니하기 때문에 해학에 더 가깝다.

　　이러한 면에서 기존 연구에서 계층간의 대립상을 보여주는 것으로 파악하고 있는데 재론의 여지가 있다.

201 곰동지同知 ; '곰'은 미련한 사람이라는 뜻으로 쓰인다. 여기서는 곰단지, 미련 곰단지 등과 같이 '미련한 동지(同知)'라는 뜻이다.

202 일백一百 열두도리 통영統營갓 ; '도리'는 바구니, 중절모 따위와 같은 둥근 물건의 둘레를 말한다. '통영갓(統營-)'은 경상남도 통영 지방에서 만든 갓이다. 또는 그런 양식으로 만든 갓이다. 품질이 좋고 테가 넓은 것이 특징이다. '일백열두도리'는 미상하다.

203 대모풍잠玳瑁風簪 ; 대모(玳瑁)는 바다거북-대모-의 등과 배를 싸고 있는 껍데기로 만든 망건의 당 앞쪽에 대는 장식품이다. '풍잠'은 쇠뿔, 대모, 금패 따위로 만들며 여기에 갓모자가 걸려서 바람이 불어도 뒤쪽으로 넘어가지 않는다. 풍잠(風簪)은 망건(網巾)의 당 중앙에 꾸미는 지름 4㎝ 내외의 타원 또는 반달 모양의 장식물이다. 원산(遠山)이라고도 하며 갓을 고정시키는 구실을 한다. 관자(貫子)처럼 관품(官品)에 따른 규정은 없지만, 갓 밑으로 빛나는 풍잠은 착용자의 격(格)을 암시한다. 망건을 착용하면 풍잠은 이마의 중심에 위치하게 되는데, 그 위에 갓을 쓰면 풍잠이 갓모자 속으로 들어가게 되므로 모자가 풍잠에 걸려 바람에도 갓이 뒤로 넘어가지 않게 된다. 상류계급에서는 주로 대모(玳瑁)·호박(琥珀)·마노(瑪瑙)로 만든 것을 사용하였고, 일반에서는 골(骨)·각(角)을 사용하였다.

인모人毛압산[204] 진주眞珠당 공단[205] 뒤막이[206]

인모망건人毛網巾[207] 어데 갓다 내버리고,

개가죽 관冠[208]이란 말이 웬 말이냐.[209]

　　(말로)[210]

그러나 저러나 영감슈監 입은 것 무엇입나.

슈監＝　　내 입은 것 근본根本 들어 보아라.

산대도감山臺都監을 뚝 떠나서

평안도平安道 영변寧邊 향산香山[211]을 들어갔다.[212]

중을 마난[213] 노장老丈님께 인사人事하고 하로밤 자든 차次에,

어떠한 이쁜 중이 있기로 객지客地에 옹색도 하기에[214]

204　인모人毛압산 ; 미상하다. 망건의 한 종류인 듯하다. 경기 선소리 '개구리타령'에 '애우개 큰애기는 망건뜨기로 나간다 에헤이 에야 인모암살-혹은 압살-진주단에 공단 두루마기가 제격이라……' 하였다.

205　진주眞珠당 공단 ; '공단(貢緞)'은 두껍고, 무늬는 없지만 윤기가 도는 비단이다. 고급 비단에 속한다. 각색의 다양한 공단이 사용되었는데 조선시대의 유품에서도 견의 공단이 나타나고 있다. 공단은 견으로 제직되는 것이 일반적이나, 오늘날 면 또는 합성섬유로도 제직되고 있다. 무늬가 구슬을 늘어놓은 것과 같다고 하여 '진주사(眞珠絲)'라고 한다. 한복을 지어 놓으면, 점잖고 기품이 묻어나는 직물이다.

206　뒤막이 ; 두루마기인 '주막의(周莫衣)'의 잘못인 듯하다. 두루마기는 주막의(周莫衣), 주차의(周遮衣), 주의(周衣)라고도 하는데, 양쪽 어깨 밑이 터져 3폭이 따로 도는 창의(衣)에 대해, 옷 전체가 돌아가며 막혔다는 데서 두루마기라고 이름이 붙여졌다.

207　인모망건人毛網巾 ; 사람의 머리털로 앞을 뜬 망건이다. '망건(網巾)'은 상투를 튼 사람이 머리카락을 걷어 올려 흘러내리지 아니하도록 머리에 두르는 그물처럼 생긴 물건이다. 보통 말총, 곱소리-가늘고 부드러운 코끼리의 꼬리털- 또는 머리카락으로 만든다.

208　개가죽 관冠 ; 개의 가죽 즉 개잘량으로 만든 관을 말한다.

209　[보정] (노래조調로) ═══ 절절 절시구 저놈에 영감슈監에 꼴을 보게. ~ 개가죽 관冠이란 말이 웬 말이냐. ; 노래조로 실현하는 대사가 불림으로 활용되었다.

210　(말로) ; 일반적인 노래나 노래조가 아닌 대사 실현 방법을 구사한다는 것이다. 이렇게 보면 가면극의 대사는 노래조와 구별되는 방식을 구사함을 알 수 있다.

211　평안도平安道 영변寧邊 향산香山 ; 오청본에서는 '平安道寧邊妙香山'이라고 채록되었다.

212　[보정] 산대도감山臺都監을 뚝 떠나서 평안도平安道 영변寧邊 향산香山을 들어갔다 ; 산대도감을 뚝 떠나서 평안도 영변 묘향산을 들어갔다는 말이다. 여기서 '산대도감'은 관청 이름으로 사용되었다. 산대도감 벼슬아치임을 기정사실화하고 있다.

213　마난 → 만난

214　옹색도 하기에 ; '옹색하다'는 생활이 어렵다, 매우 비좁다, 활달하지 못하다, 옹졸하고 답답하다 등의 뜻이다. 여기서는 성적으로 충족되지 못한 상태를 두고 이른 말이다.

한 번 덥쳤드니,

중들이 벌떼²¹⁵같이 모여들어 무수無數 능욕凌辱²¹⁶ 때리길래,

갑잡기²¹⁷ 도망逃亡하여 나오면서 가지고 나온다는 것이

이 중에 칠베 장삼長衫²¹⁸일다.

미얄=　　　　(울며 노래조調로)

＝＝＝ 에에에 절절절절절

해가 떴다 일광단日光緞²¹⁹.

달이 떴다 월광단月光緞^{220. 221}.

도리 불수 영초단緞²²².

여름이면 하절夏節 의복衣服.

겨울이면 동절冬節 의복衣服.

철철이 철을 찾어 입혔더니

어데 갔다 내버리고

중에 장삼長衫이란 말이 웬 말이냐.²²³

215　벌떼 ; 무리지어 몰려다니면서 못된 행동을 일삼는 사람들을 벌들의 떼에 비유한 말이다. 또는 몸가짐이 단정
　　하지 못하고 행동이 사뭇 난잡하고 사나운 사람을 일컫는 말이다. 관용어다.

216　능욕凌辱 ; 남을 업신여겨 욕보임을 말한다. 또는 여자를 강간하여 욕보임을 말한다.

217　갑잡기 → 갑자기

218　칠베 장삼長衫 ; 칠포(漆布) 장삼이다. '칠포'는 옻칠을 한 헝겊이다.

219　일광단日光緞 ; 해나 햇빛 무늬를 놓은 비단이다.

220　월광단月光緞 ; 달무늬를 놓은 비단이다.

221　해가 떴다 일광단日光緞. 달이 떴다 월광단月光緞 ; 고운 옷감으로 지은 옷을 두고 이른 말이다. 여기에서는
　　'日光緞'과 '月光緞'의 '日光'과 '月光'을 각각 '해가 떴다', '달이 떴다'와 연관시킨 언어유희이다.

222　도리 불수 영초단(英綃緞) ; 도류불수문(桃榴佛手紋)을 짠 영초단을 이른다. '도리 불수'는 '도류불수문(桃榴
　　佛手紋)'을 말한다. 고급비단에 복을 상징하는 문양으로 들어간 도류불수문은 복숭아, 석류, 불수를 조합한 문
　　양이다. 복숭아는 장수를, 석류는 사내아이의 다산을, 불수는 이승과 저승에 복이 있기를 비는 마음을 뜻한다.
　　불수는 불수감(佛手柑)으로, 감귤류에 속하는 과실로 중국 남방의 광동지방에서 많이 난다. 겨울에 열매를 맺
　　으며 빛깔은 선황색이다. 모양이 부처의 손가락을 닮아서 불수감이라 부르며 특히 불교적인 상징무늬로 많이
　　쓰인다. 불수(佛手)의 불(佛)이 복(福)과 발음이 유사하여 행복의 상징으로 여겨졌다. 도자기나 건물의 단청으
　　로 사용하기도 하였다. 조선 시대 궁중의 여인들의 옷감에서 주로 볼 수 있다. '영초단(英綃緞)'은 중국에서 나
　　는 비단의 하나다. 모초(毛綃)와 비슷한데 품질이 조금 낮다.

223　[보정] 해가 떴다 일광단 달이 떴다 월광단 여름이면 하절의복 겨울이면 동절의복 철철이 입혔더니 어디 갔다
　　내버리고 중의 장삼이란 웬 말이냐. ; 이 대목은 관용구다. 사례는 아래와 같다.

(말로)

영감令監! 기왕己往 전자前者에[224] 날과 같이 살 적에는

얼굴이 명주明紬자루[225] 메물가루[226] 같더니,

왜 이렇게 얼굴이 삐적삐적[227]합나.[228]

令監＝ 내 얼굴이 어렇단[229] 말이냐.

그래 나는 도토리하고 감자를 먹어서 찰나무 살[230]이 졌다[231, 232].

그런데 오래간만에 만났으니 아이들 말좀 물어 보자.

처음에 낳은 문열이[233] 그놈, 어떻게 자라나나.

미얄＝ 아아 그놈에 말 맙소.

세상사世上事가 하도 빈곤貧困하여 나무하러 갔다가 그만

호환虎患[234]에 갔다오.

각쇠비단 버러스니 화려도 장흘시고 공단디단 ㅅ단이며 궁쵸싱쵸 셜한쵸며 금계제파 일륜홍ㅎ니 날도닷
다 일광단과 일년명월 금쇼다ㅎ니 달이발근 월광단과 츄운담담 영유유ㅎ니 보기죠혼 운문디단 '한양풍물가
(漢陽風物歌)'

닉가 살어쓸 제 부친의 〃복 셜닉나 ㅎ리라 ㅎ고 츈추의복 상침겹것 ㅎ졀의복 흔삼고의 박어지여 다려노
코 동졀의복 소음두어 보의 빳셔 농의 넛코 쳥목으로 갓신 졉어 갓스 달어 벽의 걸고 망건 ㅜ며 당줄 달어
거러두고 『한국방각본소설전집』 '심청전'

224 전자前者에 ; 여기서는 '지난번에'의 뜻이다.
225 명주明紬자루 ; 명주실로 무늬 없이 짠 피륙으로 만든 자루다.
226 메물가루 → 메밀가루 ; 메밀의 열매를 찧어서 낸 가루다. 여기서는 메밀가루처럼 얼굴빛이 곱다는 말이다.
227 삐적삐적 → 버쩍버쩍 ; 물기가 자꾸 몹시 마르거나 졸아붙거나 타 버리는 모양이다. '삐적삐적'은 물기가 아
주 적은 물건을 잇 따라 씹거나 빻는 소리이나 또는 그 모양이다.
228 [보정] 얼굴이 명주明紬자루 메물가루 같더니, 왜 이렇게 얼굴이 삐적삐적합나 ; 얼굴이 명주 자루와 메밀가루
처럼 곱더니 왜 이렇게 얼굴이 삐적삐적하게 말랐나.
229 어렇단 → 어떻단
230 찰나무 살 → 참나무 살 ; 참나무 껍질처럼 거친 살을 말한다. 오청본에서는 '참나무살'라고 채록되었다. '참
나무'는 '상수리나무'다. '상수리나무'는 참나뭇과의 낙엽 교목이다. 5월 무렵에 누런 갈색 꽃이 피고 열매는 다
음 해 10월에 견과(堅果)를 맺는다. 열매는 묵을 만드는 데 쓰고 목재는 가구의 재료로 쓴다. 상수리의 알맹이
를 빻은 가루를 '상수리쌀'이라 한다. 상수리를 껍데기째 삶아서 겨울에 얼렸다가 봄에 녹은 것을 말려서 찧은
뒤에 물을 쳐 가며 빻는다. 밥이나 떡, 묵 따위를 만든다. 상수리쌀에 붉은 팥을 갈아 넣어 지은 밥을 상수리밥
이라 한다. 밥을 풀 때 꿀을 쳐서 그릇에 담는다.
231 졌다 → 졌다
232 그래 나는 도토리하고 감자를 먹어서 찰나무 살이 졌다. ; 제대로 먹지 못하고 살았음을 말하는 것이다.
233 문열이 → 무녀리 ; 태로 나오는 짐승의 맨 처음 나온 새끼를 말한다. 언행이 좀 모자라서 못난 사람을 비유하
는 말이다. 여기서는 특별히 못났다기보다 제 새끼를 부르는 뜻이다.

슈監＝	……인저[235]는 자식子息도 죽이고 말았으니,
	집[236]이라고는 볼 것이 없다.
	너하고 나하고 헤여져야지.
미얄＝	헤여질라면 헤여질쇄.[237]
슈監＝	오냐 헤여지자고,
	헤여지는 판에 더 볼게 무엇 있나.
	네 년에 행적行跡이나 털어 내겠다.[238]
	(현상現象을 보고)[239]
	여보 여러분 말씀 들으시요.[240]
	저년에 행위行爲 말좀 들어보시요.
	저년이 영감슈監 공경恭敬을 어떻게 잘 하는지[241]
	하루는 앞집 털풍네 며누리가
	나더리[242]를 왔다고 떡을 가지고 왔는데,
	그 떡을 가지고 영감슈監한테 와서 이것 하나 잡수 하면
	내가 먹고파도 저를 먹일 것인데,
	이년이 떡그릇을 제 손에다 쥐고 하는 말이,
	영감슈監 앞집 털풍네[243] 나드리떡[244] 가지고 온 것
	먹겠읍나 안먹겠읍나 묻드니,

---

234 호환虎患 ; 사람이나 가축이 호랑이에게 당하는 화(禍)를 말한다.

235 인저 ; '이제'의 방언이다.

236 집 ; 여기서는 가정을 이루고 생활하는 집안을 말한다.

237 헤여질쇄 → 헤어질세

238 행적行跡이나 털어 내겠다 ; 못된 행실을 모두 드러내겠다는 말이다.

239 (현상現象을 보고) ; 심우성의 『한국의 민속극』(창작과 비평사, 1975)에서 '(觀衆을 보고)' 라고 수정되었다.

240 여보 여러분 말씀 들으시요 ; 관중들을 향하여 하는 대사로, 공감을 구하는 말이다.

241 저년이 영감슈監 공경恭敬을 어떻게 잘 하는지 ; 반어적 표현이다. 잘 못한다는 뜻이다.

242 나더리 → 나들이 ; 집을 떠나 가까운 곳에 잠시 다녀오는 일이다.

243 털풍네 ; 형상을 본 딴 별명인 듯하다.

244 나드리떡 → 나들이떡 ; 나들이 하면서 들고 가는 떡이다.

대답對答할 새도 없이,

안먹겠이면 그만두지 하고,

제 혼자 다 먹어버리니

내 대답對答할 사이가 어데 있나.

동지冬至 섣달 설한雪寒 북서풍西北風[245]에 방房은 찬데,

이불을 발길로 툭 차고

이마로 봇장[246]을 칵 하고 받아서[247]

코피가 줄 흘러나가지고

뱃대기를 버적버적[248] 긁으면서,

우리[249] 요강은 파리 한 놈만 들어가도 소리가 왕왕 하는 것인데,

벌통 같은 보지[250]를 벌치고[251]

오줌을 쏼쏼 방구를 땅땅 뀌니,

앞집에 털풍이[252]가 보洑뚱[253] 터진다고

광이[254]하고 가래[255]하고 가지고 왔이니[256]

이런 망신亡身이 어데 있나.[257]

---

245 동지冬至 섣달 설한雪寒 서북풍西北風 ; 동짓달과 섣달에 서북쪽에서 몰아치는 눈바람이다. '북서풍(北西風)'은 북서쪽에서 남동쪽으로 부는 바람이다. 오청본에서는 '冬至섣달雪寒風'이라고 채록되었다.

246 봇장 ; 들보를 말한다. 칸과 칸 사이의 두 기둥을 건너질러 도리와는 'ㄴ' 자 모양, 마룻대와는 '十' 자 모양을 이루는 나무다.

247 이마로 봇장을 칵 하고 받아서 ; 자다가 이마로 들보를 받을 수 없는 일이다. 과장된 표현이다.

248 버적버적 → 벅적벅적

249 우리 ; 말하는 이가 자기보다 높지 아니한 사람을 상대하여 어떤 대상이 자기와 친밀한 관계임을 나타낼 때 쓰는 말이다. 여기서는 생활 기물에 쓰였다.

250 벌통 같은 보지 ; 여성성기의 형상에 대한 관용적 표현이다.

251 벌치고 ; '벌리고'의 잘못이다. '벌치고'는 '벌리고'에 강세를 더한 민간화술로 생각된다.

252 털풍이 ; 형상을 본 딴 별명인 듯하다.

253 보洑뚱 → 보동(洑垌) ; 논에 물을 대기 위한 수리 시설의 하나다. 둑을 쌓아 흐르는 냇물을 막고 그 물을 담아 두는 곳이다.

254 광이 → 괭이 ; 땅을 파거나 흙을 고르는 데 쓰는 농기구다.

255 가래 ; 흙을 파헤치거나 떠서 던지는 기구다.

256 벌통 같은 보지를 벌치고 오줌을 쏼쏼 방구를 땅땅 뀌니, 앞집에 털풍이가 보洑뚱 터진다고 광이하고 가래하고 가지고 왔이니 ; 오줌발이 세고 방구 소리가 크다는 말로 과장된 표현이다.

미얄＝   이놈에 영감令監 하는 소리 보소.

          (용산龍山 삼개 덜머리집258을 가리키며)

      저렇게 고혼 년을 얻어 두었이니개259 나를 미워할 수밖에.

      이별離別할라면 저년 하고 같이 이별離別하고,

      미워할랴면 저년하고 같이 미워하지.

      어느년에 보지는 금테두리 했었드냐.260

          (와다닥 덜머리집에 달라들어 때리며)

      이년아 이년아 너하고 나하고 무슨 웬수가 졌길래,

      저놈에 영감令監을 환장261을 시켜 났나.

令監＝   (미얄을 때리며)

      너 이년아 용산龍山 삼개집이 무슨 죄罪가 있다고 때리느냐.

      야 이년 썩 저리 가라. 구린내 난다.262

미얄＝   너는 젊은 년하고 사니개263 나를 이같이 괄세264를 하니,

      이제는 나도 너같은 놈하고 살기가 시물정265 났다.

      같이 버언 세간이니 세간이나 노나 가지고 헤여지자.

---

257   [보정] 여보 여러분 말씀 들으시요. ~ 이런 망신亡身이 어데 있나. ; 이 대목은 소위 '심술 타령'에 가깝다. 미얄
      의 여러 행동을 비속하고 과장되게 표현하고 있다. 예를 들어 '이마로 봇장을 콱 하고 받아서'와 같은 표현만
      보더라도 누워서 대들보를 받을 수는 없는 일이다. 김일출본에서는 '배때기를 벅적벅적 긁으면서 일어 나다가
      문 중방에 코가 터져 이불에다 피칠을 하면서'라고 채록되었다.

258   용산龍山 삼개 덜머리집 ; '삼개'는 지명으로 지금의 '마포(麻浦)'를 말한다. '덜머리'는 '떠꺼머리'라고도 하며,
      장가나 시집갈 나이가 넘은 총각·처녀가 땋아 늘인 긴 머리를 말한다. 또는 그런 머리를 한 사람을 말한다.
      '떠꺼머리처녀'는 떠꺼머리를 한 처녀, 혹은 '노처녀'를 비유적으로 이르는 말이다. '-집' 은 자기집안에서 출가
      한 손아래 여자가 시집 사람임을 이를 때 쓴다. 또는 남의 첩이나 기생첩을 이를 때 쓰는 말이다.

259   두었이니개 → 두었으니까

260   어느년에 보지는 금테두리 했었드냐 ; '누구는 특별한 사람인가. 사람은 모두가 똑같다'라는 뜻으로, 관용구다.

261   환장(換腸) ; 마음이나 행동 따위가 비정상적인 상태로 달라짐이나, 어떤 것에 지나치게 몰두하여 정신을 못
      차리는 지경이 됨을 속되게 이르는 말이다.

262   구린내 난다 ; 수상쩍어 의심스러운 생각이 든다는 뜻이다.

263   사니개 → 사니까

264   괄세 ; '괄시(恝視)'의 잘못이다. 관용적으로 쓰이기도 한다.

265   시물정 ; '싫증'인 듯하다.

어어 어어.

　　(운다.)

어서 세간이나 나나 줍소.[266]

令監 =　　자 그래라!

물이 충충[267] 수답水畓[268]이며 사래 찬 밭[269]은

내나[270] 가지고,

앵무鸚鵡 같은 여女종[271]과 날매 같은 남男종[272]일랑 새끼 껴서

내나 가지고,

황黃소 암소 자웅雌雄 껴서 새끼까지

내 가지고,

노류마당[273] 곡석[274] 안 되는 곳은

너를 주고,

숫쥐 암쥐 새끼 껴서 새앙쥐[275]까지

너를 주고,

네년에 네 새끼 너 다 가져라.

미얄 =　　　　（노래조調로）

266　어서 세간이나 나나 줍소 ; '세간가르기'다. 이혼한다는 뜻이다.

267　충충 ; 물이 가득한 모양이다.

268　수답水畓 ; 바닥이 깊고 물을 대기에 편리한 기름진 논이다. 무논이라고도 한다.

269　사래 찬 밭 ; 농사짓기 좋은 밭을 두고 이른다. '사래차다'는 이랑이 곧고 길다는 뜻이다.

270　내나 ; '내가'의 방언투다.

271　앵무鸚鵡 같은 여女종 ; 앵무새같이 말 잘 듣고 예쁜 여자 아이 종이라는 말로, 관용적 표현이다. '앵무새'는 사람처럼 말하는 새로 보통은 말 잘하는 사람을 비유하거나 흉내를 잘 낼 때에 쓴다.

272　날매 같은 남男종 ; 공중에서 날고 있는 매와 같이 빠르고 부지런한 남자 종이라는 말로, 관용적 표현이다.

273　노류마당 ; 이 자료에서 '노류마당 곡석 안 되는 곳은 너를 주고'라고 하였고, 오청본에서도 '곡식안되는노리마당 모래밧대기너가지고'라고 한 점으로 보아 농사짓기 좋지 않은 땅인 듯하다. 이두현본에서도 '노리 마당'이라고 채록되었다. '모래밧대기'는 '모래밭뙈기'다. '모래밭'은 모래가 넓게 덮여 있는 곳, 혹은 흙에 모래가 많이 섞인 밭을 말한다. 여기서는 후자이다. '뙈기'는 경계를 지어 놓은 논밭의 구획, 혹은 일정하게 경계를 지은 논밭의 구획을 세는 단위를 말한다. 여기서는 모래가 많이 섞여 농사가 잘 안 되는 밭을 말한다.

274　곡석 ; '곡식'의 방언이다.

275　새앙쥐 ; '생쥐'의 잘못이다. '사향(麝香)뒤쥐'를 말하기도 하는데, 여기서는 작은 쥐로 '생쥐'가 보통이다.

═══ 아이고 아이고 서름이야.

낭구[276]라도 짝이 있고

나는 새와 기는 즘생 모두 다 짝이 있거든,

우리 부부夫婦 헤여지잔 이게 모다 웬 말이냐.

헤여질라면 헤어지자.

어어 어어 어어.

저어 절시구 지화자자 절시구.

물이 충충 수답水畓이며 사래 찬 밭도

너 다 가지고,

앵무鸚鵡 같은 여女종과 날매 같은 남男종에다 새끼까지 다 껴서

너 다 가지고,

황黃소 암소 자웅雌雄 껴서 새끼까지

너 다 가지고,

노류마당 곡석 안 되는 곳은

나를 주고,

숫쥐 암쥐 새끼 껴서 새앙쥐까지

나를 주고,

네년 네새끼

너 다 가져라 하니,

이 늙은이가 함자[277] 빌어먹기도[278] 어려운데

새끼를 모두 다 나를 주니

어찌하여 살란 말인고.

　　　(엉엉 운다.)

---

276 낭구 ; '나무'의 방언이다.

277 함자 ; '혼자'의 방언이다.

278 빌어먹기도 ; 오청본에서는 '버러먹기'라고 채록되었다.

令監=   그럼 조금 더 갈라 주마.

미얄=   내가 처음 시집올 때

          우리 부부夫婦 화합和合하고

          수명장수壽命長壽하겠다고,

          백百집을 돌고 돌아[279]

          깨진 그릇 모고[280] 모아[281]

          불리고 또 불리여서

          일만一萬 정성精誠[282] 다 들이며

          맨들어다[283] 놓은

          요강과 도끼하골랑은

          나를 줍소.

令監=   앗다 이년 욕심慾心 봐라.

          박천博川 뒤지 돈[284] 삼만냥三萬兩

---

279 [보정] 내가 처음 시집올 때 우리 부부夫婦 화합和合하고 수명장수壽命長壽하겠다고, 백百집을 돌고 돌아 ; '백 집을 둘레돌아'는 '여러 집을 돌고 돌아'의 뜻으로 관용적 표현이다. 민속에 '백집밥(百--)'은 음력 정월 대보름날에 행하는 풍속의 하나다. 그 해의 액운을 막고 복을 받기 위하여 여러 집의 오곡밥을 얻어먹는다. 또 봄을 타거나 병으로 야윈 아이들이 절구를 타고 개와 함께 이 밥을 먹으면 병이 낫는다고 한다. 백가반(百家飯)이라고도 한다. 여기서 문맥으로 볼 때에 '백 집을 돌고 도는 행위'는 부부화합이나, 수명장수와 같은 축수의 의미를 갖는 민속일 것으로 추정된다.

280 모고 → 모으고

281 깨진 그릇 모고 모아 ; 민속학적으로 '깨진 그릇을 모으는 행위'가 무엇인지 규명할 과제다.

282 일만一萬 정성精誠 ; 온갖 힘을 다하려는 참되고 성실한 마음이다. 오청본에서는 '萬端精力'이라고 채록되었다.

283 맨들어다 → 만들어다. '맨들다'는 '만들다'의 방언이다.

284 박천博川 뒤지 돈 ; 박천 뒤주에 넣어 둔 돈으로, 귀하게 여기고 깊이 간직하였던 돈을 뜻한다. '博川[박천] 뒤지'는 박천반닫이(博川———)를 말한다. 평안북도 박천지방에서 제작된 반닫이다. 표준치수는 높이 60~80㎝, 앞 너비 55~90㎝, 옆 너비 37~45㎝. 문판이 하나로 앞면 상단(上端)에서 위아래로 열게 되어 있으며, 의류뿐만 아니라 귀중품 또는 제기(祭器)같이 무거운 것을 넣도록 매우 튼튼한 목재를 사용하였다. 박천반닫이의 특징은 검정 무쇠판에 날카로운 징으로 구멍을 뚫어 문양을 정교하게 투각(透刻)하여 경첩(돌쩌귀처럼 쓰는 장식) 내지 귀장식 등의 장식을 하였는데 이를 속칭 '쑹쑹이 반닫이'라고도 부른다. 이러한 투각문양을 살리기 위해 목질을 나타내지 않게 하도록 어두운 흑칠(黑漆)을 하였으며, 결이 적은 피나무·호도나무를 사용하였다. 투각에 나타난 문양들은 자연적인 당초문(唐草文)을 편이화하여 기하학적 표현을 하였는데, 매우 현대감각에 가까운 장식적 우수성을 보여주고 있다. 그리고 큰 달형 들쇠 하나가 전면 하단 중앙에 하나 부착되어 있고, 이것보다 작은 같은 모양의 들쇠가 문짝 상단 좌우에 하나씩 달려 손잡이 기능을 하고 있다.

별 은銀²⁸⁵ 세 갤랑은

내나 다 가지고,

옹장봉장²⁸⁶ 자개함롱函籠²⁸⁷ 반다지²⁸⁸

샛별 같은 놋요강 대야²⁸⁹ 바쳐²⁹⁰

나 다 가지고,

죽장망혜竹杖芒鞋 헌 집세기²⁹¹

만경청풍萬頃淸風²⁹² 삿부채^{293 294}

'박천'은 평안북도에 있는 읍이다. 박천선의 종점이며 박천평야의 중심지이다. 박천군의 군청 소재지이다.

뒤지 → 뒤주 ; 나무로 만든 곡식을 담는 궤(櫃). 통나무로 만들거나 널빤지를 짜서 만든다. 통나무로 만드는 것은 밑동과 머리에 따로 널빤지를 대어 막고, 머리 부분의 한쪽을 열도록 문짝을 달아 낟알을 넣거나 퍼낸다. 널빤지를 짜서 만드는 뒤주는 네 기둥을 세우고 벽과 바닥을 널빤지로 마감하여 공간을 형성하고 머리에 천판(天板 : 천장을 이루는 널)을 설치한다. 천판은 두 짝으로 만들어 뒤편의 것은 붙박이로 하고 앞쪽으로 여닫는다. 여닫는 데는 쇠장석을 달아 자물쇠를 채운다. 또 네모반듯한 상자를 여러 개 만들어 차곡차곡 쌓고 그 위에 이엉을 덮어 만든 것도 있다. 이 밖에 네 기둥을 세우는 뒤주의 서너 배 크기로 만들어, 기둥의 앞면에 따로 기둥을 세워 문벽선을 삼고, 그 문벽선에 물홈을 파고 널빤지를 드린 것도 있다. 이런 거대한 뒤주는 동화사(桐華寺)의 요사채 등에서 볼 수 있다. 이러한 유형의 것을 한층 더 크게, 곳간 만하게 만들어 마당 한쪽에 세우고 지붕을 이어 비바람을 가리게 하거나, 집의 한 끝에 따로 한 칸을 설치하고 정면에 빈지 드린 문얼굴을 만들어 완성하기도 한다. 이것도 곡식을 수장하는 시설이라는 점에서 넓은 의미의 뒤주라고 할 수 있다. 넓은 의미의 뒤주로는 버드나무 굵은 것이나 가는 싸리나무, 대나무오리를 써서 큰 독과 같은 형태로 엮은 것도 있다. 여기에 서까래를 걸고 이엉을 이어 초가처럼 꾸민다. 밑동 한쪽에는 네모난 창을 내고 문을 닫아두었다가 필요할 때 열어 낟알이 쏟아져 나오게 한다.

285 별 은銀 ; 별은(別銀), 즉 황금(黃金)을 말한다.

286 옹장봉장 → 용장봉장 ; 용장(龍欌)과 봉장(鳳欌)으로 용의 모양을 새긴 옷장과 봉황의 모양을 새겨 꾸민 옷장을 말한다.

287 자개함농函籠 ; 자개를 박아 꾸민 장롱이다. '자개'는 금조개 껍데기를 썰어 낸 조각이다. 빛깔이 아름다워 여러 가지 모양으로 잘게 썰어 가구를 장식하는 데 쓴다.

288 반다지 → 반(半)닫이 ; 앞의 위쪽 절반이 문짝으로 되어 아래로 젖혀 여닫게 된, 궤 모양의 가구를 말한다.

289 샛별 같은 놋요강 대야 ; 잘 닦아서 반짝반짝 빛나는 놋요강과 대야를 말한다. 관용적 표현이다. '놋요강'은 놋쇠로 만든 요강이다. '요강'은 방에 두고 오줌을 누는 그릇으로 놋쇠나 양은, 사기 따위로 작은 단지처럼 만든다. '대야'는 물을 담아서 얼굴이나 손발 따위를 씻을 때 쓰는 둥글넓적한 그릇이다.

290 바쳐 → 받쳐

291 집세기 ; '짚석'이다. '짚자리'의 방언이다. '짚자리'는 짚으로 엮어 만든 자리로, 초석(草席)이라고도 한다. 여기서는 문맥상 '짚신'이라 하여야 한다. 임석재본에서는 '竹杖芒鞋 헌 집세기'라고 채록되었다.

292 만경청풍萬頃淸風 ; '만경(萬頃)'은 백만 이랑이라는 뜻으로, 지면이나 수면이 아주 넓음 이르는 말이다. '청풍(淸風)'은 부드럽고 맑은 바람이다. '만경창파(萬頃蒼波)'를 원용한 것이다.

293 삿부채 ; 갈대 따위를 쪼개어 결어 만든 부채다.

294 만경청풍萬頃淸風 삿부채 ; 시원한 바람을 일으키는 보잘것없는 부채라는 말로, 반어적 의미를 담은 관용구다.

이빨 빠진 고리짝과[295]

굴둑 덮은 헌 삿갓[296]치[297 298] 모두

너 다주고,

도끼날은 내가 갖고

도끼자룰랑은 너 가져라![299]

미얄=   (노래조調로)

══ 저 놈으 영감令監 욕심慾心 보게.

저 놈으 영감令監 욕심慾心 보게.

박천博川뒤지 돈 삼만냥三萬兩

별은銀 세 개

너 다 가지고,

옹장봉장 귀[300]두지

자기 함롱函籠[301] 반다지

샛별 같은 놋요강 대야 바쳐

---

295 입살빠진고리짝 ; '이빨 빠진 고리짝'이다. 헐어서 못쓰게 된 고리짝을 말한다. '고리짝'은 고리버들의 가지나 대오리 따위로 엮어서 상자같이 만든 물건으로 주로 옷을 넣어 두는 데 쓴다. 임석재본에서는 '이빨 빠진 고리 짝'이라고 채록되었다.

296 삿갓 ; 대오리나 갈대를 엮어서 우산과 비슷한 모양으로 만든 쓰개를 말한다. 햇볕이나 비를 가리기 위하여 사용한다. 한자어로는 노립(蘆笠) 또는 농립(農笠)·우립(雨笠)·야립(野笠) 등으로 불린다. 재료에 따라 늘(부들)을 원료로 한 늘삿갓, 가늘게 쪼갠 댓개비(대오리)를 가지고 만든 대삿갓 및 세대삿갓 등이 있다. 늘삿갓은 주로 경기도 일원과 황해도 일부에 걸쳐 선비들이나 부녀자의 내외용 쓰개로도 사용되었으며, 대삿갓은 남승들이, 세대삿갓은 여승들이 사용하였다.

297 삿갓치 ; '삿갓은'의 뜻으로 '-치'는 '물건'을 뜻하는 말로 쓰인다.

298 굴둑 덮은 헌 삿갓치 ; '굴둑 덮은 한 삿갓'이다. 일부 전통 가옥에서는 굴둑 안으로 빗물이 들어가지 못하도록 못 쓰게 된 삿갓을 덮어 놓는다.

299 도끼날은 내가 갖고 도끼자룰랑은 너 가져라 ; 긴요한 것 - 도끼날 - 은 내가 가지고 긴요치 않은 것 - 도끼 자루 - 은 너 가지라는 말이다.

300 귀 → 궤櫃 ; 물건을 넣어 두는 장방형의 상자다. 크기에 따라 큰 것은 궤, 작은 것은 갑(匣), 아주 작은 것은 독(匵)이라 한다. 형태는 윗면 또는 앞면의 반을 외짝문으로 만들어 여닫도록 하고 빗장과 자물쇠를 달았으며, 재료는 주로 결이 곱고 단단한 나무를 썼는데 황유목(黃楡木 : 느릅나무)을 가장 상품으로 여겼다. 용도는 책·활자·문서·돈·옷감·의복·제기·화자기(畫磁器)·놋그릇·곡물 등을 보관하는 데 사용하였고, 특수한 용도로서 종묘(宗廟)에서는 신주를 보관하는 데 이용하기도 하였다.

301 자기 함농函籠 ; '자개함농函籠'이다.

너 가지고,

죽장망혜竹杖芒鞋 헌 짚세기

만경청풍萬頃淸風 삿부채

이빨 빠진 고리짝

굴둑 덮은 헌 삿갓치

나를 주고,

도끼날은 너 가지고

도끼자루 나를 주니,

날이 없는 도끼자루 낭굴랑[302]은 어찌 하노.

아마도 동지설한冬至雪寒 북서풍西北風에

얼어 죽기 똑 알맞겠다.

     (말로)

영감슈監! 여러 새끼 많이 데리고 함자 몸뎅이 그것 가지고 어찌 살란

말이요.

좀더 나눠 줍소.[303] [304]

슈監=	너 그것 가지고 나가면 똑 굶어주기 똑 알맞다.
미얄=	어찌 그리 야속한 말 하나.[305]
	어서 더 갈라 줍소.
슈監=	이년에 욕심慾心 보게. 똑같이 나나 줍소. 좀 더 줍소. 어서 더 갈라 줍소.---

---

302 낭굴랑은 ; '나무는'의 고어투다.

303 [보정] (말로) 영감슈監! 여러 새끼 많이 데리고 함자 몸뎅이 그것 가지고 어찌 살란 말이요. 좀더 나눠 줍소.
   ; 이 대사는 '(말로)'라고 지문을 달고 행을 바꾸어 채록되었다. 이로 볼 때에 앞의 대사가 춤과 노래로 실현되
   다가 이 대목은 '(말로)' 실현되었다는 것이다.

304 [보정] 이 대목도 앞 대목과 동일하게 영감의 대사를 미얄이 그대로 받아서 춤을 추면서 노래로 실현되고 있
   다. 이러한 방식은 비극적 정조를 경쾌하고 유쾌한 희극적 정조로 이완시키는 기능을 발휘한다. 이렇게 반복적
   으로 실현되고, 대칭적 구조를 갖게 된다.

305 함나 ; '하는가'의 뜻이다. 방언으로 높임이 섞인 반말 정도로 수수하게 물어보는 말이다.

예 이년 다 귀숭숭시러우니³⁰⁶ 다 짓모으고³⁰⁷ 말겠다.

광꽝³⁰⁸ 짓모아라.³⁰⁹

(구꺼리장단長短에 맞추어 짓모는 춤을 춘다.)

미얄= 영감令監 영감令監 여니 건³¹⁰ 다 짓모아도 사당祠堂³¹¹일랑 짓모지맙소.

사당祠堂동티³¹² 나면 어찌하오.

令監= 사당祠堂 동티나면 말지.³¹³

(여전如前히 짓모다가 갑자기 넘어져 죽은 듯이 가만히 있다.)³¹⁴

미얄= (손뼉을 치며 좋아 춤추며)

잘 되고 잘 되었다.³¹⁵

이 넘에³¹⁶ 영감令監아

사당祠堂동티 난다고 사당祠堂 짓모지 말라고

---

306 귀숭숭시러우니 ; '뒤숭숭스럽다'인 듯하다. 느낌이나 마음이 어수선하고 불안한 데가 있다는 말이다. 오청본
에서는 '예이년아귀숭숭스러우니'라고 채록되었다.

307 짓모으고 → 짓몰고

308 광꽝 ; '꽝꽝'이 보통이다. 오청본에서는 '땅땅' 이라고 채록되었다.

309 짓모아라 → 짓몰아라 ; '마구 몰다'라는 뜻의 방언이다. 기를 펴지 못하도록 몹시 구박하거나 나무란다는 뜻
이다.

310 여니 건 → 여느 것은

311 사당祠堂 ; 조상의 신주(神主)를 모셔 놓은 집이다.

312 동티 ; 땅, 돌, 나무 따위를 잘못 건드려 지신(地神)을 화나게 하여 재앙을 받는 일. 또는 그 재앙을 말한다.
또는 건드려서는 안 될 것을 공연히 건드려서 스스로 걱정이나 해를 입음을 말한다. 또는 그 걱정이나 피해를
비유적으로 이르는 말이다.

313 [보정] 이 대목에서 '사당 동티'운운 하는 대사는 우리 가면극의 제의적 특성을 드러낸다고 보는 입장이 일반적
이다.

314 [보정] (여전如前히 짓모다가 갑자기 넘어져 죽은 듯이 가만히 있다.) ; 여기서 '이는 사당을 부시다가 신벌을
받아 졸도 하는 것'이라 함은 채록자의 자의적 해석일 것이다. 오청본에서는 '(여전히 짓모다가 갑작이 자빠진
다. 죽은 듯이 가만히 누워 있다. 이는 사당을 부시다가 신벌을 받아 졸도 하는 것이다.)' 라고 채록되었다. 이두
현수정본에는 '영감 : 흥! 사당(祠堂) 동티나면 나라지 (여전히 짓모는 춤을 추다가 갑자기 쓸어져 죽는다)'라
고 채록되었다. 김일출본에서도 '령감《사당 없으면 나막신짝 놓고 하지 내 성미 알지! 꽝꽝 부셔라. 망고리
나간다. 개밥궁 나간다. 맨재'독 진돠라 사당두 진돠라》 사당을 부시다가 령감이 죽어 넘어진다.'로 채록되었
다. 뒤에서 영감은 '거짓 죽었다'며 살아나게 된다. 이렇게 죽었다 살아나는 설정이 어떤 의미인지 미상하다.
연구할 대상이다.

315 잘 되었다 잘 되었다 ; 반어적 표현의 관용구다.

316 이 넘에 → 이놈에

그만큼 말을 해도 내내 말을 안듣고 짓모드니,

사당祠堂동티 기에 나서 너 죽었구나.

동내洞內 방내坊內[317] 키 크고 코 큰 총각總角[318]

우리 영감令監 내다 묻고 나하고 같이 살아 봅세.

　　(영감令監의 눈을 만져 보고)

이넘에 영감令監 벌써 눈깔을 가마귀가 파 먹었구나.[319]

令監＝　　　　(큰 소리로)

아야아!

미얄＝　　죽은 놈에 영감令監이 말을 하나.

令監＝　　가주[320] 죽었으니 말하지.[321]

　　　　(벌떡 일어나 미얄을 때린다.)

너 이년 뭣이 어째?

키 크고 코 큰 총각總角 우리 영감令監 내다 묻고,

나하고 같이 살아 봅세?

미얄＝　　이 넘에 영감令監.

나 싫다드니 이제 와서 때리기는 왜 때려.

아이고 아이고 사람 죽네.

令監＝　　야 이년아 뭐이 잘 났다고 악을 쓰는 거야.

(하며 마구 때린다.)

미얄＝　　　　(얻어 맞다가 그만 넘어져 죽는다.)

317　동내洞內 방내坊內 → 동네방네(洞—坊—)

318　키 크고 코 큰 총각總角 ; 잘 생긴 총각이라는 말이다. '코가 크다'는 말은 남성 성기가 크다는 은어로 사용되기도 한다.

319　눈깔을 가마귀가 파 먹었구나 ; 죽었다는 말이다. 사체를 지상이나 나무 위, 암반 등과 같은 자연상태에 유기하여 비바람을 맞아 부패되게 하여 자연적으로 소멸시키는 풍장(風葬) 풍속에서 연유한다. 나무 위나 암반 위에 사체를 놓아두면 까마귀가 와서 사체를 파먹기에 멀리서 활을 쏘아 까마귀를 쫓았다. '弔[조]'는 '弓'과 'ㅣ'이 결합된 문자로 화살을 쏜다는 뜻이다.

320　가주 ; '거짓'인 듯하다.

321　[보정] 令監＝ 가주 죽었으니 말하지 ; '거짓 죽음'의 의미가 무엇인지 미상하다.

슈監³²²=   (미얄을 들여다 본다.)

아 이 할맘 정말 죽었나.

성깔³²³도 급急하기도 급急하여 가랑잎에 불붙기³²⁴로구나.

          (노래조調로)

=== 아이고 아이고 불상하고 가련可憐하다.

이렇게도 갑자기 죽단 말이 웬 말이냐.

신농씨神農氏 상백초嘗百草하야 모든 병病을 고치랴고³²⁵

원기부족증元氣不足症에는 육미六味 팔미八味 십전대보탕十全大補湯,³²⁶

비위脾胃 허약虛弱한덴 삼구탕蔘求湯,³²⁷

주체酒滯에는 대금음자對金飮子,³²⁸

담증痰症에는 도씨도담탕陶氏導痰湯,³²⁹

---

322 이 대목은 약성가가 원용되었다. '수궁가'와 '변강쇠가'에서도 나타난다.

323 성깔(性-) ; 거친 성질을 부리는 버릇이나 태도, 또는 그 성질을 말한다.

324 가랑잎에 불 붙기 ; 성질이 조급하고 아량이 적음을 비유한 말이다.

325 신농씨神農氏 상백초嘗百草하야 모든 병病을 고치랴고 ; 신농씨는 염제씨(炎帝氏)라고도 하는 신농씨가 일
    찍이 백 가지 풀을 맛보아 거의 죽게 된 수십 명을 구하였다고 한다. 신농씨는 상고시대(上古時代) 중국제왕
    (中國帝王)의 이름이다. 농사짓는 법을 처음으로 가르쳤으므로 신농씨(神農氏)라고 하고, 화덕(火德)으로 다
    스리었으므로 염제(炎帝)라고도 하며, 제약법(製藥法)과 역(易)의 64효(爻)를 만들었다고 한다. 복희씨 뒤를
    이어 다스렸는데, 백성에게 쟁기와 비슷한 따비를 만들어 농사짓는 법을 가르쳤다. 백초(百草)를 맛보아서 의
    약을 만들고, 설시(設市)하여 상거래(商去來) 매매법을 이루었다고 한다. 인신우수(人身牛首)였다고 한다.

326 원기부족증元氣不足症에는 육미六味 팔미八味 십전대보탕十全大補湯 ; 십전대보탕(十全大補湯)은 기혈부
    족(氣血不足)으로 몸이 허약하고 기운이 없으며 때로 기침을 하고 땀을 흘리며 식욕이 없고 소화가 안 되는
    데 쓴다. 철부족성 빈혈, 앓고 난 후, 만성소모성 질병, 만성소화기 질병 등에 쓸 수 있다.

327 비위脾胃 허약虛弱한덴 삼구탕蔘求湯 ; 비위(脾胃)가 허약하여 음식을 먹은 후에 몹시 노곤하고 명치 밑이
    답답하며 몸이 무거운 데 '삼출탕(蔘朮湯)'을 쓴다. 임석재본에서는 '脾胃虛弱엔 蔘朮湯'으로 채록되었다. '朮'
    은 '朮'의 잘못이다. '삼구탕蔘求湯'은 '삼출탕(蔘朮湯)'이 옳다.

328 주체酒滯에는 대금음자對金飮子 ; 酒滯(주체)는 술을 마셔서 생기는 체증을 말한다. 주적(酒積)은 술에 상
    해서 생긴 적을 말한다. 얼굴이 누르면서 컴컴하며 배가 불러 오르고 때로 토하거나 배가 아프면서 설사를 한
    다. 적을 삭이는 방법으로 대금음자(對金飮子)에 갈근, 적복령, 사인, 신곡을 더 넣어 쓰거나 주적환(酒積丸 ;
    오매육, 황련, 반하곡, 지실, 사인, 목향, 행인, 파두상)을 쓴다.

329 담증痰症에는 도씨도담탕陶氏導痰湯 ; 도씨도담탕(陶氏導痰湯)은 중풍(中風) 때 담(痰)이 성하여 말을 더
    듬고 어지럼증이 나는 데, 담음(痰飮)으로 구역이 나면서 가래가 많고 기침을 하며 열이 나고 뒷등이 시리며
    식욕이 없는 데, 눈앞이 아찔하며 의식을 잃고 경련을 일으키는 데 쓴다. 담(痰)이 심(心)을 장애하여 정신이

황달黃疸 고창鼓脹에는 온백원溫白元,³³⁰

대취난성大醉難醒에 석갈탕石葛湯,³³¹

학질瘧疾에는 불이음不二飮,³³²

회충蛔虫에는 건리탕建理湯,³³³

소변불통小便不通에는 우공산禹功散,³³⁴

대변불통大便不通에는 육신환六神丸,³³⁵

임질淋疾에는 오림산五淋散,³³⁶

설사泄瀉에는 위령탕胃苓湯,³³⁷

두통頭痛에는 이진탕二陳湯,³³⁸

구토嘔吐에는 복령반하탕茯苓半夏湯,³³⁹

혼미하고 가슴이 답답하며 귀가 잘 안 들리고 눈이 잘 보이지 않는 데, 속이 답답하고 메스꺼우며 소화가 안 되는 데 쓴다. 위의 약을 한 첩으로 하여 물에 달여 잠잘 무렵에 죽력과 생강즙을 약간 타서 먹는다.

330 황달黃疸 고창鼓脹에는 온백원溫白元 ; 온백원(溫白元)은 적취(積聚), 징가(癥瘕), 현벽(痃癖), 황달(黃疸), 고창(鼓脹), 복수(腹水), 부종(浮腫), 임증(淋證), 흉통(胸痛), 모든 풍병(風病) 등에 쓴다.

331 대취난성大醉難醒에 석갈탕石葛湯 ; 매우 취하여 술이 깨기 어려울 때는 석갈탕이라는 말이다. 석갈탕(石葛湯)은 술로 인한 병(病)을 치료하는 처방이다. 오청본에서는 이 대사가 없다.

332 학질瘧疾에는 불이음不二飮 ; 불이음(不二飮)은 모든 학질(瘧疾)을 치료하는 처방이다.

333 [보정] 蛔虫(회충)에는 建理湯(건리탕) ; 건리탕(建理湯)은 비위(脾胃)가 허랭(虛冷)하거나 적취(積聚)가 생겨 가슴으로 치밀고 배가 몹시 아픈 데 쓴다. 만성위염, 위무력증 등 때에 쓸 수 있다. 보통 회충에는 쓰이지 않는다. 회충에는 사군자(使君子)이나 이중탕(理中湯) 등을 쓴다.

334 소변불통小便不通에는 우공산禹功散 ; 우공산(禹功散)은 한산(寒疝)으로 고환(睾丸)이 커지고 굳으며 차면서 땅기고 아픈 데 쓴다. 원기(元氣)가 손상되지 않은 환자에게 쓴다. 위의 약을 가루내어 한번에 8g씩 생강 달인 물에 타서 먹는다. 소변이 잘 나가지 않는 데도 쓴다.

335 대변불통大便不通에는 육신환六神丸 ; 육신환(六神丸)은 습열(濕熱)로 배가 아프며 음식 먹기를 싫어하고 피와 곱이 섞인 대변을 보는 이질에 쓴다.

336 임질淋疾에는 오림산五淋散 ; 오림산(五淋散)은 오림(五淋)에 쓴다. 특히 소변이 잘 나가지 않거나 방울방울 떨어지며 요도가 아프고 아랫배가 무직하며 때로 몸에 열감이 있는 데 쓴다. 급성방광염, 요도염 등에 쓸 수 있다. 특히 소장 및 방광 열(熱)로 소변이 잘 나가지 않고 배뇨 때 요도에 작열감이 있거나 아프며 누렇거나 벌건 소변이 나가는 데 쓴다.

337 설사泄瀉에는 위령탕胃苓湯 ; 위령탕(胃苓湯)은 비위(脾胃)에 습(濕)이 성하여 소변량이 줄며 배가 끓고 설사가 나면서 아프고 식욕이 없고 음식이 소화되지 않는 데 쓴다. 급성 및 만성 대장염 때에 쓸 수 있다.

338 두통頭痛에는 이진탕二陳湯 ; 이진탕(二陳湯)은 담음(痰飮)으로 가슴과 명치 밑이 그득하고 붇어나며 기침을 하고 가래가 많으며 메스껍고 때로 토하며 어지럽고 가슴이 두근거리는 데 쓴다. 급성 및 만성 위염, 위하수, 급성 및 만성 기관지염, 자율신경실조증, 임신오조 등에 쓸 수 있다.

339 구토嘔吐에는 복령반하탕茯苓半夏湯 ; 복령반하탕(茯苓半夏湯)은 담음(痰飮)으로 명치 밑이 그득하고 메

감기感氣에는 패독산敗毒散,[340]

관격關格에는 소체환消滯丸,[341]

구감口疳에는 감언탕甘言湯,[342]

단독丹毒에는 서각소독음犀角消毒飮,[343]

방사후房事後에는 쌍화탕雙和湯,[344]

이러한 영약靈藥[345]들이 세상世上에 가뜩하건마는[346]

약藥[347] 한첩貼[348] 못 써 보고 갑자기도 죽었으니

이런 기막힐 데가 어디 있노.

　　　(이때에 용산龍山 삼개 덜머리집이 나가랴 하니까, 영감令監은 그리

스꺼우며 소화가 잘 안되고 때로 위에서 물소리가 나며 몸이 무거운 등 증상이 있는 데, 만성위염, 위무력증, 오조(惡阻) 등에 쓸 수 있다. 위의 약을 한 첩으로 하여 물에 달여 하루 2번에 나누어 먹는다. 담음으로 명치 밑이 더부룩하고 소화가 잘 안되며 식욕이 없고 구역질을 하거나 토하며 온몸이 무겁고 머리가 아픈 등 증상이 있는 데 쓴다.

340　감기感氣에는 패독산敗毒散 ; 패독산(敗毒散)은 풍한(風寒)으로 열(熱)이 나며 목덜미가 뻣뻣하고 머리와 온몸이 아프며 코가 막히고 기침이 나며 가래가 있는 데 쓴다. 감기, 유행성 감기에 쓰며 급성기관지염, 폐렴 초기, 급성대장염, 일련의 급성화농성 질병 등에 쓸 수 있다. 위의 약을 한 첩으로 하여 물에 달여 먹는다. 패독 산(敗毒散)에 인삼을 더 넣은 것을 인삼패독산(人蔘敗毒散)이라고 한다.

341　관격關格에는 소체환消滯丸 ; 소체환(消滯丸)은 음식에 체하여 명치 밑이 그득하고 아프며 배가 불어나고 끓는 데 쓴다. 부종(浮腫), 창만(脹滿), 적취(積聚) 등에도 쓴다.

342　구감口疳에는 감언탕甘言湯 ; '감언탕甘言湯'은 감길탕(甘桔湯)이 옳다. 풍한(風寒)으로 목안이 붓고 아프 며 말소리가 낮거나 목쉰 소리가 나는 데 쓴다. 급성인후염, 편도선염 등에 쓸 수 있다. 여성탕(如聖湯)이라고 도 한다. 풍열(風熱)로 목안이 붓고 아프며 목쉰 소리가 나는 데 쓴다.

343　단독丹毒에는 서각소독음犀角消毒飮 ; 서각소독음(犀角消毒飮)은 단독(丹毒)과 두드러기에 쓴다. 위의 약 을 한 첩으로 하여 물에 달여 서각즙을 타서 먹는다. 두진(痘疹) 때 발진이 잘 나오지 않거나 발진이 다 나왔어 도 열이 내리지 않는 데 쓴다.

344　방사후房事後에는 쌍화탕雙和湯 ; 쌍화탕(雙和湯)은 사물탕(四物湯)과 황기건중탕(黃芪建中湯)을 합한 것 이다. 허로손상(虛勞損傷)으로 기혈(氣血)이 허(虛)해진 데, 힘든 일을 한 후나 중병을 앓은 후에, 온몸이 노곤 하고 몹시 피로감을 느끼며 어지럼증이 나고 가슴이 두근거리며 절로 땀이 나는 데, 허약한 사람이 감기에 자 주 걸리는 데 쓴다. 피로회복약으로 많이 쓰인다. 오청본에서는 뒤에 '霍亂에는香薷散'가 더 채록되었다. 향유 산(香薷散)은 더위를 먹었거나 곽란(霍亂)으로 토하고 설사하면서 배가 아프고 가슴이 답답하며 힘줄이 뒤틀 리고 팔다리가 싸늘한 데 쓴다. 위의 약을 한 첩으로 하여 술을 조금 섞은 물에 달여 차게 하여 먹는다.

345　영약靈藥 ; 영묘한 효험이 있는 신령스러운 약을 말한다.

346　가뜩하건마는 ; '가뜩하다'는 분량이나 수효가 한도에 꽉 차다.

347　영약靈藥 ; 영묘한 효험이 있는 신령스러운 약을 말한다.

348　첩貼 ; 약봉지에 싼 약의 뭉치를 세는 단위이다.

로 가서 덜머리집과 한데 어울려서 한참 희롱戲弄한다.)

南江老人[349]＝　　　（등장登場. 흰 수염 늘어뜨린 백면白面의 노인老人이라. 장고杖鼓
　　　　　　　　　를 매고 천천히 들어온다.）[350]

이것들이 짜아[351] 하드니 쌈이 난게로구나.

（미얄을 한참 바라보더니）

이것이 죽었구나.

불쌍하구도 가련可憐하구나.

제 영감令監 이별離別 몇 해에 독부獨婦[352]로 지내드니

아아 매를 맞아 죽어?

하도 불상하니 넋이나 풀어 줄 수밖에 없다.

（범벅구조調[353]로 장고杖鼓를 치며 고개를 좌우左右로 내두르며 노

349　남강노인南江老人 ; 남극노인(南極老人)으로 '남극성(南極星)'을 의인화한 말이다. 장수와 복록을 상징하는 '삼성(三星)' 중 하나로 숭배되었으며, '수성(壽星)', '남극노인성(南極老人星)' 또는 '남극선옹(南極仙翁)'이라고도 불린다. 이 별은 이미 진시황 때부터 사당에 모셔져서 숭배를 받았는데, 일반적인 그림에서 그는 하얀 수염에 지팡이를 짚고 이마가 높이 솟은 노인으로 묘사된다. 예로부터 남극노인, 즉 노인성이 인간의 수명을 관장한다고 믿었기 때문에 왕이 노인성을 향해 제사를 올리는 풍습이 있었다. 또한 노인성이 보이는 해에는 나라가 평안해진다고 믿었다. 고시조에 안민영이 지은 '洛城西北 三溪洞天에 水澄淸而山秀麗흐듸 翼然有亭에 伊誰在矣오 國太公之偃息이시리 비느니 南極老人 北斗星君으로 享壽萬年 흐오소셔'가 있다.

　김일출본에서는 '제11과장 남극 로인'으로 채록되어 독립된 장면으로 되어있다. 이렇게 본다면 이 '남강노인'의 등장은 미얄 장면과의 연관성 문제는 연구 과제다.

　　[참고] 洛城 西北 三溪 洞天에 水澄淸而山秀麗흐듸 / 翼然 有亭에 伊誰在矣오 國太公之偃息이시리 / 비느니 南極老人 北斗星君으로 享壽萬年 흐오소셔.

　　南極老人星이 四敎齋에 드리오셔 / 우리님 壽富貴를 康寧으로 도으셔든 / 우리도 德蔭을 무르와 太平燕樂 흐노라.

　　南極壽星 도다 잇고 勸酒歌로 祝壽로다 / 오늘날 老人들은 셔로 노자 勸흐는고야 / 이 後란 花朝月夕에 每樣 놀녀 흐노라. -『歌曲源流』

350　南江老人 = (등장登場. 흰 수염 늘어뜨린 백면白面의 노인老人이라. 장고杖鼓를 매고 천천히 들어온다.) ; 탈의 형상과 소도구 및 행위가 제시되어 있다. 오청본에서는 '(이때에 南江老人이 등장한다. 南江老人은미얄의媤父로서 白鬚가흐날니는 紅顔白髮의탈을 쓰고 長鼓를메고 천천히들어와서 미얄의죽은것을보며 長鼓를땅에놋는다.) 라고 채록되었다.

351　짜아 → 짜 ; 소문이 왁자한 모양이다.

352　독부獨婦 ; 독신인 여자를 말한다.

353　범벅구조調 ; '범벅타령의 곡조'라는 뜻이다. '범벅타령'은 잡가의 하나로, 곡조의 변화가 적고 같은 선율이 반복되고 있다. 경기잡가(京畿雜歌) '범벅타령'은 열두 가지 범벅떡을 주워섬기는 데서 나온 곡명이라고 하는데, 이 잡가는 부정한 행실의 여인이 죄를 뉘우쳐 마음을 바로잡고 일부종사(一夫從事)를 알게 될 때에는 이미

래 부르다.)

  ═══ 명산名山 대천大川[354] 후토신령後土神靈[355]

불상한 이 인생人生을

극락세계極樂世界[356] 가게 하소.

넋에 넋은 넋반[357]에 담고

혼鬼에 혼鬼는 혼鬼반[358]에 담아

영화榮華<주註. 연화蓮花>봉峰[359]으로 가옵소서.

[360]

  (춤을 춘다)

 …… 아이덜아[361] 일어나거라,

 남창南窓 동창東窓 다 밝았다[362] ………

늦은 때라, 죽음으로써나마 뒷사람을 훈계하려 한다는 내용의 긴 노래를 굿거리장단에 맞추어 부르는 곡조이
다. 무당들이 많이 불렀다고 한다.

354 명산대천名山 大川 ; 이름난 산과 큰 내를 말한다.

355 후토신령後土神靈 ; 토지를 맡아 다스린다는 신이다. 오청본에서는 '後山神靈'이라고 채록되었는데, 묏자리
나 집터, 도읍터 따위의 뒤쪽에 있는 산에 모셔 섬기는 신이다. '후산'은 묏자리나 집터, 도읍터 따위의 뒤쪽에
있는 산을 말한다.

356 극락세계極樂世界 ; 더없이 안락해서 아무 걱정이 없는 경우와 처지나 또는 그런 장소를 두고 이른다. 또는
아미타불이 살고 있는 정토(淨土)로, 괴로움이 없으며 지극히 안락하고 자유로운 세상을 말한다. 인간 세계에
서 서쪽으로 10만억 불토(佛土)를 지난 곳에 있다. 극락계, 정토, 극락정토, 안락국, 안락세계, 안락정토, 연화세
계 등으로 불리기도 한다.

357 넋반 ; 넋을 담는 데 쓴다고 하는 작은 상을 말한다.

358 귀鬼반 ; 혼을 담는다는 소반을 말한다. 오청본에서는 '魂盤'이라고 채록되었다.

359 영화榮華<주註. 연화蓮花>봉峰 ; '영화(榮華)'는 귀하게 되어 몸이 세상에 드러나고 이름이 빛난다는 뜻이
다. 영화봉은 관념적 명칭이다. '연화봉'은 불교적 관점의 명칭으로 구체적인 산명인지는 알 수 없다. '연화봉'이
라는 이름을 가진 산은 우리나라 전국에 펼쳐 있다.

360 [보정] 오청본에서는 '(춤을춘다. 巫女로써 盛大한굿을하는일도잇다.)' 라는 기사가 더 있다. 무당에 의한 굿이
반드시 행하여진 것은 아니라는 기사다. 이는 우리 가면극의 이념적 배경을 연구하는 데에 염두에 두어야 할
기사다. 최근 마당극 형태의 연행문화에서 종국에 흔히 무당이 등장하는 것을 볼 수 있다. 가면극의 연행층이
무당과 결합되면서 일어난 현상으로 생각된다. 현상이야 어떻든 가면극의 이념과 굿의 이념은 동일한 것이 아
니며, 상반된 것이다. 임석재본의 후기에서도 '12. 이 演技를 始作할 때, 먼저, 이 노리의 中興者인 安草木의
功을 爲하고 또 그가 無後하므로 이를 慰靈하는 意味로 演技者一同은 탈을 쓰고 樂器를 들고 一齊히 巫歌
를 부르며 굿을 한다. 그러나 이 굿을 每年 每演技때마다 하는 것은 아니다.' 라고 하였다.

361 아이덜아 → 아이들아

362 아이덜아 일어나거라, 남창南窓 동창東窓 다 밝았다 ; 남구만의 시조 '동창이 밝았느냐'가 원용되었다.

363

[끝]

---

363 [보정] 오청본에서는 이후에 '(라고 큰 목소리로唱하고退場한다. 미얄도니러나서살작退場한다.) (以上으로써 劇은주部끝을막는다. 그러고卽席에서 탈·衣裳等諸道를불에살아버리는대 그것이全燒할때까지 出演一同이 장작불앞에모여서서 衝天하는 火光을向하야數업시절을한다.)' 라고 채록되었다. 미얄이 일어나서 퇴장하는 행위는, 가면극의 개방성을 말해준다. 또한 탈과 의상 등 제도구를 불살라 버리는 것은, 가면극을 끝맺는 의식에 해당하는 대목이다. 소위 이를 뒤풀이라고 한다. 한편 탈이 목탈을 사용하였을 때에는 탈과 의상을 비롯하여 제도구를 태워버리지 않았을 것으로 추정된다. 여기 가면극에서 가면을 태우는 의식은 '소지(燒紙)의식-종이에 소원하는 바를 써서 불태우는 민속'의 영향이다. 탈이 신격(神格)으로 인식되는 한에는 불태워질 수 있는 대상이 아니었다. 그러던 것이 탈에 대한 신성성 인식의 퇴조로 불살라버리기에 이른 것으로 보인다. 앞풀이에 해당하는 탈고사도 배우들만의 비공개 의식이었던 것이 공개되어버린 사례 중의 하나다.

8. 임석재본 '봉산탈춤 대사 후기'

봉산鳳山탈춤 대사臺詞 후기後記[1]

임석재任晳宰[2]

一. 이 "봉산鳳山탈춤[3]" 대사臺詞는 다음과 같은 절차節次에 의依하여 채록採錄된 것이다.

1936년一九三六年 8월八月 31일三十一日(음陰 7월七月 15일十五日 백종百種날[4]).
오래 동안 중지中止되였던, 이 "탈춤"노리를 영화映畵로 촬영撮影하고[5] 전파電波

---

1   이 기사는 현장조사 보고서라는 차원에서 의미를 갖는다.

2   임석재任晳宰 ; 심리학자이자 민속학자이다. 1924년 4월에 경성제국대학 예과 문과에 제1회 입학생으로 입학하고 1930년 3월에 동 법문학부 철학과에서 심리학을 전공하고 졸업하였다. 그의 민속자료 수집은 경성대학 예과를 수료한 다음해인 1927년부터 아까마쯔(赤松智城)·아끼바(秋葉隆) 교수들의 민속자료 수집을 도우면서 시작되었다. 그 자료수집은 1931년 평북 선천에 머물면서 더욱 본격화되었다. 그는 본래 심리학 전공의 교수였으나 민속학에 관심과 노력을 더 기울였고, 특히 자료수집에 지대한 공헌을 했다. 예컨대, 연구논문으로도 한국의 신들이 상하의 위계관념(位階觀念)이 없고, 각자 독립해 있는 특성을 병립신관(竝立神觀)이라는 용어로 설명한 『한국무속연구서설』(1970) 등은 학계의 주목을 끈 바 있다. 민속자료의 출간으로는 『관북무가』(1965)·『관북무가 추가편』(1966)·『관서무가』(1966)에 이어서 『다도해지역의 설화와 민요』(1968)·『줄포무가』(1970) 등의 무가를 주로 한 문화재관리국의 무형문화재 조사자료집들이 있다. 1950~1960년을 잠자던 이 방대한 설화자료들은 한 출판사를 만나서 『임석재전집 한국구전설화 평안북도편 Ⅰ』(1987)을 첫 권으로 하고 『경상북도편』(1993)을 마지막으로 7년간에 걸쳐 전 12권으로 고루 전국의 자료를 담아내었다. 이것은 1920년대에 수집을 시작해서 1990년대에 마감하면서 출판을 완결 지었다.

3   봉산鳳山탈춤 ; 송석하채록본에서는 '봉산가면극'이라 하였고, 오청본에서는 '가면무용봉산탈' 혹은 '가면극 봉산탈' 두 가지로 채록되었다. 이 자료에서는 '탈춤', '탈춤노리', '탈노리' 등이 혼재한다.

4   백종百種날 ; '백중날'을 달리 이르는 말이다. 이 무렵에 과실과 소채(蔬菜)가 많이 나와 옛날에는 백 가지 곡식의 씨앗을 갖추어 놓았다 하여 유래된 명칭이다.

5   이 "탈춤"노리를 영화映畵로 촬영撮影하고 ; 배르그만이 촬영한 것이 남아 있다. 배르그만은 스웨덴의 조류학자다. 1932년 9월 1일 조류연구 차 한국에 왔다가 황해도 사리원에서 공연중인 봉산가면극을 촬영해 보관해 왔다. 필름은 순서가 바뀌고 일부 장면이 빠져 있는 상태라고 한다. 이 필름에 의하면 현재 공연과는 탈, 연기,

를 태워 방송放送할 필요必要가 생기여 특별特別히 마련되여 주간晝間에 1회一
回, 야간夜間에 1회一回 연출演出되였는데[6], 이여 그 이튿날 즉卽 9월九月 1일一
日, 이 탈춤의 주재자主宰者 이동벽씨李東碧[7]氏의 협조協助와 각각各 연기자演技
者, 김경석金景錫, 나운선羅雲仙, 이윤화李潤華, 이덕준李德濬, 한상건韓相健 제
씨諸氏의 각별恪別한 호의好意에 의依하여 그들의 구술口述한 바[8]를 송석하宋
錫夏[9], 오청吳晴[10], 임석재任晳宰[11]의 삼인三人이 각기各其 몇 장식場式을 분담

의상 등에 많은 차이가 있고, 탈의 표정은 굵직한 선으로 표현되어 있다고 한다. [동아일보 1969년 10월 29일
기사 참조] 팔먹의 의상은 저고리(더거리)가 까만색이고 반소매이며 모습이 질속한 것에 비해 현재의 의상은
지나치게 화려하다 한다. 당시의 탈은 크기도 매우 크고 코밑에 구멍을 뚫어 밖을 내다볼 수 되어있었다. 노승
무에서 소무(小巫)가 가면을 쓰지 않고 전립에 쾌자를 걸치고 있으며 소무가 둘이 등장한다. [경향신문 1979년
4월 20일 기사 참조]

6   이 "탈춤"노리를 영화映畫로 촬영撮影하고 전파電波를 태워 방송放送할 필요必要가 생기여 특별特別히 마
     련되여 주간晝間에 1회一回, 야간夜間에 1회一回 연출演出되였는데 ; 통상 자정에 시작하여 새벽에 끝맺는
     것이 보통인데, 이 기사를 통하여 본격적인 공연이 아니라 임시공연이었음을 알 수 있으며 그 공연에서의 대사
     와 춤도 평소보다는 일부 축소되었을 것으로 판단된다. 즉 채록 당시의 상황을 말해준다.

7   이동벽李東碧 ; 이동벽은 1936년 8월 31일 사리원 경암산 아래 마당에서 백중절 공연을 베풀었고 당시 경성
     방송을 통해 전국에 생중계된 공연에서 감독역을 맡았다. 당시 사리원 기생조합장이자 금광을 하여 유력한 지
     방인사로 다리를 약간 저는 관계로 춤은 별로 추지 않았다. 그는 모가비 노릇을 하였기에 수하의 기생들이 상
     좌, 사당, 소무, 원숭이 등 탈을 썼다.

8   그들의 구술口述한 바 ; 공연 현장에서 채록한 것이 아니라 '구술(口述)'을 속기(速記)로 채록한 것임을 알
     수 있다. 때문에 이 자료는 공연 상황에 대하여는 구체적으로 채록되지 못하였을 것으로 볼 수 있다. 따라서
     공연 상황을 추적하는 일이 긴요하다.

9   송석하宋錫夏 ; 민속학자로 8·15광복 후 서울대학교 문리과대학 교수를 역임하고, 국립민속박물관을 설립했
     다. 저서에 『한국민속고(韓國民俗考)』가 있다.

10   서연호, 「식민지시대 오청의 민속조사 및 민속선양 활동」, 『어문논집』 60집, 민족어문학회, 2009 참조.
           오청은 일제의 밀정혐의로 체포되어 반민특위 공판에서 2회 심리까지 받았다. 재판이 진행되던 중에 6.25
     전쟁이 일어나 재판이 중단되고 말았다. 그에 관한 기록은 더 이상 찾을 수 없다. 그의 글은 불과 몇 편을
     제외하고 전문성이 뒤진다. 그는 대학에서 법학을 수학한 폭넓은 상식의 소유자로서 조선총독부의 촉탁을
     역임하기에는 적당한 인재였다. 식민지치하의 조선인으로서는 감히 생각하기 어려운 수준의 월급을 받았다.
     또한 그가 획득한 사회적 지위는 동일한 시기에 몇 가지가 겹칠 정도로 번잡하게 살았다. 단언하기는 어렵지
     만, 아마도 그의 이런 행로와 활동양상이 앞서 지적한 '경기도 고등계형사과장의 고급밀정 역할'과 연계된
     것이 아닌가 하는 의심을 갖게 한다. 그야말로 식민지시대 친일노선에 영합한 지식인의 한 부류를 표상한다.
     오청의 약력은 다음과 같다. 식민지시대의 기록을 읽다보면 오청의 글이나 관련 자료가 적지 않게 눈에 뜨인
     다. 필자로서는 그가 일찍이 가면극의 채록본이나 민속조사기록을 남긴 사실에 특히 주목해왔다. 과연 그는
     어떤 인물이었을까. 이 소론은 오청이 남긴 민속조사와 민속선양 활동을 종합적으로 살펴보는 데 목적이 있
     다. 그에 관한 기록을 확인해 가던 중에 예상 밖의 기록을 접하게 되었음을 먼저 밝혀두기로 한다. 경향신문
     1949년 5월 6일에는 '반민특위에서는 지난 2일 하오 7시 반 시내 신당동 27에 거주하는 반민피의자 오청을
     체포 수감하였다. 현재 고계 중학교 교장으로 있는 피의자 오청은 과거 일제하 경기도 고등과장의 충실한
     밀정이었다 한다'는 기사가 보인다. 또한 8월 17일에는 '16일 반민공판은 오전 11시에 열렸고, 오후 2시에도

分擔하여 필기筆記하고, 그것의 최후정리最後整理을 임석재任晳宰가 담당擔當
하였다. 정리整理에 당當하여 대사중臺詞中에 나타나는 의미불명意味不明한 것
의 해명解明, 한자어漢字音같은 것의 표기表記는 임석재任晳宰의 아는 범위내範
圍內에서 정확正確을 기期하였다.[12] 그러므로 만일萬一에 착오錯誤 미비未備가

역시 일제 경찰이었던 오청의 2회 심리가 있었다.'는 기사가 전한다. 이상의 기사에 의하면, 그는 광복 후 반
민족행위처벌법 에 의해 설치된 반민족특별조사위로부터 식민지시대 경기도 고등계형사과장의 고급밀정 역
할을 했다는 혐의를 받고, 1949년 5월 6일에 자택에서 체포되어 8월 17일 제2차 심리를 받았다. 당시 그는
고계중학교 교장이었다. 고계학원에 관한 기사는 그가 체포되기 훨씬 이전에 발견된다. 경성일보 1940년 3월
23일에 '더러워진 학원, 이사장과 이사가 대립, 고계학원, 마침내 소송사태'라는 제하의 기사가 바로 그것이
다. 당시 보성중학교를 경영하고 있던 재단법인 고계학원의 간부들 사이에 재정문제로 갈등이 불거졌다. 고
계학원은 1934년 11월에 심한 재정난에 처한 보성중학교를 위해 조선불교중앙교무원의 양해를 얻어, 방응모
를 재단이사장, 서춘, 소완규, 오청 등을 이사로 선임하였다. 그러나 수년이 지난 후 이사장측[원고]과 이사측
[피고]이 다시 재정집행문제로 법정 대립하게 되었고, 당시 오청이 피고측 대표를 맡게 되었다. 이렇게 오청
은 일찍부터 고계학원문제에 깊이 참여해온 것이고, 이런 연고로 광복 이후에는 고계중학교의 교장이 된 것
으로 보인다.
　　오청의 본명은 오종섭이었다. 1927년부터 오청이라는 성명을 전용하였다. 아호는 창애였지만 아호로 발표
된 글은 보이지 않는다. 1898년 5월 서울 팔판동 117번지에서 출생하였다. 1918년에 와세다 대학 법과를 졸
업하고 귀국하여 1919년 9에 매일신보사 봉천지국지국장이 되었다. 1919년 11월 동아식산주식회사의 창립에
관여하였다. 1920년 5월에는 신민일보 창간[신민공사 전무취체역]에 관여하였다. 신민공사는 1921년 5월부터
잡지 신반도를 신민공론으로 개명하는 한편, 금전대차, 채권 취급, 유가증권 매매 등의 업무를 시작하였다.
그는 1921년 11월에 신민공사의 전무취체역을 사임하고, 1922년 7월에 신민공론사의 사장이 되었다. 오청은
1924년까지 합자회사 1924 대흥사 사장, 조선토지주식회사 고문, 조선경제회 이사, 만주철도 촉탁 등을 역임
하였다. 1925년에 총독부철도국 국우회 촉탁을 역임하였다. 이러한 그의 활동이 계기가 되어 1926년부터 총
독부 촉탁 겸 잡지 조선 편찬사무에 종사하게 되었다. 총독부 자료에 의하면, 1927년에 오청은 문서과의 촉
탁[월수당 50원], 이후 1928년, 1929년에 종교과의 촉탁[월수당 1백 원]으로 근무하였다. 당시 편집과에는 민
속연구가 이능화가 근무하고 있었다. 1930년부터 1936년까지 오청은 임시국세조사과의 촉탁[월수당 50원]
겸 문서과의 촉탁[월수당 75원]으로 민속연구가 무라야마 지준[연수당 3천원]과 함께 근무하였다. 그가 받은
급료를 보면 다음과 같다.
　 1931년, 1932년 임시국세조사과(월수당 53원) 겸 문서과(월수당 72원)
　 1933년 임시국세조사과(월수당 58원) 겸 문서과(월수당 72원)
　 1934년 임시국세조사과(월수당 63원) 겸 문서과(월수당 77원)
　 1935년, 1936년 임시국세조사과(월수당 30원) 겸 문서과(월수당 110원)
　 1937년 국세조사과의 촉탁(월수당 30원) 겸 문서과의 촉탁(월수당 135원)
　　촉탁으로 근무하는 도중 오청은 몇 차례 경성 제2방송에 출연하여 <강화>를 방송하였다. 1938년에 관한
기록은 보이지 않는다. 그는 1939년 1월에 조선실업구락부의 회원이 되었는데, 회원명단에는 교육가로 소개
되었다. 1939년 6월 오청은 주식회사 조선문화사의 감사가 되었다.

11　임석재任晳宰 ; 민속학자다. 민속학 연구에 뜻을 두고 최남선, 손진태 등과 조선민속학회를 조직하여 전국의
　　설화, 민요, 무가, 민속극 등을 수집하였다. 『한국구전설화전집』, 『한국구연민요』를 펴냈다. 현장 위주의 문화
　　연구를 정착시킨 실천적 개척자라는 평가를 받는다.
12　정리整理에 당當하여 대사중臺詞中에 나타나는 의미불명意味不明한 것의 해명解明, 한자어漢字音같은 것
　　의 표기表記는 임석재任晳宰의 아는 범위내範圍內에서 정확正確을 기期하였다. ; 일부는 채록자가 수정하였
　　음을 말해주는 기사다. 대체로 판소리나 가사 등과 교섭된 대사를 정리한 것으로 추측된다.

있다면 그것은 전술혀 임석재任晳宰의 책임責任에 돌릴 것이다. (이렇게 하여 된 것을 오청吳晴씨는 일찍이 이를 "프린트"해서 내놓았고 일어日語로 초역抄譯하여 「조선朝鮮」지誌에 發表하였다. 그런데 어찌된 일인지 오씨吳氏의 것은 임석재任晳宰가 가지고 있는 것과 다른 데가 많이 있게 되었다. 대체大體로는 같다 하나 세부細部에 들어가서는 상당히 어긋나고 있다. 그것을 알려면 『민속학보民俗學報』제1집第一輯(1956연간年刊)에 게재揭載된 「봉산가면극각본鳳山假面劇脚本」을 참조參照하면 된다. 이것은 오씨吳氏의 것을 그대로 실은 것이라고 여겨지기 때문이다.)[13]

二. 이 탈춤노리는 봉산군민鳳山郡民의 가장 애호愛護하는 민중오락民衆娛樂으로서 매년每年 오월五月 단오端午날[14]에는 원근각처遠近各處에서 수만數萬의 남녀노소男女老少가 운집雲集하여, 초저녁부터 장작불을 피워놓고 시작始作하여 그 다음날 아침까지 연기演技하는 것[15]을 감상鑑賞하는 것이다. 그러므로 이 노리는 순전純全한 오락적娛樂的 연기演技이지 신앙적信仰的 내지乃至 종교적宗教的 의미意味는 조금도 없는 것이라 하겠다.[16] 황해도내黃海道內에는 이와 유사類似한 노리가 각처各處에 있기는 하나[17], 그는 모두 봉산鳳山의 것만큼 짜임새 있고 규모規模가 크고

---

13 이에 대하여는 서연호가 「鳳山탈춤 吳晴採錄原本의 研究」(고려대학교 민족문화연구원, 2002)에서 자세하게 검토하였다.

14 매년每年 오월五月 단오端午날 ; 단오날에 정기적으로 공연된 것을 알 수 있다. 이밖에도 원님의 생일이나, 부임일, 그리고 중국사신을 영접할 때에도 공연되었다고 한다. 端午(단오)는 음력 5월 5일로, 명절의 하나다. 수릿날[戌衣日・水瀨日]・중오절(重午節)・천중절(天中節)・단양(端陽)이라고도 한다. 단오의 '단(端)'자는 처음 곧 첫 번째를 뜻하고, '오(午)'자는 오(五), 곧 다섯의 뜻으로 통하므로 단오는 '초닷새[初五日]'라는 뜻으로 풀이 한다. 일 년 중에서 가장 양기(陽氣)가 왕성한 날이라 해서 큰 명절로 여겨왔다.

15 초저녁부터 장작불을 피워놓고 시작始作하여 그 다음날 아침까지 연기演技하는 것 ; 이 기사를 통하여 장작불로 조명하는 '상향식 조명'이었다는 사실을 알 수 있다. 가면극 미학을 고찰하는 중요한 단서가 된다. 장작불로 조명하면 조도(照度)의 변화가 다양하며, 가면에 상향식 조명을 사용할 경우 '그로테스크 미'가 실현된다. 그리고 공연시간은 황혼에 시작하여 다음날 해 뜰 때까지 공연되었다는 사실이다. 다른 자료를 보면 초저녁에는 난장 벌림을 하고 자정 무렵부터 가면극이 시작되었다고 한다. 공연 시간이 길었다면, 열거와 반복이 지배적인 대사는 한없기 길어지기도 하고, 춤도 지금 실현되는 공연보다 훨씬 길었을 것으로 추정된다.

16 이 노리는 순전純全한 오락적娛樂的 연기演技이지 신앙적信仰的 내지乃至 종교적宗教的 의미意味는 조금도 없는 것이라 하겠다. ; 이러한 견해에 반하여 벽사(辟邪)와 기년(祈年)의 행사로 보는 입장도 있다.

17 황해도내黃海道內에는 이와 유사類似한 노리가 각처各處에 있기는 하나 ; 이두현의 『한국의 가면극』에 의하면 봉산을 중심으로 하여 황주(黃州)와 서쪽 평야 지대인 안악(安岳), 재령(載寧), 신천(信川), 장연(長淵), 송화(松禾), 은율(殷栗) 등지의 가면극과, 동남쪽 평야 지대로는 기린(麒麟), 신원(新院), 서흥(瑞興), 평산(平山), 신막(新幕) 등지의 가면극과, 해안 지대로는 해주(海州), 강령(康翎), 옹진(甕津), 송림(松林), 추화(秋花),

복잡複雜한 것은 아니라고 한다.

三. 이 노리에는 상당相當히 거액巨額의 비용費用이 든다. 그런데 연출자演出者들이 각면各面에 분할배정分割配定하여 분담分担시켜도 도민道民들은 아무런 불평不平 없이 이 부담액負担額을 내준다고 한다.[18] 그렇기 때문에 단오端午날의 이 노리는 누구나 무료無料로 구경求景하게 된다. (그러나 근년近年에 와서는 읍내邑內의 상인商人의 유지有志한테서 기부寄附받아 비용費用을 쓰게 되므로 자연自然 관람료觀覽料를 받게 되었다.)

四. 「봉산鳳山탈춤」은 원래元來 봉산구읍鳳山舊邑 경수대競季臺[19](현現 봉산군鳳山郡 토성면土城面 무정리茂井里)에서 연기演技되었다. 그런데 1915년경一九一五年頃 군청郡廳 등等 행정제기관行政諸機關을 사리원沙里院으로 옮기게 되자, 이 노리도 사리원沙里院[20] 경암산하景岩山[21]下에서 하게 되고,[22] 전前에는 땅바닥에서 하던 것을

금산(金山), 연백(延白) 등지의 가면극으로 크게 세 지역으로 구분된다. 5일장이 서면 거의 모든 장터에서 1년에 한 번씩 공연되었다고 한다. 이들 중에서 봉산가면극이 대표격이었다고 한다. 이 지역에서는 경연대회를 열 정도로 번성했었다고 한다. 연희경연은 5월 6, 7, 8일에 해주감영에 나가서 놀았고, 우승하면 감사로부터 상을 받았다고 한다.

18 연출자演出者들이 각면各面에 분할배정分割配定하여 분담分担시켜도 도민道民들은 아무런 불평不平없이 이 부담액負担額을 내준다고 한다. ; 공연에 드는 비용을 공동체 구성원이 함께 지원하였다는 말이다. 이는 봉산가면극 공연이 봉산지역을 축제적 성격을 가지고 있었다는 방증이기도 하다. 아울러 황해도 전체의 행사였을 것으로 추정되기도 하는 기사다.

19 경수대競季臺 ; 사리원으로 옮겨 오기 전에 봉산가면극을 놀았던 봉산구읍에 있었다. 앞산 밑 강변의 평평한 터로 석벽 밑에 겨우 무릎에 닿을 높이의 돌축대를 쌓은 것뿐이며 그 나지막한 축대 위에서 사방에 횃불을 밝히고 놀았다고 한다.

20 사리원沙里院 ; 원(院) 이름이다. 역원제(驛院制)에 의하여 의주로상에 위치하였다. 행정구획상 황해도 봉산군 사리원읍에 속한다. 도로 대부분이 행정중심지를 경유하였던 의주로에는 역이 행정중심지 부근에 위치하며 원에 비하여 그 역할이 강하였다. 따라서 의주로상의 원취락이 교통의 요지로까지 발달한 경우는 드물었으나 도로에 인접하여 위치하였던 사리원은 신작로의 건설과 함께 교통의 요지로 발전하였다. 서울에서 신의주로 향하는 경의선 철도와 국도가 지나며 황해선(黃海線)·장연선(長淵線) 등의 철도 기점인 사리원은 주변 지역으로 통하는 도로가 발달되어 있어 황해도 북부지방의 교통 중심지이다. 『신증동국여지승람』 참조. 사리원은 사리(沙里) 또는 사원방(沙院坊)이라는 명칭에서 비롯된 것이다. 조선 초엽 자비령을 넘어 북쪽으로 가던 길이 막히고 대신 동선령(洞仙嶺)을 넘게 되는데, 고개를 넘는 사람들이 이곳 사리(沙里)에서 많이 숙박하게 되자 사리원이 설치된 것이다.

21 경암산景岩山 ; 봉산군 사리원의 명승지의 하나이다. 경암루가 있다. 경암루 뒤편을 탈막[개복청(改服廳)]으로 쓰기도 하였다는 점으로 보아 경암루 앞에서 가면극이 이루어졌다는 점을 확인할 수 있다. 사리원의 가설무대는 경암루(景岩樓) 앞 광장에 28개의 구획을 가진 반원형의 다락을 매고 그 안마당에 멍석을 깔아 탈판-연희장, 가면극 공연 공간-을 마련하였다. 이 28개의 다락 중 탈판 오른편 제3의 구획이 탈막으로 쓰였다. 이 반원형 2층 관람석 다락의 사용권이 공연비용을 대는 상인들에게 맡겨졌다. 이 놀이에 사용되는 비용은 따로 입장료를 받지 않고 근래에는 읍민 중 유지와 상인 들이 염출하였다. 탈판 둘레에 2층 다락을 만들어 이 특별관

특별特別히 무대용舞臺用으로 다락을 매여 그 위에서 연기演技하여 관중觀衆에게 관람觀覽[23]의 편의便宜를 주게 되었다.

五. 이 탈노리에 사용使用되는 탈은 한번 쓰고는 소각燒却해 버리므로 매년每年 새로 만들어야 한다.[24] 그러므로 탈춤 연기자들演技者들은 단오전端午前 1개월一個月부

람석 사용권을 위에서도 말한 것처럼 상인들에게 주어 그들이 단골손님을 초대하거나 음식을 사 먹는 사람에 한해서 자리를 주게도 하였다. 다락석(席)에 초대되지 않은 사람들은 탈판 둘레에 있는 자리에서 무료로 관람하였다. 전에는 하사(下史)들이 주로 놀았기에 군민들에게서 비용을 거두어들이고 의상을 무당에게서 징발하여 단오절에 앞서 약 1개월 동안 읍내에서 떨어진 절에 가서 합숙하여 놀이 준비를 하였다고 한다. 탈판은 낮에는 단오놀이의 씨름과 여자들의 그네뛰기에 사용되었고 야간에 장작불을 피워 놓고 밤새도록 탈놀이를 하였다. 사리원으로 옮겨 오기 전에 봉산가면극을 놀았던 봉산구읍의 경수대(競秀臺)는 앞산 밑 강변의 평평한 터로 석벽 밑에 겨우 무릎에 닿을 높이의 돌축대를 쌓은 것뿐이며 그 나지막한 축대 위에서 사방에 횃불을 밝히고 놀았다.

한편 동선면 조양리에는 봉산객사(鳳山客舍)와 아사(衙舍)가 있다. 봉산객사는 동선관(洞仙館)이라 불렀다. 아사는 지군사 최극태가 창건했는데, 처음에는 근민당(近民堂)이라 지었으나 얼마 뒤에 조양각(朝陽閣)으로 고쳤다. 문루는 문소루(聞韶樓), 아사의 동헌은 대봉헌(待鳳軒)이라 하였다. 아사 주변에는 향청(鄕廳)·작청(作廳)·전적청(田籍廳)·군무청(軍務廳)·집사청(執事廳) 등 많은 건물이 있었다. 이 건물들은 1917년 일반에게 공매되었는데, 이 때 이덕기(李德基) 등 지방 유지들이 아사의 문루를 사서 사리원 경암산 기슭에 경암루(景巖樓)를 지었다.

22 1915년경一九一五年頃 군청郡廳 등等 행정제기관行政諸機關을 사리원沙里院으로 옮기게 되자, 이 노리도 사리원沙里院 경암산하景岩山下에서 하게 되고, ; '봉산'에서 연행되던 것이 '사리원'으로 그 연행 장소가 옮겨졌다는 증언이다. 철도의 개통으로 말미암아 교역의 중심지가 봉산에서 사리원으로 이동되었다. 즉 봉산가면극은 교역의 중심지에서 주로 공연되었다는 사실을 말해준다. 이 점은 가면극 공연공간을 연구하는 데에 있어서 관심을 가져야 할 자료이다. 우리 가면극은 행정 중심지 혹은 교역의 중심지에서 공연되었다. 농촌에서 공연되었다는 주장은 재고되어야 한다. 예를 들어 기존 연구에서 초계 밤마리에서 오광대 가면극이 공연되었고, 밤마리를 농촌으로 파악하였기 때문에 이르게 된 주장이었다. 그러나 밤마리는 조선 시대에 국제적인 교역항이었다. 현재는 한미한 마을로 남아 있다.

23 원자료에는 '觀賢'이다.

24 이 탈노리에 사용使用되는 탈은 한번 쓰고는 소각燒却해 버리므로 매년每年 새로 만들어야 한다. ; 공연이 끝난 다음에 가면을 태워버리는 의식이 공통된 것은 아니다. 불태우는 행위는 가면극을 끝맺는 의식에 해당하는 대목이다. 소위 이를 뒤풀이라고 한다. 한편 탈이 목탈을 사용하였을 때에는 탈과 의상을 비롯하여 제도구를 태워버리지 않았을 것으로 추정된다. 여기 가면극에서 가면을 태우는 의식은 '소지(燒紙)의식'의 영향이다. 탈이 신격(神格)으로 인식되는 한에는 불태워질 수 있는 대상이 아니었다. 이 오청본의 자료에 '약200년전約二百年前까지는 목제木製의 탈을 사용使用하였던 것'이라는 기사가 이를 방증한다. 그러던 것이 탈에 대한 신성성 인식의 퇴조로 불살라버리기에 이른 것으로 보인다. 앞풀이에 해당하는 탈고사도 배우들만의 비공개 의식이었던 것이 공개되어버린 사례 중의 하나다. 탈은 지역에 따라 나무로 만든 목탈과, 종이로 만든 지탈이 있었다. 목탈을 사용하는 공연은 하회별신굿탈놀이가 대표적이다. 봉산을 비롯하여 일부 지역에서는 종이로 만들어서 사용하다가 공연이 잦아지면서 탈을 불태우지 아니하고 보존하면서 사용하게 된 듯하다.

다만 탈을 불태웠다는 문제는 소지(燒紙) 행사와 연계하여 고찰할 필요가 있다. 소지(燒紙) 행사는, 한지를 일정한 크기로 잘라서 이를 불로 살라 세속적 장소를 신성한 장소로 정화하거나 기원자의 소원을 비는 종교적 행위를 지칭한다. 마을신앙 형태로 소지가 행해지는 것과 개인적 소원을 구현하는 것 둘로 나누어 말할 수 있

터 단오端午 전후前後까지 구읍舊邑에서 십리十里쯤 떨어진 백운암白雲庵에서 가
면假面의 제작製作, 제도구諸道具의 마련, 탈춤의 연습練習 등等을 위爲하여 합숙
合宿한다.[25] (단但 금일今日에는 일정一定한 장소場所를 정定하는 일 없이 연년年年 적당適當
한 곳을 택擇하여 준비準備하게 되었다) 탈의 제작製作은 속에 기와장을 넣어 흙으로 탈
의 원형原型을 만들고 그 위에다 종이를 여러 겹으로 부하여 두텁게 하여 지紙탈로
만든다. 이렇게 된 탈은 요철굴곡凹凸屈曲도 있는데다, 탈의 종류種類에 따라 흑색
黑色, 백색白色, 주색朱色, 남색藍色으로 채색彩色하고, 거기다가 백점白點, 흑점黑
點, 금색점金色點을 찍게 되므로 더욱 묘미妙味있게 된다.[26] 약200년전約二百年前
까지는[27] 목제木製의 탈을 사용使用하였던 것[28]인데, 그 때의 봉산鳳山의 이속吏
屬[29], 안초목安草木(첫목의 와전訛傳인가?)[30] 외外 1명一名이 전남全南의 어느 섬으로

다. 마을에서 일일이 개별적인 마을 구성원에 대한 이름을 열거하면서 하늘에 소지를 올리는 동소지(洞燒紙)
또는 열명지(列名紙)라는 형태가 있으며, 가족 단위의 기원을 목적으로 올리는 소지가 있다. 그러나 특정한 장
소를 신성한 장소로 정화하는 소지도 있다. 기원을 목적으로 하는 소지와 일정 관련이 있는 것은 이 때문이
다. 소지는 기원을 목적으로 하든 정화를 목적으로 하든 종이와 일정한 관련이 있다. 문서로 무엇을 계약하고
이를 통해 정화하거나 신과의 기원을 하는 전통이 이러한 소지의 내력을 형성했을 개연성이 있다. 즉 가면극
공연을 마무리하면서 소지행사를 하는 가운데에 탈도 모두를 불태우는 것이 아니라 대표적인 몇 가지의 탈을
불태웠을 것으로 추정한다. 그리고 역사적으로는 조선 후기에 경제난으로 인하여 종이 소비를 줄이자는 뜻에
서 채붕을 억제했다는 사실을 감안한다면 원래는 불태우던 것이 후에 보존하여 다시 쓰거나 목탈로 전환되었
을 가능성도 있다. 또한 원래에는 목탈을 사용하였는데 여러 가지 사정으로 봉산의 경우처럼 종이탈로 전환되
었을 수도 있다. 외적 요인으로는 망실이나 분실이다. 내적 요인으로는 등장인물의 수 혹은 배우의 수가 증가
함에 따라 탈을 더 필요로 했을 것으로 추정된다. 즉 중복하여 쓰던 탈을 별도로 탈을 제작하였을 것이며, 이를
두고 '안초목이란 사람이 지탈로 개혁하였다.'라고 증언한 것으로 판단된다. 오광대나 야류 계통의 관련 설화를
보면 탈의 수가 원래 5개 정도로 한정되었다는 점을 확인할 수 있다.

25 탈춤 연기자들演技者들은 단오전端午前 1개월一個月부터 단오端午 전후前後까지 구읍舊邑에서 십리十里
쯤 떨어진 백운암白雲庵에서 가면假面의 제작製作, 제도구諸道具의 마련, 탈춤의 연습練習 등等을 위爲하여
합숙合宿한다. ; 실제의 공연 제작은 1개월간에 걸쳐 이루어지며, 연습 공간은 '백운암'이라는 절이었다. 절에
서 제작을 준비하였다는 사실은 노승무의 성격을 재론할 여지가 있다는 점을 시사한다.

26 탈의 제작製作은 속에 기와장을 넣어 흙으로 탈의 원형原型을 만들고 그 위에다 종이를 여러 겹으로 부하여
두텁게 하여 지紙탈로 만든다. 이렇게 된 탈은 요철굴곡凹凸屈曲도 있는데다, 탈의 종류種類에 따라 흑색黑
色, 백색白色, 주색朱色, 남색藍色으로 채색彩色하고, 거기다가 백점白點, 흑점黑點, 금색점金色點을 찍게 되
므로 더욱 묘미妙味있게 된다. ; 가면 제작 기법을 말해주고 있다.

27 지금으로부터 이백 년 전은, 그 역사가 오래 되었다는 점은 확인 할 수 있을 뿐이며 구체적인 사실은 불명확
하다.

28 약200년전約二百年前까지는 목제木製의 탈을 사용使用하였던 것 ; 목제탈과 종이탈의 문제는 심도 있는 탐
구가 필요한 부면이다. 약 200년 전부터라고 한 점은 가면극의 역사를 알 수 있는 기사다.

유배流配 당당하였다가 귀향歸鄕하였다가, 그 후後 그들은 탈춤상上에 많은 개변改變을 가加하였다. 탈을 지紙탈로 한 것은 그 중中 현저顯著한 개변改變이라 하겠다.[31] 이 노리의 연기演技는 안安 이전以前에는 어떠한 계층階層의 사람이 하였는지는 미상未詳하나, 안安의 귀향歸鄕 이후以後로는 이속吏屬들이 단당擔當[32]하게 되었다. 그러므로 탈춤 연기자演技者를 「탈꾼」이라고 부르기는 하나, 산대회山臺戲[33]의 연기자演技者에 대對한 것과 같이 천시賤視[34], 조상제사祖上祭祀 등等의 가제家祭 참여參與에의 거부拒否의 일은 없었다고 한다.[35]

六. 탈꾼은 특별特別한 교습敎習을 통通하여 양성養成되는 것이 아니다. 이속吏屬 중中 어려서부터 이 노리에 흥미興味를 가지고 선배先輩를 따라다니며 노리하는 것을 보고 듣고 흉내 냄으로써 장구長久한 시간時間을 허비虛費하여 자연自然 습득習得하여 연기자演技者가 된다.[36] 그러므로 정식正式의 연기자演技者가 됨에는 30

---

29 이속吏屬 ; 고려와 조선 시대에 품관(品官) 이외의 하급 관리직을 말한다.

30 안초목安草木(첫목의 와전訛傳인가?) ; 안씨 성을 가진 연희자로서 첫목[初目]에 능했던 사람이기에 이렇게 불렀던 듯하다. 즉 '初目'과 '草木'은 동일 대상에 대한 다른 표기로 추정된다.

31 탈을 지紙탈로 한 것은 그 중中 현저顯著한 개변改變이라 하겠다. ; 탈을 개변한 이유가 무엇인지는 불분명하다. 탈이 망실되었기에 개변하였을 가능성을 점친다.

32 단당擔當 → 담당擔當

33 산대회山臺戲 ; 산대도감극(山臺都監劇)을 말한다. 여기서는 경기지방의 산대놀이인 양주별산대놀이, 송파산대놀이, 퇴계원산대놀이 등을 지칭한 것이다. '산대도감놀이'·'산도감'·'산지도감'·'산두놀이'·'산디놀이'·'산지놀이'·'산대놀이'·'산두나례도감'·'나례도감' 등의 별칭이 있었고, '딱딱이패' 라고도 한다.
　　조선조 후기의 유득공(柳得恭)의 『경도잡지(京都雜志)』 '聲伎(성기)'조에 다음과 같은 기사가 있다.
　　　　연극은 산희(山戲)와 야희(野戲) 양부(兩部)로 나뉘어 나례도감(儺禮都監)에 속해 있다. 산희는 사령을 매어 장막을 친 무대에서 사자, 범, 만석중의 춤을 춘다. 야희는 당녀(唐女)와 소매(小梅)로 분장하고 춤을 춘다. 만석은 고려 중 이름이고 당녀는 고려 때 예성강(禮成江)가에 살던 중국 창녀. 소매는 옛날 미녀의 이름이다. 演劇有山戲野戲兩部屬於儺禮都監　山戲結棚下帳作獅虎曼碩僧舞　野戲扮唐女小梅舞　曼碩高麗僧名　唐女高麗時禮成江上有中國倡女來居者　小梅亦古之美女名
　　'사호만석승무(獅虎曼碩僧舞)'와 '당녀소매무(唐女小梅舞)'는 각각 사월 초파일 석가탄일에 놀던 무언인형극(無言人形劇) '만석중놀이'와 산대놀이에 있는 당녀(唐女)와 소무(小巫) 탈과 관련이 있음을 시사하고 있다.

34 산대회山臺戲의 연기자演技者에 대對한 것과 같이 천시賤視 ; 산대회 연기자가 천시되었는지는 의문이다.

35 조상제사祖上祭祀 등等의 가제家祭 참여參與에의 거부拒否의 일은 없었다고 한다. ; 기제사를 거부하였다는 점이 무엇인지는 불분명하다.

36 이속吏屬 중中 어려서부터 이 노리에 흥미興味를 가지고 선배先輩를 따라다니며 노리하는 것을 보고 듣고 흉내냄으로써 장구長久한 시간時間을 허비虛費하여 자연自然 습득習得하여 연기자演技者가 된다. ; 가면극 연기의 숙련도를 알게 하는 기사다.

세歲 이상以上이 되어서야 된다고 한다.[37] 연기자演技者는 서로 친밀親密하고 우의友誼도 두텁고 평등平等하다고는 하나, 상좌上佐[38]는 혼히 통인通引[39]이 되고, 노장老丈, 취발醉發, 첫목의 역역役은 이속吏屬 중中에서도 유력有力한 자者가 맡게 되고,[40] 이 노리의 주재자主宰者가 되므로[41] 그들 사이에도 어느 정도程度의 계층階層이 있게 되는 것이라고 하겠다.

七. 탈의 종류種類는 다음과 같다.

탈명名	개수個數	비고備考
노장老丈	1 一	흑면黑面.
취발醉發	1 一	주면朱面, 머리를 길게 풀어헤친다.
상좌上佐	4 四	백면白面, 근래近來에는 이 면面은 없어지고 기생妓生으로 대용代用.[42]
먹중	8 八	

37　정식正式의 연기자演技者가 됨에는 30세歲 이상以上이 되어서야 된다고 한다. ; 봉산가면극의 연기자가 연기를 어떻게 습득하고 실현하였는지를 말해주는 기사다. 빠르면 7세 때부터 공연 집단에 있으면서 60년 넘게 춤을 추었다고 한다. 30세 이상이 되어야 공연 현장에 나설 수 있었다고 하니 그 세련미를 짐작할 수 있다.

38　상좌上佐 ; 도를 닦는 행자(行者)를 이른다. 또는 스승의 대를 이을 여러 승려 가운데에서 가장 높은 사람을 말한다. 여기서는 '상좌탈'을 지칭한 것이다.

39　통인通引 ; 고려 시대에, 중추원에 속한 구실아치를 이른다. 조선 시대에는, 경기·영동 지역에서 수령(守令)의 잔심부름을 하던 구실아치를 일렀다.

40　상좌上佐는 혼히 통인通引이 되고, 노장老丈, 취발醉發, 첫목의 역역役은 이속吏屬 중中에서도 유력有力한 자者가 맡게 되고 ; 극중에서 취발탈, 노장탈, 첫목탈 등의 위상이 비중이 크다는 사실을 말해주는 기사다. 그만큼 연기자의 연륜과 기량을 필요로 했다는 말이기도 하다.

41　상좌上佐는 혼히 통인通引이 되고, 노장老丈, 취발醉發, 첫목의 역역役은 이속吏屬 중中에서도 유력有力한 자者가 맡게 되고, 이 노리의 주재자主宰者가 되므로 ; 봉산 가면극 공연의 주요 담당층을 추정케 하는 기사다. '이속층(吏屬層)'에 의하여 주도 되었다는 사실은 여러 연구에서 드러나고 있다. 여기서 이속층의 사회적 위상을 점검함으로써 가면극의 기능적 위상도 함께 도출될 수 있다. 이속직은 고려의 집권과정에서 관인층의 세습적인 재생산과 지방 세력의 흡수 등 새로운 사회체제를 구축해야 하는 시대적 요구에 결부되어 생성된 것으로 볼 수 있다. 즉, 고려 관인지배체제의 형성과 유지에 있어서 이속직 또한 세습하는 신분계층으로 일정한 직역(職役)을 부담함으로써 그 통치체제의 일익을 담당했다고 할 수 있다. 따라서 이속은 양반과 서민의 중간에 위치하였던 것이고, 이렇게 본다면 봉산가면극은 양반층과 서민층을 모두 대변하는 선에서 공연되었다고 할 것이다.

42　백면白面, 근래近來에는 이 면面은 없어지고 기생妓生으로 대용代用. ; 상좌 탈이 따로이 있었음을 말해준다. 김유경류에서는 흰색 가면을 사용한다.

호래비거사	홀아비1 一	일명一名 「가무기[43]」먹중탈로 공용共用[44].
거사	6 六	먹중탈로 공용共用.
사당	1 一	소무小巫로 공용共用.
소무小巫	2 二	일명一名 「쇠맥씨[45]」근래近來에는 기생妓生으로 대용代用[46].
혜상鞋商	1 一	
원숭猿	1 一	
양반兩班	4 三	「샌님」은 코밑이 입에까지 두 줄로 째지다.[47] 「서방님」은 코밑이 한 줄로 째지다. 「도련님」은 입이 삐뚤어지다.
말뚝이	1 一	먹중탈로 공용共用.
사자獅子	1 一	
마부馬夫	1 一	먹중탈로 공용共用.
영감	1 一	
미얄	1 一	흑면黑面
삼개 덜머리집	1 一	소무小巫탈로 공용共用.
남강노인南江老人	1 一	
계計	36 三六	

---

43 가무기 ; 미상하다.

44 먹중탈로 공용共用 ; 호래비거사의 가면을 먹중 가면으로 공용하였다는 점은 호래비거사 가면이 망실되었기에 공용하였다는 것이다. 그러나 호래비거사 역할과 먹중 역할이 같은 범주 안에 있었다는 해석도 가능하다. 이 자료에서 '공용 가면'과 '대용 가면'을 분명히 나누어 기사화한 점을 중시할 필요가 있다. '공용 가면'을 활용하였다 함은 등장인물 기호는 다르지만 역할은 하나였다는 추정이 가능하다.

45 쇠맥씨 ; 미상하다.

46 근래近來에는 기생妓生으로 대용代用 ; 여기서 '기생'이라 함은 교방(敎坊)에 속했던 예인(藝人)을 말한다. 조선 후기에 교방의 기능이 약화되면서 소속해 있던 예인들도 축소되는 길을 걸었다. 이러한 관계로 예인들이 대거 가면극에 참여하게 된다.

47 「샌님」은 코밑이 입에까지 두 줄로 째지다. ; 이는 창병(瘡病)-곪는 병-의 상징이라고 한다.

　원래元來는 36개個의 탈이 필요必要했다. 그러나 근년近年에 와서는 상좌上佐, 소무小巫는 기생妓生이 대역代役하고 그 기생妓生이 사당과 삼개덜머리집을 연연演하게 되고, 먹중의 탈이 홀아비거사와 거사, 말뚜기, 마부馬夫의 탈에 공용共用되고 때에 따라서는 취발醉發의 탈도 겸兼하게 된다. 그래서 요새에는 실제實際의 탈 수數는 18개個이다.

　사자獅子는 원래元來 이 노리에는 없었는데 60년 전年前(혹자或者는 20년전年前 -1936년年9월月1일日 기산起算)에 새로이 들어오게 되었다고 한다. 이 탈춤은 그 말이 표시表示하는 바와 같이 춤이 주主이고, 말, 재담才談[48]은 종從이 된다.[49] 그래서 춤을 추지 않는 탈은 없으나, 말은 하는 탈과 안하는 것과 따로 있다. 말을 도무지 않는 탈은, 노장老丈, 첫목(단但. 첫번 등장시登場時만) 상좌上佐, 소무小巫, 사당, 원숭이, 사자獅子, 셋째양반兩班, 덜머리집 등等이다. 이 연기演技의 명수名手로 이름이 남아 있는 자者는, 이익보李益輔(말뚜기역役) 김여집金汝輯(양반역兩班役) 배학림裵學林(취발역醉發役) 이상以上 1830년경年頃> 갈부손葛扶孫(취발역醉發役) 1850년경年頃 인人> 송면조宋冕朝[50](노장역老丈役) 이춘강李春岡(노장老丈, 취발역醉發役) 이상以上 1870년경年頃 인人> 등等이라 한다.

八. 이 연기演技의 대체大體의 "프로트"는 언제나 같으나, 대사臺詞는 일정一定하도록 엄격嚴格한 것이 아니고, 연기장演技場의 분위기雰圍氣와 연기자演技者의 흥취興趣에 의依하여 즉흥적卽興的으로 대사臺詞가 첨가생략添加省略된다.[51]

48　재담才談 ; 보통 일상생활에서나 구전하여 온 여러 가지 전승물(傳承物)에서 듣거나 실제로 하는 재치 있는 말들이라고 한다. 실제 생활의 재담을 가리키기보다는 일반적으로 설화를 중심으로 하는 구전상의 재담과 전문 예능 집단의 공연에서 관중의 흥미를 돋우기 위하여 구연되는 재치 있는 말을 지칭한다고 한다. '재치가 있다', '재치 있는 이야기'라는 말에서 재치란 재미가 있을 것, 기발함이 있을 것, 상식을 이용하되 그 상식을 뛰어넘을 것, 이야기하는 사람과 듣는 사람 사이에 공감대가 있을 것, 살벌하거나 무정한 내용보다는 인정이 있으며 듣는 사람도 다음에 활용할 만한 가치가 있을 것 등이 요구된다. 재담이라는 평을 듣기 위해서는 하는 사람의 구연능력(口演能力)이 특출해야 하며, 창작보다는 전승에 기초를 둔다.

49　춤이 주主이고, 말, 재담才談은 종從이 된다. ; 봉산가면극의 성격을 말해주는 기사다.

50　송면조宋冕朝 ; 다른 자료에는 '안면조安冕朝'라고 하였다.

51　이 연기演技의 대체大體의 "프로트"는 언제나 같으나, 대사臺詞는 일정一定하도록 엄격嚴格한 것이 아니고, 연기장演技場의 분위기雰圍氣와 연기자演技者의 흥취興趣에 의依하여 즉흥적卽興的으로 대사臺詞가 첨가생략添加省略된다. ; 강용권의 조사 자료 「水營野遊劇」(『국어국문학』 27, 1964)에 '正月 十四日 月夜에 所謂

여기에 채록採錄된 것으로도 그러한 의미意味를 약간若干 엿볼 수가 있다.

9. 연기장演技場은 대체大體로 우도右圖⁵²와 같이 꾸며진다.

10. 이 탈노리는 원래元來 단오端午날밤에 연기演技되는 것이나 원님의 생일生日날, 원님의 부임赴任날과 같이 관원官員의 경사일慶事日이라든가 중국사신中國使臣을 영접迎接하는 때에는 특별特別히 연기演技하게 되고, 타군他郡과 탈노리 경연競演을 할 때에는 해주감영海洲監營에 가서 하게 된다.⁵³

11. 이 노리는 전장全場으로 되어 있지만, 한 장場에서 다음 장場으로 넘어갈 때, 막幕으로 한계限界짓는다든가 중휴中休로써 표시表示한다든가 하는 일은 없다. 그냥 처음에서 끝까지 연속連續해서 연출演出하게 된다.

12. 이 연기演技를 시작始作할 때, 먼저, 이 노리의 중흥자中興者인 안초목安草木의 공功을 위爲하고 또 그가 무후無後하므로 이를 위령慰靈하는 의미意味로 연기자演技者 일동一同은 탈을 쓰고 악기樂器를 들고 일제一齊히 무가巫歌를 부르며 굿을 한다.⁵⁴ 그러나 이 굿을 매년每年 매연기每演技 때마다 하는 것은 아니다.⁵⁵

'시박[試魃]'을 한다. '시박'이란 現今의 試演會와도 비슷한 것으로서 野遊劇에 出演하기 위하여 各己 練習한 演技를 元老들 앞에서 審査를 받는 豫行인 것이다. 더구나 主役인 首兩班役과 말뚝이役에 配役을 맡기란 퍽 어려운 일인데 主로 才談과 춤에 能해야만 되었다고 한다.'라고 한 점으로 미루어 '즉흥적'이란 계획된 즉흥성으로 보아야 한다. 통상 공연자의 뇌리에 담고 있는 재담을, formula라고 한다.

52 우도右圖 ; 여기서는 아래 표를 말한다.
53 이 탈노리는 원래元來 단오端午날밤에 연기演技되는 것이나 원님의 생일生日날, 원님의 부임赴任날과 같이 관원官員의 경사일慶事日이라든가 중국사신中國使臣을 영접迎接하는 때에는 특별特別히 연기演技하게 되고, 타군他郡과 탈노리 경연競演을 할 때에는 해주감영海洲監營에 가서 하게 된다. ; 가면극의 축제적 성향을 잘 말해주는 기사다. 아울러 중국사신이나 원님 앞에서 공연되었다는 사실을 통하여 가면극이 해학의 범주에 들지언정 '양반에 대한 모욕'을 지향한다고 보는 견해는 수정되어야 한다.
54 이 연기演技를 시작始作할 때, 먼저, 이 노리의 중흥자中興者인 안초목安草木의 공功을 위爲하고 또 그가 무후無後하므로 이를 위령慰靈하는 의미意味로 연기자演技者 일동一同은 탈을 쓰고 악기樂器를 들고 일제一齊히 무가巫歌를 부르며 굿을 한다. ; 가면극에 세습무가 개입하면서 일어난 현상이다.
55 이 굿을 매년每年 매연기每演技 때마다 하는 것은 아니다. ; 무당에 의한 굿이 반드시 행하여진 것은 아니라는 기사다. 이는 우리 가면극의 이념적 배경을 연구하는 데에 염두에 두어야 할 기사다. 최근 마당극 형태의 연행문화에서 종국에 흔히 무당이 등장하는 것을 볼 수 있다. 가면극의 공연층이 무당과 결합되면서 일어난 현상으로 생각된다. 현상이야 어떻든 가면극의 이념과 굿의 이념은 동일한 것이 아니며, 상반된 것이다.

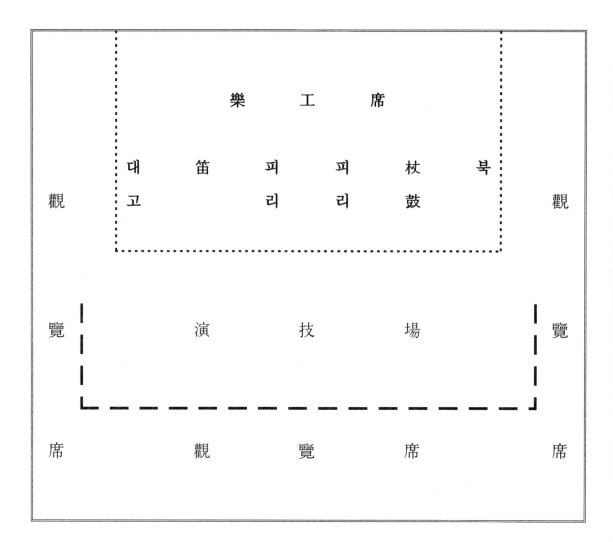

II. 봉산가면극의
복원 종합

복원종합은, 장면실현 단위, 연극적 장치, 정리 순으로 한다.

우리 가면극은 대사와 춤과 노래로 실현된다. 이를 중시하여 '장면실현' 단위(segmentation)의 기준을 대사에 의하여 인지되는 사건, 인물의 행위, 인물의 등퇴장, 춤과 노래와 음악의 시작과 멈춤 등으로 한다.[1] 장면의 명칭은 등장인물 기호로 하였다. 대사는 '*' 부호를 하였으며, 편의상 생략한 대목은 '---'부호로 대신하였다. 행위 지문성 기사는 이태릭체로 구분하였다. 부기할 필요가 있을 때에는 '◎' 부호를 하고 덧붙였다.

연극적 장치는, 희곡을 비롯하여 연극의 모든 요소를 포함하며, 연극이 다른 예술과 변별되게 하는 중점적인 요인이다.

정리는, 각 장면이 갖는 연극 미학적 의미와 상징을 서술하도록 한다.

1. 제일장의 복원 정리

1.1. '네 상좌와 네 먹중 장면'[2]의 장면실현

네 상좌와 네 먹중 장면	
	타령곡이 연주된다.
	첫 번째 상좌가 첫 번째 먹중에게 업히어 춤을 추면서 등장한다.
	먹중은 첫 번째 상좌를 업고 무대를 한 바퀴 돌면서 춤을 춘다.
	먹중은 재비 앞에 선 다음 첫 번째 상좌를 내려놓는다.
	먹중은 퇴장한다.
	두 번째 상좌가 두 번째 먹중에게 업히어 춤을 추면서 등장한다.
	두 번째 먹중은 두 번째 상좌를 업고 무대를 한 바퀴 돌면서 춤을 춘다.

---

1 대사와 지문을 분리하되, 일부는 대사와 지문을 결합하여 단위 장면을 분할하기도 할 것이다. 그것은 지문이 부가텍스트의 메타언어학적 기능을 보여주기도 하기 때문이다. 이는 분석을 위한 단위가 아니고 현장을 복원하기 위한 것이다.

2 통상 '사상좌춤', 혹은 '사상좌무'라는 장면 명칭이 붙어 있다. 여기에서는 등장인물 기호를 따서 장면의 명칭을 붙이기로 한다. '춤'이나 '무(舞)'라는 용어는 '연극적인 것'일 수는 있으나 '극성(劇性)'과는 거리가 있기 때문이다. 이렇게 하는 입장이 우리 가면극을 더욱 연극적인 것으로 인식하게 할 수 있다.

	두 번째 먹중은 재비 앞에 선 다음 두 번째 상좌를 내려놓는다.
	두 번째 먹중은 퇴장한다.
	세 번째 상좌가 세 번째 먹중에게 업히어 춤을 추면서 등장한다.
	세 번째 먹중은 세 번째 상좌를 업고 무대를 한 바퀴 돌면서 춤을 춘다.
	세 번째 먹중은 재비 앞에 선 다음 세 번째 상좌를 내려놓는다.
	세 번째 먹중은 퇴장한다.
	네 번째 상좌가 네 번째 먹중에게 업히어 춤을 추면서 등장한다.
	네 번째 먹중은 네 번째 상좌를 업고 무대를 한 바퀴 돌면서 춤을 춘다.
	네 번째 먹중은 재비 앞에 선 다음 네 번째 상좌를 내려놓는다.
	네 번째 먹중은 퇴장한다.
	타령곡 연주가 그친다.
	영상회상곡이 연주된다.
	네 상좌는 일렬로 서서 배례한다.
	네 상좌는 영산회상곡 전곡에 맞추어 춤을 춘다.
	영상회상곡이 그친다.
	네 상좌는 춤을 끝낸다.
	네 상좌는 먹중들이 등장하는 반대편에 선다.
	타령곡이 연주된다.
	첫목이 달음질하여 등장한다.
	네 상좌는 여덟 목이 차례로 등퇴장할-팔목춤이 끝날-때까지 손춤을 춘다.

1.2. 연극적 장치

네 상좌와 네 먹중에 의하여 전개된다. 네 상좌는 흰 장삼을 입고 홍가사를 어깨에 걸고 고깔을 썼다. 탈은 '백면(白面)'탈이다. 근래에는 이 탈은 없어지고 기생으로 대용하였다.

이 장면은 네 상좌에 의하여 영상회상곡을 춤으로 재현한다. 네 상좌는 네 먹중에게 업혀 타령곡에 맞추어 춤을 추면서 등장한다. 네 상좌는 '제2장'이 전개되는 동안 무대 한편에서 손춤을 춘다.

1.3. 정리

봉산가면극을 여는 도입으로서 '네 상좌와 네 먹중 장면'인 제1장은, 영상회상곡과 타령곡을 바탕으로 하며, 장중하고 완만하며 꿋꿋한 느낌을 주는 장면이다. '화려하게 춤을 춘다'는 사실은 춤의 성격을 말해주며, '화려하였다'함은 봉산가면극이 축제적 양상을 띠고 있음을 방증한다.

이 장면은 봉산가면극의 도입에 해당하는, 즉 상좌가 가면극을 시작한다는 것을 관객에게 알리는 불교적인 의식무로서의 성격을 띤다. 한편 사방신과 중앙신에 합장 재배하는 등 다섯 번 절을 하는 의식에 대하여는, 잡귀를 몰아내어 가면극 현장을 정화하는 의미가 강하다는 종교적 심성이 작용하기도 한다고 해석되기도 한다.

기존 논의가 가진 문제점을 지적하고 넘어간다.

오청 채록본에는 '이 장면은 악마가 수도를 방해하는 서막으로서 취발이라고 하는 방탕한 처사 한 사람이 생불과 같은 노승의 마음을 움직이게 하려고 그의 상좌 사명을 꾀여내서 노승이 금강경을 읽고 있는 법당 앞에서 가장 화려한 춤을 추이는 것이다.' 라고 부기 되어 있다. 임석재 채록본에는 이 기사가 없다. 1939년도에 봉산의 동일한 현장조사였는데도 임석재본에 없다는 점은 오청이 채록하는 과정에서 삽입한 것으로 생각된다.

따라서 이 기사에 의존하여 이 장면의 주제를 파악하는 일은 한계가 있다. 기존의 논의에서 '악마', '방탕한 처사', '생불(生佛)인 노승' 등과 같은 기사로 인하여 가면극의 주제를 악마와 생불간의 대립으로 이해하려는 자세는 잘못이다. 전개상으로 보면 취발의 승리로 귀결되는데 그렇다면 악마의 승리로 결정된다. 즉 대립의 문제와 악마에 대한 이해를 '선악(善惡)의 대립'으로 보아서는 안 된다. '선악(善惡)'으로 변별하는 일은 연극의 본령이 아니다.

234 II. 봉산가면극의 복원 종합

2. 제이장의 복원 정리

2.1. '여덟 먹중 장면'의 장면실현

첫목 장면
타령곡이 연주된다.
붉은 웃옷을 입고 허리에는 큰 방울을 차고 버들나무 생가지를 띠어 꽂고 달음질 하여 무대 왼편에서 등장한다.
얼굴은 두 소매로 가리고 타령에 맞추어서 누워서 춤춘다. 춤추며 삼전삼복(三轉 三伏) 한다.

먹중 II 장면
먹중 II 달음질하여 무대 왼편에서 등장한다.
먹중 II는 첫목의 면상을 탁 친다.
첫목은 아무 말 하지 않고 무대 왼편으로 퇴장한다.
먹중 II는 타령곡에 맞추어서 장내를 한 바퀴 춤추며 돈다.
* 먹중 II는 무대 중앙에 서서 좌우를 돌아다보고 '쉬—' 한다.
타령곡이 그친다.
* 먹중 II는 '한양성중 좋단 말을 풍편에 넌지시 들었더니---'를 노래조로 부른다. ★ 편의상 생략한 대목은 '---'로 대신함. [이하 같음]
* 먹중 II는 '넘노라 낸다——' 라고 불림 한다.
타령곡이 연주된다.
먹중 II는 타령곡에 맞추어 춤춘다.
* 먹중 II는 무대 중앙에 서서 좌우를 돌아다보고 '쉬—' 한다.
타령곡이 그친다.
* 먹중 II는 '세이인간사 불문하야---'를 노래조로 부른다. ◎ 먹중 II는 '세이인간사 불문하야---'-'구운몽' 연상시키는 대사를 대신하여 '산중에 무력일하여---'를 대 사로 하기도 한다.
* 먹중 II는 '한번 놀고 가려던.' 라고 불림 한다.

	타령곡이 연주된다.
	먹중 II는 타령곡에 맞추어 춤춘다.
* 먹중 II는 무대 중앙에 서서 좌우를 돌아다보고 '쉬—' 한다.
	타령곡이 그친다.
* 먹중 II는 '봉제사연후에 접빈객하고 수인사연후에 대천명이라니 수인사 한마디 들어가오.' 한다.
	타령곡이 연주된다.
	먹중 II는 타령곡에 맞추어 춤춘다.
	타령곡이 그친다.
* 먹중 II는 '심불로 심불로 백수 한산에⋯⋯—' 라고 불림 한다.
	타령곡이 연주된다.
	먹중 II는 타령곡에 맞추어 춤춘다.

먹중 III 장면	
	먹중 III이 달음질하여 무대 왼편에서 등장한다.
	먹중 III은 먹중 II의 면상을 탁 친다.
	먹중 II는 아무 말 하지 않고 무대 왼편으로 퇴장한다.
	먹중 III은 타령곡에 맞추어서 장내를 한 바퀴 춤추며 돈다.
* 먹중 III은 무대 중앙에 서서 좌우를 돌아다보고 '쉬—' 한다.
	타령곡이 그친다.
* 먹중 III은 '이곳을 당도하여 사면을 바라다보니 --- ' - '사벽도 사설' 원용 - 를 노래조로 부른다.
* 먹중 III은 '나도 한번 놀고 가려던' 라고 불림 한다.
	타령곡이 연주된다.
	먹중 III은 타령곡에 맞추어 춤춘다.
* 먹중 III은 무대 중앙에 서서 좌우를 돌아다보고 '쉬—' 한다.
	타령곡이 그친다.
* 먹중 III은 '봉제사연후에 접빈객하고 수인사연후에 대천명이라니 하였으니 수인사 한마디 들어가오.' 한다.
	타령곡이 연주된다.

먹중 Ⅲ은 타령곡에 맞추어 춤춘다.
타령곡이 그친다.
* 먹중 Ⅲ은 '이두견 저 두견 만첩청산에……—' 라고 불림 한다.
타령곡이 연주된다.
먹중 Ⅲ은 타령곡에 맞추어 춤춘다.

먹중 Ⅳ 장면
먹중 Ⅳ가 달음질하여 무대 왼편에서 등장한다.
먹중 Ⅳ는 먹중 Ⅲ의 면상을 탁 친다.
먹중 Ⅲ는 아무 말 하지 않고 무대 왼편으로 퇴장한다.
먹중 Ⅳ는 타령곡에 맞추어서 장내를 한 바퀴 춤추며 돈다.
* 먹중 Ⅳ는 무대 중앙에 서서 좌우를 돌아다보고 '쉬—' 한다.
타령곡이 그친다.
* 먹중 Ⅳ는 '멱라수 맑은 물은 굴삼려에<의> 충혼이요 --- ' – 단가 '불수빈(不須嚬)' 원용 – 를 노래조로 부른다.
* 먹중 Ⅳ는 '이러한 풍악소리를 듣고 아니놀 수 없거던' 라고 불림 한다.
타령곡이 연주된다.
먹중 Ⅳ는 타령곡에 맞추어 춤춘다.
* 먹중 Ⅳ는 무대 중앙에 서서 좌우를 돌아다보고 '쉬—' 한다.
타령곡이 그친다.
*, 먹중 Ⅳ는 '봉제사연후에 접빈객하고 수인사연후에 대천명이라니 하였이니 수인사 한마디 들어 가오.' 한다.
타령곡이 연주된다.
먹중 Ⅳ는 타령곡에 맞추어 춤춘다.
타령곡이 그친다.
* 먹중 Ⅳ는 '절개는 여산이요 지상신선은……—' 라고 불림 한다.
타령곡이 연주된다.
먹중 Ⅳ는 타령곡에 맞추어 춤춘다.

먹중 Ⅴ 장면
먹중 Ⅴ가 달음질하여 무대 왼편에서 등장한다.
먹중 Ⅴ는 먹중 Ⅳ의 면상을 탁 친다.
먹중 Ⅳ는 아무 말 하지 않고 무대 왼편으로 퇴장한다.
먹중 Ⅴ는 타령곡에 맞추어서 장내를 한 바퀴 춤추며 돈다.
* 먹중 Ⅴ는 무대 중앙에 서서 좌우를 돌아다보고 '쉬—' 한다.
타령곡이 그친다.
* 먹중 Ⅴ는 '오호로 돌아드니 범려는 간곳없고 --- ' - '범피중류(泛彼中流)' 원용 - 를 노래조로 부른다.
* 먹중 Ⅴ는 '유량한 풍악소리 그저 지날 수 없거던' 라고 불림 한다.
타령곡이 연주된다.
먹중 Ⅴ는 타령곡에 맞추어 춤춘다.
* 먹중 Ⅴ는 무대 중앙에 서서 좌우를 돌아다보고 '쉬—' 한다.
타령곡이 그친다.
* 먹중 Ⅴ는 '봉제사연후에 접빈객하고 수인사연후에 대천명이라니 하였으니 수인사 한마디 들어가오.' 한다.
타령곡이 연주된다.
먹중 Ⅴ는 타령곡에 맞추어 춤춘다.
타령곡이 그친다.
* 먹중 Ⅴ는 '상산사호 네 늙은이 날 찾는다……—' 라고 불림 한다.
타령곡이 연주된다.
먹중 Ⅴ는 타령곡에 맞추어 춤춘다.

먹중 Ⅵ 장면
먹중 Ⅵ이 달음질하여 무대 왼편에서 등장한다.
먹중 Ⅵ은 먹중 Ⅴ의 면상을 탁 친다.
먹중 Ⅴ는 아무 말 하지 않고 무대 왼편으로 퇴장한다.

	먹중 Ⅵ은 타령곡에 맞추어서 장내를 한 바퀴 춤추며 돈다.
* 먹중 Ⅵ은 무대 중앙에 서서 좌우를 돌아다보고 '쉬—' 한다.	
	타령곡이 그친다.
* 먹중 Ⅵ은 '산불고이 수려하고 수불심이 청정이라. --- ' – 적벽가의 '와룡강 경계', 춘향가의 '기산영수' 원용 – 를 노래조로 부른다.	
* 먹중 Ⅵ은 '이러한 풍류정에 한번 놀고 가려던' 라고 불림 한다.	
	타령곡이 연주된다.
	먹중 Ⅵ은 타령곡에 맞추어 춤춘다.
* 먹중 Ⅵ은 무대 중앙에 서서 좌우를 돌아다보고 '쉬—' 한다.	
	타령곡이 그친다.
* 먹중 Ⅵ은 '봉제사연후에 접빈객하고 수인사연후에 대천명이라니 하였으니 수인사 한마디 들어가오.' 한다.	
	타령곡이 연주된다.
	먹중 Ⅵ은 타령곡에 맞추어 춤춘다.
	타령곡이 그친다.
* 먹중 Ⅵ은 '상산사호 네 늙은이 날 찾는다……—' 라고 불림 한다.	
	타령곡이 연주된다.
	먹중 Ⅵ는 타령곡에 맞추어 춤춘다.

먹중 Ⅶ 장면
먹중 Ⅶ이 달음질하여 무대 왼편에서 등장한다.
먹중 Ⅶ은 먹중 Ⅵ의 면상을 탁 친다.
먹중 Ⅵ는 아무 말 하지 않고 무대 왼편으로 퇴장한다.
먹중 Ⅶ은 타령곡에 맞추어서 장내를 한 바퀴 춤추며 돈다.
* 먹중 Ⅶ은 무대 중앙에 서서 좌우를 돌아다보고 '쉬—' 한다.
타령곡이 그친다.
* 먹중 Ⅶ은 '천지현황 생긴 후에 일월영측 되었어라. --- ' – '유산가' 원용 – 를 노래조로 부른다.
* 먹중 Ⅶ은 '나도 흥에 겨워 한번 놀고 가려던' 라고 불림 한다.

	타령곡이 연주된다.
	먹중 Ⅶ은 타령곡에 맞추어 춤춘다.
* 먹중 Ⅶ은 무대 중앙에 서서 좌우를 돌아다보고 '쉬―' 한다.	
	타령곡이 그친다.
* 먹중 Ⅶ은 '봉제사연후에 접빈객하고 수인사연후에 대천명이라니 하니 수인사 한마디 들어가오.' 한다.	
	타령곡이 연주된다.
	먹중 Ⅶ은 타령곡에 맞추어 춤춘다.
	타령곡이 그친다.
* 먹중 Ⅶ은 '옥동도화만수춘 가지가지……―' 라고 불림 한다.	
	타령곡이 연주된다.
	먹중 Ⅶ은 타령곡에 맞추어 춤춘다.

먹중 Ⅷ 장면	
	먹중 Ⅷ이 달음질하여 무대 왼편에서 등장한다.
	먹중 Ⅷ은 먹중 Ⅵ의 면상을 탁 친다.
	먹중 Ⅵ는 아무 말 하지 않고 무대 왼편으로 퇴장한다.
	먹중 Ⅷ은 타령곡에 맞추어서 장내를 한 바퀴 춤추며 돈다.
* 먹중 Ⅷ은 무대 중앙에 서서 좌우를 돌아다보고 '쉬―' 한다.	
	타령곡이 그친다.
* 먹중 Ⅷ은 '죽장 짚고 망혜 신어 --- ' - 단가 '죽장망혜' 원용 - 를 노래조로 부른다.	
* 먹중 Ⅷ은 '한번 놀고 가려던' 라고 불림 한다.	
	타령곡이 연주된다.
	먹중 Ⅷ은 타령곡에 맞추어 춤춘다.
* 먹중 Ⅷ은 무대 중앙에 서서 좌우를 돌아다보고 '쉬―' 한다.	
	타령곡이 그친다.
* 먹중 Ⅷ은 '봉제사연후에 접빈객하고 수인사연후에 대천명이라니 하였으니 수인사 한마디 들어가오.' 한다.	

	타령곡이 연주된다.
	먹중 VIII은 타령곡에 맞추어 춤춘다.
	타령곡이 그친다.
	* 먹중 VIII은 '강동에 범이 나니 길로래비 훨훨……—' 라고 불림 한다. ◎ 또는 '만사에 무심하니 일조간도 가소롭다……' 라고 불림하기도 한다.
	타령곡이 연주된다.
	먹중 VIII은 타령곡에 맞추어 춤춘다.
	먹중 VIII이 춤추는 동안 일단 퇴장했던 다른 먹중 7인이 일제히 등장한다.
	여덟 목은 뭇동춤을 추면서 각기 자기의 장기의 춤을 관중에게 보인다. ◎ 음악은 타령곡과 굿거리 등이 연주된다.
	여덟 목은 퇴장한다.
	타령곡이 그친다.

2.2. 연극적 장치

제이장 '여덟 먹중 장면'은 여덟 먹중이 전개하는 장면이다. 이 장면은 각 먹중이 '등 장하는 소리 → 찬(讚)을 담은 대사 → 등장한 이유 → [불림 →] 춤 → 수인사 → 불림 → 춤' 순의 반복적 구조로 실현된다.

음악은 주로 타령곡이 활용된다. 원용되는 대사는 다음과 같다.

원용되는 대사	
첫목	(대사 없음)
먹중 II	'구운몽' 연상시키는 대사를 원용. '산중에 무력일하여---'를 대사로 실현하기도 함.
먹중 III	'사벽도 사설' 원용
먹중 IV	단가 '불수빈(不須嚬)' 원용
먹중 V	'범피중류(泛彼中流)' 원용
먹중 VI	적벽가의 '와룡강 경계', 춘향가의 '기산영수' 원용
먹중 VII	'유산가' 원용
먹중 VIII	단가 '죽장망혜(竹杖芒鞋)' 원용

활용되는 불림은 다음과 같다. 이두현 채록본도 참고로 제시한다.

	임석재 채록	이두현 채록	
		전	후
첫목	(없음)	(없음)	
먹중 II	心不老 心不老白首寒山에 (다)···	백수한산(白首寒山)에 심불로(心不老)···	낙양동천이화정(洛陽洞天梨花亭)···
먹중 III	이 杜鵑 저 杜鵑 萬疊靑山에···	흑운이 만천 천불견(黑雲滿天天不見)···	이 두견(杜鵑) 저 두견 만첩청산(萬疊靑山)에 문두견(問杜鵑)···
먹중 IV	節慨는 驪山이요 地上神仙은···	소상반죽(瀟湘斑竹) 열두마디···	추천(鞦韆)은 경출 수양이(更出垂楊裡)···
먹중 V	商山四皓네 늙은이 날 찾는다···	(채록 없음)	월락오제상만천(月落烏啼霜滿天)···
먹중 VI	洗耳人間不聞閑暇롭다···	고소성외 한산사(姑蘇城外 寒山寺)···	이백이 기경비상천(李白騎鯨飛上天)···
먹중 VII	玉洞桃花 萬樹春 가지가지···	만악(학?)천봉 운심처(萬壑千峰雲深處)···	옥동도화 만수춘(玉洞桃花萬樹春)가지가지···
먹중 VIII	江東에 범이 나니 길로래비 휠휠···(혹은 萬事에 無心하니 一釣竿도 可笑롭다···)	청산녹수(青山綠水) 깊은 골···	강동(江東)에 범이 나니 길로래비 휠휠···
비고		* 마당 끝에 목중들 모두 '낙양동천 이화정···' * 이두현 채록에는 불림이 두 차례 나타남.	

활용되는 춤사위는 다음과 같다.

	춤사위
첫목	등장, 허리틀기, 다리제끼기, 너울질, 다리들어올리기, 근경, 고개잡이 춤추며 삼전삼복(三輾三伏) 한다.
먹중 II	독수리 날개치는 사위, 쭈그려 앉아서 어르는 사위, 어깨춤, 고개잡이
먹중 III	개구리뛰기, 두 팔 벌려 어깨춤으로 어르면서 회전하기, 물결사위, 고개잡이
먹중 IV	어깨춤으로 어르면서 팔을 목에 거는 사위, 다리 들어 돌리며 사선으로 전진하는 사위
먹중 V	한삼을 어깨에 메는 사위, 고개잡이, 제자리걸음, 두 손 앞뒤치기
먹중 VI	독수리 날개치는 사위, 어깨춤으로 어르면서 팔을 목에 거는 사위, 외불림
먹중 VII	좌우로 허리 돌리기, 한삼 꼬리 치기, 고개잡이
먹중 VIII	수인사, 한삼 끌어 어깨에 걸기, 한삼 걸어 고개잡이, 한삼 좌우로 돌려 불림

도무는 외사위, 겹사위, 양사위 등이 주로 활용된다.

2.3. 정리

이 장면은 수장(收場)의 역할을 한다. 그야말로 도입이다. 시조나 십이가사나 잡가 등에서 원용한 대사는 치어요, 불림은 구호로써 가면극 현장의 전체적인 분위기를 제시하는 것이다. 가면극 대사에 탈속과 관련된 언술이 많다는 것은 가면극 현장과 무관하지 않다. 탈속과 가면극이 어떤 연관성이 있는 것인가. '팔목춤'의 연원을 팔선(八仙)과 관련시킬 수 있다는 주장을 주목할 필요가 있다. 원잡극의 한 부류인 신선도화극(神仙道化劇)은, 신선이 목표한 사람을 제도하여 선계로 데리고 간다는 내용이다. 신선도화극의 가운데 하나인 '경수극(慶壽劇)'을 보면, 서왕모는 철괴리를 파견하여 인간에 귀양 온 남녀--부부--를 도탈(度脱)하여 선계에 귀환케 하는데, 이때 생일 연석에서 팔선이 등장하여 가무한다고 한다.[3] 즉 신선도화극 중 특히 '경수극'의 팔선 가무는 소위 '팔목춤'과 어느 정도 관련이 있을 것으로 추정된다. 이러한 시사를 통하여 보면 '팔목춤' 대사에서 '탈속'을 그 주요한 내용으로 삼은 까닭은 충분히 납득할 만한 일이다.[4]

---

3 中鉢雅量 ; 「中國의 祭祀와 文學」, 317~320면 참조.(최진원, 『국문학과 자연』, 성균관대학교 대동문화연구소, 1977에서 재인용)

4 조만호, 「탈춤 자료 '읽기'에 대한 반성적 제안(II)」,(『역사민속학』 제9호, 한국역사민속학회, 1999), 75~95면 참조.

3. 제삼장의 복원 정리

3.1. '홀아비거사와 여섯 거사와 사당 장면'의 장면실현[5]

홀아비거사와 여섯 거사와 사당 장면
타령곡이 연주된다.
홀아비거사가 시래기짐을 지고 등장한다.
홀아비거사는 뭇동춤을 함부로 춘다.
여섯 거사가 화관몽두리로 화려하게 치장을 한 사당을 가마에 태워 등장한다. ◎ 사당을 태운 가마는 거사 4인이 떠 맨다. 가마 앞에 거사 둘이 등롱을 들고 앞서 가고 가마를 멘 뒤의 거사 하나는 일산을 받치고 사당을 차일한다.
여섯 거사는 사당이 탄 가마를 장내 중앙쯤 와서 내려놓는다.
여섯 거사는 가마 곁에 선다.
홀아비거사가 왔다 갔다 하며 당황한다.
홀아비거사가 사당의 옷도 만져보고 얼굴도 만져본다.

---

5 이 장면의 전개를 일반적 관점에서 '① 홀아비거사 등장[뭇동춤] ② 6인의 거사 사당을 업고 등장함 ③ 홀아비거사 당황함 ④ 거사 甲 홀아비거사 잡아들이라 명함 ⑤ 거사들 홀아비거사를 잡으러 쫓아다님 ⑥ 홀아비거사 도망함 ⑦ 사당과 6인의 거사 놀량가를 부름 ⑧ 모두 난무 후 퇴장함'과 같이 분절하고 있다. 그런데 채록 자료마다 다른 양상을 보이고 있다. 임석재본에는 '② 6인의 거사 사당을 엎고 등장'이 '사당 = (花冠몽도리로 華麗하게 治裝했다. 사당을 태운 가마는 거사 四人이 떠멘다. 가마 앞에 거사 둘이 燈龍을 들고 앞서 가고 가마를 멘 뒤의 거사 하나는 日傘을 바치고 사당을 遮日한다)' 와 같이 채록되어 있다. 이두현 자료에는 '사당 : (화려하게 치장하고 등장)'와 같이 채록되었다. 이러한 점들을 살펴보면 사당은 화관몽두리로 화려한 치장을 가마에 태워 등장하는 것이 상례였던 듯하다. 따라서 등롱을 앞세우고 일산을 바쳤다는 점 등으로 미루어 혼례 행렬과 같은 의례 장면을 연상케 한다. 이 자료의 '③ 홀아비거사 당황함'이 이두현본에서는 '홀애비거사 : (시래기 짐을 지고 맞지도 않는 춤을 추면서 들어와서 사당을 보고는 괜히 좋아서 어쩔 줄을 모른다. 사당의 옷도 만져보고 얼굴도 만져보고 갖은 짓을 다 한다)'와 같이 채록 되었다. 당황한다는 점에서는 대동소이하나 '사당의 옷도 만져보고 얼굴도 만져보고 갖은 짓을 다 한다'는 행위는 '⑥ 홀아비거사 도망함'과는 상반된다. 이 자료의 '⑦ 사당과 6인의 거사 놀량가를 부름'과 '⑧ 모두 난무 후 퇴장'이 이두현 자료에는 '거사들 : (제자리로 와서 사당과 같이 어울려 가면을 위로 벗어 쓰고 놀량사거리를 합창하며 북 장고 등을 치면서 질탕히 논다.)'와 같이 채록되고, 놀량1,2와 앞산타령, 뒷산타령, 경발림이 함께 채록되었다. 김유경류 봉산탈춤 자료도 이와 같다. 황해도를 비롯한 서도지방 사당패들이 창작한 기본 종목은 가요연곡인 〈놀량사거리〉였다. 여기에는 〈산천초목〉, 〈놀량〉, 〈앞산타령〉, 〈뒷산타령〉, 〈경발림〉 등 다섯 곡이 포함되어 있었으나 산천초목과 놀량을 합쳐서 〈놀량〉이라고 하였으므로 결국 네 곡으로 되어 있는 셈이다. 이렇게 본다면 이 장면실현 단위는 사당패의 놀량사거리를 주조로 한다고 하겠다. 아울러 이두현의 채록 자료에는 이 사당춤 앞에 법고놀이가 채록 보고되어 있는데, 법고놀이도 사당패의 주요한 레파토리였다. 『동국세시기(東國歲時記)』정월 원일조에도 '중들이 북을 지고 시가로 들어와 그것을 치는 것을 법고라고 한다(僧徒負鼓 入街市搖動 謂之法鼓)'라고 하였음도 부기하여 둔다.

	* 거사 Ⅰ이 '술넝수우' 한다.
	타령곡이 그친다.
	* 거사 일동이 일제히 '예에잇' 한다.
	* 거사 Ⅰ이 '호래비거사 잡어 들여라.' 한다.
	* 거사 일동이 '예에잇' 한다.
	타령곡이 연주된다.
	거사들은 각기 북, 장고, 쟁, 꽹과리, 소고 등을 들고 치며 엉덩이춤을 추면서 홀아비거사를 잡으러 쫓아간다.
	거사들 엉덩이춤을 추며 홀아비거사를 잡으러 쫓아다닌다.
	홀아비거사는 잡히지 않으려고 피해 다니다가 나중에는 장외로 도망가 버린다.
	타령곡이 그친다.
	사당이 가마에서 나온다.
	만장단조가 연주된다.
	* 사당과 여섯 거사는 놀량사거리-'산천초목', '놀량', '앞산타령', '뒷산타령', '경발림'-를 부른다.
	사당과 여섯 거사는 군물을 치며 난무한다. ◎ 이때 허튼춤을 춘다.
	모두 퇴장한다.
	만장단조가 연주가 그친다.

3.2. 연극적 장치

홀아비거사와 거사탈은 먹중탈을 공용한다. 사당탈은 소무탈을 공용한다. 홀아비거사는 시래기짐을 졌다. 만장단조와 세마치와 타령곡에 맞추어 뭇동춤과 군물(軍物)이 활용된다. 거사들은 주로 엉덩이춤-허튼춤-을 춘다.

제삼장 '홀아비거사와 여섯 거사와 사당 장면'은, 놀량사거리-'산천초목', '앞산타령', '뒷산타령', '경발림'-가 주요한 극적 분위기 조성에 이바지한다. 이는 사당패에 의하여 만들어진 무대적인 가무 대창양식으로 전개되며, 전통적인 매구의 춤가락과 법고놀이, 민요, 윤무가의 형식을 계승 발전시킨 독특한 가창, 가무 양식으로 전개되기 때문이다.

3.3. 정리

제삼장 '홀아비거사와 여섯 거사와 사당 장면'은, 전개가 빠르고 활달하고 씩씩하여 흥겨운 느낌을 주며, 앞으로 전개될 노장춤을 준비하기 위한 장면이다. 결국 이 장면은 불교 문화권에 연원을 둔 사당춤의 재현이었거나 그의 극적 원용이었을 것이다. 극적 원용이라고 보는 가장 중요한 이유는 탈을 공용한다는 점을 염두에 둔 것이다.

여기에 반성적 차원에서 첨언하여 둔다. 오청 채록본에는 '이 장면은 그 절(寺) 부근의 촌락에 왔던 거사 사당 일단으로 하여금 노승의 마음을 간질여 보는 것이다.'라고 부기되어 있다. 신빙성이 부족하다고 하더라도 다음 장면인 노장춤과의 연계성을 짐작할 수 있다.

4. 제사장의 복원 정리

4.1. '노장과 여덟 먹중과 소무 2인과 신장사와 원숭이와 취발이 장면'의 장면실현

노장과 여덟 먹중과 소무 2인과 신장사와 원숭이와 취발이 장면	
제4장은 소위 노장춤임. 이 제4장은 ㉮ 도입 장면, ㉯ 노장과 여덟 먹중 장면, ㉰ 노장과 소무 2인 장면, ㉱ 노장과 소무 2인과 신장사와 원숭이 장면 ㉲ 취발이와 노장 장면, ㉳ 취발이와 소무2인 장면, ㉴ 취발이와 소아 장면 등으로 실현 단위가 나누어진다.	
㉮ 도입 장면	
	여덟 목이 소무 둘을 각각 가마에 태워 등장한다.
	소무 둘을 무대 중앙에 내려놓는다.
	타령곡이 연주된다. ★ 음악과 춤 지시문은 두 칸 들이고 이탤릭체로 함.
	여덟 목과 소무는 타령곡에 맞추어 춤을 춘다.
	노장은 살며시 등장하여 무대 한편에 선다.
	소무 둘은 무대 한편에서 손춤을 추며 서 있다.

<table>
<tr><th colspan="1">㉯ 노장과 여덟 먹중 장면</th></tr>
</table>

◎ 이 대목은 보통 다음과 같이 전개된다. ① 먹중들을 부르는 소리 ② 먹중들이 대답하는 소리 ③ 먹중들을 부른 이유 ④ 무엇인지 알아보러 가기 ⑤ 무엇인지 알아보고 와서 목들을 부르는 소리 ⑥ 먹중들이 대답하는 소리 ⑦ 보고 온 것에 대한 전달

◎ 수수께끼 식 문답이 원용되었음.

* 먹중 1이 노장이 있는 쪽을 보고 놀라 '아나야아' 한다.

타령곡과 춤이 그친다.

* 먹중 일동이 '그랴 와이이' 한다.

* 먹중 1이 '동편을 바라보니 비가 오시려는지 날이 흐렸구나' 한다.

먹중 2가 춤을 추며 노장에게 가까이 갔다가 돌아온다.

* 먹중 2는 '옹기장사가 옹기짐을 버텨 놓았다' 한다.

먹중 3이 춤을 추며 노장에게 가까이 갔다가 돌아온다.

* 먹중 3이 '숯장사가 숯짐을 버텨 놓았다'한다

먹중 4가 춤을 추며 노장에게 가까이 갔다가 돌아온다.

* 먹중 4가 '날이 흐려서 대망이가 났다.' 한다.

* 먹중 일동은 '대명이야?' 하고 놀란다.

* 먹중 5가 '다시 가서 보고 올라.'하고 엉덩이춤을 추며 노장에게 가까이 간다.

먹중 5가 노장을 보고 깜짝 놀라 땅을 구르며 돌아온다.

* 먹중 일동은 굴러오는 먹중 5를 보고 '지랄을 벌는다' 한다.

* 먹중 5는 '대망이가 분명하다' 한다.

* 먹중 6이 '사람이 이렇게 많이 모여 있는데 대명이란 말이 웬말이냐. 내가 가서 자세히 알고 나오리라.' 한다.

먹중 6은 노장에게 슬금슬금 가서 머리로 노장을 부딪혀본다.

노장은 부채를 흔든다.

먹중 6은 놀라며 돌아온다.

* 먹중 6은 '뒷절 노스님이 분명하다.' 한다.

* 먹중 7이 '내가 가서 다시 자세히 알고 오리라.' 한다.

타령곡이 연주된다.

* 먹중 7이 타령곡에 맞추어 춤을 추며 노장에게 가서 '노스님!' 한다.

노장은 부채를 흔들며 고개를 끄덕끄덕한다.

	타령곡이 그친다.
*	먹중 7이 달음질하여 돌아와 '노스님이 분명하다.' 한다.
*	먹중 7이 '노스님이 평생 좋아하시는 백구타령을 들려드리자.' 한다.
*	먹중 일동은 '그거 좋은 말이다.' 한다.
*	먹중 8이 '노스님께 여쭈어 보고 올라.' 한다.
*	먹중 8이 엉덩이춤을 추며 노장에게 가서 '노스님!' 한다.
	노장은 고개를 끄덕끄덕한다.
*	먹중 8이 노장에게 '백구타령을 돌돌 말아서 귀에다 소르르……?' 한다.
	노장은 고개를 끄덕끄덕한다.
*	먹중 8이 돌아와서 '내가 이자 가서 노스님에게다 백구타령을 돌돌 말아서 귀에다 소르르 하니까 대갱이를 횟물 먹은 메기 대갱이 흔들듯이 하더라.' 한다. ◎ 혹은 '굶주린 개가 주인보고 대갱이 흔들 듯이 끄덕끄덕 하더라.' 라고 하기도 한다.
	타령곡이 연주된다.
*	먹중 1 2가 어깨를 겨누고 타령곡에 맞추어 '백구타령을 합창하며' 노장에게로 간다.
	먹중 3이 노래가 끝나기 전에 뒤쫓아 가 먹중 1, 2의 면상을 친다.
	먹중 1, 2는 놀라 돌아본다.
*	먹중 3이 '백구야 껑충 날지 마라.'하고 노래 부른다.
	먹중 1, 2, 3이 어깨를 겨누고 타령곡에 맞추어 춤을 추며 돌아온다.
*	먹중 4가 '아나야아' 한다.
	타령곡과 춤이 그친다.
*	먹중 4가 '오도독이타령을 한번 여쭈자.' 한다.
*	먹중 4가 노장에게 가까이 가서 '오도독이打令을 돌돌 말어 귀에다 소르르……' 한다.
	노장은 고개를 끄덕끄덕한다.
*	먹중 4가 돌아와서 '내가 이제 노시님께 가서 오도독이타령을 돌돌 말어 귀에다가 소르르 하니까, 대갱이를 용두치다가 내버린 좆대갱이 흔들듯이 하더라.' 한다. ◎ 이하에서는 남은 먹중들도 각각 번갈아서 시조나 단가를 돌돌 말아서 노장 귀에다 넣어주었다고 하고 와서는 노장을 모욕하는 말을 한다고 한다.
*	첫목이 '노시님을 저렇게 불붙는 집에 좆기둥 세우듯이 두는 것은 우리 상좌의 도리가 아니니 그 시님을 모셔야 하지 않느냐.' 한다.
*	먹중 일동은 '네 말이 옳다.' 한다.

여덟 목은 노장이 있는 데로 간다.
먹중 둘이 노장이 짚고 있는 육환장의 한쪽 끝을 붙잡고 앞서 온다.
노장은 그에 따라온다.
* 남은 다른 먹중들은 「남무대성南無大聖 인로왕보살引路王菩薩」의 인도(引導) 소리-염불-를 크게 합창하면서 뒤따른다.
중앙쯤 와서 노장은 힘이 차서 육환장을 놓고 거꾸러진다.
다른 먹중 하나가 얼른 육환장을 잡는다.
앞서 가는 먹중 둘은 노장이 여전히 따르거니 하고 그대로 간다.
* 한참 가다가 뒤 돌아다보고 의외의 광경에 놀란 듯이 큰 소리로 '노시님은 어데 가고 이게 웬 놈이란 말이냐?' 한다.
* 앞서 가든 다른 먹중은 '노스님이 온 데 간 데 없어졌으니, 아마도 상좌인 우리가 정성이 부족하여서 그런 것이다. 우리 같이 한번 노스님을 찾아보자.' 한다.
타령곡이 시작된다.
여덟 목은 서로 어우러져 난무하며 노장을 찾아본다.
먹중 하나가 노장이 넘어져 누워 있는 것을 본다
* 먹중 하나가 '쉬—' 한다.
타령곡과 춤이 그친다.
* 먹중 하나가 '이거 안 된 일이 있다.' 한다.
* 다른 먹중 하나가 '무슨 일이냐.' 한다.
* 먹중 하나가 '노스님이 누워 있으니 아마 죽은 모양이더라.' 한다.
* 먹중 6은 '노스님이 과연 죽었는가 내가 가서 자세히 보고 올라.' 한다.
먹중 6은 달음질하여 멀리서 노장이 누운 모습을 보고 돌아온다.
* 먹중 6은 '이거 야단 났다.' 한다.
* 먹중 6은 '노스님이 유유정정화화했더라.' 한다.
* 먹중 7은 '그것 유유정정 화화라니, 아! 알았다. 버들버들 우물우물 꼿꼿이 죽었단 말이구나.---' 한다.
* 먹중 3은 '우리 노스님이 그렇게 쉽사리 죽을 리가 있나. 내가 들어가 다시 한번 자세히 보고 올라.' 한다.
먹중 3은 달음질하여 노장 있는 데 갔다가 되돌아온다.

* 먹중 3은 '죽은 것이 분명하더라. 육칠월에 개 썩는 내가 나더라.' 한다. ◎ 이하에서는 남은 먹중들도 번갈아서 노장이 누워 있는 곳에 갔다가 와서 죽었다는 보고를 하여 노장에 대하여 모욕적 언사를 쓴다.
* 먹중 1이 '노스님이 돌아가셨으니 천변수락에 만변야락 굿을 하여 보자꾸나.' 한다.
* 먹중 일동은 '거 옳은 말이다.' 한다.
* 여덟 목은 각각 징, 장고, 북, 꽹과리 등 악기를 들고 치면서 노장이 엎어진 곳의 주위를 돌면서 '원아願我 임욕명종시臨欲命終時 진제일체盡除一切 제장애諸障碍 면견피불아미타面見彼佛阿彌陀 즉득왕생卽得往生 안락찰安樂刹'이라고 염불하며 제를 올린다.
염불과 굿 치는 소리 그친다.
* 먹중 2가 염불을 하니 노스님이 갱생하였다고 '노스님이 평생 좋아하시던 것이 염불이라 하였으니 염불을 한바탕 실컷 하자.' 한다.
여덟 목은 염불조로 악기를 치면서 난무한다.
전원 퇴장한다.

㉬ 노장과 소무 2인 장면

◎ 노장과 소무는 일체 무언이다. 다만 행동과 춤으로써 그의 중심의 모습을 표현한다.

염불 타령곡이 연주된다.
소무 2인은 노장이 누워 있는 자리에서 좀 떨어진 데서 양인(兩人) 상당 거리를 두고 서서 염불타령곡조에 맞추어 춤을 춘다.
노장은 누운 채로 염불곡에 맞추어 춤추며 일어나려 한다. 그러나 넘어진다.
노장은 다시 춤추며 일어나려 하는데 또 넘어진다.
노장은 겨우 육환장을 짚고 일어나서 사선선으로 면을 가리고 주위에 사람이 있나 없나를 살펴보려고 부챗살 사이로 사방을 살핀다.
노장은 그러다가 소무가 춤추고 있는 양을 보고 깜짝 놀라며 다시 땅에 엎드린다.
노장은 한참 후에 다시 일어나 사방을 살펴보고 소무를 은근히 응시한다.
노장은 어떠한 결정이 지어졌는지 고개를 끄덕끄덕한다.
노장은 그래도 계면쩍은지 부채로 면을 가리고 육환장을 짚고 염불곡에 맞추어 조심조심 춤추며 장내를 돈다.
노장은 소무 Ⅰ의 주의를 끌 동작을 여러 가지로 한다.
소무 Ⅰ은 노장을 본체만체하고 그냥 그 자리에서 춤만 춘다.

	노장은 소무 Ⅰ의 무관심함을 보자 좀 적극적으로 나가보려 든다.
	노장은 육환장을 어깨에 메고 춤추며 소무 Ⅰ의 곁으로 간다.
	노장은 소무 Ⅰ의 배후에 가만히 접근한다.
	노장은 자기의 등을 소무의 등에 살짝 대어본다.
	소무 Ⅰ은 모르는 체하고 여전히 춤만 춘다.
	노장은 소무 Ⅰ이 본체만체하므로 소무의 앞으로 돌아가서 그의 얼굴을 마주쳐 본다.
	소무 Ⅰ은 보기 싫다는 듯이 노장을 피하여 돌아서서 춤춘다.
	노장은 낙심한다.
	노장은 휘뚝휘뚝하다가 소무 Ⅰ의 전면으로 돌아가 본다.
	소무 Ⅰ은 또 싫다는 듯이 돌아서서 춤춘다.
	노장은 노한 듯이 소무 Ⅰ의 앞으로 바싹 닥아 선다.
	소무 Ⅰ은 약간 교태를 부리며 살짝 돌아서서 춤춘다.
	노장은 초면에 부끄러워서 그렇겠지 하고 소무 Ⅰ의 심정을 해석하고, 자기를 싫어하지 않는구나 하고 고개를 끄덕끄덕하고 두 손으로 육환장을 으로 들고 소무 곁에 가까이 가서 여러가지 춤으로 얼러본다.
	노장은 육환장을 소무 Ⅰ의 사타구니 밑에 넣었다가 내어든다.
	노장은 소무를 한참 들여다본다.
	노장은 육환장을 코에다 갓다 대고 맡아본다.
	노장은 뒤로 물러 나와서 육환장을 무릎으로 꺾어 내버린다.
	반주는 타령곡으로 변한다. 노장은 이 곡에 맞추어 춤춘다.
	노장은 염주를 벗어서 소무 Ⅰ의 목에 걸어준다.
	소무 Ⅰ은 걸어준 염주를 벗어서 팽개친다.
	노장은 놀래어 염주를 주워 들고 소무 Ⅰ의 앞으로 가서 정면으로 얼린다.
	소무 Ⅰ은 살짝 돌아서서 춤춘다.
	노장은 춤추며 소무 Ⅰ의 곁으로 다가서서 얼리며 염주를 다시 소무의 목에 걸어준다. ◎ 노장인 염주를 걸어주면 소무가 벗어 던지는 행위는 수차례 반복된다.
	소무 Ⅰ은 염주를 벗지 않고 그대로 걸고 춤을 춘다.
	노장은 만족해하며 춤을 춘다.
	노장은 한참 춤추다가 소무 Ⅰ에게 가까이 가서 입도 만져보고, 젖도 만져보고, 겨

	드랑도 후벼본다.
	노장은 염주의 한편 끝을 자기의 목에 걸고 소무 Ⅰ과 마주 서서 비로소 희희낙낙하며 춤을 춘다. ◎ 노장은 이와 같은 행위와 순서로 소무Ⅱ에게 가서 되풀이하여 자기의 수중에 들어오게 한다.
	타령곡과 춤이 그친다.

㉣ 노장과 소무와 신장사와 원숭이 장면
◎ 수수께끼식 문답이 원용되었다.

	신장사가 원숭이를 업고 등장한다.
*	신장사는 '야— 장이 잘 섰다. 장재미가 좋다기에 불원천리하고 왔더니 과연 거짓말이 아니로구나.---'를 부른다.
*	신장사는 사방을 돌아다보며 외치는 소리로 '군밤을 사랴 삶은 밤을 사랴.'를 왼다.
	사려오는 사람이 하나도 없다.
*	신장사는 '세코 짚세기 육날 미투리 고운 아씨에 신을 사랴오.'를 왼다.
	노장은 신장사의 뒤로 가서 부체로 어깨를 탁 친다.
	신장사는 깜짝 놀라며 노장의 차림을 알아본다.
	노장은 소무의 발을 가리키고 부체로 소무의 발 치수를 재어 보이고 신을 사겠다는 동작을 한다.
	신장사는 노장의 뜻을 알아차리고 신을 내놓으려고 등에 진 짐을 내려놓고 보따리를 끄른다.
	원숭이는 짐에서 뛰어나와 신장사 앞에 가 앉는다.
*	신장사는 '네가 무엇이냐. 물짐승이냐?' 한다. ◎ 이 대목의 대사는 수수께끼식 문답이 원용되었음.
	원숭이는 고개를 쌀쌀 흔들어 부정한다.
*	신장사는, '수어냐' 한다.
	원숭이는 부정한다.
*	신장사는, '농어냐' 한다.
	원숭이는 부정한다.

* 신장사는, '잉어냐' 한다.	
	원숭이는 부정한다.
* 신장사는, '메기냐' 한다.	
	원숭이는 부정한다.
* 신장사는, '뱀장어냐' 한다.	
	원숭이는 부정한다.
* 신장사는 '네가 발을 가졌으니 산짐승이냐?' 한다.	
	원숭이는 고개를 끄덕끄덕하며 긍정한다.
* 신장사는, '범이냐' 한다.	
	원숭이는 부정한다.
* 신장사는 '노루냐' 한다.	
	원숭이는 부정한다.
* 신장사는 '사슴이냐' 한다.	
	원숭이는 부정한다.
* 신장사는 '멧돼지냐' 한다.	
	원숭이는 부정한다.
* 신장사는 '네가 사람에 입내를 잘 내는 것을 보니 원숭이로구나.' 한다.	
	원숭이는 긍정한다.
* 신장사는 원숭이에게 '저 뒷절 중놈한테 신을 팔고 신값을 아직 못 받은 것이 있으니, 네가 가서 받어 가지고 오너라.---' 한다.	
	원숭이는 날쌔게 소무한테 가서 소무의 등허리에 붙어서 음외한 동작을 한다.
	신장사는 사방으로 원숭이를 찾으려 돌아다닌다.
	신장사는 원숭이가 소무의 등허리에 붙어 있는 것을 본다.
	신장사는 원숭이를 붙잡아 가지고 전에 있던 자리로 돌아온다.
	신장사는 원숭이를 엎어놓고 음외한 동작을 한다.
	원숭이는 날쌔게 빠져나와 신장사를 엎어 놓고 비역 하는 동작을 한다.
	신장사와 원숭이는 한참 후에 둘이 같이 일어난다.

	신장사는 신값을 계산하느라고 땅에다 숫자를 쓴다.
	원숭이는 신장사가 쓰는 숫자를 지운다.
	신장사는 다른 데다 계산해 쓴다. ◎ 이런 행위는 수차 반복된다.
	원숭이는 신장사를 돌아보지 않고 소무한테 가서 먼저와 같이 음외한 짓을 한다.
	노장은 원숭이의 동작을 보고 부채 자루로 마구 때린다.
	신장사는 원숭이가 맞는 것을 보고 쫓아가서 원숭이를 잡어 가지고 치료하러 간다고 같이 퇴장한다.

	㉮ 노장과 취발이 장면
	◎ 수수께끼식 문답이 원용되었음.
	취발이가 허리에 큰 방울을 차고 푸른 버들가지를 허리띠에 꽂고 술 취한 것처럼 비틀거리고 등장하다가 갑자기 달음질하며 중앙으로 온다.
*	취발이는, '에에케, 아그 제어미를 할 놈에 집안은 곳불인지 인지행불 해해 연년이 다달이 나날이 시시 때때로 풀도라 들고 감도라 든다.'를 노래조로 부른다.
	타령곡이 연주된다.
	취발이는 타령곡에 맞추어 한참 춤춘다.
*	취발이는 '쉬―' 한다.
	타령곡과 춤이 그친다.
*	취발이는, '산불고이수려하고---'를 노래조로 부른다.
*	취발이는 '꾸웅꾸웅'이라고 불림한다.
	타령곡이 연주된다.
	취발이는 춤을 추면서 노장의 옆으로 가까이 간다.
	노장은 부채 꼭지로 취발이의 얼굴을 딱 친다.
	취발이는 노장에게서 물러난다.
	타령곡과 춤이 그친다.
*	취발이는 매를 맞아 본 적이 없다고 때린 것이 '금수오작(禽獸烏鵲)'이라 하며 '내가 세이인간사 불문하야 산간에 뜻이 없어 명승지 찾어나니---'를 노래조로 부른다.

* 취발이는 '적막은 막막 중천에 구름은 뭉게 뭉게 솟아 있네.'라고 불림한다.
타령곡이 연주된다.
취발이는 춤을 추면서 노장의 옆으로 가까이 간다.
노장은 부채꼭지로 취발이의 얼굴을 딱 친다.
취발이는 노장에게서 물러난다.
타령곡과 춤이 그친다.
* 취발이는 '나라는 인간은 한창 소년시절에는 맞어 본 일이 없다.---' 한다.
취발이는 노장을 쳐다본다.
* 취발이는 노장을 두고 '금(金)'인가 하며 '육출기계(六出奇計) 진평(陳平)의 황금삼만냥(黃金三萬兩) 고사'를 노래조로 부른다.
취발이는 노장에게 한발 가까이 다가간다.
* 취발이는 노장을 두고 '옥(玉)'인가 하며 '홍문연(鴻門宴) 고사'와 '옥석구분(玉石俱焚) 고사'를 노래조로 부른다.
취발이는 노장에게 한발 더 가까이 간다.
* 취발이는 '귀신(鬼神)'인가 하며 '대망(大蟒)'인가 한다.
노장은 고개를 좌우로 흔들며 취발이 앞으로 두어 걸음 나온다.
* 취발이는 노장의 정체를 알아보고 '노장의 행세---'를 노래조로 부른다.
* 취발이는 '낑꼬랑 깽꼬랑'하고 불림한다.
타령곡이 연주된다.
취발이는 타령곡에 맞추어 한참 춤춘다.
* 취발이는 '쉬―' 한다.
타령곡과 춤이 그친다.
* 취발이는 내기나 하자고 하며 '너는 풍구가 되고 나는 불테이니---' 한다.
* 취발이는 '그러면 솟을 땔가 가마를 땔가' 라고 불림한다.
타령곡이 연주된다.
취발이는 타령곡에 맞추어 한참 춤춘다.
* 취발이는 '쉬―' 한다.

	타령곡과 춤이 그친다.
* 취발이는 내기나 하자고 하며 '이번에는 너하고 나하고 대무하며 네가 못견디면 그렇게하고 내가 못견디면 그렇게 하자.---' 한다.	
* 취발이는 '백수한산심불로'라고 불림 한다.	
	타령곡이 연주된다.
	취발이는 타령곡에 맞추어 한참 춤춘다.
* 취발이는 '쉬—' 한다.	
	타령곡과 춤이 그친다.
* 취발이는 못 견디게 되자 '그 저 도깨비는 방맹이로 흰다드니 이것 들어가 막 두들겨 봐야겠군.---' 한다.	
* 취발이는 '강동에 범이 나니 길로래비가 훨훨' 라고 불림 한다.	
	타령곡이 연주된다.
	취발이는 타령곡에 맞추어 춤을 추며 노장에게로 간다.
	노장은 부채로 취발이 면상을 한 대 친다.
	타령곡과 춤이 그친다.
	취발이는 훨쩍 한번 뛰어 노장에게서 도망친다.
* 취발이는 '아이쿠 이 웬일이냐, 이놈이 때리긴 바로 때렸다.---'를 왼다.	
	취발이는 코를 찾아 머리 정수리서부터 더듬어서 아래로 차차 내려온다.
	취발이는 코를 찾았다.
	취발이는 코에다가 무엇을 틀어막는다.
	취발이는 흙먼지로 코 터진 데를 문지른다.
* 취발이는 '이 넘을 때려 내쫓고 저 년을 다리고 놀 수밖에 없다.---' 한다.	
* 취발이는 '소상반죽열두마디' 라고 불림 한다.	
	타령곡이 연주된다.
	취발이는 타령곡에 맞추어 노장에게로 춤추며 간다.
	취발이는 노장을 막 때린다.
	노장은 취발이에게 얻어맞고 퇴장한다.
	타령곡과 춤이 그친다.

	㉺ 취발이와 소무 2인 장면
	* 취발이는 '때렸네. 때렸네. 뒷절 중놈을 때렸네. 영낙아니면 송낙이지.' 라고 불림 한다.
	타령곡이 연주된다.
	취발이는 신이 나서 춤춘다.
	타령곡과 춤이 그친다.
	취발이는 소무 Ⅰ에게로 간다.
	* 취발이는 '이년아 돈 받어라.' 한다.
	소무 Ⅰ은 손을 내민다.
	* 취발이는 '아 시러배 아들년 다 보겠다. 쇠줄피 밭다 대통 기름자보고 따라댕기겠군. 이년아 돈 받어라.---' 한다.
	취발이는 돈을 던져 준다.
	소무 Ⅰ은 돈 주우러 온다.
	취발이는 '앗!'하고 큰 소리를 내며 돈을 제가 주워 넣는다.
	소무 Ⅰ은 뒤로 물러 나간다.
	* 취발이는 '주사청루에 절대가인 절영하야---'를 노래조로 부른다.
	소무 Ⅰ은 싫다는 듯이 살짝 외면해 선다.
	취발이는 소무 Ⅰ에게로 돈을 던진다.
	소무 Ⅰ은 돈을 받아 줍는다.
	* 취발이는 '낙양동천 이화정'이라고 불림 한다.
	타령곡이 연주된다.
	취발이는 소무 Ⅰ에게로 가서 같이 어울려서 한참 춤춘다,
	타령곡과 춤 그친다.
	소무 Ⅰ은 배 앓는 양을 한다. ◎ 취발이는 이와 같은 행위-노장이 퇴장 한 후 소무 Ⅰ과의 만남부터 배앓이까지의 행위-를 소무 Ⅱ에 대해서도 되풀이한다.
	소무 Ⅰ은 배 앓는 양을 한 뒤에 아이를 낳았다 하고 소무 둘 다 퇴장한다.

	㉛ 취발이와 소아 장면
	취발이는 춤추며 소무 섰던 곳으로 가서 아이를 안는다.
	* 취발이는 아이 우는 목소리로 '에 애 애' 한다.
	* 취발이는 자기 목소리로 '아아 동내양반들 말슴 들어 보오. 연만칠십에 생남했오.---'를 노래조로 부른다.
	* 취발이는 아이 어르는 목소리로 '에 게게 동동동동 내사랑. 어뎰 갔다 이제 오나.---'를 노래조로 부른다.
	* 취발이는 아이 소리로 '아 글 공부를 시켜 주시요.---'를 노래조로 부른다.
	* 취발이는 자기 목소리로 '야 이게 좋은 말이로구나.' 한다.
	* 취발이는 아이 소리로 '그러면 아버지 나를 양서로 배워주시오.' 한다.
	* 취발이는 자기 목소리로 '양서라니 평안도하고 황해도하고.' 한다.
	* 취발이는 아이 소리로 '아아니 그거 아니라오. 언문 진서하고' 한다.
	* 취발이는 자기 목소리로 '오냐. 그는 그렇게 해라. 하늘 천.' 한다.
	* 취발이는 아이 소리로 '따지' 한다.
	* 취발이는 자기 목소리로 '아. 이넘 봐라. 나는 하늘 천하는데 이넘은 따 지하는구나.' 한다.
	* 취발이는 아이 소리로 '아버지. 나는 하늘천 따지도 배와주지 말고 천자뒤푸리로 배와주시오.' 한다.
	* 취발이는 자기 목소리로 '거 참 좋은 말이다.' 한다.
	타령곡이 연주된다.
	* 취발이는 음악에 맞추어 '자시에 생천하니---'를 노래 부른다.
	타령곡과 노래 그친다.
	* 취발이는 아이 소리로 '그건 그만 해두고 이제는 언문을 배와주시요.' 한다.
	* 취발이는 자기 목소리로 '그래라. 언문을 배우자. 가갸 거겨 고교 구규' 한다.
	* 취발이는 아이 소리로 '아바지 그것도 배와주지 말고 언문 뒤푸리로 배와 주시요.' 한다.
	타령곡이 연주된다.
	* 취발이는 자기 목소리로 '가나다라 마바사아 자차카타 아차차 잊었구나.---'를 노래조로 부른다.
	취발이는 타령곡에 맞추어 춤을 한바탕 추고 아이를 들고 퇴장한다.
	타령곡 연주가 그친다.

4.2. 연극적 장치

4.2.1. 도입 장면

제사장의 도입장면은, 여덟 먹중이 소무 2인을 가마에 태워 등장하여 타령곡에 맞춰 춤을 추는 것으로 실현된다.

4.2.2. 노장과 여덟 먹중 장면

이 장면은 '노장의 정체 알아보기'로 '① 목들을 부르는 소리 ② 목들이 대답하는 소리 ③ 목들을 부른 이유 ④ 노장을 두고 무엇인지 알아보러 가기 ⑤ 무엇인지 알아보고 와서 목들을 부르는 소리 ⑥ 목들이 대답하는 소리 ⑦ 보고 온 것에 대한 전달하기' 순, 즉 요약하면 '찾기 - 불림 - 보고'이며, 현장에서는 약간의 출입이 있다. 그리고 수수께끼식 문답을 원용하여 실현한다.

그리고 노장에게 모욕을 준다며 백구타령, 오독도기타령 등 시조나 단가를 노래로 불러 노장에게 들려주는 방식으로 실현한다. 노승에게 모욕을 준다며 백구타령, 오독도기타령 등 시조나 단가를 노래로 불러 노장에게 들려주는 방식으로 실현하는 이유가 무엇인지는 심도 있는 연구가 필요하다. 노승의 '삼전삼복춤'이 '죽은 자의 부활과 부활의 기쁨을 표현한 것'이라는 점을 주시한다면 먹중들의 '계획된 욕먹이기'는 '역설적 하례(逆說的賀禮)'인 것이다. 달리 말하면 부활에 대한 축하를 반어적으로 표현한 것이다. 불림이 '역설적 하례(逆說的賀禮)' 기능을 갖는 대표적인 장면이라 할 것이다.

「남무대성南無大聖 인로왕보살引路王菩薩」이라고 '인도소리'를 크게 합창하는 것도 '중생이 부처에게 귀의한다 혹은 죽은 이의 영혼을 이끌어 극락세계로 인도한다'는 뜻으로 실현되는 범패(梵唄)를 부르는 이유도 여기에 있는 것이다.

이어서 천변수륙재(川邊水陸齋)지내는데, 불교에서 물과 육지에서 헤매는 외로운 영혼과 아귀(餓鬼)를 달래며 위로하기 위하여 불법을 강설하고 음식을 베푸는 종교의식인 것이다. 이같은 천변수륙제도 이와 같은 맥락으로 받아들여야 한다.

또한 '원아임욕명종시願我臨欲命終時 진제일체제장애盡除一切諸障碍 면견피불아미타面見彼佛阿彌陀 즉득왕생안락찰卽得往生安樂刹' 라고, 즉 '원컨대 내가 죽음에 임해서 일체의 장애를 제거하고 저 아미타불을 볼 수 있다면 안락찰[극락정토(極樂淨土)]에 왕생하게 하소서.' 하고 염불을 왼다.

그리고는 먹중들은 노장이 갱생(更生)하였다고 염불조에 맞추어 난무하다가 퇴장한다.

이 장면은 노장의 정체 알아보기로 출발하여, 백구타령, 오독도기타령 등 시조나 단가를 노래로 불러 노장에게 들려주어 모욕을 주는 '역설적으로 하례'하는 방식으로 실현한다. 그리고 '인도(引導) 소리', '천변수륙재', '염불'을 실현하는 순으로 전개된다.

결국 이 장면은 노승의 부활을 축하하는 장면이다. 이렇게 '노승의 부활을 축하하는 의미'가 가면극현장에서 실현되는 가운데에 관중층에게도 이러한 의미가 전이됨으로써 축제를 더욱 축제답게 한다.

기존 논의에서는 수수께끼식 문답으로 패로디화 되고, 모욕을 준다는 기사를 바탕으로 노승의 파계라고 파악하였던 것인데, 공연학적인 입장에서 보면 희곡문맥의 해석에 대한 몰이해가 초래한 것이다.

류종목은, '달밤에 밭에서 나경을 행하는 것, 줄다리기를 하는 것, 돌뜨기[稼樹]를 하는 것, 신조선[新造船]에서 성행위를 하는 것 등은 행위주술에 의한 기풍이라 할 수 있다면 논에서 모를 심으면서 걸죽한 육담으로 소리를 하는 것은 성과 관련된 언어주술을 통해 풍작을 비는 것이라 해석하여 무리가 없을 듯하다.'[6] 라고 하였다.

4.2.3. 노장과 소무 2인 장면

이 장면은 노장과 소무 2인의 만남이 실현된다. '㉯ 노장과 여덟 먹중 장면'에서 노장의 부활을 실현하였다면, 여기서는 소무와 만남이 이루어진다.

기존 논의에서는 '육환장을 소무 Ⅰ의 사타구니 밑에 넣었다가 내어든다.' 와 같은 행위를 염두에 두고 노장의 타락상을 표현한 것이라고 보고 있다. 그러나 가면극 현장에서 나타나는 성적 행위를 모두 타락상을 드러내는 것으로 보는 태도는 바람직하지 않다.

---

6 류종목, 「민요에 나타난 육담의 의식과 세계관」, 『한국육담의 세계관』, 국학자료원, 1997.

4.2.4. 노장과 소무 2인과 신장사와 원숭이 장면

이 장면은 신장사가 원숭이를 데리고 나와 신발을 파는 내용이다. 여기에서는 원숭이의 정체를 알아내려는 수수께끼식 문답이 원용된다. 원숭이가 소무에게 음외한 행위를 하고, 신장사는 원숭이에게 음외한 행위를 하는 식으로 실현된다.

이 장면에서 주목할 바는 '신발'이다. 신발과 관련한 민속들을 보면, 남녀간의 애정을 표시하고 반가움과 저항감을 나타내는 데에 이용되었으며, 사랑을 성취하는 묘약으로, 질병과 재해를 예방하고 퇴치하는 도구로 이용되었다. 또 먼 길을 가다가 바꿔 신은 짚신을 신나무에 걸어 놓고 절하고, 설날 밤에 야광귀가 신발을 신어가면 재수 없다 하여 신발을 잘 챙기는 민속이 있다. 이러한 민속은 신발에 주력이 있다고 믿는 사고, 신발을 여성 성기의 상징으로 보는 사고, 전염주술적인 사고 등과 현실적인 이유 등이 혼합되어 형성된 것이다.[7] 전통적인 공연문화에 자주 등장하는 '비속한 행위'에 대한 이해는 굳이 인류학적인 시각을 동원하지 않더라도 쉽게 수용되고 있는 것이다. 이 장면은 흔히 정현석(鄭顯奭)의 『교방제보(敎坊諸譜)』의 '승무(僧舞)'에 비견한다는 견해가 지배적이다.

이 장면은 먼길을 떠나는 이에게 건강을 기원하면서 신발을 주던 민속행위를 패로디화 하여 표현한 것으로 생각한다.

기존 연구에서는 상업주의적 발상으로 본 입장이 있다. 이는 민속극에 등장하는 소재들을 사회학적 시각에서 풀어낸 것에 지나지 않는다.

4.2.5. 취발이와 노장 장면

이 장면은 푸른 버드나무가지를 취발이가 노장을 상대로 내기를 걸고 결국에는 노장을 몰아내고 소무를 차지한다는 식으로 실현된다.

4.2.6. 취발이와 소무2인 장면

이 장면은 취발이가 소무에게 돈을 주고, 소무는 아이를 출산한다는 식으로 실현된다. 이 장면에 등장하는 돈은 '지전(紙錢)' 민속과 관련하여 해명할 필요가 있다.

---

7   최운식, 같은 책, 「서사작품에 나타난 '신발의 성격과 의미」, 보고사, 1995 참조.

4.2.7. 취발이와 소아 장면

이 장면은 아이에게 천자 뒤풀이와 언문뒤풀이로 글공부를 시킨다는 내용으로 실현된다. 예축(豫祝)적 기능을 갖는다. 가면극현장에서는, 아이에게 글공부를 시켜 장차 입신양명하기를 소원하는 상징적 의미를 드러내는 것이다.

4.3. 정리

'제사장'은, 노장과 소무가 맺어지고 아이를 낳아 도탈(度脫)한다는 내용을 패러디화하여 실현한 것이다. 취발이는 철괴리와 같이 축하하는 혼례식장에 나타나 분탕질을 쳐서-광상(狂偉)-축하하는 '역설적 하례(逆說的賀禮)'를 실현한다.

이와 같은 광상성(狂偉性)을 기반으로 펼쳐지는 한 여덟 명의 먹중은 어릿광대일 수밖에 없다. 이상일은 '민속가면극은 가면을 매체로 변신하는 놀이이다. 쉽사리 가볍게 바꿈으로써 배우는 빈 객체임을 증명한다. 이 빈 객체는 자아도 개성도 인격도 없는 한낱 광대, 그래서 바보 같고 어리석고 허수아비 같은 놀이꾼, 어릿광대인 것'이라 하였다. 오홍묵이 '관아에 돌아왔을 때에는 날이 이미 어두웠다. 조금 있으니 나희배(儺戱輩)들이 쟁을 치고 북을 두드리며 펄쩍 뛰어 오르는 등 온통 시끄러이 떠들며 일제히 관아의 마당으로 들어온다. 마당 가운데의 석대(石臺) 위에는 미리 큰 불을 마련해 놓았는데, 마치 대낮처럼 밝다. 악기를 마구 두들겨 어지럽고 시끄러워 사람의 말을 구분하기 어렵다. 월전(月顚)과 대면(大面), 고로우(老姑優)와 양반창(兩班倡)의 기이하고 괴상한 모양의 무리들이 순서대로 번갈아 가며 나와, 서로 바라보며 희롱하고 혹은 미쳐 날뛰며 소란스럽게 떠든다거나 혹은 천천히 춤을 춘다. 이같이 하기를 오랫동안하고 그쳤다. 이곳의 잡희(雜戱)는 함안(咸安)의 그것과 비슷하지만, 익살[滑稽]은 보다 나은데 복색의 꾸밈은 다소 떨어졌다.'[8] 라는 증언도 이에 대하여 중요한 단서를 제공해 준다.

봉산가면극은 여덟 어릿광대에 의하여 전개되는 민속극이다. 몇 장면으로 나누어져 공연되지만 그들은 다양한 가면으로 변신하면서 각 장면을 연출한다.[9] 극동아시아 문화

---

8 이훈상, 「조선후기의 향리집단과 탈춤의 연행」, 『역사속의 민중과 민속』, 이론과 실천사, 1990, 203쪽에서 재인용.

권에는 예로부터 팔성(八聖) 혹은 팔선(八仙) 관념이 널리 퍼져 있었다. 우리 자료 중에서 대표적인 것은 산천신앙과 관련이 깊은 우리 고유의 신선사상과 불교사상이 합류되어 팔선을 고려 때에 배치하였다. 우리 땅의 진산(鎭山)인 백주악(白頭嶽)을 비롯하여 거기서 약간 떨어져 있는 용위악[龍圍嶽 ; 평안북도 용천(龍川)에 있는 용골산(龍骨山)], 월성악[月城嶽 ; 고려 인종 때 송도에 속했던 토산(兎山)], 구려평양[駒麗平壤 ; 고구려의 도읍지였던 평양의 진산이고 모란봉이 있는 금수산(錦繡山)]과, 한때 고구려 고국원왕이 머물렀던 평양 땅에 있는 목멱산(木覓山), 송도의 송악(松嶽), 증성악[甑城嶽 ; 평양에 인접해 있는 증산(甑山)의 국령산(國靈山)], 두악[頭嶽 ; 경기도 강화의 마이산(摩利山)] 등 8개 소의 산악을 내세웠다. 그 영향 관계까지 추정한다면 수를 헤아릴 수 없다. 일반적으로 알려진 팔선은 종리권(鍾離權[한종리(漢鍾離)])·장과로(張果老)·한상자(韓湘子)·이철괴(李鐵拐)·조국구(曹國舅)·여동빈(呂洞賓)·남채화(藍采和)·하선고(何仙姑) 등으로 8명을 말한다. 팔선 관념이 극에 달한 것은 원나라 때로 추정되며, 이들은 후대에 여러 예술의 소재가 되었다.[10] 이 밖에도 동방삭(東方朔)·팽조(彭祖)·귀곡자(鬼谷子) 등을 포함시키기도 한다.

　‘팔선’은 신선도탈극(神仙度脫劇)의 주요 모티프였다. 신선도화극은 여덟 신선이 인간계에 내려와서 인간을 신선계로 도탈해 간다는 내용을 담고 있다. 이들은 인간만이 아니라 잘 생긴 바위나, 나무와 같은 자연물을 인간으로 환생시켜 짝을 맺어 주고 도탈로 이끌기도 한다. ‘구운몽’에서도 이러한 관념이 작용하였음은 주지의 사실이다. 김만중이 ‘구운몽’을 통하여 도탈을 이야기하고자 하였던 것은 그의 인간적인 번뇌가 있었으리라고 추측된다.

　여기서 관심이 가는 신선은 이철괴(李鐵拐)[11]다. 박지원의 ‘광문자전’의 광문이는 철괴

9　파계승의 문제, 양반의 문제, 처첩의 문제를 다룬 극으로 보는 기존 입장은 텍스트 문맥을 패로디니 아이러니니 하는 이론, 또는 갈등 구조적 입장에서 극을 다룬 데에 기인한다. 장르 간 혼재 현상이 반복되면서 숨어버린 본질적 속성은 간과한 채 시대성과 사회성에 주력하여 논의한 결과라고 아니할 수 없다.

10　팔선을 소재로 한 대부분의 신선도는 축수(祝壽)를 위한 것으로, 팔선이 상징하는 바는 곧 불로장생하는 신선처럼 늙지 않고 오래오래 살기를 기원하는 것이라 할 수 있다.

11　이철괴에 관련한 신화를 보면, 고행을 40년 동안 계속했다, 스승 이 노자다, 노자가 세속의 덧없음을 가르쳤다, 지상의 제자들이 이철괴의 육신을 불태웠다, 굶어 죽은 거지의 몸속으로 들어갔다, 철괴(쇠지팡이)를 짚었다, 호리병을 들었다, 의술을 배웠다, 술을 잘 한다 등의 모티프들이 나타난다.

리 춤을 잘 추었다고 한다. 농가월령가에도 겨우살이가 끝나면 사대부들이 '췌궐이춤'을 즐기는 대목이 나온다. 『퇴계원산대놀이 자료집』에서는 취발이를 술에 취한 인물로 보아 '醉'를 해석해서는 안 된다고 지적하면서 췌궐이에 가까울 것이라는 조심스러운 각주를 달고 있다. 일부 자료집에는 취발이는 없고 최괄이가 등장한다. 이같은 몇몇 자료를 보면 팔선 중의 하나인 이철괴(李鐵拐)의 행적은 극동아시아 문화권에 널리 유포되었을 것이라 추정된다.

이들 팔선이 인간계에 내려와 벌이는 행동은 모두 짓거리 일색이다. 한 마디로 '광상(狂佯)'이다. 미친 체하는 것이다. 시공을 초월하여 때로는 술을 먹지 않아도 술에 취한 행위를 연출하기도 하고, 때로는 초췌한 모습을 보이기도 한다. 이렇게 신선의 형상에 나타난 광상성은 미친 선(禪)의 기풍이 언어상 허튼 소리와 행위상의 방탕한 짓과 사상상의 무절제한 방임들로 나타나기도 한다. 특히 경사스러운 혼례식 현장에 나타나 말 장난으로 혼주나 결혼 당사자를 괴롭히거나 심지어는 분탕질을 치는데 그것이 모두 '체하는 것'이다. 한 마디로 결혼식을 축하하되 괴롭힘으로써 축하하는 '역설적 하례' 행위를 보이는 것이다.

봉산가면극의 소위 취발이 장면은, 노장과 소무와 취발이의 삼각관계로 보고 대립갈등 관계로 해명하고자 함이 기존 연구다. 그것이 후대에 윤색되었다고 볼 수 있으나 뿌리는 팔선 관념이 작용한 것이라고 본다면 기존 연구는 큰 오류를 범하고 있는 것이다. '망문(望文)'에 빠져버린 것이다. 소위 신장사마저도 상업주의 운운하는 '신장수 망문'에 빠진 것이다. 연극의 등장인물 기호는 '망문'으로 그치지 않는다. 마얄마당의 처첩 관계 역시 '망문'의 소치다. 파계승 문제, 양반 문제, 처첩 문제 등은 '연극적 장치'이지 주제 영역이 아니다. 이러한 문제와 관련하여 김인환은, '본능에 대한 의식의 억압이 아무리 심하여도, 상상력과 놀이는 언제나 남아서 생생하게 활동한다. 어떠한 경우에도 상상력과 놀이는 쾌락원칙에 위탁되어 있다. 그러므로 양주별산대놀이는 그 내용에 섞여 있는 싸움과 애욕의 표현을 검토하면 왜곡된 표현이지만, 그것은 구조적으로 검토하여 놀이라는 성격에 유의할 때는 화합 본능의 표현이 된다.'[12]라고 하였다.[13]

---

12 김인환, 『문학과 문학사상』, 열화당, 1979 참조

5. 제오장의 복원 정리

5.1. '여덟목과 사자 장면'의 장면실현

여덟목과 사자 장면
◎ 이 장면은 등장인물 기호 먹중 1,2가 대사를 실현하는 것으로 정리함. 등장인물 기호는 '묵승 갑, 을, 병, 정'으로 채록되었거나, '마부, 먹중, 먹중 하나, 먹중Ⅱ'로 채록된 경우가 있음.

	타령곡이 연주된다.
	여덟 목이 등장한다.
	여덟 목이 뭇동춤을 춘다.
	타령곡이 그친다.
	여덟 목이 등장하여 한편에 선다.
	백 사자 한 필이 등장한다. 먹중 중 하나- 마부 역할- 가 사자를 인도하여 등장한다.
* 먹중 1이 '짐승 낫소.'를 외친다.	
	먹중 일동이 사자에게로 다가간다.
* 먹중 일동이 '짐승이라니' 한다.	
	먹중 일동이 사자를 보고 놀란다.
* 먹중 일동이 '이거이 무슨 짐생이냐. 노루 사슴도 아니요 범도 아니로구나.' 한다.	
* 먹중 1이 '어디 내가 한 번 물어보자.' 한다.	
	먹중 1이 사자 앞에 가까이 간다.
* 먹중 1이 사자에게 가서 '네가 무슨 짐생이냐. 우리 조상적 부터 보지 못하든 짐승이로구나. 그런데 노루냐.' 한다. ◎ 이 대목은 수수께끼식 문답으로 전개됨.	
	사자는 머리를 흔들어 부정한다.
* 먹중 1이 '사슴이냐' 한다.	
	사자는 머리를 흔들어 부정한다.
* 먹중 1이 '범이냐' 한다.	
	사자는 머리를 흔들어 부정한다.
* 먹중 1이 '---기린이로구나' 한다.	

---

13   여기서는 '이두현채록본'에 보이는 '법고놀이'는 다루지 않았음을 밝혀둔다.

	사자는 머리를 흔들어 부정한다.
* 먹중 1이 '야단났다' 한다.	
* 먹중 일동이 '야단났다' 한다.	
* 먹중 일동이 제각기 떠들어댄다.	
	먹중 일동이 대소동을 일으킨다.
* 먹중 1이 '---소냐' 한다. ◎ 이 대목의 대사에 전단(田單) 고사가 원용됨.	
	사자는 머리를 흔들어 부정한다.
* 먹중 1이 '---사자냐' 하고 묻는다. ◎ 이 대목의 대사에 서유기의 한 장면이 원용됨.	
	사자는 머리를 끄덕인다.
* 먹중 1이 '---부처님의 명령 듣고 스님을 모시려 왔느냐' 한다.	
	사자는 머리를 흔들어 부정한다.
* 먹중 1이 '우리와 놀려고 왔느냐' 한다. ◎ 이 대목의 대사에 서유기의 한 장면이 원용됨.	
	사자는 머리를 흔들어 부정한다.
* 먹중 1이 '무엇을 먹으려고 여기 왔느냐' 한다.	
	사자는 머리를 끄덕인다.
* 먹중 1이 '---인간음식 취미 붙여서 다시 한 번 맛보고자 왔느냐' 한다.	
	사자는 머리를 흔들어 부정한다.
* 먹중 1이 화를 내어 '네 어미아비를 먹으려고 왔느냐' 한다.	
	먹중 1이 막대기로 사자의 머리를 때린다.
	사자는 크게 노하여 장내를 이리 뛰고 저리 뛰며 먹중 1을 잡아먹으려 한다.
	먹중 일동이 사자에게 쫓기어 이리 도망치고 저리 도망치고 한다.
	먹중 1은 쫓기어 다니다가 사자에게 잡아먹힌다.
	먹중 1이 사자의 꼬리 밑으로 빠져나온다.
* 먹중 1이 사자의 뱃속에서 본 것을 재담한다. ◎ 이 대목의 대사에 사자의 뱃속에서 본 것을 여러가지로 재미있게 재담을 한다. 또는 악하는 수도 있다.	
* 먹중 2가 크게 무서워하며 '사자가 우리를 잡아먹으려는 모양이라' 한다.	
* 먹중 일동이 '그런 모양이라' 한다.	
	먹중 일동이 모두 공포하여 대소동을 벌인다.

* 먹중 2가 '다시 물어 봐서 정 그렇다면 우리들은 마음과 행실을 고쳐야겠다' 한다.	
* 먹중 일동이 '네 말이 옳다'고 한다.	
* 먹중 2가 '내가 한 번 자세히 물어 보자' 한다.	
	먹중 2가 사자 앞으로 간다.
* 먹중 2가 '---석가여래 부처님이 우리를 징계하시기 위하여 이 세상에 너를 내려보내시며 우리를 다 잡아먹으라시드냐' 한다.	
	사자는 머리를 끄덕인다.
	먹중 일동이 모여서 벌벌 떨며 떠든다.
* 먹중 2가 '---회개하자' 한다.	
* 먹중 일동이 '---우리 기왕 잘못한 것을 곧 회개하기로 하자' 한다.	
	먹중 일동이 회개하기로 맹세한다.
	먹중 II이 사자 앞으로 간다.
* 먹중 2가 '우리가 기왕에 잘못한 것을 용서하고 춤이나 한 번 추고 마지막으로 헤어지자' 하고 함께 춤을 추자고 한다.	
	사자는 머리를 끄덕인다.
* 먹중 2가 '꿍 떡' 한다.	
* 먹중 2가 '도도리 타령에 맞추어 주자' 한다.	
	사자는 머리를 끄덕인다.
* 먹중 2가 '낙양동천이화정' 하고 불림한다.	
	도도리타령이 연주된다.
	사자와 먹중 II가 함께 춤춘다.
* 먹중 2가 '쉬이' 한다.	
	도도리타령과 춤이 그친다.
* 먹중 2가 '굿거리에 맞추어 춤을 추자' 한다.	
	사자는 머리를 끄덕인다.
* 먹중 2가 '덩덩 덩더꿍' 하고 불림한다.	
	굿거리가 연주된다.
	사자와 먹중 2가 함께 춤춘다.
	타령곡으로 바뀐다.

	사자와 먹중 일동이 타령곡에 맞추어 각각 장기 춤을 춘다.
	먹중 2가 앞장을 서서 사자와 먹중 일동이 함께 퇴장한다.
	타령곡이 그친다.

5.2. 연극적 장치

춤장단은 잦은타령과 굿거리이며, 사자에 맞추어 허튼춤을 춘다.

먹중 갑, 을, 병, 정이 대사가 있고, 사자탈이 무언(無言)으로 실현된다. 임석재본에서는 마부, 먹중, 먹중 하나, 먹중Ⅱ 이렇게 네 가지 등장인물 기호가 나타난다.

그리고 여덟 목에 의하여 전개되는데 다만 '먹중 하나'가 사자에게 잡아먹힌 다음에 어떤 방식으로 전개되느냐에 따라 달라질 수 있다. 오청채록본 해설에 따르면 초목에 이윤화와, 오목에 김진옥이 자사의 전후를 맡았다. 이런 점으로 보아 '사자무'에서는 두 인물이 추가되었을 것으로 판단된다.

1936년 공연 출연자와 배역표 ; 오청채록본

	1 상좌무	2 묵승무	3 사당무	4 노승무	5 사자무	6 양반무	7 이얄무	
김경석				노승		양반	남강노인	
이윤화		초목		취발	사자 전	말뚝이	미얄	
김명화	상좌							
김난심	상좌							
정월선	상좌							
정운선	상좌							
임덕준		이목	거사				미얄 부	
김수정		삼목	거사					
한상건		사목	거사	혜상		양반 말제	용산마포 덜머리집	
김진옥		오목	거사		사자 후			
김태혁		육목	거사					
양석현		칠목	거사[환부]					
나운선		팔목	거사			양반 차제		
송홍연			사당					
김채선				소무				
정영산홍				소무				
김금선				원공				

김춘학							악공
김성진							악공
방영환							악공
연덕봉							악공
김명근							악공

5.3. 정리

이 장면은 '서유기'의 한 대목을 원용하는 방식으로 실현된다.

'서유기'의 그 대목은, 문수보살이 타고 다니던 푸른 사자가 요괴로 변신시켜 서천서역국으로 가던 삼장법사와 그의 제자들을 시험함으로써 불경을 구하러가는 이들에게 힘을 보태주는 내용이다.

이렇게 본다면 사자를 통하여 먹중들을 '시험'함으로써 더욱 힘을 발휘토록 한다는 관념이 이 장면을 핵심이 된다. 후대에 이르러서는 '징계'로 관념하는, 즉 권선징악적 발상에 의하여 해석상에 변화를 보인 것이다.

특히 사자 뱃속에 관한 대사가 채록되지 못하였는데, '복중(腹中) 모티프' 혹은 '동굴 모티프'와 관련하여 연구할 필요가 있다고 본다. '동굴'과 '복중'은 재생의 상징이다. '동굴'은 재생의 공간을 상징함은 인류학에서 널리 알려진 관점이다. 그러니까 이 장면은 '재생'과 연관시켜 연구해야 할 대상인 것이다.

6. 제육장의 복원 정리

6.1. '말둑이와 양반 삼형제와 취발이 장면'의 장면실현

	말둑이와 양반 삼형제와 취발이 장면
1	*굿거리장단이 시작된다.*
2	*말둑이가 우스운 춤 을 추며 등장한다.* ◎ 말둑이는 울긋불긋한 검붉은 탈을 쓰고, 머리에 검은 벙거지를 썼다. 붉으스레한 짧은 옷 입고, 오른손에 채찍을 쥐었음.
3	*양반 삼형제가 말둑이를 따라 거드름춤을 추며 등장한다.* ◎ 양반삼형제는 생원, 서방, 도령임. 생원과 서방은 흰 창옷을 입고 머리에 정자관을 쓰고, 도령은 복건을 썼음. 생원은 흰수염이 늘어진 백색면이고, 언챙이고, 장죽을 물었다. 서방은 검은 수염이 돋친 약간 붉은 면을 썼으며, 언챙이임. 도령은 소년면을 쓰고 남색쾌자를 입었음. 도령은 종시 말하지 않고 형들이 하는 동작을 같이 따라서 함.
	말둑이는 중앙에 선다.
	* 말둑이가 채찍을 좌우로 휘두르며 '쉬——' 한다.
	굿거리장단과 춤이 그친다.
	* 말둑이가 '---개잘양이라는 양자에 개다리 소반이라는 반자를 쓰는 양반이 나오신단 말이요' 한다.
	* 양반들이 노기등등하여 '야 이놈 뭐야아' 한다.
	* 말둑이가 '---이생원네 삼형제분이 나오신다고 그리하였오' 한다.
	* 양반들이 노래조로 '이생원이라네에' 한다.
	굿거리장단이 연주된다.
	생원과 서방과 말둑이가 춤을 춘다.
	도령은 때때로 형들의 면을 탁탁 치며 돌아다닌다.
	* 말둑이가 채찍을 좌우로 휘두르며 '쉬——' 한다.
	굿거리장단과 춤이 그친다.
	* 말둑이가 '---저어 재령 나무리 거이 낚시 걸 듯 죽 걸어 놓고 잡수시요' 한다.
	* 양반들이 노기등등하여 '야 이놈 뭐야아' 한다.
	* 말둑이가 '---양반이 나오시는데 담배와 훤화을 금하라고 그리하였오' 한다.
	* 양반들이 노래조로 '훤화를 금하였다네' 한다.

굿거리장단이 연주된다.
생원과 서방과 말둑이가 춤을 춘다.
도령은 때때로 형들의 면을 탁탁 치며 돌아다닌다.
* 말둑이가 채찍을 좌우로 휘두르며 '쉬——' 한다.
굿거리장단과 춤이 그친다.
* 말둑이가 '여보오 악공들---바가지 장단 좀 처 주소' 한다.
* 양반들이 노기등등하여 '야 이놈 뭐야아' 한다.
* 말둑이가 '아 이 양반 어찌 듣소---건건드러지게 치라고 그리하였오' 한다.
* 양반들이 노래조로 '건건드러지게 치라네' 한다.
굿거리장단이 시작된다.
생원과 서방과 말둑이가 춤을 춘다.
도령은 때때로 형들의 면을 탁탁 치며 돌아다닌다.
* 양반들이 '말둑아아' 한다.
굿거리장단과 춤이 그친다.
* 말둑이가 '예예' 한다.
* 양반들이 '이놈 너도 양반을 모시지 않고 어디로 그리 다니느냐' 한다.
* 말둑이가 '---하고하고 재독으로 냈습니다' 한다.
* 양반들이 노기등등하여 '야 이놈 뭐야아' 한다.
* 말둑이가 '아 이 양반 어찌 듣소---좆대갱이 하나 줍디다' 한다.
* 양반들이 노기등등하여 '야 이놈 뭐야아' 한다.
* 말둑이가 '아 이 양반 어찌 듣소---조기 대갱이 하나 줍디다고 그리하였오.' 한다.
* 양반들이 노래조로 '조기 대갱이라네에' 한다.
굿거리장단이 시작된다.
생원과 서방과 말둑이가 춤을 춘다.
도령은 때때로 형들의 면을 탁탁 치며 돌아다닌다.
* 양반들이 '말둑아아' 한다.
굿거리장단과 춤이 그친다.
* 말둑이가 '---호도엿 장사 오는데 할애비 찾듯 왜 이리 찾소' 한다.

* 양반들이 '네 이놈 양반을 모시고 다니면 새처를 정하는 것이 아니고 어디로 다니느냐' 한다.
* 말둑이가 채찍으로 동그랗게 공중에 금을 그면서 '---문을 하늘로 낸 집으로 잡아 놓았습니다' 한다.
* 양반들이 노기등등하여 '야 이놈 뭐야아' 한다.
* 말둑이가 '아 이 양반 어찌 듣소---돼지 똥물에다 축여 놨습니다' 한다.
* 양반들이 노기등등하여 '야 이놈 뭐야아' 한다.
* 말둑이가 '아 이 양반 어찌 듣소---소털같은 담배를 꿀물에다 축여 놓았다고 그리하였오' 한다.
* 양반들이 노래조로 '꿀물에다 축여 놓았다네' 한다.
굿거리장단이 시작된다.
생원과 서방과 말둑이가 춤을 춘다.
도령은 때때로 형들의 면을 탁탁 치며 돌아다닌다.
굿거리장단과 춤이 그친다.
양반들이 새처방으로 들어간 양을 한다.
* 생원이 '우리 글이나 한 수씩 지어서 심심풀이나 하세' 한다. ◎ 이 대목에서 운자놀이가 원용됨.
* 서방이 '형님 좋은 말씀이요. 형님 먼저 지으시오' 한다.
* 생원이 '그러면 동생이 운자를 하나 부르게' 한다.
* 서방이 '산자 영자외다' 한다.
* 생원이 '아 그것 어렵다. 여보게 동생 되고 안 되고 내가 부를 것이니 들어보게.' 한다.
* 생원이 노래조로 '울룩 줄룩작대산하니 황천풍산에 동선령이라' 한다.
* 서방이 '거 형님 잘 지었소' 한다.
생원과 서방이 환소한다.
* 생원이 '동생 한 귀 지여보게' 한다
* 서방이 '형님이 운자를 부르시오' 한다.
* 생원이 '총자 못자네' 한다.
* 서방이 '아 그 운자 벽자로군' 한다.
서방이 한참 생각한다.
* 생원이 노래조로 '짚세기 앞총은 헌겁총이요. 나막신 뒷축은 거멀못이라' 한다.
* 말둑이가 '샌님 저도 한수 지을 터이니 운자를 하나 불러 주시오' 한다.

	* 생원이 고개를 끄덕이며 '재구삼년에 능풍월이라더니 네가 양반의 댁에서 몇 해를 있더니 기특한 말이다' 한다.
	* 생원이 '---운자는 강자다' 한다.
	* 말둑이가 곧바로 엉덩이춤을 추며 노래조로 '썩정 바자 구녕에 개대강이요. 헌 바지 구녕에 좆대강이라' 한다.
	* 생원이 '아 그놈 문장이로구나. 운자를 내자마자 지어내는구나. 자알 지었다' 한다.
	생원이 담뱃대를 입에 물고 고개를 끄덕끄덕하며 서방을 바라본다.
	* 서방이 '아 과연 그놈이 큰 문장이올시다' 한다.
	* 생원이 서방을 보고 '그러면 이번에는 파자나 하여보자. 주둥이는 하얗고 몸뎅이는 알락달락한 자가 무슨 자냐.' 한다. ◎ 이 대목에서 파자놀이가 원용됨.
	생원이 한참 생각한다.
	* 서방이 '네에 거 운고옥편에도 없는 자인데 그것 참 벽자요. 그거 그거 피미자 자가 아니요.' 한다.
	* 생원이 '아아 거 동생이 용세' 한다.
	* 서방이 '형님 내가 한 자 부르라우' 한다.
	* 생원이 '그리하게' 한다.
	* 서방이 '논두럭에 살피 짚고 섰는 자가 무슨 자요' 한다.
	생원이 한참 생각한다.
	* 생원이 '아 그것은 논임자가 아닌가' 한다.
	취발이가 살짝 들어와 한편 구석에 선다. ◎ 양반들의 파자놀이가 전개되는 동안에 등장한다.
	* 생원이 '이놈 말둑아아' 한다.
	* 말둑이가 '예에' 한다.
	* 생원이 '나라 돈 노랑돈 칠분 잘라 먹은 놈. 상통이 무르익은 대추빛 같고 울룩 줄룩 배미 잔등 같은 놈을 잡아드려라' 한다.
	* 말둑이가 '샌님의 전령이나 있으면 잡아올는지 그저는 잡아올 수가 없습니다' 한다.
	* 생원이 '오오 그리하여라' 한다.
	생원이 지편에다 무엇을 써서 준다.
	말둑이가 지편을 받아들고 취발이에게로 간다.
	* 말둑이가 '당신 잡히었소' 한다.
	* 취발이가 '어디 전령 보자' 한다.

	말둑이가 지편을 취발이에게 보인다.
	취발이가 지편을 보더니 말둑이에게 끌려 양반들 앞에 온다.
	말둑이가 취발이의 엉덩이를 양반들 코앞에 내밀게 한다.
	* 말둑이가 '그놈 잡아들였소' 한다.
	* 생원이 '아 이놈 말둑아. 이게 무슨 냄새냐.' 한다.
	생원, 서방, 도령이 고개를 설렁설렁 흔든다.
	* 말둑이가 '이놈이 피신을 하여 다니기 때문에 양취를 못하여서 그렇게 냄새가 나는 모양이외다' 한다.
	* 생원이 '그러면 이놈의 목아지를 뽑아서 밑구녕에다 갖다 박아라' 한다.
	* 말둑이가 '이놈의 목쟁이를 뽑다 밑구녕에다 꽂는 수가 있으면 내 좆으로 샌님의 입술을 떼여 드리겠습니다' 한다.
	생원이 노하여 담뱃대를 내젓는다.
	* 생원이 큰 목소리로 '이놈 무엇이 어째' 한다.
	취발이가 고개를 푹 숙이고 가만히 엎드려 있다.
	* 말둑이가 '---그러니 샌님은 못 본 체하고, 가만히 계시면 내가 다 잘 처리하고 갈 것이니 그리 알고 계시오.' 한다.
	굿거리장단이 시작된다.
	양반 삼형제가 일어난다.
	취발이가 일어난다.
	양반 삼형제와 말둑이와 취발이가 일제히 춤을 춘다.
	모두 퇴장한다.
	굿거리장단이 그친다.

6.2. 연극적 장치

이 장면은 노인탈, 장년탈, 소년탈, 말둑이탈에 의하여 전개된다. 노인탈, 장년탈, 소년탈은 양반 삼형제로 인지되며, 말둑이탈은 하인으로 인지된다. 춤은 굿거리장단에 '두어춤', '거드름춤', '발림춤' 등이 활용된다. 대사들은 '양자·반자에 대한 언어유희', '담배에 대한 언어유희', '삼현육각 연주에 대한 언어유희', '마나님 사통', '술병, 수안주 치레', '기물 치레', '운자놀이', '수수께끼', '파자' 등을 원용하고 있다. 결국 '양반사회의 일상사'가 주요 연극적 장치가 된다. 아울러 '계획된 욕 먹이기'가 활용되고 있다.

이 장면의 분절 단위에 대한 몇 가지 연구 가운데에 '양반의 위엄 → 말뚝이의 항거 → 양반의 호령 → 말뚝이의 변명 → 양반의 안심'으로 나뉜다는 입장은 대표적인 성과 중에 하나다. 한편 이 '제육장'은 '계획된 욕 먹이기'가 그 주조를 이룬다고 본다. 마나님과 사통(私通)한다는 것은 이미 정해진 것이다. 뿐만 아니라 행위자는 등장인물로 기능하는 것이 아니라 '역할(役割)'로 기능하는 것이니 '말둑이'와 마나님이 사통하기까지는 무리 없는 전개가 이루어져야 하는 것이다. 이 장면은 다분히 상투적으로 전개된다는 점으로 미루어 '계획된 욕먹이기'가 주요 표현 수법이 된다. 성적(性的)인 것을 이용하여 무잡(蕪雜)스러운 분위기를 보이는 것은 당연하다.[14]

이 장면의 분절을 '불림'에 따라 나누면 다음과 같다.

1. 양반들의 출현을 알림. ― 불림<이생원이라네>
2. 양반을 위하여 온갖 담배와 담뱃대를 마련하여 놓음 ― 불림<떠들지말라 하였다네>
3. 가락을 건드러지게 치라함. ― 불림<건 건드러지게 치라네>
4. 마나님이 갖은 안주와 술로 상을 차려 놓음. ― 불림<조기대갱이라네>
5. 양반의 훌륭한 새처를 마련해 놓음. ― 불림<꿀물에 축여놨다네>[15]

6.3. 정리

이 장면은 '兩班'의 '兩자'와 '班자'에 대한 파자놀이로 도입단계를 열면서 양반사회의 일상사를 주요 관심거리로 삼는 대유적이고 제유적인 장면으로 인지되면서 탈들은 양반 삼형제와 하인으로 드러난다. 극적 전개는 반복과 열거가 지배적인 언어유희를 다채롭게 원용하여 해학적인 분위기를 조성한다. 더욱이 쾌활하고 활달하며 희학적인 춤이 극적 양상을 고조시키며, 이렇게 하여 '권위를 지닌 자의 허세'에 대하여 풍자하는 양상도 보이고 있다. 이 장면에 대한 조동일의 주장을 주목할 일이다.

---

14   조만호, 『전통희곡의 제식적 미학』, 태학사, 1995, 153쪽 참조

15   조만호, 위의 책, 256쪽 참조.

이중의 반어이다. 이러한 구조를 통해서 서민인 말뚝이가 양반을 풍자하고, 해학적으로 회화화하는 것이 더욱 높은 수준의 유희적 요소로 작용하게 되는 것이다. 또, 춤 대목을 경계로 엄격히 분리되어 있는데, 대사 부분에서는 양반과 말뚝이가 해학적으로 갈등하는 모습이 보이지만, 춤 대목에서는 대사가 없을 뿐 아니라 싸움도 없이 모두 즐거운 듯이 춤만 춘다. 춤 대목에서는 대사부분의 갈등이 도달한 결말을 더욱 의미 있게 해 준다. 양반은 우스꽝스럽게 회화화되었으면서도 사정을 모르고 기분이 좋은데, 춤 대목에서 모두 즐겁게 춤을 춤으로써 이 희극적 반어가 지속될 수 있다.

김학성은, 동양미학은 '예의 수호' 차원에서 이해되어야 한다고 전제 하고, 대립하되 서로 겨루지 않는 화해관이 가장 잘 드러나 있는 것이 우리 가면극이라고 하면서 다음과 같은 물음을 던졌다.

상전에 대한 말뚝이의 반발이나 모욕을 과연 관중만 알고 양반은 모르는 것일까? 아니면 알면서도 짐짓 모르는 체 넘어가는 함께 어우러져 춤을 춤으로써 양반층과 민중층이 대립하면서도 충돌하지 않고 상반상성(相反相成)하도록 대립 국면의 화해를 도모하는 것일까? 말뚝이의 모욕을 관중은 아는데 양반은 모른다는 논리는 온당한가? 그게 사실이라면 양반은 관중보다 수준 이하의 군상이 된다. 과연 그런가?[16]

아울러 '운자놀이', '수수께끼', '파자' 등은 양반 자제의 '과거급제'를 기원하는 '예축(豫祝)'으로서의 제의성을 담고 있다는 견해도 참고할 일이다. '김유경류 봉산탈춤'에서는 이 장면의 끝에 말뚝이가 빗자루를 들고 나와 소위 '복잡이놀이'를 한다.

그리고 '마나님 사통' 문제에 대하여는 남은 과제로 넘긴다. 왜냐하면 '마나님'의 의상이 '녹의홍상(綠衣紅裳)'으로 채록된 사례가 있는데, 이는 주로 '젊은 여인의 고운 옷차림'을 이르는 말로 쓰이거나, 기생이나 하녀의 옷차림을 지칭하기 때문이다.

취발이의 등장과 돈 거래는, 앞에서 취발이와 소무 사이에 등장한 돈과 맥락을 같이한다고 본다. 이 자리에 '포도부장 놀이'가 끼어든 자료도 있으니 좀더 깊은 연구가 필요한 대목이다.[17]

---

16 김학성, 「제19회 도남 국문학상 수상자 발표문-국문학도의 나아갈 길을 생각하며」, 도남학회, 2001 참조.
17 여기서는 일부 자료에 보이는 '복잡이놀이'는 다루지 않았음을 밝혀둔다.

7. 제칠장의 복원 정리

7.1. '미얄, 영감, 용산삼개덜머리집, 남강노인 장면'의 장면실현

미얄, 영감, 용산삼개덜머리집, 남강노인 장면	
	굿거리장단이 연주된다.
	미얄, 영감, 용삼삼개덜머리집이 함께 무대에 춤을 추며 등장한다. ◎ 미얄은 검은면에 하얀 점점이 박힌 면상을 하고, 오른손에 부채를 들고 왼손에는 방울 하나를 들음. 영감은 좀 험상스런 노인 면상에 이상한 관을 썼다. 회색빛 나는 웃옷을 입고 지팡이를 짚었음. 용산삼개덜머리집은 흰 젊은 여자의 탈로 소무탈과 비슷한 면상임.
	영감과 용산삼개덜머리집은 한 편에 가 선다.
	미얄이 부채와 방울을 들고 굿거리장단에 맞추어 춤을 추면서 악공에게 간다.
* 미얄이 '에에 에에 에에 에에 에에 에에' 하고 운다.	
* 악공 Ⅰ이 '웬 할맘입나' 한다.	
* 미얄이 '나도 웬 할맘이드니 덩덩하기에 굿만 여기고, 한 거리 놀고 가려고 들어온 할맘이올세.' 한다.	
* 악공 Ⅰ이 '그럼 한 거리 놀고 갑쇄' 한다.	
* 미얄이 '노든지 마든지 허름한 영감을 잃고 영감을 찾아다니는 할미가 영감 찾고야 아니 놀겠읍나' 한다.	
* 악공 Ⅰ이 '할맘 난지본향은 어데메와' 한다.	
* 미얄이 '난지 본향은 전라도 제주 망막골이올세' 한다.	
* 악공 Ⅰ이 '그러면 영감은 어째 잃었읍나' 한다.	
* 미얄이 '우리 고향에서 난리가 나서 목숨을 구하려고 서로 도망했기 때문에 잃었읍네' 한다.	
* 악공 Ⅰ이 '그러면 영감에 모색이나 한번 댑쇼' 한다.	
* 미얄이 '우리 영감에 모색은 마모색일세' 한다.	
* 악공 Ⅰ이 '그러면 말새끼란 말인가' 한다.	
* 미얄이 '아니 소모색일세' 한다.	
* 악공 Ⅰ이 '그러면 소새끼란 말인가' 한다.	
* 미얄이 '아니 마모색도 아니고 소모색도 아니올세. 우리 영감에 모색을 알아서 무엇해. 영감에 모색을 대기만하면 여기서 생길가' 한다.	

* 악공 I이 '모색을 자세히 대면 찾을 수 있지' 한다.
* 미얄이 엉덩이춤을 추며 노래조로 '우리 영감에 모색을 대---' 한다.
* 악공 I이 '옳지. 고 영감 마루 너머 등 너머로 망 쪼러 갑데.' 한다.
* 미얄이 한숨을 쉬며 '에에 고놈에 영감, 고리쟁이가 죽어도 버들가지를 물고 죽는다드니 상개 망을 쪼러 다녀.' 한다.
* 악공 I이 '영감을 불러 봅소' 한다.
* 미얄이 '영감!' 한다.
* 악공 I이 '너무 짧아 못 쓰겠읍네' 한다.
* 미얄이 '여어엉 가아암, 여어엉 가아암.' 한다.
* 악공 I이 '너무 느려서 못 쓰겠읍네' 한다.
* 미얄이 '그러면 어떻게 부르란 말인가' 한다.
* 악공 I이 '전라도 제주도 망막골 산다니 신아위청으로 불러 봅소' 한다.
시나위청이 연주된다.
* 미얄이 엉덩이춤을 추면서 부채를 폈다 접었다 하면서 시나위청으로 '절절 절시구, 절절 절시구. 지화자자 절시구.---' 한다. ◎ 이 대목의 대사는 '사벽도 사설'과 '쑥대머리'와 '기산영수'와 '숫자놀이'가 원용됨.
시나위청이 그친다.
굿거리장단이 연주된다.
미얄이 춤춘다.
굿거리장단이 그친다.
미얄이 춤을 그친다.
미얄이 무대 한편으로 물러나 앉는다.
* 영감이 등장하여 악공 앞에 가서 '에에 에에 에에 에에 에에' 하고 운다.
* 악공 II이 '왼 영감이와' 한다. ◎ 악공 I에서 악공 II로 전환됨.
* 영감이 '나도 왼 영감이더니 덩덩궁하기에 굿만 여기고 한 거리 놀려고 들어온 영감이올세' 한다.
* 악공 II이 '놀려면 놀고 갑세' 한다.
* 영감이 '노든지 마든지 허름한 할맘을 잃고는 할맘을 찾고서야 아니 놀겠읍나' 한다.
* 악공 II가 '난지 본향은 어데메와' 한다.
* 영감이 '전라도 제주 망막골이올세' 한다.

* 악공 Ⅱ가 '그러면 할맘은 어째서 잃었읍나' 한다.
* 영감이 '우리 고향에 난리가 나서 각분 동서로 도망하다가 잃고 말았읍네' 한다.
* 악공 Ⅱ가 '할맘에 모색을 말해 봅수에' 한다.
* 영감이 '우리 할맘의 모색은 하도 흉해서 말할 수 없네' 한다.
* 악공 Ⅱ가 '그래도 한번 말해 봅소' 한다.
* 영감이 '여기서 모색을 말한들 찾을 수가 일나' 한다.
* 악공 Ⅱ가 '모색을 말하면 찾을 수가 있겠지' 한다.
* 영감이 '우리 할맘에 모색은 마모색일세' 한다.
* 악공 Ⅱ가 '그러면 말새끼란 말인가' 한다.
* 영감이 '아니 소모색일세' 한다.
* 악공 Ⅱ가 '그러면 소새끼란 말인가' 한다.
* 영감이 '아니 마모색도 아니고 소모색도 아니올세' 한다.
* 영감이 노래조로 '우리 할맘에 모색을 대---' 한다.
* 악공 Ⅱ가 '옳지, 고 할맘 마루 너머 등 너머로 굿하러 갑데' 한다.
* 영감이 '에에 고놈에 할맘 항상 굿만 하러 다녀' 한다.
* 악공 Ⅱ가 '할멈을 한번 불러 봅소' 한다.
* 영감이 '여기 없는 할맘을 불러 무엇하나' 한다.
* 악공 Ⅱ가 '그래도 한번 불러 봅소' 한다.
* 영감이 '할맘!' 한다.
* 악공 Ⅱ가 '너무 짧아 못 쓰겠읍네' 한다.
* 영감이 '하아알 마아암' 한다.
* 악공 Ⅱ가 '그것은 너무 느려서 못 쓰겠읍네' 한다.
* 영감이 '그러면 어떻게 부르란 말인가' 한다.
* 악공 Ⅱ가 '전라도 제주 망막골 산다니 신아위청으로 불러 봅소' 한다.
* 영감이 엉덩이춤을 추면서 부채를 폈다 접었다 하면서 신아위청으로 '절절절 절시구 절절절 절시구 얼시구 절시구 지화자자 절시구---' 한다. ◎ 이 대목의 대사는 '사벽도 사설'과 '쑥대머리'와 '기산영수'와 '숫자놀이'가 원용됨.
시나위청이 그친다.
굿거리장단이 연주된다.

영감이 춤춘다.
미얄이 춤을 추며 영감에게 슬금슬금 다가간다.
영감이 춤을 추며 미얄에게 슬금슬금 다가간다.
* 미얄과 영감이 노래조로 '절절 절시고, 지화자자 절시고. 보고지고 보고지고---' 한다. ◎ 이 대목의 대사는 '보고지고 타령'이 원용됨.
* 미얄이 노래조로 '절절 절시구 절절 절시구. 거 누구라 날 찾나. 날 찾는 사람 없건마는 거 누구라 날 찾나. 술 잘 먹는 이태백이 술 먹자고 날 찾나.---' 한다. 이 노래 대신 다음 '절절 절시고 지화자자 절시고. 거 누구가 날 찾나. 거 누구가 날 찾나. 날 찾일 이 없건마는 거 누구라 날 찾나. 인당수 풍랑 중에---'를 하기도 함. ◎ 이 대목의 대사는 '거 누가 날 찾나'가 원용됨.
미얄이 노래할 때 영감은 굿거리장단에 춤을 춘다.
* 영감이 노래조로 '절절 절시구 절절 절시구. 거 누구라 날 찾나. 날 찾는 사람 없건마는 거 누구라 날 찾나. 술 잘 먹는 이태백이 술 먹자고 날 찾나.---' 한다. 이 노래 대신 다음 '절절 절시고 지화자자 절시고. 거 누구가 날 찾나. 거 누구가 날 찾나. 날 찾일 이 없건마는 거 누구라 날 찾나. 인당수 풍랑 중에---'를 하기도 함. ◎ 이 대목의 대사는 '거 누가 날 찾나'가 원용됨.
영감이 노래할 때 미얄은 굿거리장단에 춤을 춘다.
* 영감이 '낙양동천류하정' 라고 불림 한다.
영감이 굿거리장단에 맞추어 춤추며 미얄 쪽으로 간다.
* 영감과 미얄이 서로 맞대 보고서 놀래고 반가운 목소리로 합창 '거 누구가, 거 누구가. 아무리 보아도 우리 영감[할맘]일시 분명쿠나.---' 한다.
영감과 미얄은 서로 어우른다.
미얄은 영감의 전하에 매달려 매우 노골적인 음행동을 한다.
영감이 땅에 누우면 미얄은 영감의 머리 위로 기어 나간다.
* 미얄이 고통스러운 소리로 '아이고 허리야 연만 팔십에 생남자 보았드니 무리 공알이 시원하다' 한다.
* 미얄이 노래조로 '좋을시고 좋을시고 아들 보니 좋을시고' 한다.
미얄은 무대를 돌면서 굿거리장단에 춤을 춘다.
* 영감이 발딱 누운 채로 노래조로 '알날날날. 세상이 험하기도 험하다.---' 한다.
* 영감이 점통을 꺼내어 절렁절렁 흔들며 '축왈 천하언재시며 지하언재시리요---' 한다. ◎ 영감이 누은 채로 주머니에서 점통을 꺼내어 눈을 감고 큰 목소리로 고향 갈 길을 점친다.
영감이 점괘를 빼어 본다.

* 영감이 점괘를 빼 보고 '하아 이 괘상 고약하다. 애 독성지괘라. 송아지가 소리하고 일어나는 괘가 났고나. 음매애' 한다.
영감이 일어난다.
영감이 미얄을 물끄러미 바라본다.
* 영감이 '어허어 이년 나를 첫아들로 망신 주었지---' 한다.
영감이 미얄을 때린다.
굿거리장단이 그친다.
* 미얄이 '오래간만 만나서 사람을 왜 이리 치는가. 사람을 치는 것이 인사란 말인가' 한다.
* 영감이 '이년이 무얼 잘했다고 이 지랄이야. 잔말 말고 가만 있거라.' 한다.
영감이 미얄을 또 때린다.
* 미얄이 '이놈에 두상아, 어서 때려라.' 한다.
미얄이 달려들어 영감을 마구 친다.
* 영감이 빌며 '할마이! 오마이! 아바이!' 한다.
* 미얄이 '내 매솜씨가 어떠냐' 한다.
* 미얄이 부드러운 목소리로 '이봅소 영감. 영감하고 나하고 이렇게 만날 쌈만 한다고 이 동내서 내여 쫓겠답데.' 한다.
* 영감이 '우리를 내여 쫓겠대. 우리를 내여 쫓겠대. 나가라면 나가지. 욕거선이순풍일다.---' 한다.
* 영감이 '이 동내 인물 동티난다. 너는 저 웃목기 서고 나는 아랫목기 서면 잡귀가 범치 못하는 줄 모르드냐' 한다.
* 미얄이 '그건 그렇지들' 한다.
* 미얄이 '영감 나하구 이별한 후에 어쩌나 지냈으며 다녔읍나' 한다.
* 영감이 '할맘하고 나하고 험한 난에 이별하여 여기저기 다니면서 고생도 많이 하였네' 한다.
* 미얄이 '영감 머리에 쓴 것은 무엇입나' 한다.
* 영감이 '내 머리에 쓴 것, 근본을 좀 들어 보아라---' 한다.
* 미얄이 '동지동지 곰동지 님자가 무슨 벼슬했나, 에에' 한다.
미얄이 운다.
굿거리장단이 연주된다.
* 미얄이 노래조로 '절절 절시구 저놈에 영감에 꼴을 보게---' 한다.
굿거리장단이 그친다.

* 미얄이 '그러나 저러나 영감 입은 것 무엇입나' 한다.

* 영감이 '내 입은 것 근본 들어 보아라---' 한다.

굿거리장단이 연주된다.

* 미얄이 울며 노래조로 '에에에 절절절절절 해가 떴다 일광단. 달이 떴다 월광단---' 한다.

굿거리장단이 그친다.

* 미얄이 '영감! 기왕 전자에 날과 같이 살 적에는 얼굴이 명주자루 메물가루 같더니, 왜 이렇게 얼굴이 뼈적뼈적합나.' 한다.

* 영감이 '내 얼굴이 어떻단 말이냐. 그래 나는 도토리하고 감자를 먹어서 찰나무 살이 쪘다.' 한다.

* 영감이 '오래간만에 만났으니 아이들 말좀 물어 보자. 처음에 낳은 문열이 그놈, 어떻게 자라나냐.' 한다.

* 미얄이 한숨지으며 '세상사가 하도 빈곤하여 나무하러 갔다가 그만 호환에 갔다오' 한다.

* 영감이 깜작 놀라며 '인저는 자식도 죽이고 말았으니, 집이라고는 볼 것이 없다. 너하고 나하고 헤여져야지.' 한다.

* 미얄이 '헤여질라면 헤여질쇄' 한다.

* 영감이 관중을 바라보며 '오냐 헤여지자고, 헤여지는 판에 더 볼게 무엇 있나. 네 년에 행적이나 털어 내겠다.---' 한다. ★ 편의상 생략한 대목은 '---'로 대신함.

* 미얄이 용산삼개덜머리집을 가리키며, '---이년아 이년아 너하고 나하고 무슨 웬수가 졌길래, 저놈에 영감을 환장을 시켜 놨나.' 한다.

미얄이 용산삼개덜머리집에게 와다락 달려들어 때린다.

영감이 미얄을 때린다.

* 영감이 '너 이년아 용산 삼개집이 무슨 죄가 있다고 때리느냐. 야 이년 썩 저리 가라. 구린내 난다.' 한다.

* 미얄이 '---같이 번 세간이니 세간이나 노나 가지고 헤어지자' 한다.

미얄이 운다.

* 미얄이 '어서 세간이나 나나 줍소' 한다.

* 영감이 '자 그래라! 물이 충충 수답이며 사래 찬 밭은 내나 가지고---' 한다.

굿거리장단이 연주된다.

* 미얄이 춤을 추며 노래조로 '아이고 아이고 서름이야. 낭구라도 짝이 있고 나는 새와 기는 즘생 모두 다 짝이 있거든, 우리 부부 헤어지잔 이게 모다 웬 말이냐.---' 한다.

미얄이 운다.

	굿거리장단이 그친다.
	* 영감이 '그럼 조금 더 갈라 주마' 한다.
	* 미얄이 '내가 처음 시집올 때---' 한다.
	* 영감이 '앗다 이년 욕심 봐라---' 한다.
	굿거리장단이 연주된다.
	* 미얄이 춤을 추며 노래조로 '저 놈으 영감 욕심 보게. 저 놈으 영감 욕심 보게.---' 한다.
	굿거리장단이 그친다.
	* 미얄이 '영감! 여러 새끼 많이 데리고 함자 몸뎅이 그것 가지고 어찌 살란 말이요. 좀더 나눠 줍소.' 한다.
	* 영감이 '너 그것 가지고 나가면 똑 굶어주기 똑 알맞다' 한다.
	* 미얄이 '어찌 그리 야속한 말 함나. 어서 더 갈라 줍소.' 한다.
	* 영감이 '---예 이년 다 귀숭숭시러우니 다 짓모으고 말겠다. 쾅쾅 짓모아라.' 한다.
	굿거리장단이 연주된다.
	영감이 굿거리장단에 춤을 추며 사당을 짓 몬다.
	영감이 사당을 짓 몰다가 갑자기 넘어져 죽은 듯이 가만히 있다.
	* 미얄이 손뼉을 치며 좋아 춤추며 '잘 되고 잘 되었다' 한다.
	굿거리장단이 그친다.
	* 미얄이 '동내 방내 키 크고 코 큰 총각 우리 영감 내다 묻고 나하고 같이 살아 봅세' 한다.
	* 미얄이 영감의 눈을 만져 보고 '이넘에 벌써 눈깔을 가마귀가 파 먹었구나' 한다.
	* 영감이 큰 소리로 '아야아!' 한다.
	* 미얄이 '죽은 놈에 영감이 말을 하나' 한다.
	* 영감이 '거짓 죽었으니 말하지' 한다.
	영감이 벌떡 일어나서 미얄을 때린다.
	* 영감이 '너 이년 뭣이 어째? 키 크고 코 큰 총각 우리 영감 내다 묻고, 나하고 같이 살아 봅세?' 한다.
	* 미얄이 '이 넘에 영감. 나 싫다드니 이제 와서 때리기는 왜 때려. 아이고 아이고 사람 죽네.' 한다.
	* 영감이 '야 이년아 뭐이 잘 났다고 악을 쓰는 거야' 한다.
	영감이 미얄을 마구 때린다.
	미얄이 얻어맞다가 넘어져 죽는다.

	* 영감이 미얄을 들여다보며 '아 이 할맘 정말 죽었나. 성깔도 급하기도 급하여 가랑잎에 불붙기로구나.' 한다.
	굿거리장단이 연주된다.
	* 영감이 노래조로 '아이고 아이고 불상하고 가련하다. 이렇게도 갑자기 죽단 말이 웬 말이냐.---' 한다. ◎ 이 대목의 대사는 '약성가'가 원용되었음.
	영감이 용산삼개덜머리집을 끌어안고 회롱하며 퇴장한다.
	굿거리장단이 그친다.
	남강노인이 흰 수염 늘어뜨린 백면을 하고 장고를 메고 천천히 등장한다.
	* 남강노인이 '---하도 불상하니 넋이나 풀어 줄 수밖에 없다' 한다.
	남강노인이 미얄을 한참 바라본다.
	* 남강노인이 '이것이 죽었구나. 불쌍하구도 가련하구나.' 한다.
	* 남강노인이 범벅궁조로 장고를 치며 고개를 좌우로 내두르며 '명산대천 후토신령 불상한 이 인생을 극락세계 가게 하소.---' 한다.
	굿거리장단이 연주된다.
	남강노인이 춤을 춘다. ◎ 무녀로써 성대한 굿을 하는 일도 있음.
	* 남강노인은 노래조로 '아이덜아 일어나거라, 남창 동창 다 밝았다 ………' 한다.
	남강노인이 퇴장한다.
	미얄이 일어나서 퇴장한다.
	굿거리장단이 그친다.

7.2. 연극적 장치

'제칠장'의 연극적 장치는, 미얄, 영감, 용산삼개덜머리집의 삼각관계가 기본적인 축으로 한다. 대사 – 대화반응 – 는 엉덩이춤, 신아위청, 굿거리장단 등을 바탕으로 한 춤과, 노래가 결합되어 장면간 반복 대칭적 구조로 전개된다. 특히 악공과 등장인물이 대사를 주고받는 방식을 활용한다.

'약성가'는 무병장수를 기원하는 상징적 의미를 담는다. '남강노인' 즉 '남극노인'으로 끝맺음을 하는 것은 장수와 복록(福祿)을 축원하는 기능을 갖는다.

'무당굿'은 특별한 경우에만 실현했던 것이다.

7.3. 정리

'제칠장'은 삼각관계를 기본 축으로 하면서, 엉덩이춤, 신아위청, 굿거리장단 등과 결합한 반복 대칭적 구조를 가진 대화반응을 통하여 흥겹고, 씩씩하며, 꿋꿋한 장단으로 활기찬 느낌을 조장하는 가운데에 황홀경에 도달하고 신명을 얻게 하여 활력을 주는 장면이라고 할 수 있다.

'양주별산대놀이'에서는 '미얄 할미'가 기양대를 가슴 위에 얹고 죽는다. 이 기양대는 이듬해에 뿌릴 씨앗 보존하기 위한 장대다. 이렇게 보면 미얄은 '씨앗 모티프'와 긴밀한 연관성을 갖고 있다.

씨앗은 죽어야 한다. 땅에 떨어져 죽을 때에 그 씨앗은 싹을 보장할 수 있다. 씨앗의 죽음은 싹의 탄생을 기약하는 것이요, 씨앗의 죽음은 운명적 필연이다. 이러한 '삶의 이중구조(二重構造)'를 실현하는 것이 이 장면이다.

　　이러한 삼각관계를 제의로 암시하고 있는 자료로는 김두봉(金斗奉)의 '제주도실기(濟州道實記)'에 '두 사람은 남우로 꾸미고 처첩이 싸우는 형상을 하면 또 한 사람은 가면하여 남우로 꾸미고 처첩이 투기하는 것을 조정하는 모양을 하면 목사는 좌상에 앉아서 주효와 연초를 많이 주며 여민동락지풍(與民同樂之風)을 보인다.' 라고 보인다.

　　이러한 사례를 보여주는 자료가 가지고 있는 특징을 보면 대립·갈등이 없거나 있다하더라도 원만한 끝맺기가 보통이다. 주몽과 송양왕과의 관계·김유신의 두 누이 등등의 설화에서 볼 수 있으며, 심지어 곰과 호랑이 사이에도 삼각관계를 감지할 수 있지만 대립·갈등은 보이지 않는다. 물론 설화 문맥의 특징상 표면화되지 않을 수도 있다. 그러나 탈춤에서의 삼각관계를 비롯하여 영등할미 사이의 딸과 며느리·낭만주의 계열에서 보이는 삼각관계에 있던 두 기사가 후에 이르러 위험에 처한 기사와 그 기사를 구출하는 기사로 나타나는 점 등은 이러한 면의 후래적 변형으로 추단한다.

　　제의적으로 보면 둘은 대립·갈등이 없되, '선택 된다'는 즉 신(神)의 표징(標徵)으로서의 의미를 갖는 것이라고 생각된다. 이렇게 보면 겨울의 신과 여름의 신과의 교체는 대립·갈등의 원만한 끝맺기의 반복 구조일 것이다.[18]

18　조만호, 『전통희곡의 제식적 미학』, 태학사, 1995.

'할미'는 여성을 뜻하기보다는 '신격(神格)'임에 주의할 일이다. 즉 '미얄'은 늙음의 상징도, 겨울의 상징도 아니다. '미얄'과 '덜머리집'은 둘이되 하나다. '덜머리집'은 '미얄'이 된다. '미얄'이 되어 '덜머리집'을 낳는다.

참고문헌 및 자료

□ **자료**

『가곡원류』

『가사선집』

『경도잡지』

『교방제보(敎坊諸譜)』

『校註 歌曲後集』, '권제육 농가월령가(農家月令歌)'(손진태).

『논어』

『동국세시기』

『속유괴록(續幽怪錄)』

『진서예술전(晉書藝術傳)』

『사기』

『시경』

『신증동국여지승람』

『악학궤범』

『열양세시기』

『용재총화』

『운초가사집』

『조선왕조실록』(국사편찬위원회)

『증보신구잡가』

『청구영언』

『한국가창대계』

『한국속담집』(한국민속학회)

'봉산 탈춤 영상 자료', 1979년 여름 덕수궁 실황, 문예진흥원.

❏ 문헌

강용권, 「수영야유극」, 『국어국문학』 27호, 국어국문학, 1964.

강이천, 「중암고」, 임형택 편역 ; 『이조시대 서사시』, 창작과 비평사, 1992.

강한영 교주역, 『신재효 판소리사설집』, 민중서관, 1971.

김달진 역해, 『당시전서』, 민음사, 1987.

김선풍·리룡득 편저, 『속담이야기』, 국학자료원, 1993.

김선풍 외, 『한국육담의 세계관』, 국학자료원, 1997.

김열규, 「현실 문맥속의 탈춤」, 『진단학보』 39, 진단학회, 1975.

_____, 「굿과 탈춤」, 『한국연극』 통권 7호, 1976.

_____, 『한국신화와 무속연구』, 일조각, 1987 중판.

_____, 『한국민속과 문학연구』, 일조각, 1991 중판.

_____, 『한국문학사』, 탐구당, 1994.

김우탁, 『한국전통연극과 그 고유무대』, 개문사, 1978.

김인환, 『문학과 문학사상』, 열화당, 1979.

김일출, 『조선민속 탈놀이 연구』, 과학원출판사, 1958.

김재철, 『조선연극사』, 조선어문학회, 1933.

김태곤, 『한국무속연구』, 집문당, 1982.

김찬자, 「어릿광대 연구-프랑스의 아를르캥을 중심으로」, 『동화와 번역』, 건국대학교 중원인문
　　　　연구소, 2001.

김학성, 「제19회 도남 국문학상 수상자 발표문-국문학도의 나아갈 길을 생각하며」, 도남학회,
　　　　2001.

류종목, 「민요에 나타난 육담의 의식과 세계관」, 『한국육담의 세계관』, 국학자료원, 1997.

미르세아 엘리아데 저·이은봉 역, 『종교형태론』, 형설출판사, 1985 삼판.

박영주, 「판소리 사설 치레 연구」, 성균관 대학교 박사학위논문, 1991.

박진태, 『한국가면극연구』, 새문사, 1985.

사진실, 『한국연극사연구』, 태학사, 1997.

_____, 『공연문화의 전통』, 태학사, 2002.

서대석, 「탈춤의 기원」, 『한국문학사의 쟁점』, 집문당, 1986.

서연호, 「한국의 민속극과 근대극」, 『문학의 지평』, 고려대학교 출판부, 1984.

_____, 『황해도 탈놀이』, 열화당, 1988.

_____, 『한국전승연희의 원리와 방법』, 집문당, 1997.

_____, 「봉산탈춤 오청채록원본의 연구」, 고려대학교 민족문화연구원, 2002.

서연호, 『한국연극사』, 도서출판 연극과 인간, 2003.

서종문, 「가면극의 주제」, 『한국문학사의 쟁점』, 집문당, 1987 재판.

성현 저·남만성 역, 『용재총화』, 대양서적, 1973.

손태도, 『광대의 가창문화』, 집문당, 2003.

송재선, 『상말속담사전』, 동문선, 1993.

수레쉬 아와스티 지음, 허동성 옮김, 『인도연극의 전통과 미학』, 동양공연예술연구소, 1997.

신선희, 『한국 고대극장의 역사』, 열화당, 2006.

신유승, 『측자 파자』, 시간과공간사, 1993

심우성, 『한국의 민속극』, 창작과 비평사, 1975.

_____, 『남사당패연구』, 동문선, 1989.

심재완, 『역대시조전서』, 세종문화사, 1972.

여석기, 「산대가면극의 화르스적 특성」, 『한국 문학의 해학』, 국제문화재단, 1970.

유종목, 「한국 민속 가면극 대사의 표현법 연구」, 동아대학교 석사학위논문, 1974.

이경식, 『셰익스피어 연구』, 서울대학교 출판부, 2005.

이두현, 「한국연극의 기원에 대한 몇 가지 고찰」, 『예술원논문집』 4, 예술원, 1965.

_____, 『한국가면극』, 일지사, 1979.

_____, 「한국연극사」, 『한국문화사대계 8』, 고려대학교 민족문화연구소, 1979 중판.

이상일, 『충격과 창조』, 창원사, 1975.

_____, 『한국인의 굿과 놀이』, 문음사, 1981.

이혜구, 『한국음악연구』, 국민음악연구사, 1957.

이혜화, 『용 사상과 한국고전 문학』, 깊은 샘, 1993.

이훈상, 「조선후기의 향리집단과 탈춤의 연행」, 『역사속의 민중과 민속』, 이론과 실천사, 1990.

이훈종, 『민족생활어사전』, 한길사, 1992.

임석재, 「봉산 탈춤 대사 후기」, 『국어국문학』 18호, 국어국문학회, 1957.

임재해, 『꼭두각시놀음의 이해』, 홍성사, 1981.

_____, 「설과 보름 민속의 대립적 성격과 유기적 상관성」, 『가면극 세시풍속 산육속』, 교문사, 1990.

장덕순 외, 『구비문학개설』, 일조각, 2006.

장정룡, 『강릉관노가면극연구』, 집문당, 1989.

전경욱, 「가면극 연구사」, 『한국학보』 40, 일지사, 1985.

_____, 『춘향전의 사설형성원리』, 고려대학교 민족문화연구소, 1990.

_____, 『한국가면극 그 역사와 원리』, 열화당, 1998.

전신재, 「양주별산대놀이의 생명원리」, 성균관대학교 석사학위논문, 1980.

_____, 「판소리의 연극성에 관한 연구」, 성균관대학교 박사학위논문, 1988.

_____, 「거사고」, 『역사 속의 민중과 민속』, 이론과 실천사, 1990.

정노식, 『조선창극사』, 조선일보사, 1940.

정병호, 『한국의 민속춤』, 삼성출판사, 1991.

정상박, 「고성오광대 대사 후기」, 『국어국문학』 22호, 국어국문학회, 1960.

_____, 『오광대와 들놀음 연구』, 집문당, 1990.

조동일, 「농악대의 양반광대를 통해 본 연극사의 몇 가지 문제」, 『동산신태식박사송수기념논총』, 1969.

_____, 『탈춤의 역사와 원리』, 홍성사, 1979.

_____, 『카타르시스 라사 신명풀이』, 지식산업사, 1997.

조동일 외, 『판소리의 이해』, 창작과 비평사, 1978.

조만호, 『전통희곡의 제식적 미학』, 태학사, 1985.

_____, 「탈춤 자료 '읽기'에 대한 반성적 제안(Ⅰ)」, 상명대학교, 1998.

_____, 「탈춤 자료 '읽기'에 대한 반성적 제안」, 『역사민속학』, 역사민속학회, 1999.

_____, 「탈춤 연행원리의 연구사적 검토」, 『비교연극학』 창간호, 비교연극학회, 2000.

_____, 「탈춤 연행 원리의 한 국면;불림」, 『한국연극학의 위상』, 태학사, 2002.

_____, 「봉산탈춤 자료 분석 연구」, 『반교어문연구』 16집, 반교어문학회, 2004.

_____, 「봉산탈춤 1936년 사리원 공연 채록자료 연구」, 『반교어문연구』 24집, 반교어문학회, 2008.

_____, 「어릿광대론」, 『도남학보』 24집, 도남학회, 2012.

_____, 「한국가면극의 창조적 복원 연구」, 『반교어문연구』 26집, 반교어문학회, 2009.

_____, 「한국가면극의 창조적 복원 연구 Ⅱ-'제삼장' '사당무'를 중심으로-」, 『영주어문』 21집, 영주어문학회, 2011.

_____, 「한국가면극의 창조적 복원 연구 Ⅲ-오청 채록본의 '미얄마당'을 중심으로-」, 『영주어문』 25집, 영주어문학회, 2013.

_____, 「한국가면극의 창조적 복원 연구 Ⅳ-'오청본 양반무'를 중심으로-」, 『영주어문』 26집, 영주어문학회, 2014.

조윤제, 「춘향전이본고1」, 『진단학보』 Vol.11, 진단학회, 1939.

채희완, 「가면극의 민중적 미의식 연구를 위한 예비적 고찰」, 서울대학교 석사학위논문, 1977.

천재동, 「동래야유연구」, 『서낭당』 4집, 한국민속근연구회, 1973.

최상수, 『해서가면극의 연구』, 정동출판사, 1983.

최상수,『산대·성황신제가면극의 연구』, 성문각, 1988 재판.

최운식, 「서사작품에 나타난 '신발'의 성격과 의미」,『한국고소설연구』, 보고사, 1995.

_____, 「판소리와 판소리계 소설의 형성 및 선후 관계」,『한국고소설연구』, 보고사, 1995.

최정여, 「산대도감극 성립의 제문제」,『한국학논집』1, 계명대학교 한국학연구소, 1973.

최진원, 「판소리 사설의 표현특징」,『한국고전시가의 형상성』, 성균관대학교 대동문화연구원, 1996 증보판.

최진원,『국문학과 자연』, 성균관대학교 대동문화연구소, 1977.

한 효,『조선연극사 개요』, 국립출판사, 1956.

허 규, 「우리극의 원형질」,『민족극과 전통예술』, 문학세계사, 1991.

현용준,『제주도신화』, 서문당, 1976.

Finnegan, Ruth H, *Oral Traditions and the Verbal Arts: A Guide to Research Practices.* London: Routledge. 1992.

Michel Corvin, 문시연 옮김,『희극읽기*Lire la comédie*』, 문음사, 1998.

山口昌男, 「道化の民俗學(五)」,『文學』vol 37, 岩波書店, 1969.

가와타케시게토시 저, 이응수 역,『일본연극사』, 청우, 2001.

케네스 멕고완·윌리암 멜리츠 공저, 정원지 역,『세계연극사 -불멸의 무대』, 중앙대학교 출판국, 1976.

리차드 쉐크너 저, 김익두 역,『민족 연극학』, 신아, 1993.

브로케·힐디 지음, 전준택·홍창수 옮김,『연극의 역사』, 연극과 인간, 2005.

빠트리스 파비스 지음, 신현숙·윤학로 옮김,『연극학 사전』, 현대미학사, 1999.

W. J. 페피셀로, T. A. 그린,『수수께끼의 언어』, 강원대학교 출판부, 1993.

자크 뒤부아 저, 용경식 옮김,『일반 수사학』, 한길사, 1989.

장-미셀 살망 지음, 은위영 옮김,『사탄과 약혼한 마녀』, 시공사, 1996.

조셉 캠벨·빌 모이어스 저, 이윤기 옮김,『신화의 힘』, 고려원, 1992.

조지프 캠벨, 이진구 옮김,『원시신화- 신의가면 I』, 까치글방, 2003.

❑ 가면극 자료 목록

양주별산대놀이

1930년, 조종순 구술, 김지연 필사(서울대학교 소장본-경성제국대 학조선문학연구소 조사).

1957년, 홍갑표 보관 후 조동일 소장, 『탈춤의 역사와 원리』(조동일, 홍성사).

1958년, 김성대 소장, 이보라 정리, 『현대문학』 46·47·48·49·50·54호.

1958년, 박준섭·김성태 구술, 이두현 채록, 『한국가면극』.

1964년, 임석재·이두현 채록, 문화재관리국 '주요무형문화재지정자료'.

1965년, 최상수 채록, 한국예술총람 자료편.

1966년, 임석재 채록, 『협동』 49·50호.

1969년, 이두현 채록, 『한국가면극』, 문화재관리국.

1975년, 김성대 기록, 심우성 정리, 『한국의 민속극』, 창작과 비평사.

송파산대놀이

1975년, 허호영 구술 채록, 『한국의 민속극』.

봉산가면극

1936년 8월 31일, 오청, 구자균 필사본.

1940년, 송석하 채록, 『문장』 2 통권 6·7.

1956년, 김경석 등 구술, 임석재 채록, 『국어국문학』 18호, 국어국문학회.

1965년, 김진옥·민천식 구술, 이두현 채록, 『한국가면극』.

1965년, '김유경류 봉산탈춤', 김유경류봉산탈춤보존회 편.

1965년, 김일출 채록본-'《봉산 탈놀이》대본', 『조선민속탈놀이 연구』.

1967년, 최상수 채록, 『해서가면연구』, 대성문화사.

강령탈춤

1957년, 최승원 등 구술, 임석재 채록, 『현대문학』 29호.

1967년, 최상수 채록, 『해서가면연구』, 대성문화사.

1970년, 이두현·이기洙 채록, 『연극평론』 3호.

야유(野遊·冶遊)

수영야유

1961년, 최한복 채록, 정상박 자료, 오광대와 들놀음 연구, '冶遊劇本'(정상박, 『오광대와 들놀음 연구』, 집문당)-원수록 ; 유인본(1961년 이전) 후, 『항도부산』 제7호, 1969.

1964년, 강룡권 채록, 『국어국문학』 제27호, 국어국문학회.

1965년, 최상수 채록, '한국예술총람 자료편', 예술원.

1970년, 정시덕·태명준 구술, 이두현 채록, 『한국의 가면극』.

_____, 부산대 전통예술연구회 채록, 『한국의 민속극』.

동래야유

1957년, 최상수 채록, 『민속학보』 2호.

1960년, 송석하 채록, 『한국민속고』, 일신사.

1960년, 박덕업 등 구술, 천재동 채록, 『한국의 민속극』.

오광대

1960년, (五廣大興遊順序及諢談) 정상박 자료, 『오광대와 들놀음 연구』, 집문당.

통영오광대

1963년, 최상수 채록, 『경상남도지』 하.

1966년, 이민기 채록, 『국어국문학』 제22호, 국어국문학회.

1969년, 이두현 채록, 『한국가면극』, 문화재관리국.

고성오광대

1963년, 최상수 채록, 『경상남도지』 하.

1966년, 정상박 채록, 『국어국문학』 22호.

1969년, 이두현 채록, 『한국가면극』, 문화재관리국.

조만호

1995년 성균관대학교 문학박사, 학위논문 「탈춤사설연구」.

논문 및 저서
『전통희곡의 제식적 미학』(태학사), 「봉산탈춤 1936년 사리원 공연 채록자료 연구」(반교어문학회),
「한국가면극의 창조적 복원 연구」(반교어문학회), 「봄맞이 행사 '춘첩자'와 관련한 '세화'와 '연화'의
한 양상 연구」(영주어문학회), 『중국경극의상』(민속원) 외 다수.

경력
극단 '나루' 연출, 천안시 문화선양위원회 위원, 충청남도 무대지원사업 심의 위원, 반교어문학회
회장, 현재 극단 '씨어터 백' 대표, 상명대학교 예술대학 연극학과 교수.

연출 작품
귄터 아이히 '꿈', 노르베르또 아빌라 '하킴의 이야기'
페터 바이스 '탑', 귄터 아이히 '자베트 엘리자베트(원제 자베트)' 외 다수.

한국가면극, 창조적 복원을 향하여
봉산가면극 임석재본

2016년 4월 23일 초판 1쇄 펴냄

지은이 조만호
펴낸이 김흥국
펴낸곳 도서출판 보고사

책임편집 이유나
표지디자인 이준기

등록 1990년 12월 13일 제6-0429호
주소 경기도 파주시 회동길 337-15 보고사 2층
전화 031-955-9797(대표)
　　　02-922-5120~1(편집), 02-922-2246(영업)
팩스 02-922-6990
메일 kanapub3@naver.com / bogosabooks@naver.com
http://www.bogosabooks.co.kr

ISBN 979-11-5516-445-7 94680
　　　979-11-5516-443-3 (세트)
ⓒ 조만호, 2016

정가 20,000원